爱润童心

史瑞琴　沙志娟　晋卫民　编著

版 武汉出版社

（鄂）新登字 08 号
图书在版编目（CIP）数据

爱润童心 / 史瑞琴等编著 . —— 武汉：武汉出版社，2022.7
ISBN 978-7-5582-5343-0

Ⅰ . ①爱… Ⅱ . ①史… Ⅲ . ①小学教育 – 案例 – 北京 Ⅳ . ① G622.0

中国版本图书馆 CIP 数据核字（2022）第 117386 号

编　著：史瑞琴　沙志娟　晋卫民
责任编辑：李　俊
封面设计：冯小婷
出　版：武汉出版社
社　　址：武汉市江岸区兴业路 136 号　　邮　编：430014
电　　话：（027）85606403　　85600625
http://www.whcbs.com　　E-mail: whcbszbs@163.com
印　刷：武汉鑫佳捷印务有限公司　　经　销：新华书店
开　本：890 mm×1230 mm　　1/16
印　张：21　　字　数：590 千字
版　次：2022 年 7 月第 1 版　　2022 年 7 月第 1 次印刷
定　价：68.00 元

关注阅读武汉
共享武汉阅读

版权所有·翻印必究
如有质量问题，由本社负责调换。

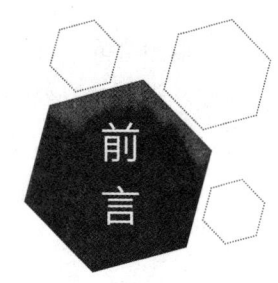

前言

2018年秋，房山区教育系统在深化教育领域综合改革、促进区域教育优质均衡发展进程中推出了一项重要举措——集团化办学。这项举措旨在建立学校发展共同体，通过教育问题共研、优质资源共享、科学管理共商等机制与行动实现教育质量的快速提升。城关小学教育集团成立后，集团规模从开始的四所学校增加到2020年的10所学校，其中城镇学校5所、农村学校3所、山区寄宿制学校2所，在编教职工755人，学生达8400人。

教育集团成立以来，形成了校长每月主题沙龙、学科教研组每月主题教研、学生每学期主题活动、科研成果学年汇报等多项良好交流机制，为整体提升集团办学质量做出了有益探索。

教师队伍建设是集团建设的一个重点任务，因为教师是学校发展的关键力量。集团的教师们，虽身处地域不同、学校不同，但教书育人的情怀一样浓厚。在日常工作中，我们经常听到、看到许多动人的教育故事。《爱润童心》这本书，就收录了这样一些师生之间"爱的故事"。这些故事读起来极其朴素，但温暖、感人。这是集团几年沉淀下来的最宝贵的精神财富，它是老师们教育思想与行为的记录，也是给青年教师的入职礼物，阅读本书就如同与许多优秀的教师对话。

透过这些或快乐、或心酸、或简单、或曲折的故事，我们读到的不仅有科学管理、因材施教的智慧，更有教师们一颗颗充满着责任感的爱心。是的，爱，才是教育的源泉，才是这些故事发生的原点。

爱是给予信任。在布置学校广播站任务时，教师"问计于童，问需于童"。简单的八个字，是教师对孩子们深深的尊重与信任。正如苏霍姆林斯基所言："对人的热情，对人的信任，形象点儿说，是爱抚、温存的翅膀赖以飞翔的空气。"

爱是播种自信。刚刚踏进校门的一年级的孩子，由上课读书、说话像蜜蜂"嗡嗡"到站姿挺拔、声音清脆悦耳，就是自信在"拔节"。"听到孩子们回答问题的音量一天天变大时，看到他们从逐渐做好自己的事情，到主动帮助老师和同学，为班集体服务，我知道自信已经扎根在他们心里了。"此时，老师的心里是甜的。

爱是无微不至。"管理无小事，吃饭是最重要的事，孩子的用餐习惯直接影响着身体健康和智力发展。小小的一顿午餐对学生的健康发展和营养均衡不是小事。"作为学校的管理者，关注教育的每一个细节，关注学生成长中一点一滴的小事，是常态更是责任。

爱是明察秋毫。一名乖巧的女生，"突然每天都要妈妈送进学校，在班级门口上演一场催泪大戏"，一次、两次、三次，教师明察秋毫，发现蛛丝马迹，查找真正原因，化解上学困局。

爱是真情无价。老师告诉一个想用钱"买"朋友的孩子："你可以换一种交朋友的方式，比如你数学特别好，下课给小兰讲讲那个方程，把你的方法教教她。老师还准备一场诗歌创作大赛，你文笔这么好，你参加！同学们一定会愿意和你做朋友的。自信一点！你的人格魅力一定能让你拥有更多的朋友，不需要用这些华而不实的贴纸来换！"苏霍姆林斯基曾说过："教师不仅是自己学科的教员，而且是学生的教育者、生活的导师和道德的引路人。"

夏丏尊先生在翻译《爱的教育》时说过这样一段话："教育之没有情感，没有爱，如同池塘没有水一样。没有水，就不成其池塘，没有爱就没有教育。"爱是一切教育产生价值的前提，这爱汩汩流入孩子们的心里，汇入《爱润童心》的字里行间……

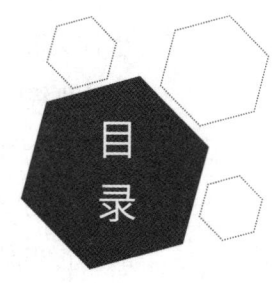

百年云峰　扬帆远航

让每个孩子在戏剧中发光	3
与"天使"同行——做有温度的教师	5
"声音"的遇见——我和红领巾广播站的故事	7
鼓励是最好的呵护	9
赠人玫瑰　手留余香	11
"拆班"风波	13
心中有爱，关注成长	15
用传统文化滋养孩子的心灵	17
流淌在指尖的爱	19
她笑了	21
弱种子也要发芽	23
让学生爱上我们的学科	25
信任创造美好	27
学会正确关爱　营造温馨班级氛围	29
每个孩子眼里都有光	31
冷静让笑容更加灿烂	32
一人得"病"　大家"吃药"	34
孩子，慢慢来	36
做学生心中那一缕温暖的阳光	38
"蹲"下来与孩子们同行	40
与学生做朋友	42
"小蜗牛"的微笑	44
给予学生多点理解、耐心	46
用心播撒希望的种子	49
自信的样子最美	51
时光不语　静待花开	52

生日快乐	54
我的班级管理探索之路	56
给他一个机会	58
轮椅上的阳光	60
教育正当时	62
赏识你的独一无二	64
爱心浇开心灵花	66
感　动	68
小萌的"问题"	70
心怀童心　微笑从教	71
用爱温暖你	73
用爱浇灌学生的心灵	75
用心做教育	77
我们班有个"大宝贝"	79
用语言点亮成长	81
语文课上的尴尬	82
特别的爱给特别的她	83
爱的智慧	85
"老师，我能不能横着跑？"	87
用心做"小"事	89
用一个生命去影响另一个生命	91
正视自己，量化而行	92
换一个角度看	94
植根沃土　绽放芬芳	96

春熙赋彩　静待花开

学生用餐习惯引发的思考——管理无小事	101
笑靥重现	102
美丽契机	104
师爱，开启心灵的钥匙	106
音乐课上的邂逅	108
特别的爱，帮助特别的学生	110
以仁爱之心育人，育有爱心之人	112
了解学生　唤醒学生	114

重视生命教育，培养健全人格 …………………………………………………… 116

　　不同寻常的一次家访 …………………………………………………………… 118

　　用"心"做教育　帮孩子走出困境 ……………………………………………… 120

　　让教养站在知识之上 …………………………………………………………… 122

　　静待花开 ………………………………………………………………………… 124

　　《习近平新时代中国特色社会主义思想学生读本》这样进课堂 ……………… 126

　　消失的"豆腐块儿" ……………………………………………………………… 128

　　书籍与阅读的力量 ……………………………………………………………… 130

　　爱心浇灌　静待花开 …………………………………………………………… 132

　　塑造"一双双发现美的眼睛" …………………………………………………… 134

　　化作"春泥"呵护你 ……………………………………………………………… 136

　　用心感受　用爱聆听 …………………………………………………………… 138

给予期待　彰显自信

　　小学语文识字教学案例分析 …………………………………………………… 143

　　听，花开的声音 ………………………………………………………………… 145

　　我的教育故事——情绪的沟通 ………………………………………………… 147

　　老师，好好学习能找到宝藏吗？ ……………………………………………… 149

　　期待的力量 ……………………………………………………………………… 151

　　有钱难买友情真 ………………………………………………………………… 153

播撒爱心　收获成长

　　跳绳去哪儿了 …………………………………………………………………… 157

　　"老师，我们和好了" …………………………………………………………… 159

　　走进学生的心灵 ………………………………………………………………… 161

　　他不随便说话了 ………………………………………………………………… 163

　　播撒爱，收获希望 ……………………………………………………………… 165

　　归队的"美丽" …………………………………………………………………… 167

　　好琴还需常调弦 ………………………………………………………………… 169

　　春风化雨　润燥无声 …………………………………………………………… 171

　　"淘气包"变形记 ………………………………………………………………… 173

　　最后一堂英语课 ………………………………………………………………… 175

以真育真　共同成长

- 我们如此"课程"——行走在课程供给育人路上的那点事儿 ... 179
- 让融合教育之光　普照每一个孩子 ... 181
- 这一刻，我明白了…… ... 183
- 好沟通　真合力　促成长 ... 185
- 两封感恩信 ... 187
- 终见花开 ... 189
- 从学生的"妈妈"到家长的"妈妈" ... 191
- 第一次对视 ... 193
- 我的教育故事 ... 195
- 用心用情做教育——面对意外，生成精彩 ... 197

心守暖阳　沐浴书香

- 创书香党建，做育人先锋 ... 201
- 我与课改共成长 ... 203
- 评价中的教育智慧 ... 205
- 一次等待，让她不再害怕演讲 ... 207
- 心守暖阳，呵护芬芳 ... 209
- 每一朵花都需要在关注中成长 ... 211
- 爱是一缕春风 ... 213
- 关注细节　有效育人 ... 215
- 时光慢慢，我陪你们长大 ... 217
- 用爱塑造　用心雕刻——潜力生的转化 ... 219
- 唤醒教育，丰富生命底色 ... 221
- 让学校成为孩子的"阳光乐园" ... 223
- 用心灌溉，让成长肆意绽放 ... 225
- 全身心漫步孩子世界，收获教育中的幸福 ... 227
- 以爱心为媒，搭建师生心灵相通的桥梁 ... 229
- 用爱浇灌　静待花开——抓住教育契机　助力学生拔节孕穗期 ... 231
- 让红色校史在教育生命中闪光 ... 233

灿烂童年　百花满园

- 为了让山区的孩子享受更好的教育 ... 237
- 我们的"秘密" ... 240

给"问题生"多点爱——我的育人小故事 ... 242
做一位朋友式的教师 ... 244
在惩戒教育中学会敬畏 ... 246
幸福源于点滴陪伴 ... 248
让"甘露"润泽学困生 ... 250
为现在的你喝彩 ... 252
书香润心田，阅读伴成长——我的教育故事 ... 254
请再等一等，TA会发光的——教师要因材施教 ... 256
以爱之名，静待花开 ... 258
一名合唱团成员的转变 ... 260
用爱和音乐温暖心灵 ... 262
"糟糕透了""精彩极了" ... 264
家访知情况，爱心促成长 ... 266
让我成为孩子的"发光体" ... 268
转型 磨砺 成长 ... 270
用老师的爱去征服学生的心 ... 272
Scratch编程课趣事一二三 ... 274
以"Tree"喻人，以"树"育人 ... 276
小蹴球 大智慧 ... 278
以绘本为媒，润物无声 ... 281

底色教育 陪伴成长

养成良好行为习惯 为终生发展奠定基础 ... 285
丰富课堂形式 打开阅读之窗 ... 288
爱心浇灌 倾心奉献 让孩子健康成长 ... 290
挥着翅膀的男孩 ... 292
"德"先行于"知"，小树变大树 ... 294
爱与被爱都是教育 ... 296

以亲育和 以家育佳

寸有所长尽其长 ... 301
小猫和猫妈妈——一道数学题引发的深思 ... 303

让每一个生命都精彩

为了每一个生命都精彩 ... 307

IEP引发教师团队建设的思考 …………………………………………………… 309
样板间巧助力　班级文化建设谱新篇 …………………………………………… 311
让爱为特殊孩子保驾护航 ………………………………………………………… 313
用心教育　从心出发 ……………………………………………………………… 315
一名"特种兵"的幸福 …………………………………………………………… 317
怎样做好培智学校的班主任 ……………………………………………………… 319
等一等，你会自己站起来 ………………………………………………………… 322
特别的爱给特别的你 ……………………………………………………………… 324

百年云峰　扬帆远航

让每个孩子在戏剧中发光

学校将要举办第六届戏剧节了，看着各班从容而又满怀激情地准备节目的样子，我知道当初期待的效果达到了，戏剧已经深入师生内心，成为每个新年前的一种期盼，也成为校园生活的一种习惯。

回想2015年举办的第一届戏剧节，一切都是那样忙乱，甚至还有一些质疑的声音："小学生怎么能演戏剧？""太浪费时间了吧。"经过一次次研讨、一次次沟通，抱着试试看的态度，老师们带着各班学生开始选材、定人物角色、制作道具和反复排练。练着练着，学生的兴致高了，校园各处热闹起来了。

当舞台灯光亮起，各班节目依次登场的时候，剧场里的气氛沸腾了。舞台上，是全身心投入的孩子，或解说、或朗诵、或对话、或舞蹈，讲故事，说道理，引人入胜，就连串场的小节目都非常精彩。所有的孩子都被深深吸引，每个人的眼里都有光。演出结束后，老师、学生、家长都在开心地谈论戏剧节，回味其中有趣的点滴。很多老师被感染，觉得这是孩子童年里不可缺少的内容。

有了第一届的成功，我马上组织干部和组长开反思会，总结本届举办的经验，查找问题和不足，为办好第二届出谋划策。大家情绪高涨，结合实例讲述了自己对戏剧教育的理解、戏剧带给学生的可喜变化，并希望年年办戏剧节，办成系列。沿着大家的思路，研讨不断深入，最终形成了小学六年的题材序列，即一年级是绘本剧，二年级是课本剧，三年级是童话剧，四年级是寓言剧，五年级是红色剧，六年级是历史剧。通过六年的排练和演出，每个孩子都能接触到不同主题内容的教育。

有了大家的共识和更充分的准备，第二届戏剧节的水平提升了一大截。一个班就是一个剧团，还有几个班编排多幕剧连成一个故事的。大家对演出的品质有了更高的要求，为此，学校专门投资安装了彩色高清电子屏，使背景更加有现场感。根据角色要求定制了服装、大树造型、各种动物造型，不同时代人物服装、服饰，还有道具，并专门开辟了一个服装库房，保证了每个节目都有舞台服装。各个年级增加了彩排，以使演出更加顺畅、演员走位更加准确、观众观看更加舒适。

更重要的是，戏剧节处处体现了育人功能。从班内选择演员开始就体现了公平竞争，所有准备参演的学生要进行竞演，获得同学认可的方可成为A角。围绕演出，班内设置了多个岗位，有上台的演员组，有负责制作、搬运、摆放道具的剧务组，有为演员换服装、化妆的服务组，有负责话筒分发的现场管理组，还有负责创作的编剧组等五花八门的组别，体现了人人参与、人人出力的理念。演出不再是班主任一人忙碌，而是变成了学生人人忙碌。孩子们乐此不疲、乐在其中，在不同岗位展示着自己的才能和价值。

老师向我推荐了家长写的感想，其中一个刚转学的学生家长是这样写的：2016年暑假开学，孩子转到城关小学。一切都是陌生的，我们免不了有些担心。开学没多久，有一天孩子放学回到家，告诉我们，她报名参加了英语课本剧表演。听到这个消息，我们略微放松了紧张的心情。一直以来，英语是她的强项。"英雄终于有了用武之地"，这也为她融入新集体提供了宝贵的机会。果然，她顺利通过了老师的选拔。在《小白兔拔萝卜》节目中，她饰演主角——小白兔。尽管"小白兔"的台词多，表演任务比较艰巨，但是凭着兴趣，她坚持向老师学习，攻克难关。最后，大段的台词不仅能背得滚瓜烂熟，更重要的是，在一次次的排练中，她在新集体中展示着自己的优势，增强了信心，还结识了更多的新朋友，让她感到了新集体的温暖。

另一位家长还写了一篇《导演梦想诞生记》：六年级上学期，学校组织学生自编、自导、自演课本剧。这次活动极大地开发了同学们的各项能力。我的女儿杨杨编写了《将相和》的剧本，许多个夜晚，孩子举着剧本给我表演，她不断变换着各个角色，诉说着各个场景。看着她全身心地投入，开始我并没有意识到什么，但随着孩子们许多次课间排练、修改、选演员，直到课本剧真正在全校展演，得到第一名奖状的时候，我才真正被触动。我发现孩子们的热情和能力被极大地激发出来。女儿对我说："妈妈，通过这次课本剧排演，我有了一个梦想，将来做一名导演，我要努力学习，报考中国传媒大学。"听到孩子的话，我深深地意识到学校、老师对孩子们的深远影响，是学校和老师在孩子心中种了一颗梦想的种子。

随着第三、四、五届戏剧节的开展，关于演出的各项活动的组织、筹备、实施都已经不是难事了。这成了一个育人的大舞台，让每一个台上、台下的孩子都找到了自己的位置，看到了自己在集体中的价值。2020年，因为疫情的原因，戏剧节暂停了一届。2021年，在学生们的强烈呼吁下，第六届戏剧节就要举办了。激情、快乐会在新年前的校园中重燃，每一个孩子都要在戏剧节中再次发光。

作者简介：史瑞琴，高级教师，北京市房山区城关小学党支部书记、校长。她带领干部、教师确立了"云峰教育"文化定位，构建起文化建设理念体系和实践体系，走出了一条文化兴校道路。学校获得"首都文明校园""北京市科技教育示范校""北京市学校文化建设示范校""北京市课程建设先进学校""房山区优质学校"等称号。她本人于2018年、2020年两次获得北京市房山区"优秀校长"称号。

与"天使"同行

——做有温度的教师

我是一名从教 20 年的小学教师,曾经的 18 年,我在大山里和孩子们一起度过:在操场上跳绳、嬉戏,玩累了,抬头看湛蓝的天空;在教室里教他们知识;给父母长期不在身边的孩子梳辫子、洗头发、洗衣服;晚上,给他们讲故事,陪着胆小的孩子去卫生间,教孩子们叠被子、铺床单……是他们,让我明白教育是有温度的,做一名有温度的教师,是他们成就了我。

2019 年 9 月,我走进了百年老校——房山区城关小学,成为一(4)班班主任。我一直在思考:我该怎样做好幼小衔接,把他们培养成什么样的人?

一、借助活动形成习惯,让学生爱上学校

为了帮助孩子们尽快适应校园生活,开学的第一个月,我将行为习惯的训练和学习习惯的培养作为工作重点。通过课中游戏,孩子们喜欢上学了;参观校史馆,感受校园文化,孩子们以"我是城关小学的学生"为荣,爱上学校了;借助评价渗透正念,让孩子们在课堂上处于一种积极愉快的情绪体验中,他们越发爱上课堂了。

二、赞美孩子,让自信的种子扎根在孩子心里

我始终坚信每个孩子都是天使,所以我以欣赏的眼光看待班上的每一个孩子,从不吝啬赞誉之词,这种"赞誉"是作为一名老师心灵深处关爱的自然流露。所以,我将赞美适时地送给班上每一个可爱的孩子,帮助他们做好幼小衔接的同时,让他们树立自信心。

面对怕自己说错话,不自信的孩子,老师的夸奖犹如阳光,会让他们信心百倍;面对平时喜欢展露锋芒的孩子,老师的夸奖会让他们把自己的优势变成动力的源泉,带领同学们共同进步。我小心呵护孩子们的成长,培养他们健全的人格。

课上,听到孩子们回答问题的音量一天天变大时,我知道这是自信的声音;看到他们逐渐做好自己事情的同时,还主动热心帮助老师和同学,为班集体服务,我知道自信的种子已经扎根在他们心里了。他们,已经把一(4)班当成了共同的家,而自己,就是家里的主人。

一个学期下来,孩子们养成了一定的学习习惯,积聚了积极向上的正能量,在学习知识的同时,也学习为人处事。一向慢性子的萱萱是个细致又热心的孩子,有一次放学时,她看到还有同学不会整理书包,于是丢下自己没整理好的书包去帮助同学,虽然耽误了放学时间,但我称她为"爱心天使"。从此每到放学时这位"爱心天使"总是最先收拾好书包,快乐地去帮助同学。孩子们看到她这样,明白了助人为乐的同学最美的道理。赞美收获了助人为乐的品格,形成了好的班风。

疫情期间实行线上教学,孩子们自信表达,互相鼓劲儿,自发提醒坚持锻炼、交作业,每天处在一种积极愉快的情绪体验中,力争把每项任务做到最好。

我觉得:自信的孩子最美!自信就像阳光雨露,滋润孩子茁壮成长。自信,有助于孩子形成健全的人格和良好的品德。

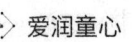

三、借助榜样的力量，引导孩子在互育中共育

自孩子们在学校用餐至今，学校一直提倡践行"光盘行动"，但始终不尽如人意。有的孩子挑食严重，加之家长溺爱，所以浪费现象严重。壮壮就是其中一个典型，他一直不爱吃盒饭里的菜，只吃米饭，菜全部倒掉。和壮壮沟通过后，我才知道原来这是他妈妈的主意，她知道孩子挑食，而且回家孩子爱吃什么，她就做什么，不肯听取老师出于孩子健康角度的建议。直到在主题班会上，学习了袁隆平爷爷的事迹后，壮壮的内心受到了触动，开始吃菜了，浪费的量减少了。从他的口中，我终于听到：我爱吃菜，我不浪费。孩子们已经把袁隆平爷爷当成了榜样。我在一个孩子的田字格本中，看到满满的一面字，这些字触动了我：

> 今日，是袁隆平爷爷去世的第六天，他是一名院士，他的一生都在研究杂交水稻，不让中国人挨饿。他说他有两个梦：一个是禾下乘凉梦，一个是杂交水稻覆盖全球梦。可是就在5月22日，袁隆平爷爷却去世了……请每个人都记住他，感谢袁隆平爷爷不让中国人挨饿，我们会好好吃完每一顿饭！

我拿来读给班上所有的孩子听，自此，光盘人员越来越多了！配餐阿姨每每走到我们班门口，都会说："你们班厨余最少！"

就是这样一群"天使"，他们各具特色，与众不同，花期也不同，有的绽放在绚丽的春天，有的属于炽热的夏天，有的傲立在秋天的枝头，而有的盛开在寒冷的冬天。我呢，便可以欣赏到童年世界里的满园花开！

有他们在，真好！陪着我在教育的大道上漫步，感受着教育的温度和作为一名小学老师的教育情怀。

作者简介： 安红梅，从教20年，现为房山城关小学班主任，一级教师。曾获北京市"紫禁杯"班主任一等奖、房山区"十佳"教师、"房山区教育之星"等多项荣誉。

"声音"的遇见

——我和红领巾广播站的故事

红领巾广播站是少先队组织的重要宣传阵地，它方便灵活，教育面广，是校园宣传的窗口，对加强少先队员的思想教育，活跃少年儿童的课余生活很有帮助，也极为重要。经过和孩子们的共同努力，我们的广播站终于重建成功！

倾听队员的心声

根据队员们希望在学校里有一个发声平台的愿望，也为了更好地发挥少先队阵地作用，学校决定重建广播站。"问计于童，问需于童"，于是我召集大队委员一起商议此事。当讨论到广播站的名字时，大家提到了"豆豆""豆芽"等，多听了几遍却又开始"嫌弃"自己的想法。最后，大家还是想突出少先队的特色，沿用了"红领巾"广播站的名字，同时确定用校歌《我们是云峰少年》作为开播曲。

有了名字，确定设置哪些栏目，又成了大家思考的问题，在不断地讨论争执中，一个个想法、栏目名称迸发了出来，美文播客、温馨校园、彩虹讲堂、励志心语……广播站的架构就这样在大家的争论声中确定了。

遇见可爱的队员

广播站重建之初，期待中的中队推送稿件未能如期收到，于是很多工作落在了我的身上，每期都要找合适的材料，但是作为少先队辅导员，我还是想把这些自主教育和管理还到队员的手中，鼓励他们自己的阵地自己建、自己的活动自己搞。

我找到大队委成员中的几名高年级队员，出乎预料之外，他们欣然接受了工作。于是，在一些课间中，就会看到一个同学捧着一本书过来："老师，我觉得这本书的内容都非常不错，可以放在'知识百宝箱'中播放。"一个同学拿着一张写满字的纸说："老师，这是我搜集的资料，'校园音乐盒'中可以放一些和我们同龄学生合唱的歌曲，网上有一些少年宫合唱团的歌曲，都很适合。"孩子们热情很高，加上适时的指导，大家很快就掌握了一些方法。

在大家的群策群力中，广播站组织机构完善了，有的负责审核稿件、有的负责搜集歌曲、有的负责设备管理、有的组织广播员排期训练……他们不仅做好了内部的分工，还利用广播招募新人，让自己的阵地强大起来。

电台中的大收获

2021年是中国共产党成立100周年，为了更好地与党史教育相结合，红领巾广播站中"红领巾故事会"、"校园音乐盒"两个栏目开始连续广播党史人物、党史故事、红色歌曲，每一期内容，成员们都精心准备，党史故事中出现了很多生僻的地名，为了读准字音，每次练习时广播员都带着字典，随时查阅。从学习红色经典，到讲好中国故事，红领巾广播站也成了队员们分享交流的大舞台。

在课间，有时会听到队员们讨论广播过的小故事，哼着音乐盒中的歌曲。广播站的负责同学，也知道了该如何去筛选材料，明确了广播中的常见问题和注意事项，小电台让队员们有了大收获。

队员们让"声音"变得美好,让少先队阵地发挥了应有的作用,创新"讲"的方式、深化"讲"的内容,红领巾广播站,让我与"声音"遇见。

作者简介:包玮婷,城关小学教师、少先队辅导员,一级教师,房山区少先队名师工作室成员,北京市"优秀少先队辅导员"。

鼓励是最好的呵护

任何人在一个没有压力的环境中，其心情都是轻松的、愉悦的。为学生创设一个宽松愉悦的情境，对学生既态度温和又严格要求，让学生在音乐课上感受到约束中的温暖和自由；让老师成为学生的朋友，和他们一起演奏、一起演唱、一起舞蹈……让学生在一个充满关心、爱意、和谐的课堂氛围中学习，就会大大提高学生的学习效果。心理学家伯利纳也通过实验证明：受到鼓励的学生学习劲头足，主动性很大，自信心强，学习成绩也不断提高。在音乐课上，我经常安排一些有趣的、让学生能动起来的环节，有时候还会让学生合作创编小律动、多形式的表现歌曲，偶尔再让学生来点即兴表演，激发学习兴趣。每当我和学生们一起表演时，学生都特别积极，玩得不亦乐乎。在学生参与活动的过程中，老师可以多接近学生，进一步深入了解学生，也可借此机会进行沟通，构建良好的师生关系，以促进学生音乐素质的全面提高。

《娃哈哈》是一首欢快、活泼的维吾尔族儿童歌曲，可以通过维吾尔族舞蹈的几个简单而又具有代表性的动作表现孩子们欢乐幸福的心情。这是一首非常好听的歌曲，很受学生喜欢。整节课学生都情绪高涨，还有的学生曾经在幼儿园学习过，再次唱起来更是兴致勃勃。很快学会歌曲后，学生都纷纷建议加动作表演，我便点头答应了。话音刚落，同学们就争着抢着先表演，学过舞蹈的更是往前挤，几个同学被我叫到了前面，平时比较淘气的两个男生也跟着跑了上来。我看教室空间有限，于是就把那两个淘气的学生撵了回去，让他们下一轮再表演。当时我也没有想太多，更没有在意其中一个同学沮丧的神情。等这一组的学生都表演完了，我又叫上来几个同学，包括刚才的两个学生，可是其中一个学生却说什么也不愿意上来了，经我再三邀请才勉强上来，但是表演时却无精打采，再也没有开始时的兴奋劲了。看着孩子低落的情绪，我心里也不舒服。

课下我做了反思，并考虑好了处理方法。

第二次音乐课上，我有意为他创造表现机会，想通过这种方式把他的学习积极性找回来，弥补上节课因无心造成的过失。没想到表扬和激励还真管用，经过几次或明或暗的表扬，终于，那个生龙活虎的"小淘气"又回来了。为了最大限度地调动学生的参与性，我提议：谁会做新疆舞蹈动作谁就可以当小老师教大家，老师也要跟着学。一石激起千层浪，一只只小手纷纷举起来，有的学生做起了师生问好时做的手挽花动作；有的学生做起了动脖；还有的学生把课本上提供的两种动作做给大家看，学过舞蹈的学生更是有了展示的机会。学了几个基本动作后，我就让学生听着音乐进行律动。他们虽然动作不是很到位，但是做得很认真，也很投入，个个脸上都洋溢着喜悦和兴奋。美中不足的是我发现几个学生的动作极为不协调，并且一点点地往教室后面挪。"躲什么？你们做不好，老师也不比你们强多少。"我一边说着，一边加入了演唱的队伍中。

音乐再次响起时，我和全班同学再次跳起了《娃哈哈》，虽然我的动作是那么的笨拙，但我可以感觉出学生依旧向我投来敬佩的目光。我有意重复着做几个简单动作，那几名后退的学生受了我的感染，热情也逐渐高涨起来。从他们的表情、动作中，我看出学生们已经体验到了歌曲欢快、热烈的情绪。音乐课上，我引领着学生，学生感染着我，在音乐的熏陶中，我和我的学生尽情地享受着这美好的时刻。

学生好奇心、好胜心强，教师应抓住学生的这种心理特点进行教学，这样可以收到好的教育、教学效果。然而学生的心灵又是脆弱的，常常会在无形之中受到打击，从而打消学生的学习积极性。上面案例中，开始时学生的积极性本来是很高的，由于我的一时疏忽使学生产生了消极心理。我想，要解决这个问题，老师应及时、正确、有效地引导，让他重新建立对学习的信心，重新喜爱我的音乐课。于是我想到学生喜欢表现自己，教师工作的"示范性"和学生所特有的"向师性"又使教师在学生心目中占有非常重要的位置，所以老师的表扬和鼓励是给学生最好的"治病良方"，也是最好的呵护。

师生互动也是最能激起学生表现欲望的好方法。教师作为教学的组织者和指导者，是沟通学生与音乐的桥梁，教师的示范、与学生的共同表演，是这个过程中最便捷的桥梁。教师的参与对学生来说，不是高高在上的指导者，而是共同的参与者。因此，教师要时刻关注、鼓励学生，努力营造和谐的课堂氛围，促使学生在宽松自由的环境中发展、绽放。

事实证明：恰当、适时的鼓励可以给学生自信，激发学生的学习兴趣，最大限度地提高学习效率。"鼓励之于人心，如阳光之于万物。"为了我们的学生健康成长，为了让我们的学生乐观向上，更是为了全面提高学生的综合素养，请用鼓励来呵护孩子们吧！

作者简介： 曹永平，房山区城关小学一级教师，房山区音乐学科骨干教师。从教32年，一直工作在教学一线。勤于施教、安于乐教。关注学生学习习惯的培养以及音乐基本素养的提高，对待学生严而有度，既是良师，亦是益友，是一位深受学生喜欢和爱戴的老教师。

赠人玫瑰　手留余香

　　首先让我给大家讲一个故事，跟着我的文字想象一下那样的景象：上帝给我一个任务，叫我牵一只蜗牛去散步。我不能走得太快，不然蜗牛跟不上，它已经尽力爬，但每次只是挪动那么一点点。我催促它，我唬它，我责备它，蜗牛用抱歉的眼光看着我，仿佛说："人家已经尽了全力嘛！"我拉它，我扯它，我甚至想踢它。蜗牛受了伤，它流着汗，喘着气，继续往前爬……好了，请收回思绪。这种情景，却真真切切地发生在我的工作中。在我任教的班里就有这样一个情况特殊的孩子，他是个确诊的"孤独症"患儿。

　　他叫小雨（化名），在校期间都是他爷爷陪读的。我前期在与小雨妈妈交流过程中了解到，孩子在假期中有了很大进步，家长希望孩子可以像其他孩子一样在学校正常生活。比如：一起在学校吃午餐、一起到专业教室去上课、一起去操场上体育课等。我经过观察，发现小雨能够做到与他人的基本交流，听懂他人的话，我也能看到周围的孩子与他聊天玩闹的场景。班里的孩子对他有着非常强大的包容心，能够做到尊重他、理解他、爱护他和帮助他。

　　有一天课间，小雨的组长跑过来告诉我，小雨自己跑到楼梯口去了，没有看到小雨爷爷陪同。我赶紧去找他，将他带回班中，但他又跑出去了。这时我让一个男生跟着小雨，不要打扰他，悄悄跟在他身后确保他不出事就行。那个男生赶紧追了过去，至于在跟随过程中发生了什么，我们不得而知，但最后小雨安全地回到了班级中。

　　爷爷也许是出于不想让小雨感觉到自己与其他人的不同，所以每天放学都会提前出校门，在外面等待小雨出去。那天也一样，我悄声嘱咐我们班的小体委，让他负责把小雨安全地交到他爷爷手中再回家。小体委正正身体，很坚定地点了点头，说没问题，便径直朝小雨走去。集体解散后，我发现小体委正拉着小雨的手一路将他从班级队伍中送到了他爷爷手上才离开。这让我非常感动，也让我看到了同学们对小雨的尊重与善意，以及小雨自己的进步。

　　由于小雨的自控能力很差，想做什么就一定要去做，所以经常出现私自拿别人东西的情况。有一次课间，小雨看到同学在玩水晶泥，他便直接走到那个同学身边把泥抢走了。回到座位后，他开始玩弄起来，被抢了东西的同学不但没有着急要回来，反而非常担忧地跑来找我，怕小雨把泥吃掉。当我走到小雨身边时，小雨已经把泥弄得到处都是，包括他自己的衣服和裤子。正当我要拿纸给小雨整理衣服时，班里的孩子们都着急地带着自己的纸跑过来，有的帮小雨整理衣服，有的帮小雨擦脸，有的帮小雨擦手，还有一些帮小雨清理桌面和地面。就在这时，由于小雨感受到大家的关爱太过开心，举着自己还挂着泥的手指就要往嘴里塞，旁边的同学眼疾手快地制止了他，并且很耐心地嘱咐小雨："这个东西有毒，不可以往嘴里送！"一次偶然机会，我把这件事讲给了小雨妈妈听，小雨妈妈激动地说："谢谢你，陈老师！"我想，这才是我当初选择成为一名教师的原因吧，可以给到任何一个孩子哪怕一点点的帮助，我都心满意足。

　　像这样的情景还有很多，比如：午餐时间同学们会主动帮小雨铺桌布；小雨会主动请同学帮助自己佩戴好红领巾；有困难会求助老师和同学，等等。

　　在老师眼中，每一个孩子都是多姿多彩的，每个孩子都是百花园中的一朵鲜花。作为老师要用多视角的眼光看待充满生机活力和个性化的孩子，要多角度全方位地评价孩子，多给孩子掌声和喝彩，让每一个孩子都抬起头来走路。作为小雨的班主任，我深知这是一个非常特殊的孩子，必须用特殊的教育方法来让他学习、让他健康成长，他需要老师耐心的帮助。我查找了一些关于孤独症的资料，对症下药，希望能用科学有效的方法来帮助他。

1. 多给他一些"目光"沟通。在上课时，为了顾及其他孩子，我不可能时时刻刻盯着小雨，但我可以经常和他做些目光交流，盯住他的双眼，让他能感受到老师的关注并能专注听讲，不再沉醉在自己的世界里。虽然对自闭症的小雨来说"专注"很难做到，但是要让小雨有这个意识。另外，与小雨交流语速不能快，必须一字一句慢慢说，让孩子能清楚明白。

2. 多和孩子做情感的沟通。小雨不善于和老师同学们交流，他沉浸在自己的小世界里，而我要做的就是把他拉回现实世界。一旦有机会，我就把他叫到自己身边，尝试着和他聊聊天。另外，我也鼓励其他孩子多和小雨来往，和他玩游戏，和他说说话，尽量让小雨感受到周围的人时刻在关爱着他。

3. 用鼓励、认可与信任提高孩子的自信心。小雨虽然是有缺陷的儿童，但他首先是一个人！鼓励、认可与信任，对他来说更为重要。小雨的兴趣是画画，那就应该以他的爱好为出发点。每次，当他完成一幅作品时，我都趁这个机会在全班同学面前大大表扬一番。有时他还会突然在课上站起来读课文、读生字词，我从不打断他，给他表现的机会。事实证明：小雨虽然大多时候是"两耳不闻窗外事"，但他非常在乎周边人对他的看法。所以，同学们对他的加油与鼓励会大大触发他的感性神经，从而达到提高自信心的作用，这从他听到全班同学的掌声后流露出的高兴表情可以看出。

4. 坚持心理疏导。在平时的生活中，让小雨意识到尊重别人等于尊重自己的道理。让他明白别人之所以给自己那么热情的掌声，实际是在善意地帮助自己，要想得到更多的掌声，就应该尊重周围的同学，不要无端地影响他们。其他同学了解了老师的意图后，大多能和小雨在课余时间交流，孩子们更多的是对小雨的包容与理解。

5. 改善家庭教育环境。指导家长阅读一些特殊教育的书籍，提高自身教育水平。创造良好、民主的家庭环境，和孩子交朋友，多鼓励、表扬，少批评、责骂，合理对待孩子的需求，不挫伤他的自尊心，尊重他，信任他。抽时间带他到大自然去呼吸新鲜空气，为孩子安排有意义的劳动或活动，设计各种温馨的家庭活动。

经过一年的努力，小雨比原来明显进步了许多。课堂作业基本完成，上课乱说话的次数越来越少（除非是高兴或情绪变化大的时候）。最让家长、老师和同学们感到满意的是，他不再抢别人的东西，懂得了在征得他人同意的前提下才能动他人的物品。

小雨的故事远远没有结束，世上最遥远的距离是心与心的界限，世上最伟大的力量是爱与爱的交接。我们要用爱的力量去实现心与心的沟通，消除其中的界限，用心去倾听、用爱去包容。有了这些，我想还会有更多的"小雨"会变，变得快乐、自信、健康。

作者简介：陈璐琪，城关小学（新城校区）教师。2020年参加工作，从事语文、数学教学以及班主任工作。工作中认真负责，积极向上，撰写的教育故事在刊物上多次发表。作为班主任，始终尊重学生个性发展，用心引领学生成长，志愿做孩子心中真正的良师益友。

"拆班"风波

"为什么拆班不提前说，我们的知情权哪里去了？"会场上，一位家长站起来大声地说着。"对，为什么拆班？""要拆班可以，那就整个年级都拆，重新分班。"家长们明显情绪激动了。

"各位家长，请安静，我来回答你们的问题。"面对着这些情绪激动的家长，我想努力控制住局面。

"报上你的名字，职务。"一位家长毫不客气地说道。

"我是×××，在学校负责德育工作。请大家不要着急，学校采取这种做法，一切都是从学生和家长的角度出发，努力给孩子们安排最好的老师，提供最好的教育。"

发生在开学前夕的这一幕，虽然已经过去好几年了，但当时的情景，我却历历在目，记忆犹新。

事情的起因是这样的，我们有一个班级，纪律比较差，男孩子多，"调皮鬼"多，甚至出现了"八大金刚"，科任老师纷纷告状，反映无法正常上课。班主任也是着急上火，寸步不离地看着学生，总怕出事。眼看新学期就要开学了，班主任由于身体原因，向学校提出申请，无法继续担任班主任工作。

怎么办？新学期人员安排都已经到位，这时候已经无人可派。如果做工作让班主任克服困难坚持一下，会影响老师的身体健康，也无法保障出勤和质量，对学生的发展不利。五年级已经进入小学阶段发展的关键期，必须保证教育质量。

领导班子经过反复权衡，做出了重要决定：拆班，把这个班级的学生分到同年级其他班，在新的集体中继续学习。这样考虑，源于我们对五年级团队的自信。五年级的几位班主任，有经验丰富的老教师，有优秀的青年教师，有市区级骨干，有优秀党员，个个水平都很高，带班经验丰富，团队整体实力非常强，把学生放在这样的班级里我们绝对放心，家长也应该理解和满意。

做出决定后，我们制定分班方案，调整人员名单，很快就完成了分班调整，准备迎接新学期开学。没想到分班的通知在班级群里公布后，好像平静的水面投入了一块大石头，立刻就激起了家长的强烈反应。

原来，孩子们想到就要跟熟悉的老师和同学分开，面对新的班级又比较陌生，一时无法接受，情绪低落，有的说不想去新班级，有的哭了起来。家长见到这种情况，立马就炸了，在家长群里纷纷发声，质疑学校的做法，表示不同意拆班，还要原来的老师教，要求学校给出解释和答复。

见此情况，学校决定派我进入班级群，稳定学生和家长的情绪，听取家长的意见和诉求，解释学校的做法和原因。进入班级群后，我表明了自己的身份，家长的各种意见、各种声音接踵而来，充满了屏幕。无论我怎么解释，家长对为什么拆班、为什么没有提前与家长商量这两个问题表示想不通，接受不了，要和学校领导面谈。

经过沟通，商定召开家长会，全体家长和学校领导面对面对话解决这个问题。于是，就出现了开头的那一幕。

我稳定情绪，耐心地向家长解释着学校作出拆班这个决定所考虑的各种因素，分析拆与不拆的利与弊，希望得到家长的理解和认同。但情绪激动的家长根本听不进去，坚持要求不拆班。

就在局面僵持不下时，我们的史校长走到了台前，站在学生成长发展的角度，从学校人员安排、五年级班主任队伍优势、学校后续的跟进措施等，一一进行了解释说明。校长诚恳的态度和入情入理的分析解释破解了僵局，一部分家长认同了学校的做法，一部分家长选择观望，只有个别家长还在坚持。

突然，会场的大门打开了，五年级班主任团队面带微笑走进了会场，告诉家长，孩子们已经进班了，正坐在新的班级里和新同学一起交流。有几位家长顿时愣住了，原来这几位家长坚持不让孩子进入新的班级，把孩子带到了原来的教室，就在那里坐着，哪儿都不许去。我们的班主任走进了那间教室，走到了孩子面前，亲切地拉起了他们的手，孩子们那种陌生和不安一下就消失了，高高兴兴地随着班主任走进了新的集体。

我们的班主任一一走到台前，面对着家长介绍自己的带班方略，介绍新学期学生发展的目标和举措、介绍家长们想了解的方方面面。在真诚的对话交流中，家长们的顾虑打消了，担心没有了，纷纷围在自家孩子的班主任面前，说着孩子的优点和不足，说着自己对孩子的希望和要求，请老师多多关注，严格要求。会场里，畅谈声、欢笑声不断，一派团结和谐的场面。

一场由"拆班"引起的风波就这样顺利平息了。通过这件事，我深刻地认识到，只要我们坚持把学生放在首位，一切工作的出发点和落脚点都站在学生的需求和发展上，我们的工作就会得到家长的支持与理解，我们的学校就能持续健康地发展。

作者简介： 崔宏亮，中共党员，城关小学教学副校长，一级教师。先后被评为"区优秀共产党员"、"优秀教育工作者"。心中有学校，心中有教师，心中有学生。

心中有爱，关注成长

　　一位优秀教师说过："成长。是的，我一直在关注着孩子们的成长。在我眼中，孩子们就像是蕴藏着无穷希望的种子。我会用心倾听、读懂孩子，破解心灵的密码，用真诚、欣赏、赞扬让学生感受到教育的温暖。我会用爱尊重、关注孩子个性，用教育的智慧不断创新班主任工作方法，为每个孩子做个性化教育！"多么感人的话语！在我心中，教育从来就不是生硬的，而是有温度的。我们要做心中有爱的教育，以促进学生健康成长。在当前"双减"的大背景下，我对这一点认识得更加深刻。

一、分层保质量

　　这不，新学期有了新的挑战，以前自己包班教语文数学，这次到了高年级以后，学校要求分科教学——也就是我不仅要负责本班的语文，还要负责另外一个班的语文。对于新教的七班，我并不陌生，以前给这个班上过课。上课的时候一个胖胖乎乎、个子不高的男孩子引起了我的注意。据了解，这个孩子成绩并不好，但是上课爱回答问题。不管对不对，就是敢说——性格十分可爱。这次我一看他的作业，心就凉了。这是什么听写作业呀？上面除去圈儿还是圈儿，甚至序号都没写够。有一次，他向我提出了一个问题："老师，'他们'的'他'字怎么写？"我的内心一惊，"他"字是一年级学的呀。看着我不解的神色，他的眼里也闪现了一种无可奈何的神情。

　　"双减"既要减轻学生的课业负担，同样还要提高学生的学习质量。那对小胖这种基础特别差的学生，我们怎么办呢？对，分层教学，我们不必把这个学生和其他学生横比，只是要他跟自己以前比，有进步就行了。我找到他："孩子，咱们基础有待提高啊，你每天要听写，其他同学听写的是老师在书上画的词，你就听写课后生字表后的词，那些词比较好记好区分，不必听写很多，每天记住10个就行了。老师给其他同学布置的作业呢，你写不完也没关系。"小胖听说任务减轻了，十分高兴，大声对我说："老师，这个我可以！"

　　果然，按照我们的约定，他每天都把自己的听写拿给我看。我不管多忙，都要细心查找一番，找出有问题的，让他抄几遍，没有问题就及时鼓励他。他听到我的鼓励，眼里闪烁出从未有过的光芒："老师，您等着，我一定把字练好！"看着孩子一天天地进步，我内心一片释然。

　　学校要进行百词赛了，我出了50个四字词语，并且定时给孩子们听写。开始小胖也就写对两三个，他有些气馁。看到这种情况，我及时找到他，让他不要着急，每天听写五个就行，先争取这次百词赛合格再说，贪多嚼不烂。就这样，每天他都练习，每次有进步我都鼓励他。终于到正式测试那天，50个词他居然对了40个。听到这个成绩，他高兴得蹦了起来，同学们都投来赞赏的目光，当我把最佳进步奖的奖状交给他时，他的眼神里出现了和以前不一样的光芒。

二、锻炼当自强

　　"双减"要求学孩子们全方面发展，提高学生的身体素质也是"双减"的一个重要要求。

　　你接过这样的班级吗？在这个班级中，女生占领了强势的地位，班长、班委、学习委员等都是女生，而男生呢，顶多当个小组长而已。是老师不重视男生吗，并不是——成绩排在前面的根本就没一个男生，就是公平选举他们也会败下阵来。那我们的男生干什么去了？哦，有一点小病就请假的，肯定是男生；同学之间闹矛盾，打起来的也肯定是男生；小胖子呢，也多数是男生。男生不止文化课不好，就连体育成绩也是一塌糊涂。对，我接的就是这样一个班，这样一个让我非常头疼的班。看病要看准病

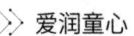

因，对症下药——我看这个班的男生主要问题是懒惰思想在作怪，那我就从治"懒"开始吧。

"老师不好了，我吐血了！"小晨同学的话，可把我吓坏了。我详细问了他的情况。他说嗓子疼，一到厕所就吐了两口血，现在嘴里还有血腥味儿呢，不参加跑步行不行？那就别跑了，赶快叫你家长给你看看吧。当天晚上，家长回信儿了：就是嗓子肿了，可能唾液中有一点血丝，没什么大问题。真是虚惊一场。看到这种情况，我更加坚定了认识，那就从每次跑步都请假的小晨入手吧！

小晨身体有点超重，懒得锻炼身体，据说低年级时他的体重很正常。同学们上体育课都很高兴，到他那儿总是磨磨蹭蹭，晚一点儿去，这样就可以少跑几圈。我对他说："孩子，身体有毛病，一定要看医生，但是没有毛病，一定要坚持锻炼，没有一个好身体，将来走上社会该怎么办呢？不希望自己成为一个大胖子吧！男儿当自强啊！下次没有特殊情况，一定要跑步，不能掉队，如果掉队，就把少跑的圈数跑回来，一圈都不能少。"之后看着我盯得比较紧，他请假的次数少了。每次请假我都跟家长细心地核实一遍，还要了解到底身体能不能参加锻炼，能跑就一定要坚持。家长的支持再加我的督促，小晨不再发怵跑步了。经过一年的锻炼，他的体重逐渐降下来，由超重变成了正常水平。看到自己的变化，他也非常高兴，有一天他跟我说："老师，其实我就是有点懒，不想跑步，现在我知道了锻炼的重要性，以后我一定要加紧锻炼，让身体更结实，老师看我的行动吧！"听着孩子稚嫩的话语，我也高兴地笑了。

在小晨的带领下，男孩子们的主动锻炼意识也增强了。在班级评价中，我把积极参加体育锻炼当成了一个重要的评价标准，孩子们的积极性都有了很大的提高。在学习上呢，还和女生展开了比、学、赶、超的活动，成绩也逐渐赶了上来。

三、习惯促成长

"双减"既要求减轻学生的课业负担，还要求学生养成良好的习惯，其中就包括书写习惯。

你看到过蜘蛛爬吗？你看到过蜘蛛爬了一大片吗？我们的小文同学从一年级开始写字习惯就不好，本来就十几个字，它能写成一大片，分不清个儿，就像一张乱糟糟的破蜘蛛网。遇到这样的孩子，我磨破了嘴皮子，每次都告诉他要好好写字，一笔一画写工整。可是我的话很快被当成了"耳旁风"，下次交上作业，还是一片一片的，让你无从下眼，无法下手，只能退回去重写……一次次的较量中，我逐渐败下阵来，认命吧，他就是这样，没办法。

后来我反思了自己的行动，我只是告诉他说要好好写，但是我真正教他怎么好好写了吗？反思后，我决定从教他写字入手。我让小文拿笔和作文纸来到我的身边，对他说："小文啊，你知道中国人为什么要写方块儿字吗？我们的祖辈就告诉我们，做人要堂堂正正，所以我们写字要端端正正，写字就写方块字。我们要把字写在格里，不能出格是一个重要要求。其实你的字写得很好，就是太大了，格儿都撑不住了，要把它缩小再缩小，把它放到格里就美观了。你试试吧，老师来教你。"我还教了他正确的握笔姿势。开始字还是练得不太好，但在我一再坚持下，慢慢地，他能把字控制在格里。虽然还不是特别美观，但我还是表扬了他，他听到我的表扬，练字更起劲儿了。这样日复一日地坚持下来，上次期末测试，语文居然考了良好的成绩，这样的进步连他自己都不敢相信。

不抛弃、不放弃，让每一个孩子在"双减"的大背景下都得到进步，这是我们每个教育工作者努力的方向。追求心中有爱的教育，追求细致入微的教育。在"双减"的大背景下，我希望孩子们从我这里得到的不仅仅是分数，更多的是核心素养和道德品质的提升！教育在细节中无处不在，让我们努力做好爱的教育吧！

作者简介：杜建国，小学语文高级教师，房山区骨干班主任，北京市"紫禁杯"优秀班主任，1989年参加工作，2005年进入城关小学任教至今，论文及课例多次获得国家级及市区级奖励。

用传统文化滋养孩子的心灵

格言、楹联、谚语、歇后语等是中华传统文化的一部分。然而，对这些内容，我们的教学过程通常为：介绍知识—记录要点—解释含义—背诵默写。也就是说，对这些传统文化的认知，我们给予学生的指导通常仅限于知识层面上。那次教学格言的经历，却让我深刻认识到，格言以及其他传统文化不仅仅是知识，它们真的可以滋养孩子的心灵。

那节语文课的教学内容是第三单元的语文实践活动。在学习"诚信"格言这一内容时，我和学生一起交流这些格言的含义，组织学生练习背诵。

下课了，自以为课上得很圆满的我准备离开教室，小航犹犹豫豫地走过来，有些愤愤不平地问："老师，古人说'君子一言，驷马难追'，我借了小丰一块钱，他开始说让我还五毛就可以了，可是后来又让我还一块，他是不是不讲信用？"

这个问题让我有些措手不及，没想到诵读格言竟然引出这样一段风波。静心思考，新课标中明确指出："工具性与人文性的统一，是语文课程的基本特点。"可是，我在语文课上更多的是关注学生对"诚信格言"本身的理解和积累，没有把这些语言文字和学生的生活实际、学生的内心情感联系在一起，忽视了引导学生对语言材料品味、感受、体验的过程，忽视了引导学生在此过程中感受优秀文化熏陶的内化作用。所以才会造成学生断章取义，引起学生情感价值观认识上的偏差。但是，如果此时我直接对小航进行思想教育，不一定能触动他的内心，还可能打消他敢于质疑的积极性。新课标中强调："应根据语文学科的特点，注重熏陶感染，潜移默化，把这些内容渗透于日常的教学过程中。"新课标同时明确指出："实施评价要注意教师的评价与学生的自我评价相结合。"我想，自己应当给学生提供机会，让学生参与进来，引导学生在交流中学习，在评价中认知，在反思中进步。

通过梳理教材，我决定重组教学内容，把刚学的"诚信"格言和后面语文实践活动中的"质疑"格言结合在一起，再上一节有关格言的语文课。

征得小航和小丰的同意，上课伊始，我把他们借钱还钱的故事讲给同学们听，让大家诵读格言、谚语或名人名言等，发表自己对这件事的看法。有同学说："'与朋友交，言而有信。'小丰既然已经说了让人还五毛钱，又反悔，这太不够意思了！"这时，我顺势说："小丰也是好心，但后来可能急需用钱才违反了之前的承诺，老师建议他以后做决定要'三思而后行'。"也有同学说："'人而无信，不知其可也。'小航既然是借钱，就应该借多少还多少，否则谁还愿意借给你钱呢？"这时，我又顺势说："这就是俗话说的'好借好还，再借不难'。"听了同学们的发言，小航和小丰也都用格言、谚语等谈了自己的认识，承认了自己的不足，态度非常诚恳。这时，我带领同学们热情地赞扬他们："小航和小丰虚心接受了大家的意见，他们真正懂得了——"学生齐答："良药苦口利于病，忠言逆耳利于行！"

两个孩子的矛盾化解了，这节语文课并没有到此为止。我又说道："小航和小丰学习了'诚信'格言，能联系到自己生活中的困惑，这种探究的精神、质疑的精神是多么可贵呀！现在我们就来学习第八单元语文实践活动中以'质疑'为主题的格言。"学生学习格言的热情一下高涨起来，纷纷联系生活实际谈自己的理解。这样，学生不但学得有趣，背诵效率高，而且从他们的眼神中，我感受到了他们对这些格言由衷的喜爱。我趁势总结："这些格言的语言精练，内涵丰富，是我们中华民族传统文化的一部分，是我们的宝贵财富。写文章时恰当引用格言，你的文章会别具风采；生活中遇到困难，想到某句格言，你也许会豁然开朗。这就是格言的魅力！"下课了，我和学生都还意犹未尽。

在以后的学习、生活中，我的学生不仅喜欢背诵格言，而且喜欢时时处处用格言。看见有同学乱丢垃圾，他们会说："勿以恶小而为之，勿以善小而不为。"看见有同学贪玩不交作业，他们会说："少壮不努力，老大徒伤悲。"看见有同学总是拖拖拉拉，他们会说："一万年太久，只争朝夕。"……

孩子们自觉地把这些凝聚着中华传统文化的语言融入生活之中，他们的内心世界变得更加美好起来。这就是新课程标准中"认识中华文化的丰厚博大，吸收民族文化智慧"的深层含义吧。

作者简介：耿海英，1996年参加工作，一直担任班主任并从事语文、数学教学工作。热爱学生、耐心细致。特别是在语文教学方面，潜心探索课堂教学的实效性，努力把自己对祖国语言文字的热爱传递给学生，不断反思自己的教育教学理念和教学行为，让自己和学生在课堂上携手共同成长。

流淌在指尖的爱

2020年初，人们沉浸在阖家团圆的氛围里，突如其来地被一个叫"新冠病毒"的新型病毒，堵截在家里不能出门，这是为了更好地避免交叉感染风险的方法。而我们师生也正在放寒假期间，虽没预测到这个病毒会使我们滞留在家这么长时间，但我们仍然按部就班地指导学生学习。这期间，班里一个小男孩，让我更加认识到，这世间没有什么不可能！

他是一个做事积极、爱发言的孩子，但又听不懂老师的要求，同时写字很乱，要求他改变却效果微乎其微！而让我重新认识他，重新审视自己的教育方法，就是这个孩子每天向我发来的田字格古诗。其他孩子只是认真完成这项作业，并没有像他这样主动又积极，我想：能不能抓住这次契机，帮助他练好字呢？于是，我就和他每天就田格本的字互动起来！

一、鼓励为先，激发信心

如果信任是一种尊重，当你被人充分信任时，心情也是十分愉悦的，那么鼓励就是一种动力。想想我们自己，是不是也喜欢别人说自己能力强的方面，就更不用说孩子啦！最开始，他发来田字格本时，我会说"真清楚""好清楚"。孩子听到我这样夸他的字，他总是很高兴，会说"谢谢老师，我会努力的"。多诚挚的孩子啊！他相信，这是我看到他的字之后，真实的感受。我更加坚信，不要辜负孩子对老师的这份信任。我的赞美可以鼓励他，让他感到自己的字是有改变的，这样孩子练起字来就不会嫌烦，练字本身就切忌半途而废。而这样的语言，也不够，不能天天这样说，孩子会觉得老师在搪塞他。那我就换招儿鼓励他，以他心目中的榜样为鼓励目标。当他再发给我田字格本时，我会说"你的字越来越方正"，会说"你的字追上咱班某某的字啦"，会说"你的字越来越体现中国汉字结构的美啦"。对一个平时写"大乱字"的孩子，从他每天下午按时发给我这项练字作业，发晚了还会使劲解释原因，我就知道他的心里一定是美的，是积极的。可以说，我让他先有了信心，然后有了练字的兴趣！

二、指导为法，增强耐心

练习钢笔字的好处很多，可以培养学生的审美素质、良好习惯、耐心、观察力，还可以开发智力呢！针对这些好处，我调整了指导这个孩子的方法。告诉他，按照老师的指导练字，同时我也为他搜集了一些关于练字的方法。我们留的作业中，有古诗积累。正好让他既练字，又复习古诗，俗话说得好："好脑子，不如烂笔头！"这岂不是一举两得的事？当我一告诉他时，他就说："老师，我能做到！"

之后，我就根据他的字指导他。注意字在田格里的结构，不要紧贴上面或下面的横线，要留出空来；注意字的每一笔走向，要控制住笔画的方向。注意字体结构，左右结构，还是上下结构，你的字才会更端正些；字的偏旁整体瘦一些，撇和捺要舒展一些，字会更好看些……"好的，老师，我会注意"。"好的，老师，我马上改。"就这样，我们师生俩每天都是这样一来一回地互动着，这个孩子平时改个作业是很慢的，可是练字期间却很认真，改完又发给我看，直到我满意为止。

从放寒假，一直到开始线上授课，我们俩一直坚持着！

三、作品为辅，持久恒心

"不积硅步，无以至千里；不积小流，无以成江海。"练习钢笔字，孩子有了耐心，能静下心来练习了，但要想练好字，更需要孩子的恒心！怎么调动他的恒心呢？在居家学习阶段，我们每周都对孩子的作业进行总结，我开始制作美篇。用美篇里的样板、音乐，再加上我对孩子们作业的赞美之词，让孩子看到他的古诗田格字，在美篇里是多么漂亮，以及老师的表扬！他总是很高兴地说："谢谢老师！"我知道，这个小孩很受用老师的表扬，你越夸他，他越爱表现，对老师的建议也欣然接受。

后来，我在班级里进行钢笔字评比，夸他的钢笔字进步极快。还发给他被评为"优秀钢笔字"的电子奖状！同时，班里也有一个小孩钢笔字不好，我就讲了这个孩子练钢笔字的方法，并把他的田格字发过去，鼓励另一个孩子练字。在疫情期间，这个孩子用他的信心、耐心、恒心，一直在我指导下坚持练字。

练字是一个长期的过程，我从没奢想会有立竿见影的效果，但这效果却真实地改变了我的看法。在线上教学的第一篇作文《那一刻，我长大了！》时，这个孩子的作文，就在我的语音与他的拍图中，改合格了。他把我的意思完全领会了，不是以前的我讲1他说6的状态啦！他的注意力专注起来，会听讲了。同时，我还发现，在腾讯会议讲课时，他的回答有板有眼，不会偏离老师的问题了；他每天准时上线听课，准时按质上传作业。他每天就是这样踏实地学习，这些都是他可喜的变化！

原来改变一个小孩，就是在这点滴之间，就是在这鼓励之间，就是在这信任之间，悄然发生了！孩子们都是可爱的、纯善的，他们都是那么信任自己的老师，爱自己的老师！

作者简介：顾春艳，城关小学教师、班主任。兢兢业业教书，关心每个学生，注意因材施教，促进学生全面发展，指导的学生作文获得国家级一、二等奖。善于观察和总结，把自己教育教学中的经验撰写成论文、案例、教学设计等，多次获得区级、市级、国家级奖。

她笑了

九月开学季，我又迎来了一批刚刚走出幼儿园大门的娃娃。我环顾教室，看到一双双渴求知识的小眼睛。突然，她进入了我的视野：一个扎着马尾辫、长得秀气的小女孩，给人一种说不出的感觉。

我开始点名了，每个孩子都能按要求起立，大声喊"到"，而她却低着头，手里玩着书包带，目光四处游离，就是不注视我，似乎没有听到。我又点一次她的名字，她先是一愣，看了我一眼，还是没有理我。

我走到她身边，低下头问她："你叫什么名字？"她眼睛看向别处，依旧不理我。"你是叫王××吗？""你是叫王××吗"这句回答引来哄堂大笑，她看向四周也跟着大声笑。我注视着她，自我介绍道："我是郭老师。"她略显呆滞的目光终于落在我的身上了。"问老师好。"我继续跟她交流，她的头摆向一边，快速地说"问老师好"。又是一阵大笑，她看看大家，也跟着大笑起来。我转过身，制止了笑声，又回头看向那个孩子，她还在笑着，没有意识到自己被大家嘲笑了。我意识到这又是一个特殊的孩子。

我回到讲台，一转身，她跟在我身后，看着我笑。等我再想和她交流时，她快速地跑回座位，继续玩书包带。随后我发现，跟同龄孩子比，她似乎什么都不懂，不会听、不会做，甚至不会学说话，更谈不上懂规矩了。正上课呢，不知什么时候她就自己跑出去了，我就得满校园去找，还被其他老师、同学送回来好几次。一下课，她就跑出教室，自己在校园里又跑又跳，上课铃响了，也不知道回教室……

于是，我找到孩子的父母，了解到孩子父母离异，她从小在老家跟着外公、外婆生活，没有上过幼儿园，缺少交流，临近入学，才被妈妈接来北京，现在和后爸住在一起，真是可怜的孩子。于是，我和家长商量先来学校陪孩子一段时间，协助老师帮孩子熟悉环境，培养时间观念、自理能力。在我和家长的共同努力下，孩子慢慢适应了，知道自己的座位、书包柜，知道上课下课的铃声，听到上课铃声能及时回教室上课了，学会了上厕所。

每天我手把手教她整理桌洞里的书本，教她如何使用书包柜，每天和她一起收拾整理；课间带她去厕所，去打水喝，带她和同学们做游戏。教她跳绳，她从一个都不会跳，到现在一分钟能跳三十来个，进步了很多。我每天抽时间和她进行简单的交流，现在她能用简短的语言来表达自己的需求，我能明白她的想法。平时她总是独自一个人，想去哪里就去哪里，不和任何小朋友交流、玩耍，于是，我对班级里的孩子进行教育，让他们了解王××，并教育他们帮助王××。在我的影响下，班里的孩子们伸出友爱之手，帮她收拾用具，整理物品，带她去玩……可是，玩着玩着，她又自己不知跑到哪里去了，我和孩子们还得到处去找。

有一天中午，几个高年级的孩子气喘吁吁地来找我："老师，您快去看看吧，你们班的一个孩子在操场打滚呢。"我一猜就是王××，于是，我来到操场，把她扶起来，边轻轻拍打她衣服上的灰尘边问她怎么啦，她不说话。晚上放学，我和家长交流了这件事，为了孩子的安全，我建议家长每天送孩子进教室。慢慢地，家长可以放手了，王××也自觉地进教室了，再没有孩子来告状了。

慢慢地，她变了！不再乱跑，不再乱叫，能简单交流，能表达需求，学会了一些劳动本领，懂得了一些简单的规矩，见到认识的老师也能主动问好了……看到孩子的点滴进步，我喜在心头，家长更是感谢不已。

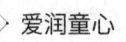

有时，她从小饭桌回来，头发乱蓬蓬的，我就帮她梳头，让她照照镜子，她会露出天真无邪的笑容。多么可爱的孩子呀！我不禁想起这样一句话：每个孩子都是一朵花，只是花期不同而已，有的开在春天，也有的开在秋天。我们要做的就是"默默耕耘、静待花开"！

作者简介：郭艳军，城关小学教师，房山区骨干班主任，从教24年，一直担任班主任。无论什么样的孩子，都以爱心、耐心、细心、宽容心待之，注重身教，师生相处和谐，深受家长好评。

弱种子也要发芽

曾经读过一篇短文《弱种子也要发芽》，故事讲的是一位城里父亲给乡下种地的农民钱，请求他把挑出的瘪种子种进土中，为的是给自己耳聋的儿子鼓励和希望；可是农民没有收下钱，依然把这些瘪种子种在了最肥沃的地段，因为他也有一个因为车祸失去双腿的儿子，可他一直把儿子关在家里，现在他要回家，因为："再弱的种子，也要发芽；再嫩的幼苗，也渴望长大！"

这个故事勾起了我深深的反思，作为教书育人的班主任，我每天面对班级里不同的学生，关心那些优秀生的成绩，关注那些调皮生的纪律，关心文艺生、体育生的特长是不是得到充分的发挥……而那些身体或心理上有不足的"弱种子"，我能不能给他们提供一片"最肥沃的土壤"，让他们能够快乐幸福地成长呢？

记得我曾经教过一个学生雷智超，人送绰号"雷哥"，听名字就应该是个人高马大、心胸开阔的男生。不错，她真的是人高马大，一米七几的身高，二百来斤的体重，大大的黑框眼镜遮住了那双睁不开的小眼睛，永远顶着一头乱糟糟桀骜不驯的短发——她是个不折不扣的女生，这样的外形是她心中永远的痛，她也因此而自卑，讨厌参加各类活动，也特别讨厌别人叫她"雷哥"。

一、从树立"雷哥"高大形象做起。教育学生的最好途径就是组织活动，为了让同学们都发现雷智超的优点，我先是组织了男生女生拔河对抗赛，由两队队长各自选好参加比赛的人选。班内立刻掀起了报名热潮，课间男生一群，女生一伍，聚在一起商量人选，策划战术，而"雷哥"呢，仿佛不是班中一员，依然坐在座位上埋头写着什么。我一看，这不行啊，活动给谁准备的呀！赶紧召开班委会，由班长出面邀请雷智超参加女生队，并教她们如何动员，细说有"雷哥"参加的优势。这样，雷智超终于点了头，我心中的石头也落了地。比赛日终于到了，我特意站在"雷哥"身边给她们加油助威，女生队不负众望赢得了比赛，男生们唉声叹气，羡慕地对女生说："要不是你们有雷智超，想赢我们，门儿都没有。"女生们则围着雷智超，叽叽喳喳地说着什么。这时候，我发现雷智超也露出了喜悦的笑容，她也感受到了被同学"关注"的幸福。接着，我又在班中组织了"掰手腕""投沙包""吹鸡毛"等小活动，每次我都会"安排"雷智超参加，不出意外，她总能取得好成绩，她也渐渐走出了自己的一方小天地，融进集体生活当中。后来在她的日记中写道：我知道这些小活动都是老师和同学们为我"精心"准备的，能和同学们一起玩耍、游戏，我才真正感受到了校园生活的乐趣。

二、从给"雷哥"找朋友抓起。记得雷智超曾经跟我说过，她不相信友情，所以她和班中的任何同学都不成为朋友。我听后心里顿时一震，一个十一二岁的孩子，怎么能够这么悲观呢！经过一次次促膝长谈，我了解到：原来一二年级的雷智超并不是这个样子，她那时在班里有个最好的朋友，雷智超总会尽自己最大的努力去帮助他，可是后来一次小矛盾，朋友跟她说："我跟你做朋友就是利用你组长的身份不交作业，不然谁喜欢和你一起玩儿！"她觉得自己受了伤，从此再也不敢交朋友了，她怕受伤害。为了解开她的心结，我曾用最为严厉的语气跟她说："你就是一只鸵鸟，每次遇到困难，就把自己深深隐藏起来，这样你永远也不会快乐。"我又找到平时还能跟她有些交流的楼星含，那也是个性格比较开朗的女生，而且特别善良，我就把她俩排在一个小组，上课一起讨论问题，下课一起游戏，我还时常参加她俩的手工制作。一个学期之后，楼星含不仅成了雷智超的好朋友，而且还有几个男同学成了她的"好哥们"呢！

三、从给"雷哥"一个温暖的家做起。家庭教育、家庭环境在孩子成长的过程中起着至关重要的作用。"雷哥"的家庭平凡但又不平常。原来别人家都是男主外女主内，而她家是女主外男主内，爸爸每天在家打游戏，妈妈终于忍受不了了，已经离开家一个多星期了，所以导致最近"雷哥"上课无精打采，课间又把头扎进了桌洞中，之前建立的良好局面将要不保，我也是看在眼里急在心里。赶忙联系了雷智超的妈妈，进行了一次家访。原来，他们夫妻早就已经离婚了，只不过没有告诉雷智超，就是怕她有心理负担。孩子非常敏感，她已经隐隐猜到了父母之间关系的变化，为了让孩子放下心里的包袱，我建议家长还是直接跟她讲明白，从隐瞒她就知道他们都很爱雷志超，为了让孩子不在一个冷漠的环境中生活，希望他们用各自的方式去关心孩子，我也会做好孩子的思想工作。一段时间后，跟着妈妈生活的雷志超渐渐开朗了、活泼了，学习成绩也有了很大进步！

日记、书信、眼神……在平时生活中我们已经形成了默契，这些都是我和"雷哥"最平常的交流方式，在和她相处的过程中，我也在育人方面有了长足的进步。"瘪种子"真的需要老师和家庭对他们真心付出，全情关注，他们比优秀生更需要理解和关爱。

一个个简单的小活动，一次次和同学们的亲密交流，一张张幸福快乐的笑脸，这都是孩子成长中最最需要的"土壤"，而班主任要开辟出这样的一片天地，让"瘪种子"能够吸收那些快乐、自信，慢慢饱涨起来，让他们的生活丰盈起来，真的很容易。

作者简介：韩立平，城关小学一级教师，现担任六年级语文教研组组长。在教育教学中遵循"爱与尊重是教育的出发点"，全心全意为学生服务，注重从兴趣教学入手，根据学生们的不同特点，探索出多种快速识字和阅读的学习方法，推崇个性和能力的培养，凭借积累的经验和不断地探索，形成了富有特色的"生动课堂"。

让学生爱上我们的学科

苏霍姆林斯基说过："要记住，你不仅是教课的教师，也是学生的教育者，生活的导师和道德的引路人。"这是作为教师应该具备的素质。当读过苏霍姆林斯基的教育故事之后，我更加深知教师责任重大。

我一直以来都是从事劳动技术学科的教学工作，如何把学科和生活联系起来是我一直思考与探索的问题。通过调查以及十多年的教学经验，我了解到学生自身具备的一些技能与素质，结合课堂教学，把课堂中学到的知识与技能应用到生活中去，这也符合劳动技术学科的特点。

记得开学初，六年级劳技教材中编排了家庭烹饪知识。经过调查，我发现六年级中的很多学生已经开始独立做饭做菜，有一定的烹饪基础。那么书本上的内容就要做一些适当的调整，教学方法也要有所改变。于是，我脑海里出现了这样一个想法：让学生来介绍做饭的经验，把学生已有的家庭烹饪知识与技能在课堂中展示出来。作为老师，我们只需给他们提供一个平台和机会，大家经验共享，互相学习，要比我们一板一眼地去讲解、演示，更受学生们欢迎，学习兴趣也会更高。于是，我在其中一个班，初次尝试了这种教学方式。结合课本内容，每周确定一个主题，例如：书本的内容是"鸡蛋的几种吃法"，我提前布置下去，大家可以根据自己做过的鸡蛋吃法完成学习单，可以附上照片等。大家各抒己见，纷纷介绍，甚至还有的同学强调了注意事项，大大出乎我的预料之外。看着同学们侃侃而谈，缺少经验的同学流露出羡慕的表情，我知道，这种教学方式用对了。最后，大家还发现，不同的家庭同一道菜的做法也有所不同，至于哪种更好吃，还需要自己去实践、去品味。这样很大程度上激发了他们的学习兴趣，学生的积极性也确实被调动了起来，围绕课本上的主题去尝试制作。出于安全考虑，我要求学生必须在家长的监督和指导下去实践操作，上课的时候带来，全班同学共同分享，交流评价。这样不仅学生的安全有保障，时间也充裕，更有利于学生发挥。学生把同一食材加工的菜带到班里，同学们排队有序地品尝，从色、香、味等方面进行评价。对于评价高的作品，我们会评出"家庭烹饪小能手"，并请他们介绍制作方法，大家听得全神贯注。

经过一次这样的课后，我发现学生对劳动技术课的兴趣更高了。每次看到我，都会问："老师，下节课，要不要带菜？""老师，下节课咱们学什么？"……学生总有许许多多的问题问我，看到他们一脸求知的欲望，我既高兴又欣慰。高兴的是孩子们喜欢这门课程，欣慰的是他们能积极主动地去学习。

五年级劳动技术第一单元内容是"中国结"，学生对中国结充满了喜爱与好奇。在他们的认知里，以为中国结就是超市、商场、路摊店里卖的大大的，挂在墙上的装饰品，其实不然。通过课上的学习，中国结不再神秘，他们知道了即使是那些红红的、大大的结，也是由一些基本结组成的，只要学会了基本结的编织，就能编出更多、更漂亮的中国结饰品。学生的学习兴趣变得高昂，学习起来也变得认真。甚至下课了，有的同学还围着我问："老师，看我编得对吗？""老师，下边怎么编？""老师，下节课咱们学编什么结？"……听着他们一个又一个的问题，我知道他们感兴趣，喜欢编织，喜欢劳动技术课。孩子们给家长编手链、给自己的书包编制小挂坠……

在教学中，我发现每个孩子身上总能找到闪光的地方，虽然有的学生数学、语文学科比较薄弱，但是动手能力却很强，或者跑步跑得很快，又或者唱歌、画画很棒……其实学生都是各有所长，作为老师的我们应该对学生宽容、再宽容一些，可能他们经常无法克制自己的言行，无法很好地完成学习任务，

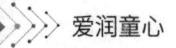

只要我们老师以身作则，树立榜样，关爱他们，鼓励他们，相信很多学生还是有所感悟的。我记得一本书上说："宽容是一种无声的教育。虽然书本知识的灌输是很重要的，但是给学生营造一个宽容的学习环境，在鼓励学生人格力量的成长上，个性张扬的发展上，是有利得多的。"

作为学生人生的引路人，我们更应该发现孩子们的闪光点，做到因材施教，激发他们的学习兴趣，让学生爱上我们的学科，学习成绩自然会有一个飞跃。

作者简介：胡艳立，房山区小学劳动技术学科骨干教师，参加市区级各种教研活动积极主动，多次参加市区的课题研究活动，积极撰写论文，积极参与著作编写，在《综合实践活动区域教育资源研发与利用（一）》一书中担任副主编。在教书育人的平凡岗位上，精心耕耘，无私奉献，以高尚的道德情操，高度的育人责任感，一丝不苟的教学态度，实现着一个教师教书育人、为人师表的职责。

信任创造美好

有一天，然然妈妈给我打电话说："孩子特别开心！因为老师相信他说的话。"

事情是这样的，周二的下午第一节课课间，然然和小宇两个人一前一后走进了办公室来找我。"老师，我的新钢笔丢了，被小宇拿走了，您看看就是这个牌子的。"然然说话的语气很肯定。不善言谈的小宇结结巴巴地说："老师，这个是我昨天买的，妈妈跟我一起去买的。"小宇平时沉默寡言不善于表达，此时，眼泪已经在眼眶里打转了。然然据理力争，提高了音量："你骗人，这支钢笔就是我的。"小宇不说话了，只是掉眼泪。然然平时不守纪律，经常和小宇发生矛盾，我几次给他们调节，今天又发生了这样的事。两个孩子眼巴巴地看着我，希望我可以做出判断。然然平时有很多问题，每天自己的东西都是一片狼藉需要同学们帮助收拾，经常随便乱丢东西，但是说谎骗人倒是没有发生过。小宇跟然然关系不是特别融洽，但是这个孩子胆小老实，也不会去偷拿别人的东西。我轻轻地帮小宇擦了擦眼泪："别哭了，有问题我们一起解决。"然然看我的样子好像是很相信小宇了，就双手抱在胸前哼了一声："反正这个笔就是我的。"一副要无赖的样子。我抚摸着他的头温柔地说："你的笔是不是放在书包或者桌洞里了？""没有，我都翻遍了也没找到。老师，昨天他还画小人写我的坏话呢，一定是他偷走了。""没有。"我对他们说："遇到事情要冷静，你俩都不要着急。想想我们学过的《司马光》和《王戎不取道旁李》，两个小主人公一个遇事不慌乱沉着冷静，一个认真思考准确做出了判断。老师觉得你们两个也都是聪明的孩子，我们冷静地分析分析，看看是不是落在家里或者是掉在哪里了？"听了我的话，然然放下了手冷静了一会儿说："老师，我上课时还有呢，我边上的同学都看见了，下课就没了。"在确认了笔没有落在家里之后，我还特意跟随他们到教室里把书包、桌洞、书包柜一起找了一遍，其他同学也没有捡到。唉！教他们三年了，班中从来没有人丢过东西，他们两个在同一个组，中间隔了班长。他们两个之间多次出现矛盾，今天又用了同样的钢笔，其中一个找不到了，如果这件事解决不好，两个人的矛盾肯定会加深……

上课铃声响了，打断了我的迟疑，如果我不能在上课前解决此事，恐怕这两个孩子英语课都上不好。怎么处理呢？对这两个孩子而言，不管最终证明这支笔是谁的，另外一个孩子心里都会有遗憾，少了一支笔就少了一个孩子证明自己的底气，少了老师的信任。他们渴望的小眼神让我飞速思考。我应该做的是让他们两个感觉我对他们一视同仁不偏不倚的信任，特别是对然然这个所谓的"问题儿童"。我拉着他们两个的手温柔地说："然然、小宇，你们两个同在一个班级，还是一个小组的，竟然眼光很相似，都挑选了一样的笔，真是有缘分。你们两个有同样的笔，现在就剩下这一支了，是然然的还是小宇自己的那支呢？我们还不能着急下结论，说不定然然的笔就像然然一样淘气跟咱们捉迷藏呢……"我话还没说完，然然就咧着嘴笑了说："有一次我的东西找不到了，过几天就找到了。""是呀！这支笔你们先借给老师用一用吧！可以吗？"这两个孩子不约而同地点点头。突然我想起自己抽屉里还有没用完的奖品，我拿出两支颜色不同的碳素笔送给他们。两个人却出奇地一致说："老师我不要，我有笔用。"我笑着说："你们两个今天表现得特别好，遇到问题找老师，并且学会了遇事冷静思考，真的很棒！拿着吧，老师给你们的奖励。"两个人异口同声地说："谢谢老师。"两个人的嘴角都微微上扬。他们两个人的笑脸让我心头无比温暖。看来，这次没有思路的断案成功了。坏事成了好事，缓和了两个人之间的矛盾。

本以为这件事就这样过去了。突然有一天，然然走到我身边，说："老师，我的笔找到了，它真是淘气，您猜猜它跑哪里去了，掉在暖气片的夹缝里了，今天被我发现了。"看着他幼稚的表情，吐字也不是很清楚，我笑了，并且对他说："你看看，那天冤枉人家小宇了吧！""嗯！"我接着说："去和小宇道歉吧！"然然很痛快地去了。我把自己"借用"他们的钢笔也还给了小宇。"小宇，谢谢你的钢笔。"小宇很严肃地对我说："谢谢老师。"

这件事让我有了很多感触：扪心自问，对如此巧合的事情，我也曾心生疑虑，如果当初我没有选择耐心地倾听他们的想法，而是选择不相信然然的话，对然然进行指责，他的心情会怎样呢？庆幸在信任的基础上对他们两个进行引导，两个孩子都没有受到委屈。孩子们平时存在的小摩擦、小误会是司空见惯的小事件，可是对孩子们而言，老师的态度和调查出的真相却牵动着他们脆弱的心灵。这些事看似小，却牵动着他们的内心，潜移默化地影响孩子们的自尊心，影响他们思维意识的形成。

这件事以后，然然和小宇的关系融洽了，也没有再发生矛盾，然然也有了很大进步。苏霍姆林斯基曾经说过：要相信孩子。对儿童无微不至的关怀，并不是原谅他们一切缺点和错误，也不是对他们的错误进行无休止地说教。不认真考虑儿童今后前途的一味的善心，实际上等于对他们采取漠不关心的态度。真正无微不至的关怀，应该是培养儿童优秀的道德品质，并不断地使这些品质得到巩固。

对孩子们多些信任、多些耐心，以信任为前提，击破"有色眼镜"的偏见，无微不至地关怀每一个孩子。我坚信，信任能创造美好！

作者简介：贾荣华，城关小学班主任，待人真诚友善，对教育事业有极高的热情。在教学工作中一贯遵循爱与尊重是教育的出发点。工作中注重教学方法的探索，教育方式的研究。对待每一个学生如同自己的孩子一般，用爱心包围班上每一个学生。

学会正确关爱　营造温馨班级氛围

偏爱后进生

在班级管理中，我努力将自己"与人为善"的爱心和班集体"普遍的友爱"倾注给后进生，给他们以更多的关注，更多的投入。在班集体中，我总是精心营造一种平等、和谐、友爱的氛围，让他们体验集体的温暖和同学间的友谊，让他们感受到自己在班上有一席之地。大胆吸收这些后进生参与班级管理，让他们在管理中克服自身的不良行为习惯。就说我们班的小胖胖，因为动作慢，再加上父母学历不高，母亲也残疾，无人管教，他很贪玩，经常不能按时完成作业，没过几天，他就会积起一大堆作业没有完成。我有时也真是气极了，但静下心来想想也挺可怜他的。

最近这段时间，每天早上我在清洁区都能看到小胖胖的身影，无论天气多冷，他都会早早地到清洁区做值日，于是，我给孩子们买了一个"小存折"，每天会给他们记录分数，按照他们的分数来给他们换礼物。这几天我每天都给他加分，这令他感到很意外，马上坐下刷刷刷地做作业。这以后，大家都热情地帮助他，我也时时提醒他，他的情况也有所好转。

这学期，我把"清洁区小队长"的任务交给了他，更是让他开心极了，信心百倍。我认为，这种任命任务的方法也不失为转化后进生的一种行之有效的方法，用百分之百的热情，去争取哪怕百分之一的效果。

激励中等生

兴趣是学生学习的动力，是教师教育学生、引导学生最好的方法和途径。兴趣没有了，学生学得也就没劲了。我觉得学生学习没有兴趣，主要原因在于教师没有创设良好的环境，应该把题目放在学生的生活中，让学生在具体的环境中学习。比如：我在教学除法的过程中，让"买东西"的老师做顾客，请学生做"小小售货员"，东西当然由顾客决定，需要的钱数就需要"小售货员"作答。答对的要给予奖励，这样就大大激发了学生的学习兴趣。这时学生们会抢着回答，那就请坐得最端正、听课最认真的学生回答。这样可以激发学生的学习兴趣。还可以请同桌之间相互做顾客和售货员，看哪两个小伙伴合作得最好，要适时地表扬，并加以物质奖励"小五星"。我发现学生的学习兴趣比以前有进步，从而巩固了所学的知识。

在平时上课应该让学生自己找出信息，自己提出问题，独立解决问题，并引导学生进入探索与交流的学习活动中，让学生体验到数学与生活的联系，学会用数学知识解决生活中的实际问题，促进学生的学习兴趣。

发现有特殊需求的学生

小涵是一个智力低于同龄普通儿童，语言表达、认知、理解等能力很差，经检测和鉴定，属于有智力障碍的儿童。

学习方面：语言能力较差，朗读和表达不连贯，意思表达不准确。上课没有自控能力，有时玩东西，很少发言，会不自觉地呵呵笑起来或者站起来敲桌子。简单的字能照书书写，但极不规范，"横"不平，"竖"不直，结构也不合理，经常写错。写过的字也记不住，听写时仍然写不上来。

数学学习几乎是空白状态，只能试着做一些10以内的加减法。

每一个孩子都需要爱，像小涵这样很难融入集体的孩子，潜意识里总有一种被孤立的感觉，孩子最怕的就是这种感觉。首先我要给予他比其他学生更多的爱。当他犯错误时，我从不当着同学的面批评他；当他站起来跳的时候，我会对他讲不能影响老师上课，不能影响其他同学；当他缺少学习用品时，我会把我的及时送给他。后来因为孩子自控能力真的很差，所以孩子家长一直跟着陪读，虽然家长每天跟着孩子，但是孩子依然有这样那样的问题，我跟孩子的爸爸也根据孩子的这种情况对孩子的要求降低了……渐渐地，孩子和我的关系也密切了，有事情很愿意找我帮忙，相信他感受到我对他的帮助和关怀了。慢慢地，同学也和我一样，能帮助他时，决不吝啬。有好几个人愿意成为他的助学伙伴呢，一位同学愿意在排队的时候帮助他，一位同学愿意坐在他的旁边帮他收拾东西。课堂上，总是提醒他听讲，在小组中给他安排力所能及的任务。这样一来，我和同学们的做法使他感觉到他不是无足轻重，而是得到了更多的关心、尊重和帮助，感受到了爱的温暖。

谁说教书是一场单恋，最终只能感动自己？冰心老人曾说过："爱是教育的基础，是教育的源泉，有爱就有了一切。"在我持久的爱的教育下，他有了很大的转变。

作者简介：金婷婷，2012年毕业，一直担任班主任工作，关爱学生，热爱本职工作，虚心好学，曾获得"学生最喜爱班主任"称号。

每个孩子眼里都有光

拥有健全的人格对一个孩子来说是非常重要的，然而由于多种原因，很多孩子在这方面都或多或少存在一些问题，作为教师，如果能够留心观察，并帮助孩子完善自己，将会使其受益一生。

小田，是我曾经所任教班级中的一个学生，他是转校生，刚进入这个班级。在科学课上，我注意到了这个孩子，他不爱说话，只是低头看书，有时发呆。随着时间的推移，他和班里的学生渐渐熟悉了，却学了一些坏习惯。班里有两个调皮的学生，身上有一些不好的习惯，如上课随便说话、睡觉、打闹等。后来我发现小田在课上也出现了随意说话、接话茬的现象，老师或同学提出的问题，他不举手，直接回答，能看出他知识比较丰富，但是让他举手回答时，他却不出声了，有时甚至干脆趴在桌子上睡觉……我发现他的情况越来越差，一节科学课后，我找到了他，并没有批评，而是让他坐下来，我也坐下来，和他聊聊天。从聊天中我得知，他周围的人对他的评价不高，认为他是一个差学生，各个方面都做得不好，于是他自己也这么认为。我问他为什么不举手回答问题，他说反正他说的也不对。然而在我眼里，他虽然学习习惯不好，却是一个科学知识非常丰富的学生，而受周围人的影响，他却否定了自己所有的优点，而后破罐子破摔，越来越差。听了他的叙述，我能感受到他外表不屑下内心的痛苦，想得到大家的认可却又不自信。我该怎样帮助他呢？我想，首先是要让他改变对自己的认知，甩掉自己心里"差生"的标签。我赞赏他知识丰富，他淡淡一笑，感觉不是很相信我说的话。我鼓励他下节课举手回答问题试一试，但是我不确定他会举手，因为他从来没有举手回答过问题。

到了下一节科学课，当我提到第二个问题时，小田举起了手，这对他来说是多么艰难的一步啊，我便叫他回答问题。不出我所料，他回答得非常好，我给予了他很大的肯定。我发现他的眼睛露出了喜悦的光芒，这一节课，他都在认真听讲，坐姿端正。为了让他能保持这个状态，我在课下跟他说："你是一个很优秀的孩子，只要你能树立自信心，养成好的学习习惯，一定会在各方面都非常出色。"我还发现他很喜欢看书，而且看书时特别入神，我表扬了他这个好习惯，也为他提供科学教室里的一些科普读物，看着他津津有味地阅读着，我感到很高兴。

经过一段时间的努力，小田把"我是一个差生"的标签从他的心里淡化了，他在课堂上的进步也非常大，我感到无比欣慰。

受多种因素影响，自信心不强的孩子有很多，在自卑的阴影下，他们原本的能力也不容易被旁人发现，没有自信的孩子眼里的光也是暗淡的，不能正确评价自己，总是生活在别人的评价里，尤其受成人的影响最大，如果一味批评会使其更没有信心，对这样的孩子，要适时鼓励——"你一定能行，你肯定做得不错"，让他们幼小的心灵得到慰藉。

每个孩子都有其所擅长的方面，作为教师，一定要善于观察，细心发掘，借助学生自身的优势适时鼓励，让他们燃起自信的同时，也对自己有一个客观的认识，有了自信就会感觉一切都充满希望，这对其一生都有积极影响。

作者简介：李兵，城关小学科学教师，房山区科学骨干教师。用自己的一言一行来感染学生，引导学生树立正确的人生观、价值观。多次参与市级规划课题的研究；多次参与市、区级教育教学展示与评比活动并获奖，曾被评为房山区"优秀青年教师"；数次辅导学生参与科技竞赛并获"优秀辅导教师奖"，先后两次被评为房山区"科技教育优秀辅导员"。

冷静让笑容更加灿烂

作为教师，不仅要教给学生知识，还要时刻把立德树人放在心里。

新接的四年级一个身材不高、瘦瘦弱弱、声音极低的小伙子——小宇这个名字经常出现在我的耳边。"老师，小宇又哭了。"……最初见到小宇哭是在课堂，回答问题说不出来时哭，做题遇到问题哭，找不到东西也哭……一段时间的观察后，我发现这个孩子很聪明，就是缺乏自信，遇到事情第一时间不知道该怎么办！于是开始了我们的第一次谈话。"小宇，告诉老师你是个男子汉吗？"一句话之后，他的眼泪又不自主地流了下来。"老师说什么了，为什么又开始哭？""老师，我不知道您要说什么。""不知道我要说什么就冷静下来好好听，都说男儿有泪不轻弹，你那眼泪就那么不值钱吗？"他呆呆地看着我，眼泪依旧流个不停！我的语气稍稍缓和了一些："小宇，你已经四年级了，也是一个小男子汉了，是男人就应该学会如何勇敢地面对每一件事，遇到事情就哭鼻子只能让别的同学越来越看不起你，在女生眼里她们都觉得你很软弱，你希望这样吗？如果不希望这样，就收起你的眼泪，遇事先冷静下来，想想自己该怎么做，别动不动就哭鼻子！"以后的小宇确实好多了，我抓住小宇表现好的机会不断地夸他，时间长了也能捕捉到他弯起嘴角的那一抹微笑了！

当我刚刚为他的进步感到欣慰时——"老师，小宇又哭了。"课间他和别人起了小矛盾，不仅自己和别人耍了脾气，他还泪流满面，泣不成声！"小宇，你又怎么了？老师不是告诉你遇事要冷静吗？""小文从我身边过，我作业划脏了，擦不下去了。"紧随着又是一阵哭声。我瞥了一下，干干净净的作业本上确实划出了痕迹！"告诉我他是怎么给你弄成这样的。""他从我身边过，碰到我桌子了。""你认为他是故意的吗？事后跟你道歉了吗？""不是故意的，道歉了，可是我的本子脏了。""小宇，老师知道你是个要强的孩子，争取把事情做得最好是你身上最大的优点，但是你想过没，如果你不懂什么叫原谅，再完美的本子老师看着心情也不会舒服！既然你知道他不是故意的，人家也和你道歉了，为什么不能笑着把它解决呢？如果今天是你把别人的本子弄脏了呢？换位思考一下，你也许就能控制你的泪水了！"他看着我，似乎懂了些什么。我顺势在他的本子上画了一个大大的五角星，告诉他："虽然本子上有个道道，但是它在对你微笑，这个道道比你整洁的作业还让你收获得更多，因为它知道你懂得了什么是原谅！"

此后小宇的哭声真的越来越少了，课上也变得活跃多了！然而课下的小宇有时还控制不住自己，还有时动不动就哭，后来的几次别人不能惹他，否则他会立即爆发！反正他不能吃亏！又一次谈话开始了："小宇，你想过打人的后果没有，我们可以想象一下，欺负一个比你年纪小的，是你赢了，可是如果你把别人打坏了呢，你认为人家家长能饶了你，时间久了谁还会和你做朋友……欺负年纪大的不用我说吃亏的是谁，人家把你打坏了，告诉我你疼吗？万一把你打得更严重呢？你想过后果吗？所以记住老师的话，遇事冷静，想清楚后果再去做，解决得了的，自己解决，不能解决的找老师帮你解决。"很长一段时间他的心情阳光了，哭声也几乎听不到了，有时再哭他会先跟我说老师对不起我没控制住！

一段时间后，他找到我笑着跟我说："老师，我想问您一个问题。""你说。""就是您跟我说打架的事，我不知道是该听您的还是听我爸的，我爸说谁欺负我就让我揍谁。"很明显，他把我的话听进去了，也慢慢学会了控制，可我的教育和家庭教育出现了矛盾！我摸着他的头问他："你先告诉我你觉得该听谁的？""我觉得您说得有道理。"那一刻我居然看见了他嘴角的笑容！"好，既然如此，我和你家长谈谈。"

当天下午我请了他的家长，说明我要请的目的。令我诧异的是他的父母全来了，因为他们也感觉到了孩子最近明显的变化。那天下午，我们聊了很久，把孩子开始的表现到后期如何进步的情况让家长有了更深入的了解，并且对他们这种教育方式进行了批评，让他们在知道孩子进步的同时了解孩子的痛苦！让孩子在没有任何顾忌的情况下快乐成长！家长当时就做了保证，一定改变自己的观念。

孩子的顾虑没有了，进步每天都在发生着，现在的他笑容多了，哭声没了，堂堂课都能侃侃而谈，成了我们班最有想法的一个人！看着他这么大的变化，我从心底里为他高兴！直到现在他还和我提起他记忆里仍然记得我跟他说的那句话："遇到事情先冷静，想想后果再决定怎么做！"也正是这句话使他现在成为一个男子汉了！

作者简介：李雪莲，房山区语文骨干教师，先后被评为房山区"优秀教师"，"十一五"规划课题先进实验教师。多次承担市、区级研究课、展示课。在张立军语文工作站联盟主题研讨中做市级展示课《草地夜行》获得好评；多篇论文先后发表于《房山研训》《北京教研》《中小学教育》等期刊上。

一人得"病" 大家"吃药"

教室里很安静，学生们正在专心做着作业，我走在桌椅间的空隙里，巡视着学生做作业的情况。突然脚下踩到了什么东西，我弯腰捡了起来，原来是一张彩色的印着小花的纸，还折得整整齐齐的。见这张纸在小李的座位旁边，我悄悄地对小李说："这是你掉的东西吗？"只见小李抬起头，看了一眼我手中的纸，又慌忙低下头，小声地说："不是我的！"说着又继续写作业了。那会是谁的呢？对，看看上面写字没有，不就知道了。

我打开这张彩色的纸，只见上面真的写了几个字，仔细看了半天，原来是"我爱××"，这四个字设计极为巧妙，"我"和"爱"字紧紧连在一起，另外两个字是班上一位漂亮女生的名字，分别藏在"我"和"爱"这两个字的里面，这个设计极其巧妙，不仔细看还真看不出来。这不就是四个字的情书吗！我真为学生的设计感到惊讶，才小学六年级的孩子，居然能有如此的创意！可是这四个字却让我感到一丝不安，我隐隐觉得这安静的背后涌动着一股暗流。拿到手里的这四个字，仿佛烫手的山芋。这是谁写的呢？还是看不出来。是刚才的小李吗？可是小李说不是，这样的话，即使是他写的也不会承认呀！不是小李写的，他的眼神慌什么？他真的眼神发慌，还是我自己多虑了呢？刚刚小学六年级怎么会有这些事情呢？这件事就这么悄悄地让它过去还是我彻查一下？我的内心犹如波浪翻腾的大海，再也不能平静，怎么处理？我告诫自己，不能冲动用事，于是我悄悄地把这封四字"情书"放进了自己的口袋，以静制动。

一、观察

接下来一段时间里，我不动声色地观察小李和那个信中提到的女同学小白。小白文静漂亮，学习成绩优秀，老师和同学们都喜欢她。通过观察，我发现她并没有什么异常，依然认真听讲、认真完成作业，下课和同学们一起玩、笑。可是小李最近很特别，好几次他的头发都打上啫喱，一根一根竖在头顶上，可能他觉得这样很酷吧！当我问起他的时候，他总是说："早上起床头发很乱，妈妈说这样就不乱了。"我心里暗笑，这孩子品学兼优，从未见过他有这样不合校规的行为呀！再注意观察，在课堂上，小李的眼神总是偷偷地看看我，然后又偷偷地扫向小白，叫到他回答问题，也总是不知所云，弄得大家大笑不止。这时的小李，脸像一块刚刚染好的红布，不知所措地坐下来。课下的小李，总是安安静静的，很多次，小白在哪儿，小李的眼神就看到哪儿。难道真的是小李写的"情书"？真想叫过来问问他，可是孩子的自尊心是那么脆弱，他会和我说实话吗？我会伤害到他吗？我还是一人得"病"，大家都"吃药"预防吧。

二、干预

"人在青年早期，感情尚未成熟，蓓蕾初绽，爱情迸发，这给年轻人的精神世界带来了很多与其道德修养不相适应的感受，也使学校的生活变得复杂了。"（苏霍姆林斯基）这是孩子成长过程中的必然心理反应，今天是小李，明天也可能是其他孩子，那么怎样帮助他们呢？直接说教必然会引发孩子的逆反情绪，从而拉开师生间的心理距离，效果不一定好。突然我想起来，曾经在《青年文摘》上看到这样一段话："上初中的男孩子喜欢班上的一个长发女孩，男孩无论课上与课下都痴痴追随着这头长发，时间就这样静静地流走了。毕业那一天，女孩收到了重点中学的录取通知，男孩则灰溜溜地离开了校园。"对，就把这个故事读给学生听。

一节班会课上,我并没有像往常一样出示主题,而是告诉学生们要给他们读故事。学生们静静地听我读着,我用余光观察着,有的孩子捂着嘴偷笑,也有的孩子互相挤眉弄眼,看来他们对这个话题都很敏感,谈起来都不好意思。接下来,我又给学生读了几篇名人的美好爱情故事,学生们不笑了。安静之后我拿出来一个又大又红的甜杏和一个小而青的杏子,让学生们说说喜欢哪个。大家讨论后,我告诉学生,爱情是美好的,就像这杏子,成熟之后甘甜,人人喜爱;不成熟就摘下来,又青又酸涩,没人喜欢。现在的主要任务是学习、成长,当你长大成人,足以承担这份感情的时候,你会拥有香甜的"杏子"。随机我在黑板上写下了"愿你拥有香甜的杏子"几个大字。

班会以后,我让小李发挥他的特长,和其他乒乓球爱好者举行争霸赛。怕他在课上走神,我悄悄找到他:"有需要老师帮忙的,老师随时愿意。希望你积蓄力量,去赢得将来属于你的甜'杏子'!"他不好意思地笑了。到底是小孩子,没几日就恢复到从前的状态了。更没想到的是,在毕业留言上小李这样写:"我会永远记住老师的祝福——香甜的'杏子'。"

我很庆幸当时自己拿到那张四字字条时是冷静的,因为:"爱的情感的产生,犹如含苞待放的花朵,它是长成芳香的玫瑰还是带刺的飞蓬,这有赖于教师的爱护与培育。当然可以把它斩断或者连根拔起,但这会严重伤害一颗敏感的心,一株新花的幼茎就会长成畸形。"一人得"病"大家都"吃药"预防,我相信在我的花园里,会成长着很多芳香的玫瑰!

作者简介: 李艳杰,从教31年,立足学生实际,循教学之道,求教学之真,追求朴实、扎实、厚实的语文课堂。坚信没有爱就没有教育,能够把整个心灵都献给孩子。坚信每一个孩子都是一颗深埋于泥土的宝石,等待教师去发现、去挖掘。

孩子，慢慢来

我以一名教师的身份站上讲台，还未到一年。可在这短暂的时间里，我却深刻意识到心灵交流的重要性。在面对学生时，加倍付出真心，才会收获孩子的信任。罗振宇曾说："教育本来的意思，就不是教材、不是课堂，而是人点亮人。"读书如同竹篮打水，虽然清水从缝隙中流走，表面上什么都没得到，但在不知不觉中，人的心灵就像竹篮一样已经被净化得澄澈明亮。

"老师，是这样吗？老师，我编出来啦！"一节手工课上，一个瘦小却阳光的小男孩儿迫不及待地边举手边向我说着什么，他迫切地想和我分享作品制作成功的喜悦——在他手上，是一个制作精美、五颜六色的网兜。在他桌面的一角，是剪下的废旧材料，被他规整地放在一起。看我走近，他举起自己制作的网兜，不好意思地冲我笑了笑，又小心翼翼地向我询问："老师，我做对了吗？"我看着男孩儿眼神中的期待和紧张，拿过他手中这个精美的网兜端详，肯定地告诉他："你做对了！你的作品真是越来越棒了！"阳光照在他洋溢着笑容的脸上，他却更加害羞了："我可以和同学们展示一下我的作品吗？"我欣慰于他今时今日的主动和勇气，大声告诉他："当然可以！"

看着这个孩子在全班同学面前对着自己的作品侃侃而谈的样子，我不禁回想起开学之初，他在第一节美术课上的表现——那是一节绘画课，在我讲解结束后，同学们都迫不及待地开始在图画纸上尝试绘画。"我没有画画的天分，画不好，我才不画呢。"一个自暴自弃的声音让我很快注意到角落里的这个男孩儿，他发现我向他走来，依然没有拿起画笔，而是继续自顾自地叠着手里的纸飞机。我俯下身轻声和他交流："不动手试一试，你怎么知道自己画不好呢？""我就是画不好，老师您别管我了。"听着他有些微怒的声音，我注意到在他的脚边，有几团揉搓成团的废纸。在伸手把废纸捡起来抚平的同时，我注意到，小男孩儿的头越来越低，耳朵也红了起来。

纸团被完全展开，里面的内容也显现了出来——这些图画纸上都是这个小男孩儿画了一半的作品，他急于求成，只是还没有学会整体观察绘画对象，所以导致他有一点画错的地方就自暴自弃。我想了想，耐心告诉他："我们来画一张和别的同学都不一样的作品吧。"我看到他的眼睛亮了，接着说："我们先用一条线，勾勒出物体的外轮廓。"他很快在纸上画了起来，纸飞机被丢进了书包里。"然后呢？""然后试一试继续添加装饰。"我微笑着说。小男孩儿一点一点在我的提示下慢慢画着，在他画完最后一笔时，我把曾经被他扔掉的图画纸和这幅画放在了一起，不需要我再继续说话，孩子已经看到了区别。他挠了挠头："原来我也可以画出好看的作品啊。"然后把废纸收了起来，继续开心地画了起来。

"可是，你知道自己刚才有哪一点做得不好吗？"我没有阻止他画画的手，而是继续微笑着问。男孩儿把画笔放下，一双大眼睛转来转去，似乎很不解。我指了指地面，他一下子了然："我不该随地乱扔纸张，对不起，老师。"我知道，他是一个懂事的孩子，只是需要老师一个小小的提示。当他不再需要提示时，这个孩子就已经在成长了。面对孩子的成长，我们要慢慢来。

教育的手段有很多，教育也意味着获得不同的视角，理解不同的人、经历和历史。教育应该是思想的拓展、同理心的深化和视野的开阔。如果我们在教育的路上多一点耐心，少一点怨气；多一点理解，少一点指责，一起和学生慢慢来，进行心与心的对话，也许会有不同的结果。

作者简介： 梁颖涵，毕业于北京城市学院雕刻系，现为房山区城关小学美术教师。喜欢做手工、绘画、旅行，热爱艺术，相信教师最大的幸福就是把孩子送到理想的彼岸，让孩子享受艺术和教育带来的幸福。

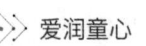

做学生心中那一缕温暖的阳光

光阴荏苒，日月如梭，转眼间，我已经从事教育教学工作接近20年了。一天天、一年年，我总是秉承这样的信念和孩子们相处：只要自己心中充满阳光，总会有一缕光照到孩子们的心里，温暖他们、鼓舞他们；我愿做孩子们心中的那缕阳光，让生命充满期待，让教育因爱而精彩！然而，现实的教育教学工作并不是那么一帆风顺，有时候我会遇到很多意想不到的事儿，令我辗转反侧，甚至质疑自己的教育教学能力。

在一年多前，我就遇到了在我从教的生涯中最难忘的一个学生——小红，她在课堂上的种种言行横冲直撞，让教过她的老师既沮丧又无力，能让她接受我的教育引导更是困难重重。记得我刚刚接手这个班的时候，有一个孩子在课上因为没带书，我就说了他几句，结果小红歪着身子，随口就说："没带书，有什么大不了的？"她说的话令我很生气，但我仍然压制住胸中的怒火："这件事跟你有什么关系吗？"小红接着理直气壮地说："你不应该批评他，我路见不平，行了吧？"看着她仗义而又玩世不恭的样子，我觉得既可气又好笑，课要继续上，我决定先不和她计较，要从长计议，慢慢寻求解决办法。

转眼到了9月开学，小红也升入了六年级，我也逐渐了解了她的脾气，真是又倔又拧，总喜欢跟老师针锋相对，但我也发现她在课间会自己独自站在窗前，看着远方发呆，显得有点忧郁孤单。不久，我就发现她没有来上学，班主任告诉我她因为家里有事请了一个月的长假。我心中疑惑：是什么原因让她请那么长时间的假呢？家长怎么舍得让孩子请长假呢？耽误了学习怎么办？带着这些疑惑，我跟班主任要了她的联系方式，主动给她补课。我做好了她会一如既往地顶撞我、拒绝我的准备。也许老师主动的关心开始感动她，没想到她居然痛快地答应了，于是在每周末我通过网络辅导她学英语，她学得很努力，也很认真，和课堂上判若两人，我鼓励她好好学习，不要浪费自己的聪明才智，将来做个对家庭和社会有用的人。她返校后，我仍然坚持给她补习功课，直到她追上所有同学的进度。也许是我作为教育者的执着打动了她，她不再耍拧，但依旧会走神、发呆，和其他六年级的小女孩活泼自信的表现不一样。也许这背后还有一些不为人知的故事，所以我的课上出现了一个性格复杂的她。课上，每当她听不下去的时候，我会走近她，轻轻拍拍她的肩膀，让她感受我的善意。这时候，她就会坐直身子，接着听课。我心想，她可算能接受我的指导了，我也逐渐找到了跟她相处的门道和自信。

随着和她熟悉起来，我了解到：她的妈妈生她的时候很年轻，在教育孩子方面很简单，不听话就打，妈妈遇到不顺心的事就发脾气、摔东西，有时还拿孩子出气。所以从她的眼中我总是能读出一丝丝忧伤、不开心。在家里没有地方宣泄自己委屈的时候，她就会在课堂上找茬儿。从充满爱的家庭走出的孩子，心中是充满阳光的；而生活在阴霾之中的孩子，难免性格暴躁、脾气差。记得一次她和我的一位同事因为琐事起了冲突，我的同事很生气，她又哭又喊，冲动地要去和老师打架。正好我去他们教室有事，赶上这件事。基于对她脾气的了解，我把她拉出了教室，问明事情原委。她告诉我，老师不相信她，说她没学习跟别人聊天，还不听她解释。她不喜欢老师冤枉她，她受够了，在家里妈妈不听她解释，在学校也没人听她说话。她一边说，一边伤心地哭着。我听到这里，心里充满了担忧和自责。作为老师，我们应该在学校里为这样的孩子提供更多的温暖氛围；对于家长方面，我们也应该和他们取得沟通，帮助他们与孩子和谐相处。我拍着她的肩膀，安慰她，无论谁误解你都是可以澄清的，只是需要时间，每个人都会有不被理解的时候，我们要寻求合理的表达方式，而不是大吵大闹，影响所有人学习。

如果你需要我帮助，我可以跟老师和家长谈谈，我们一起去解决问题。渐渐地，她平静下来认识到自己的冲动，也理解了老师和家长的苦衷，愿意自己去跟老师、家长沟通，独自去解决问题。慢慢地，她变了，只要到他们班上课，我就去主动和她聊聊，告诉她只有努力学习，才能改变生活的不如意，只有好好沟通才能让自己变得快乐。接下来的日子里，她会在课间跟我聊天，请我给她写毕业留言，能主动帮我发作业本，维持课堂纪律……

记得毕业考那天，她的妈妈送她上学，她开心地跟妈妈说："这是我们英语老师！"她的语气透着自豪。可妈妈说："我可担心她英语了，我也不会，什么忙也帮不上，而且她可不听话了……"我笑着说："怎么会呢？小孩总会成长的，您家孩子很聪明，很懂事，英语学得很有进步，相信她肯定能发挥出色！"小红听了我的话，仿佛受到了鼓舞，脸上露出了灿烂的笑容，我也仿佛看到一缕缕灿烂的阳光照进她的心间……

记得前苏联教育家苏霍姆林斯基说："教育的全部奥秘就在于如何爱护孩子。当一名教师把她的全部爱和光芒都给了孩子时，这样的孩子怎能不幸福成长？这样的教育又怎能不是成功的教育？"小红的故事验证了这一点。爱学生、爱教育已经渗透到我的骨子里。未来的日子里，我会一如既往地坚定信念：做孩子成长路上那缕温暖的阳光，把爱与光芒都给他们，护他们健康成长，我的教育生涯也因此而精彩！

作者简介：吕萍，从事小学英语教学 19 年，现为房山区小学英语骨干教师。在课堂上，培养学生团结友爱、热爱祖国的情怀，鼓励学生学会倾听、表达，养成好习惯。认真倾听学生的心声，用宽容、友善的方式，对他们进行教育引导。

"蹲"下来与孩子们同行

图1　一年级数学课上，孩子们踊跃发言

日前走进课堂听一节一年级的数学课，可爱的孩子们，青春洋溢的新入职年轻女老师，一米七的个头，显得高高的，语音清晰甜美。媒体操作环节，小老师蹲在讲台上操控电脑播放PPT，一边引导孩子观察，一边点名发言。看到教师的表现，想起前不久读过的于永正老师的一篇文章《为什么说老师要蹲下来看学生？》，内心很感动，面临如今"双减"政策带给我们的冲击，我觉得，我们的教师真的应该沉下心来，蹲下来走近我们的学生，发现他们的优点，包容孩子的一切，用欣赏的眼光静待花开。

在学校，我们老师更多关注的是"学生"身份，尤其在学生犯了错误以后，教师常常站在自身角度，以成人的口气训斥他们，指责他们，而往往忽略了这群是"学生"身份的人本身还是个小小的"孩子"。

我想说，老师，尝试着蹲下来吧，转变一下教师角色，做孩子们的朋友。蹲下来和孩子说话，平等地对待孩子，真诚地与孩子交流，耐心地了解孩子的真实想法，走进每个孩子的内心，会收到"山重水复疑无路，柳暗花明又一村"的效果。图中的小老师操作多媒体时蹲下来与学生一样高，与学生平等对视、平等对话，在黑板上板书时蹲着书写，让每一名学生看清楚，小小的动作，展现的是教师对孩子们生命成长的尊重。

我们都知道，世界上没有两片完全相同的树叶，更没有两个完全相同的人。每个学生都是独立的个体，都有不同的家庭生长环境，不同的经历，不同的个性，不同的兴趣爱好，不同的思维方式，所以，教师对学生教育管理不能简单地"一刀切"，在统一要求的基础上，要蹲下来了解每一个孩子，了解他们背后的家庭生活，发现每个学生的不同点，宽容、包容每个孩子的与众不同，学生才能真正亲其师，并悦纳老师。

我的课堂上，有这样一个与众不同的一年级小男孩。孩子识字比较多，拿起一年级的书本来就能流利地读出来；交流起来一套一套的。课堂上总是闲不住，手里少不了东西，或拿小剪子不住地剪点什么，或是撕点什么；嘴闲不住，总是嚼着什么，"适时"自由地发个言；地上总是扔着碎纸或撒着桌洞里掉出的用具。

一次上课，原先课堂上的激励办法也不管事了。激励小贴画只能坚持几分钟，以组为单位奖励"小星星"也没坚持多长时间，其他同学也有点兴奋。唉，真的让我犯愁了。于是，我严厉地讲明课堂上遵守纪律的道理，全体同学立马头正身直脚放平，一个个挺直腰板，小手端放在桌面上，聚精会神看着老师。嗯，我心里比较欣慰，看来还行。结果，下结论还是早了，坚持了没多大会儿，他手里换了一把彩泥揉着。我看着他，不说话了。他也知道老师生气了，幼稚的胖乎乎的小脸，嘟着嘴巴，一眼一眼地偷瞅我。

下课铃响了。

其他同学去上操了，教室里只有我俩。我站着看着他，真想"暴风骤雨"大吼一顿。看着小小的人，刚上一年级的他能那么流利读出一篇篇课文，想想他每次站起来读书时骄傲的神情，就从这入手吧。

我蹲下来，看着他的眼睛，拉起他的小手："知道老师为什么把你留下吗？"他不说话，绷着嘴使劲憋着。

愣了一会儿，看我和颜悦色，他开口了："知道……"——说了起来。看，人虽然小，多明白！

"好，都上学一个月了，老师都不知道你喜欢什么，咱俩聊聊天。"我俩来到一年级办公室。

"老师，我喜欢读书。我们家有一面墙这么多的书我都读完了。"他指着我身后的窗户说。"嗯，都有哪些呀？""有《十万个为什么》，我知道蜜蜂蜇人为什么会死……有《弟子规》……'父母呼，应勿缓。父母命，行勿懒。父母教，须敬听。'我还知道什么意思。""嗯，老师是长辈，在学校是不是也应该这样？""是。我还读过寓言故事，我知道农夫和蛇……"孩子读过那么多书，我感到很惊讶。

"我还读过《大学》，看不懂，还认得小篆。"更让我惊叹了——多么独一无二的小家伙！

"你读了那么多书，懂了那么多的道理，好棒。《大学》、小篆都读过，老师佩服你。那老师讲的上课遵守纪律的道理你明白吗？"他低下头说："明白。"

"你看，这些都明白，你是多懂事的小男孩。在学校里遵守纪律是规矩，每个人都要遵守规矩。老师还看到升旗的时候，你在班级队伍最后，一会儿用身体碰碰同学，一会儿朝后面向老师队伍，升旗应该怎么做？""看着国旗肃立。""对。这是我们课上学过的。其他小同学都能肃立站好，只有你一个人在动，后面的老师们都会好奇，这个小男孩是谁呀？升国旗都不能站好。你看，会给老师们多么不好的印象。你和同学们是一个集体，大家都站好了，老师就会说，看××班同学真棒。做得好的同学和班级就会到主席台上展示，你和同学们都表现好了，也会有一起去展示的机会。以后周一升旗老师在后面看着你，这是咱俩的小秘密，好吗？"果然，在我的课堂上，升旗仪式中，孩子有了很大的变化。

教师"蹲"下来欣赏孩子，因人而异，采取适当的教育方式、教育方法，会让每一名孩子成长为更好的自己。

如今，"双减"政策落地，家长心里焦虑，对教师提出了更高的要求与挑战，教师试着"蹲"下来，"蹲"下来的是身体，是心灵，是对教育教学行为的反思与规范，是对生命成长的尊重与敬畏。

"蹲"下来，与孩子们同行！

作者简介： 吕书阁，城关小学副书记兼工会主席，1989年参加工作。曾获得房山区"教育系统先进教育工作者""优秀共产党员""北京市'紫禁杯'班主任"称号。

与学生做朋友

我是一名普普通通的英语教师，在这个平凡却挚爱的工作岗位上，我艰辛却从容地走过了数个春夏秋冬。回首从教近十年的历程，我没有轰轰烈烈的壮举，也没有多么卓越的成绩，生活的平凡赋予我平凡的经历，而我认为越是平凡之处，越是能够体会到真情流露。正是这工作中的种种感动，时时刻刻，激励我前行。同时，培养了我，塑造了我，促我不断成长。

每一节英语课结束，我时常不想立即离开教室，想听听孩子们最近发生了什么有趣的事情。在走廊中路过班级时，总忍不住驻足往教室里面张望。我最喜欢的是，在校园中遇到学生时，他们热情地与我打招呼。一句"Marcia"，感觉像与老朋友见面，我很享受这与学生亦师亦友、其乐融融的关系。

然而，与某些同学的交友之路略有些"波折"与"坎坷"。其中，就包括小溪。当我第一次走进班级时，她就表现出"与众不同"的一面。同学们都早早坐好，准备好英语书和文具，等待着老师。只有小溪的桌子上凌乱不堪，魔方、彩纸、剪刀、水彩笔……地上散落着碎纸片。说实话，从教以来，很少出现这种状况，就算是一、二年级的学生，也不至于这样。我被眼前的场景"震撼"住了，有些生气，表情严肃地走到她的跟前，批评了她一顿。一般来说，其他同学受到老师的批评，会立马改正错误。但是，小溪还是自顾自地摆弄着魔方。于是，我伸手要去"夺过"小溪手中的魔方。她立刻将魔方放进书包，充满"敌意"地看着我。接下来一整节课，她都沉浸在自己的世界里，不听讲，与我没有眼神交流。

我想，我遇到了挑战。但我并没有放任不理，或者放弃小溪。我与班主任和家长沟通过后，再加上几节课对小溪的观察，发现她喜欢趣味性强或者有挑战性的事物，比如课上的游戏环节，或者比较考验能力的难题，她会突然抬起头，停住手头的摆弄，专注地思考片刻后，举手回答问题。看到她第一次举手，我真是又惊又喜。当摸清小溪的"脾气"后，我在课上有意识地多加一些游戏环节。有一次在"粘豆包"游戏中（"粘豆包"是操练词汇或句型的一种游戏方式，机制如下：第一横排同学起立，重复重点句型，最慢完成并坐下的同学所在竖列起立，进行游戏，以此类推）没有轮到她，她竟然伤心地哭起来。我想，这个孩子还是有很强的表现欲望的。抓住这一点，我一有机会就让她参与课堂活动，并且取得一点点成绩，我都放大，在同学面前"狠狠地"夸奖她。渐渐地，我发现，她对我的态度发生了很大变化，见面一次不落地和我打招呼。在百词赛后，非常关切地问我："老师，我考了多少分，有进步吗？"事实证明，她的进步是明显的，从最开始听写一个都写不上来，到 7 个，再到 28 个。虽然离合格还差 2 个，但是与最开始相比，已经有了"质的飞跃"，而这仅仅是不到一个月的变化。在接下来的日子里，小溪仍然会发小脾气，上课困了还是会倒头就睡，遇到不感兴趣的内容依旧会分神，沉浸在自己的小天地中。每每遇到这种情况，我不再如开始般急躁，而是自我调整，灵活地调整课堂环节，尽我所能活跃课堂气氛，吸引她的注意力。一个习惯的养成并非一朝一夕，好习惯养成期间会有困难，会有反复，但我坚信，只要我们不放弃彼此，朝朝夕夕，未来无限可期。

苏霍姆林斯基认为，教师不应是无情的监工。我们所面对的是儿童极易受到伤害的、极其脆弱的心灵，学校里的学习不是毫无热情地把知识从一个头脑中装到另一个头脑里，而是师生之间每时每刻都在进行的心灵的接触。既然命运将我和孩子们连在了一起，我要尽我所能让他们感受到学习的乐趣、校园生活的美好以及来自老师心底浓浓的爱。

每个学生的性格不尽相同，有的学生可以通过批评改正错误，然而，在一些同学身上，批评可能会适得其反。这个时候，老师要熄灭心中的怒火，不妨和学生交朋友，让自己成为他心中在乎的人，相信这份感情能让他有所改变。

最近，发现小溪有了新的爱好，她剪得一手好看的窗花。春节马上就要来了，我准备买一沓红色窗花纸送给她，希望她能喜欢……

作者简介：马思思，房山区城关小学青年教师，积极主动参加市区校级各种教研活动，从教9年，工作兢兢业业，认真负责。对教学环节精心雕琢，精益求精，尤其擅长词汇、语音教学。课堂气氛轻松活跃，深得同学们喜爱。

"小蜗牛"的微笑

面对性格各异的孩子，那些"问题"孩子往往是我们的心头大患，作为班主任唯恐避之而不及。当我们真的静下心来、放慢脚步，站在孩子的立场上去感受、去品味时，我们的心态就会随之改变，他们终将是我们旅途上不可或缺的一部分，那为何不把他们变成一道美丽的风景呢？

背景

我们班有一只"小蜗牛"，她做什么事都是慢悠悠的，从不着急。连她的想法也是慢悠悠的。她慢悠悠地吃饭，慢悠悠地思考，慢悠悠地做作业。因为这个特点，她生活、学习上特别费劲，每天总是无精打采，耷拉着一张脸。但她又是一个自尊心强的孩子，她怕别人嘲笑她，看不起她。她在课堂上一句话也不说，即使点她的名字，她也是慢悠悠地站起来不回答。

孩子妈妈跟我说，孩子从小就是慢性子，吃饭、做事、穿衣等没有一件事能快的，孩子的动作不是慢半拍而是慢几拍。因为这样，她每天都在催促，不停地催促，实在没办法了就替孩子做了，孩子一直也没有什么改变。

过程

刚跟孩子接触，我也像妈妈一样不断地、不停地催促，实在不行也替孩子做了，孩子生活得很累，看不到她的笑脸，听不到她的笑声，每天总是一副很无奈的表情。我也感到精疲力尽，却无可奈何。偶然中读到张文亮的《牵一只蜗牛去散步》，里边写道："我催它，我唬它，我责备它……我拉它，我扯它，甚至想踢它。"这不就是我的写照吗？而"蜗牛用抱歉的眼光看着我，仿佛说：人家已经尽力了嘛！……蜗牛受了伤，它流着汗，喘着气，往前爬"，这不正是孩子的写照吗？看完了这篇文章，反思自己，我决定改变心态，试着去了解孩子，理解孩子。

首先，我认识到孩子天生就是慢性子，天生的性格不是一朝一夕就能改变的。就像我们不能要求蜗牛会飞，小鸡会游泳一样。认清了孩子的情况，我试着理解、体谅孩子，陪孩子体验成长的过程与快乐。

一、小故事、大道理

故事是每个孩子都喜欢的，每当我们说要讲故事的时候，孩子的眼睛都是发光发亮的。我准备了很多关于小蜗牛的故事，和她一起学习。这些故事有些是我讲给她听，有些是我和她一起读，还有些是她读给我听。通过小蜗牛因为爬得慢错过了看小树发芽，错过了采摘美味的草莓的故事，她认清慢带给生活的不便与危害；通过小蜗牛为了吃到美味的葡萄，从春天就开始向葡萄枝顶爬，终于吃到美味的葡萄的故事，她知道只要坚持不懈终会成功；通过小蜗牛努力练习短跑却失败的故事，她明白失败了没关系，锻炼总会有收获……通过一系列小蜗牛的故事，孩子明白了很多道理，她的心灵被触动，有了出发的动力与勇气，那张皱起的小脸终于舒展开了。

二、"对症下药"助成长

"小蜗牛"因为慢耽误了学习，怎样才能使我们的"小蜗牛"快一点呢？

针对她自尊心强的特点，我采用竞赛的机制激发她的潜能，刺激她的进取心。和爸妈比、和同学比、和自己比，每天每事让她找到参照物，感受差距与成绩，体会老师和家长对她的关注，有了具体可感的行动指南，她还是有那么一点点进步的。

针对她思维不够敏捷的弱点，我采用分解任务的方法帮她化解困局。把一个大任务分解成若干个小任务，按难易程度由易到难逐步分配给她，减少她的畏难心理，增强她成功的体验，逐步帮她树立信心。对于她不可能完成的任务就不布置给她，减少她的挫败感。慢慢地，她那没有什么光彩的小脸也明亮起来了。

三、改善评价显关爱

不管我们如何努力，"小蜗牛"终是"小蜗牛"，她不可能变成疾飞的小燕，如果我们一直盯在这上面，难免会感到沮丧。其实，换个角度看，"小蜗牛"也是有优点的，"小蜗牛"虽然慢，但从不迟到，布置的作业不管多困难，做到多晚也要完成；"小蜗牛"虽然慢，但有礼貌、守纪律，每次见到老师都主动问好；"小蜗牛"虽然慢，但有想法，爱读书……原来"小蜗牛"虽然慢，但是一直不放弃不停步。其实，只要我们不盯着孩子身上的那点"问题"，孩子就能带给我们多样的感受。慢下脚步，让我们伴孩子一起来领略成长路上别样的风景。

如果我们一直提及孩子的"问题"，就会对孩子造成负强化，会对她形成心理暗示，让她觉得自己就是不行，怎么努力都不可能成功，就会自己放弃努力，心理上也就放弃了自己。总说她的"问题"，她就会表现出耐心差，易烦躁，产生焦虑的情绪，甚至会产生"你越说，我越这样"的反抗心理和行为。因此，我尽量避开"慢"，少说"慢"这件事。每次交作业时，我表扬她的工整、正确、完成了；每次课上不能完成任务时，我也只说她很安静，再努力就可以。逐渐地，这张小脸上阳光更加明媚。

分析与反思

教师要爱学生。爱学生的优点这是任何一个老师都能做到的，这远远不够。爱有"问题"的学生并容忍"问题"才是对教师的考验。对学生的爱，不仅表现为治学的严谨，更表现为对学生的尊重。我们要尊重客观事实，不苛责、不苛求。我们也要履行教师的使命，助孩子成长，不抛弃，不放弃。

面对"小蜗牛"时，我们要多些耐心和宽容，如果他尽力了也不能达到预期，不要难过和气馁。我们尽量试着去调整方法，尽量去寻找适合的方法就是了。真的达不到也没关系，只要孩子努力了，成长了，就是我们的收获。

教师要用全面的发展的眼光看孩子，不能把目光紧紧盯在孩子的"问题"上。如果孩子是一张白纸，"问题"不过是上边的一个小黑点，一点小瑕疵，并不影响作为一张纸的功用。我们一定要放宽眼界看到整张纸，感受整张纸上不同图画的魅力。相信每个孩子都有出彩的地方，不在这方面就在那方面，不在这时也一定会在那时。这样我们在陪伴孩子成长的路上，就会听到鸟语虫鸣，看到满天星斗，感受花香扑鼻，领略微风温柔！

"我忽然想起来了，莫非我错了？是上帝叫一只蜗牛牵我去散步。"是啊，这就是老师有苦有乐，有笑有泪的生活。这才是牵着"蜗牛"散步最真切的感受，这才是上帝让我牵"蜗牛"散步的真谛——苦在其中，也乐在其中。当初牵"蜗牛"散步的种种不满和烦恼伴随着看"蜗牛"进步，赏"蜗牛"微笑、陪"蜗牛"成长而烟消云散。甚至我还要谢谢"蜗牛"给了我的生活别样的风采与多样的感悟。

作者简介：任国珍，城关小学教师。1996年参加工作，一直从事语文、数学教学以及班主任工作。工作中勤勉、敬业、严谨、细致。注重对教育方式、教学方法的探索。教学沉稳、踏实又不乏开拓创新。

给予学生多点理解、耐心

明代学者章溢早就说过:"乐与苦,相为倚伏者也,人知乐之为乐,而不知苦之为乐,人知乐其乐,而不知苦生于乐,则乐与苦相去能几何哉!"当老师苦,当班主任更苦,这是不言而喻的。但苦中之无穷之乐,乐中之无穷之趣,却不是每一位班主任都能体会得到的。

我相信在每一个班集体当中,总会或多或少有一部分特殊学生,对他们的教育教学,历来都是班主任和科任老师头痛的问题之一。他们的转变不是一朝一夕的事情,对待他们我们应该更为宽容,更要多点耐心,多给锻炼的机会。

经过对我们班的特殊学生群体家庭实际走访,对其家庭及成长环境进行分析总结出以下几种情况:

1. 很多学生的家长平时忙于工作无暇照料孩子;
2. 父母常年外出打工,学生很小就成了留守儿童;
3. 父母关系不和或离异;

于是很多父母将孩子交给长辈教育。这就构成了较有特色的"隔代教育"问题。由于我们学校身处山区农村,在我的班级里,这种隔代教育的学生占了总数的40%,这类学生在思想认识上总觉得缺少亲情,潜意识中有一种补偿心理,在处事、学习、心理方面存在较为特殊的一面,是一群特殊的后进生群体。

一、个案背景及起因

1. 个案的基本情况

小源,男,10岁,是家里的独子。该生上学经常迟到,各科老师反映该生对学习无兴趣,经常不写作业,即使做了,也不完整;有时干脆不交作业,说脏话,打架,课间大喊大叫,甚至有时在女同学面前动手动脚。

2. 个案的家庭情况

父母常年在外打工,从小都是爷爷奶奶带,祖辈对孩子比较溺爱,父母本身的文化程度不高,再加上他们经常不回家的缘故,平时对孩子要么放任不管,要么只会责骂,一听说成绩不理想,就是一顿打骂。

3. 个案的起因

周三下午自习课时,扰乱课堂秩序,说小话,对班级一名女生语言攻击,起哄给女生起绰号,不听自习老师的管教,自习老师只能找班主任诉苦。

二、采取的对策

作为班主任老师,不能只是责备和说教孩子。孩子往往是口头上的认错态度都很好,承诺要改正错误,可是转过身十分钟的光景就又打回原形。作为班主任教师,应该给予相应的帮助和心理疏导,促使孩子在心理上能逐步健康,成绩能不断提高,本事不断加强。古希腊医学家希波克拉底曾说过:"了解什么样的人得了病,比了解一个人得了什么样的病更为重要。"了解了他的心理特点及其成因后,我们教师必须有针对性地加强对他的心理建设,加强对他的心理监护,使他的心理健康发展,树立信心,从本质上转化他,进一步提高教育实效。

1. 深入家庭，进行家访指导

孩子是家庭的折射，孩子的成长离不开良好家庭环境的影响。要想解决他的不良表现，还得从他的家庭入手。

首先，向家长提出："多给孩子独立处理事情的机会，个人卫生自我动手，多做家务。"帮助家长提高思想认识、转变观念，与学校教育构成合力，进而培养学生良好的劳动习惯。

其次，要求家长不要以分数来衡量孩子的水平，当他的成绩不理想的时候，家长不要总是打骂责备，要心平气和地沟通，找到问题，分析问题，解决问题。这样，构成浓厚的家庭文化教育氛围，帮助孩子构成自觉学习的态度，改变家长对家庭教育的认识，提高家庭教育的质量。

2. 发现他的闪光点，促进转化

我发现小源虽然经常犯错误，但他依然有向上的愿望，他身上还有很多"闪光点"，比如，喜欢跳街舞，跑步在班级里数一数二，做错事敢于承认，喜欢帮老师干活，不闹事的时候还挺讨人喜欢，上课也会积极发言……所以我们能够发掘他这些向上的可塑性，对他进行再教育。

首先，多为小源提供表现机会，只要一有机会我就会找他过来帮我做点小事，同时让他担任班上的纪律委员，让他感觉到老师是注意他器重他的，尽量让他在班上有表现的机会，并且一有机会就在班上表扬他，让他得到同学们的认同，当他违反纪律时我都会耐下心来教育他，提醒他，引导他，给他改正的机会。结合班上具体情景，开展一些团体的活动和竞赛，任命他为负责人，让他感到被信任和职责所在，在组织活动中，他的主动参与使他觉得班上的活动，自我也是一分子，从而到达消除行为惰性的效果。

3. 引导集体关注他、接纳他

集体的力量是无穷的，我在培养他的正确交往本领的时候，还注意发挥集体和伙伴的作用，经过同学的接受和爱护，帮忙他在集体中找回自我，学会交往。

我利用恰当时机做好班级学生的思想工作，告诉他们不能因为某件事而孤立班集体中的任何人，向学生讲述集体合作的重要性。引导同学明白像小源这样的学生，自暴自弃、以自我为中心的行为构成是长期的、多方面的结果，不可能在短期内得到根除，要允许他出现反复的现象。并且教育大家要以发展的眼光看待他，要正确对待他的变化，以我们集体的耐心，接纳他的缺点、他的变化。号召班干部带头和他交往，如果他有什么困难，我们要主动去帮助，以此来带动全班学生态度的转变。

4. 尊重和信任他，正确看待反复

信任是一种人格力量，它促人奋进，使人努力。对小源来说，只有信任他，才能得到他的信任。信任他，也是尊重他人格的表现，也只有这样，才能消除他自暴自弃的心理。他的错误不可能在一次两次之间完全改变，我要耐心对待他的错误。

5. 运用多种评价，促进发展

作为教师，如果不是实事求是地用发展的眼光评价他，他的个性发展必然受到限制。所以，要积极主动地调动他的进取性、主动性，我们必须注意课堂上的评价，用发展的眼光看待他。当发现他今天能主动参与劳动，于是就及时在同学面前表扬他；当他能主动帮忙同学的时候，就立刻表扬他，让他得到同学们的认同；当他违反纪律时我都会耐下心来教育他，提醒他，引导他，给他改正的机会。有时小源在家中有出色表现的时候，由家长反馈到学校，并给予鼓励……

三、教育效果

就这样经过了半个学期的引导教育，小源的进步是有目共睹的，平时在和同学的交往中，能主动退让，家长也反映他在家能做一些简单的家务。他从一个令人厌恶的孩子，成为班级中受人欢迎的一员。

他能按时完成作业，和同学和睦相处，不随便打人，进取为集体做事，更令人高兴的是，他充分发挥自我特长，参加了学校体艺节，获得了优异的成绩。虽然那个学年我没有跟班上六年级，但那个教师节我却收到了他满满的祝福与心意，小源在卡片中写道："谢谢老师一直以来对我的耐心教导，无限包容我的错误，并且不断给我改正和表现自己的机会，感谢老师的培养之恩。"我相信以这样一种乐观向上的精神，他一定会取得更大的提高。

四、个案反思

作为一名教师，应该"以生为本"，尊重和爱护每一位学生。教育是心灵的艺术。我们教育学生，首先要与学生之间建立一座心灵相通的爱心桥梁。跟他们成为朋友，站到朋友的角度去跟他交心、交流。教育的过程不仅仅是一种技巧的施展，更是充满了人情味的心灵交融。对小源这样特殊的学生，我经常俯身跟他说话，敞开心扉，以关爱之心来触动他的心弦。"从爱出发，动之以情、晓之以理、导之以行、持之以恒"，用师爱去温暖他，用情去感化他，用理去说服他，从而促使他认识不足，克服缺点，不断提高。

小源的特殊主要来自他的家庭，家长的溺爱、放任养成了他唯我独尊、蛮横无理的个性，以至于出现了一系列问题，给学校教育工作带来了许多困难。如果教师和同学对他的过错或者是出现的问题，只是一味批评，不但不能从根本上解决问题，反而很容易伤害他的自尊心，引起他对老师的敌意和不信任，会给今后的思想带来更大的障碍。

"十年树木，百年树人。"人是最难塑造的。后进生往往问题多多，让带班的老师相当头痛，很多老师对这样的学生"避之唯恐不及"。而我却对这样的学生"情有独钟"，因为我知道：哪怕是再怎么样的后进生，只要老师对他们多几分耐心，多点宽容，多给他们机会，他们总会有进步的，最终也会明白老师的良苦用心，从而转变自己的学习习惯和行为习惯，成为老师的好学生或者老师的得力助手。

虽然小源同学的提高已有了一些飞跃，但它只是教育过程的一部分，只是他成长中的一个起步，不能说已是彻底的成功。对他的教育使我认识到，转化特殊的后进生是一项长期的艰巨任务，不应当有一丝一毫的松懈与疏忽。我们作为老师对待后进生应多点耐心，多给他们改正表现的机会，让他们能够"笨鸟先飞，早入林"。

作者简介：沙建伟，城关小学教师，从事6年数学教学工作，积累了较为丰富的工作经验，并多年担任班主任。带领班级多次获得区级"优秀班级体""优秀中队"称号。

用心播撒希望的种子

学生，就如同一粒埋在土壤里等待阳光、雨露和肥料的种子；教师，就如同精心培育，细心呵护，静等花开的园丁。作为班主任，我们要时刻关注学生的成长，并且用心去引导学生。

一、激励培养，以评价促成长

现在已经参加工作的小王老师曾经对我说过："记得那时，我每天特别期待的就是上课，因为我提前充分地预习知识能受到石老师的表扬，我积极地举手回答问题能收获知识和小星星，一节课下来可算是知识和星星双丰收！"这句话对我影响很深，让我认识到在班级管理中，"激励"学生是必要且有效的方法。"小组评比"是一种能长期坚持，非常有效的激励机制。小组评比机制兼顾全体学生，让学生能及时看到不足，对良好学习习惯的培养，学习积极性的提升，学习效率的提高，起到了切实的促进作用。因此，在我们班无论是学习还是纪律，各项活动都要进行评比。

记得学生刚升入三年级时，为了让学生养成更好的习惯，老师要开动脑筋，下足功夫。我所采用的是一颗棒棒糖激励法。课上听讲认真，积极回答问题，会得到老师一面小红旗；作业中书写认真美观的也能赢得一面小红旗；课间操评比优胜的组会得到一面大红旗……每天课间，同学们一有时间就围在评价栏前面，数自己得了多少小红旗。获得多的笑逐颜开；获得少的暗自努力。同学们不但关心自己的成绩，更关心小组其他同学的成绩，互相鼓励，加油打气，增强了集体荣誉感。周五是孩子们最期待的日子，因为这一天要汇总每一组小红旗的数量，哪组红旗最多哪组每个成员就会得到一颗棒棒糖。每一个同学都安静端坐，倾听班长念出的每一个成绩，眼神不时看向棒棒糖，希望自己的组能得第一。在激励学生的同时，学生的习惯也渐渐地养成了。

二、真诚欣赏，让每一颗星星都闪亮

教育家苏霍姆林斯基曾经说过："成功的欢乐是一种巨大的自信力量，它可以促使儿童好好学习的愿望，无论如何不要使这种内在力量消失。缺乏这种力量，教育上的任何巧妙措施都无济于事……"这不仅要求教师善于发现孩子的优势，帮助他们找到自信的生长点，而且要刻意制造机会，使他们的自信心根深叶茂。

由于学生年级低，为了让孩子们得到锻炼，我尽量在班级里多组织活动，尽量多给学生展示自己的机会，我想学生只要在某一方面有所突出，就可以带动其他方面的发展。可以让学生在活动中学习、进步、提高。

记得我刚接一年级时，班里的小佳各方面表现都很好，但就是说话声音小，不敢去主动表达，后来我上课经常叫她回答问题，还时常鼓励她，让她变得更加勇敢。为了让她变得有信心，我鼓励她积极参加学校活动，每年的12月是我们学校一年一度的戏剧节，为了让她有更大进步，我让她担任戏剧节的小主持人，对刚上几个月小学的小佳来说，是一个很大的挑战。我利用课余时间给她一句一句地范读，并进行指导。她也每天努力练习，经过她的努力，最终顺利完成戏剧节的主持。在这之后，她完全变了一个人似的，不再胆怯，不再畏惧，说话声音洪亮，朗读方面也一下提高了很多。后来她经常带领大家一起早读，积极参加班里组织的各种比赛活动。

我想，教师只有善于发现学生在学习过程中的细微进步，及时给予表扬、鼓励，才能使他们体验到成功的喜悦，从而获得宝贵的自信心，使每一颗小星星都发光。

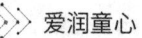

三、用心呵护，不让一个孩子掉队

教师要平等地对待每一个学生，尤其是那些家庭有特殊变故、学习较差的学生，他们往往不自信，甚至自卑。老师应该给予更多关爱，通过真诚的交流、热情的鼓励、耐心的帮助，让学生在轻松愉快的情感体验中接受教育。

在我教过的学生中，曾经有个让老师头疼的问题学生，行为上调皮，自控能力差，上课随便插嘴，随意走动，从来不认真完成作业，爱欺负同学，同学都称他为"调皮大王"。有他在，就别指望能安安静静地上好课了。经过一段时间的仔细观察，我发现他爱看书，会抖空竹。于是，我对他说："老师知道你看过许多书，知道你的课外知识非常丰富，能不能把这些书带过来和同学们一起分享，把你从书中知道的知识讲给大家听呢？"出乎我的意料之外，他很愿意。我又说："你的空竹抖得那么好，你能不能教教同学们呢？"听我这么一问，他非常高兴，痛快地说："没问题。"

第二天，他从家里拿来了许多课外书与其他同学一起分享，而且课间还和同学交流读书的感受。因为他会抖空竹，于是我让他在体育课外活动时教班里同学，现在孩子们都会抖空竹，而且有的还会抖花样呢。他呢，也发生了变化，作业按时交了，和同学相处得越来越好了，见到老师也有礼貌了，课上也能听到他的发言声了，真可谓"功夫不负有心人"！

作为班主任，要想方设法去帮助学生成长，关心学生身心健康，关注学生的未来，只有这样，付出才会有回报。"捧着一颗心来，不带半根草去。"在教育这片沃土上，我要为祖国的明天撒播希望的种子。

作者简介：石月新，2000年参加工作，现任城关小学五（2）班班主任，五年级数学教研组组长。热爱学生，兢兢业业做好本职工作，曾被评为"房山区学生最喜爱的班主任"。在工作中，始终关注每一个孩子的成长和发展，让每一个孩子都幸福快乐。

自信的样子最美

爱因斯坦说过："自信是向成功迈出的第一步。"孩子的自信心来源于周围人的评价，但我更认为自信是成功的源泉，只有培养出学生的自信，才能使学生走向成功！

有这样一件事让我至今难忘。一节数学课上，我让学生用画图的方式来解决问题，学生们积极踊跃，图画得既美观又清楚，同时还能说明数学问题。有的说："老师我画的是线段图，它们之间存在着这样的关系……"有的说："老师，我画的是点子图，是这样的……"还有的说："老师，我画的是枝形图……"学生们你一句、我一句地说开了，课堂上十分热闹。这时，有个孩子用渴望的眼神望着我，胆怯地举起了小手。一直以来，他给大家留下的就是典型的理解力较慢、记忆力也较差的印象，连家长都说我们家的孩子反应慢一点，没办法。他说："我画的是……"听得出，他想说一说自己画的图，可是没有等他说完，同学们已经开始大声斥责起来，有的学生还忍不住交头接耳说："哼！他哪儿会，耽误时间！""说自己会画图，还好意思！"还有的说："没准是重复人家的！"……说句心里话，此时此刻，看着他那满脸尴尬又着急的样子，我于心不忍，我知道如果换作是我，我的自尊心肯定受到了极大的伤害，何况是一个孩子呢。此时，我只想替他解围，赶紧脱离这个尴尬的处境。于是我对他说："你可以再想一想。"他忽然开口了："我画的图是……"当大家等着他继续说时，他却停下了，脸涨得通红，他怕同学再取笑他"反应慢，不如别人"。此时，我的心头猛地一紧，我用充满期待的眼神看着他，并鼓励他勇敢表达自己的想法，相信自己。他从我的目光中获得了鼓励，便开口说："我画的图是集合图，与大家画的都不一样，这部分代表男生，那部分代表女生，它们之间是这样的关系………"回答问题后，他说我画的不是最好的图。我马上替他补充了半句："但你是最勇敢、最敢于突破自己的学生！"接着我又让他重说一遍。他大声说出了自己的解题过程。我情不自禁地为他鼓掌，全班同学也跟着为他鼓起掌来。他高兴地笑了，从他的眼中，我看到了那份自尊与自信。

事情虽然已经过去几年了，但至今让我记忆犹新。我为自己收获了孩子的真心而高兴。在那一刻，我真切地感受到了学生对尊重的渴望。如果当时他刚说完我就让他坐下了事，大家的嘲笑会大大挫伤他的自尊心，同时也毁掉了他的自信心，让他心灵蒙上阴影。而我却说出了"你是最勇敢而且敢于突破自己的学生"，这样做既抵消了同学们对他的嘲笑，又缓解了他的紧张情绪，消除了他的自卑阴影，增强了他的自信心，教育需要智慧，急中生智。

人的成功失败并不完全取决于智商的高低，而在于不懈的努力！居里夫人也曾经说过："成才的窍门在于恒心和自信心，尤其是自信心。"这件事让我深切体会到：教师的一言一行、一举一动该是多么重要啊！一句鼓励赞美之词可能会增强学生的自信；一句讽刺挖苦之语可能会毁掉学生的自尊。因此，作为一名教师，遇事要三思而后行。著名教育家陶行知先生曾提出过这样的忠告："在你的教鞭下有瓦特、你的冷眼里有牛顿、你的讥笑中有爱迪生。"我们必须学会"读"懂学生的心灵，赏识、激活、唤醒、鼓舞学生的自信，从而实现教育的最优化！

作者简介：宋延卿，城关小学教师，现担任班主任工作。在教育教学中遵循"爱与尊重是教育的出发点"，全心全意为学生服务，注重从学生的兴趣入手，推崇能力和自信心的培养，让学生爱学、乐学。

时光不语　静待花开

步入教师行业已有三年，回首过往，历历在目。三年的时间，我从站上讲台到站稳讲台，我的孩子们也在慢慢长大，一点点进步。

小润二年级时，我做了他的班主任。小润是一个老实孩子，平时话不多，每天都是安安静静地在教室里坐着，课上很少举手，课下也不和其他小朋友玩。

发现小润这些特点后，我开始有意地接近他。我发现小润的语言表达能力极差，完全不能和其他孩子一样交流。当然就更别说课上举手回答问题了。了解这些情况后，我找了小润爸爸。他表示孩子从小就反应慢，学习能力很差。面对这样的小润，我开始手足无措。

在接下来的日子里，我每天都会找小润聊上几句，日复一日，沉默的小润也就和我熟了起来。我发现他偶尔会主动跟我说话，虽然仅仅是几句话，我还是觉得他跟开学之初不一样了。小润很爱笑，看着他的笑容，我很着急，我希望他在学习上能有进步。小润的基础知识很差，20以内的加减法算不上来，拼音基本上不会。于是我开始给他补习一些一年级的知识。小润的学习能力差，简简单单的一个知识点，对他都是很大的挑战。每天我都会一遍又一遍地给他补习，只要能有一点进步，我都会给他很大的鼓励。小润有时候会偷懒，他会找一些借口逃避学习，这个时候我也会严厉批评他。课堂上，我希望小润能回答一些问题。我开始鼓励他上课举手，让他回答一些最基础的问题。每次只要他能开口说话，全班都会给他鼓励，也就是这样，他偶尔会主动举手，这让我很欣慰。

转眼升到了三年级，小润的学习并没有太大进步，很多知识点还是不会，上课还是回答不出什么问题。但小润的口语表达能力要好一些了，下课偶尔也会和小朋友一起玩，这样的进步让我很高兴。

三年级的语文课增加了课前两分钟展示活动。这对小润来说是一个巨大的挑战！我早早把课前两分钟展示的要求告诉了小润爸爸，小润爸爸认真地帮孩子挑选展示内容，并制作了精美的PPT。我帮小润准备了发言稿，一遍遍地帮他过。终于轮到小润展示了，这是他第一次站在讲台上当众发言。小润的展示磕磕绊绊，有时候一句话要说好多遍才能说完整。但总算是完整地把展示内容说完了。小润的分享并不出彩，可能还有些笨拙，但这对小润来说已经足够好了。分享结束，教室里响起了热烈的掌声。小润的脸上也浮现出自豪的笑容。自从这次发言后，小润课堂的状态更好了。如读课文、背古诗这些发言的机会小润都会举手，我也会尽可能地给小润机会。慢慢地，孩子上课越发积极了，看到孩子的改变，我由衷的高兴。

突如其来的疫情阻断了孩子们返校的脚步。孩子们的学习从教室搬到了线上。线上学习我很担心小润，孩子的基础薄弱，学习新知识的能力差，这样的学习模式对小润来说真的很难！

线上学习伊始，小润就出现了问题。因为居家时间过长，小润养成了睡懒觉的坏习惯。为了让孩子准时登录腾讯会议上课，我经常需要单独给小润爸爸打电话叫孩子起床。线上学习和教室里上课差别很大！孩子们坐在电脑前，并不受老师约束。很多孩子上课过于懒散，很难集中注意力。这其中当然也包括小润。正式上课前，我和小润爸爸约定好，孩子每次线上课都要打开视频，让老师能够看到小润，并且每节课都要回答一个问题。还记得小润第一次发言，因为紧张，打开语音后小润并没有说话。因为班里很多孩子和家长都在听，我只是说了网络不好，并没有批评小润。课后我把小润单独留下，当腾讯会议里只剩下我和小润时，孩子终于说话了。我和小润爸爸说了很多鼓励的话，小润也答应我明天要领着同学读词语。在第二天的网课上，小润领读得并不流利，但每个字的读音都很准确。我高兴地表扬了小润，他也很开心，在后面的网课中，也会主动回答一些问题。

　　转眼又到新学期，孩子们重新回到校园。再次见到小润，胖乎乎的小脸上流露着熟悉的微笑。新学期，小润大部分时间还是沉默的，学习还是很吃力。看过一句话，每朵花都有自己的花期，有的花很快就绽放，有的花则需要度过漫长的花期才能迎来绚烂，无论如何，每朵花都会迎来属于自己的春天。而作为老师的我们，我认为最好的教育就是爱与陪伴。

　　作者简介： 田鹏，城关小学教师。2018年参加工作，一直从事语文、数学教学以及班主任工作。喜欢挑战自我，勇于开拓创新。工作认真负责，有吃苦精神。作为一名教师，愿做一只红烛，照亮孩子们通往理想的路。

生日快乐

这大概也是一种执着，一种在他们身上少有的执着。

他们分成几批，似乎是有组织地一次次问起我的生日。我没有让学生为我过生日的习惯，所以一直没有告诉他们。但对待这个问题他们一直没有放弃，从第一学期一直问到第二学期，想尽了各种办法。我突然有告诉他们的冲动，当然，我不会那么轻易地让他们得到。

我出了各种题让他们寻找答案，包括计算、上网、向其他老师询问，我甚至搬出了高斯……他们应该感谢我帮他们复习了那么多以前的知识。明显他们的基础太差，得到答案并不容易，当我告诉几个成绩不错的学生是 9 月 31 号时，居

图2　学生们送给我的生日礼物

然没有一个人提出异议，他们只觉得太可惜不能在小学给老师过生日了。看到他们遗憾的样子，我都不忍心再欺骗他们了。

眼看生日要到了，我并不着急，这个答案不知也罢。可我分明感到他们不再追问这件事了，而班里的气氛跟以前也不一样了，神神秘秘的，尤其是最后一两天，一个个见我总是傻笑。我不想太明白，也不问为什么。生日的前一天晚上，那几个互为敌人一样的班干部就是不回家，直到把他们轰走我才敢下班。

早上，我刚刚到四楼，只见远远一个身影"嗖"地缩回了教室，然后班内传出了琅琅的读书声。我在门口站了许久故意不进去，一会儿教室里便声音大乱，这是我意料之中的。打开门我装作什么都不知道地开始上课，窗台上盛开着一束鲜花，地面擦得干干净净，桌子整齐了许多，最主要的是他们比平时精神。今天真的不一样！上课他们听得很认真，当我要生气时他们会说："老师，您今天不该……"然后会一齐瞪表现不好的学生。

图3　学生们在课堂等候我的到来

放学前，他们再也坚持不住了，科任老师还没有走就唱起了生日歌，汉语唱完接着英语，被我制止，他们把礼物放在了窗台上……我已经非常感动了。

下午刚走进教室，我看到全班学生齐刷刷地坐在座位上，见到我他们立刻全体起立："祝老师生日快乐！"声音那么洪亮。我示意他们坐下，这是他们第一次自己坐得这样精神，红领巾戴得少有的齐。转过身来，"老师生日快乐"几个大字几乎让我的眼泪流出来。讲台上有个硕大的蛋糕，蛋糕上是用巧克力做的我们的班徽——一艘扬帆远航的船，那帆就是我们充满喜怒哀乐的4.班徽下写着我们的口号：扬帆远航！这是每个孩子的心愿，是对我这个船长的祝愿。

因为要放假，我答应了他们联欢的请求，戴上了生日帽。为了表明谢意，我首先为他们献上了一曲

忧愁的《生日快乐歌》。班长带头演唱《春天后母心》，她大概加了动作，一直面对我，想想刚刚看过的连续剧《春天后母心》，我再也忍不住心中的委屈转过身去，任凭泪水尽情地流……有人扽我的衣角，接着塞给我一包纸巾。他们很投入地表演着，当看到国浩的滑稽小品时，我哈哈大笑，他们更是笑个不停。最后我们激情地唱了我们的班歌《让我们荡起双桨》，这首歌对他们来说意义已经很大了，和班徽一样深深地进入他们的心里了。

放假了，他们又以帮我拿礼物为名陪我回家，我投降了。二十多个孩子簇拥着我回家，我感觉我是世界上最幸福的人，真希望街上的每一个人都看着我，都羡慕我。

我们又笑又闹，奶油糊在每个人的脸上……

要下雨了，我"赶"他们回家，当送走最后一名学生时，大雨从天而降。看着他们远去的背影，雨水模糊了我的双眼……

图4　学生们送给我的生日鲜花

作者简介： 王宏艳，城关小学教师，房山区骨干班主任。个人兴趣广泛，喜欢阅读、写作，勤于思考，及时用笔记录学生的成长。工作中，遵循儿童身心发展规律，尊重学生人格，善于用欣赏的眼光发现学生的闪光点。

我的班级管理探索之路

  这是我担任班主任工作的第七个年头了，这七年里，自己关于如何管理好班级的探索从未停步，回顾过往，思绪漫长……

  刚入职时，我对班级管理的期待是成为一名严慈相济的，能够和孩子们打成一片的亦师亦友的老师。但是入职不到两个月，我才发现班主任的工作内容庞杂而琐碎，不但要教好任教学科，还要培养一个班风优良的班集体。最开始，因为管理经验不足，对学生们太过"温柔"，和孩子们走得近，没有威信，导致班里的孩子总以为我在和他们开玩笑，没有树立规则意识。有时候，即使在耐心教导过后，调皮的学生依然很调皮，或者有一些孩子当时深受教育，在一段时间后依然会回到老样子，在请教有经验的老教师后，我逐渐向严厉型教师过渡……

  当时的我对严厉是如何理解的呢？

  严厉型教师的第一个要做到，就是不能笑。对学生绝对不能露出笑脸，孩子们是最善于观察的，也是最会察言观色的。如果他们发现你今天的心情不错，就一定会放松对自己的要求而闯祸，所以，坚决不能露出笑脸。

  严厉型教师的第二个要做到，就是对犯错的同学坚决不能姑息，秉持着对犯错零容忍的态度，一定会对犯错的学生采取惩罚措施，以达到"杀鸡儆猴"的效果。

  严厉型教师的第三个要做到，就是在班级中出现违纪情况的时候，要在班里开班会，对班级中出现的违纪现象予以严厉斥责。

  我当时是这么想的，也是这么做的，结果如何呢？首先必须承认，当时的我每天都很累，因为这种雷厉风行的做法，我让自己处于一种时刻打了鸡血的状态，为了时刻保持严厉，有时候总是在生气中度过一节课，一天，甚至是一周……

  孩子们呢？他们一开始真的是乖乖地遵守纪律，每天不再会出现各种稀奇古怪的问题，为此，我觉得自己的做法很有成效。但是问题很快也随之而来，上课的时候，孩子们不喜欢举起小手了，他们有了任何新鲜事，也不会围在我身边叽叽喳喳地讲述了，有的孩子看到我后，远远地低着头就绕着走开了……甚至，有的孩子好像开始讨厌我了。

  小李是一个内向的孩子，不爱说话，学习上也很吃力。记得有一次，小李拿走了其他同学的作业本，孩子们发现后都纷纷说小李拿走了别人的作业本，我劈头盖脸就数落了他一顿。小李这个内向的孩子却突然大声叫喊道："是别人发错作业本了，放到我的桌子上，您什么都不知道，凭什么这么说我？"看着孩子抬起头，眼里泛起的泪花，我心里忽然害怕起来，因为我伤害了这个孩子。但是为了维持"严师"的尊严，我什么也没说。这件事似乎悄悄过去了，但是我永远也忘不了当时小李的眼神，也就是从那个时候起，对班级管理，我再次迷惑了……

  著名教育家陶行知先生说过这样一句话："真的教育是心心相印的活动，唯独从心里发出来的才能打到心的深处。"教育怎么能离开爱呢？我怎么忘记了做教师的初心呢？我的严慈相济呢？我的亦师亦友呢？

  从那之后，我再次改变了我的班级管理观念。

一、让规则意识深入学生内心

想要做好班主任，只靠美好的愿望和一腔热情还不够，只靠严厉的约束和管教也不行。因为教育是面向人的活动，它应该与孩子建立联结，班主任不仅要研究孩子成长中的心理，还要基于此，规划和制定相应的班级管理措施，并细化到每一件小事中去。于是，我班主任工作计划的内容，终于不再是高大上的纸上谈兵，而是结合一个学期的教育期待，确定班级目标，制定班训和班级规范。我会利用各种零碎的时间对孩子们进行行为规范的教育，以此来培养孩子们良好的行为习惯。"严师"不应该只是在态度上对学生严厉，在管理中对学生严苛，更为重要的，是用中小学生行为规范的标准去约束学生的言行，是督促学生严格遵守校纪校规，严格执行班级规范，让孩子的内心树立起来的是规则意识，而不是对教师的畏惧。

二、让一朵云推动另一朵云

小学生正处在学习和模仿阶段，好奇心强，模仿性强，可塑性强。然而由于心理很不成熟，辨别是非能力低，所以往往不能分辨哪些值得模仿，哪些不值得模仿。所以，在班级管理中，我特别注意严于律己，率先垂范。孔子说："其身正，不令而行；其身不正，虽令不从。"所以我要求学生做到的，我一定会先做到。其次，在班级管理中，我会特别重视表扬的作用，当学生在某一方面做得很好时，我一定会发自内心地对学生进行大力表扬，给被表扬的学生以精神上的满足，增强其自信心。对其他同学来说，这也是一种正面的、积极的教育。现在，我所带班级的孩子已经三年级了，写作对刚刚升入三年级的孩子来说，是一个新的开始，有些孩子会怕自己写不好，有些孩子只是单纯地懒得写。我每周都会将一周里写得好的周记在班里朗读，特别指出哪里写得好，并进行表扬。现在我们班写周记的孩子越来越多，他们写得也越来越好，通过周记我了解了孩子们的生活，和他们走得更近了，班级写作水平也在整体稳步提升。这件事让我想起了柴静采访卢安克的文章结尾的一句话："教育就是一棵树摇动一棵树，一朵云推动一朵云，一个灵魂唤醒另一个灵魂。"

总之，想要班主任工作落到实处，就要将工作做勤，做细，做到位，要多一份"爱"，从学生的角度出发，去理解他们，去关心他们。在管理中，要"以人为本"，饱含人性化，也要讲求原则和方法。教学有法，教无定法，在今后的班级管理工作中，我还要继续努力，边感悟，边探索……

作者简介： 王华，2014年参加工作，热爱教师这个职业，以"桃李满天下"为荣。用心学习，热情工作，把新的教学理念带入课堂，师生和谐，教学相长。擅长语文、教学。

给他一个机会

小波是一个"著名"的孩子，是老师们嘴里常常提起的典型。他没有养成良好的课堂习惯，课上随意说话走动，经常会与其他孩子发生冲突。学习方面，他虽然聪明机灵，但是经常不完成作业，对待英语课程更是毫不重视。我作为一名新上任的英语老师，在提前了解学生情况时，对这个孩子就分外警惕，生怕他扰乱我的课堂秩序。

开学已有一个月了，小波在课堂上的表现一如既往。对此，苦恼的我和其他老师进行了交流，音乐老师和我提起小波对唱歌十分感兴趣，因此音乐课上小波的积极性很高。正巧每周二的课后服务我会带领学生学习演唱英文儿歌。我不再强势地管理小波的课堂纪律，开始观察小波对唱歌的兴趣。当歌曲播放时，小波会渐渐安静下来，回到自己的座位上慢慢跟着儿歌的声调一起哼唱，哼到兴起时还会忍不住加上自己的动作。但是他好像又羞于别人见到他乖巧听话的样子，往往不一会儿就重新回到不好的状态里。我试着鼓励他起立演唱，点名他所在的小组一起表演。我发现他常常是声音最洪亮的那一个，并且课后服务时他的课堂纪律明显要好于英语课堂。

于是，我在教学导入环节增加了使用英文歌曲进行热身的频率，细心观察小波的课堂表现，也期待他的进步。自此，小波从一开始的注意力不集中，逐步过渡到融入热身环节，沉浸在好听的歌曲中。导入环节后的对话学习，他也渐渐能够举手回答，尝试起立朗读课文了。但是他之前养成的课堂习惯不会如此简单地得到改正，因此我决定给他一个机会。

平日组织课堂教学时，我都会亲自为各小组加分，进行每节次的小组评比参与奖品兑换。针对小波的情况，我考虑后决定让他来扮演这个加分的重要角色，给予他管理自己的机会。当我在课堂上宣布这项决议时，班级上许多同学开始小声议论起来。"为什么选择他来加分啊，他平时都不认真听讲还管不住自己，能够加好分数吗？""对呀，加错了怎么办？"小波此时涨红了脸，握紧了拳头："你们别说了，我能加好！"我赶忙止住此起彼伏的议论。"我们给他一个机会好不好？我认为小波可以负责办好这件事，你会努力的对不对？"小波也马上站起来，说道："请大家给我一个机会，你们可以监督我，不就是加分嘛，这有什么难的？"其他同学们见小波如此有信心，也和我达成一致，开始共同监督小波。我们也成了小波进步的见证人。

因为小组加分需要小波全程认真听讲，仔细记录回答问题的同学以及次数，并且加分时不可走神，要正确无误地添加组别。第二天小波就准备好了专用的小本子，上课铃响起，他第一次端端正正地坐在座位上，眼睛炯炯有神。时间一点一点地过去，他认真记录着，遇见自己小组分数落后时，他也积极迫切地举手想要回答问题，为小组领先出一份力。下课前，我询问同学们本节课小波表现如何，大家异口同声地表示了肯定。我当然也终于等来了这个机会，这个鼓励肯定他的机会。于是我郑重地表扬了他，说出了我对他的进步期望。此后，每一节课小波都是如此，百词赛成绩也取得了优秀，作业更是按时完成。

通过与小波相处的这次经历，我明白机会对一个孩子有多重要。小组加分的任务虽不繁复，但十分重要，既可以给予孩子责任又可以帮助他管理好自己。小波因英文儿歌对英语课重燃兴趣，正巧抓住了这次难得的、可以证明自己的机会，让同学们一改往日的偏见，重新认识了他。他端正了自己的学习态度，养成了良好的课堂习惯。同时，我也迎来了肯定他的机会，激励他继续努力，成为一个更优秀的

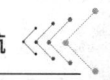

孩子。

  身为青年教师的我应该一同与学生成长，在教学生涯中不断寻找宝贵的机会，教育学生的同时提升自己。我时刻意识到教师这份职业的使命，我们肩负着教书育人的使命，决不能忘立德树人的初心，立足讲台，专心从教，要为培养德、智、体、美、劳全面发展的社会主义建设者和接班人作出自己的贡献。

作者简介： 王嘉慧，毕业于首都师范大学，中共党员，是一名新加入城关小学大家庭的青年教师，所教学科为英语。在从教生涯中，不忘教书育人使命，学习先进教学方法，成为一名合格的"四有"好老师。

轮椅上的阳光

老师最伤感的应该是所教的学生毕业了。他们要离开熟悉的老师和同学去更高的学府求学。我一边对孩子说,分别是为了更好地开始,鼓励孩子继续努力;一边泪水模糊了双眼,心里百般不舍。每当毕业季到来,这样的一幕幕都在重复上演。每当我看到分别的场景,总会想起那个拥有大大眼睛的坚强的男孩。

安安曾是北京市房山区城关小学的学生,他特别聪明,也很开朗,学习成绩优异。不幸的是:他患有进行性肌无力,行动不便,每天都坐着轮椅上学。我与他的相识是在他上小学四年级的时候。

当我得知班里有个孩子需要老师特别关注时,我也曾想,自己能不能完成学校领导交给我的任务。作为一名共产党员,直觉告诉我:无论如何我都不能辜负领导的信任,一定要完成好这个任务。

当见到瘦弱的安安的大眼睛时,我的心一下就被触动了。我心想:孩子已经够不幸的了,我一定要把他当成自己的孩子对待,不让他受一点委屈。我曾经读过蓝淑荣的《走进孩子的童心世界》这本书,深知她将孩子的痛当成自己的痛。她说:"借给他自己的肩膀,让他依靠。在他无助的时候向他敞开心扉,他会自然地接受你。"我想,自己也要这样做,一定要像妈妈一样照顾好他。

起初,总有一种忧郁写在他的脸上,很少看到他笑。我便在课间和他闲谈。我们聊地震中失去双腿的廖智姐姐,用她经历的磨难给安安加油鼓劲。课间他不能像其他孩子一样出去玩,我便在教室里陪他聊天。我还买了五子棋、弹力球鼓励学生在课间和他一起画画、读书、下五子棋、玩弹力球。

安安在学校的所有时间都是在轮椅上度过的。为了让他和别的同学一样去上课,不让他感到失落,同学们做操时,上体育课时,我安排班里的同学推他到操场晒太阳。科任课我把他背到4楼的专用教室上课。每周5次,一次不落。我只是一个身高1.55米,体重50公斤的女老师,而他,随着年龄的增加,已经是个体重30多公斤的小伙子了。为了能安全地背着他上下楼,我上班时放弃了穿高跟鞋。

安安上六年级时,寒假开学安安病情加重了,双脚完全没有力量支撑身体。就连吃饭都要借助上身的力量才能用勺子盛着饭吃,甚至尿过几次裤子。他妈妈想让我给他做工作,让他穿尿不湿。我找到安安,试着问他尿裤子的原因,他说早上不想去厕所,后来就来不及了。我心里着急,这孩子怎么病情一下子就严重了呢?接下来一连串反常情况接连发生:总看到他坐在那儿发呆,听写语文的词语和英语单词也都不会了,接连几次作业都没有完成……

我百思不得其解,便向家长了解情况。妈妈说姥爷太宠着他,他回家后什么书也不看,一进家就玩电脑……我恍然大悟。孩子看到与他患同样病的孩子14岁就死了,看到自己身体一日不如一日,又开始尿裤子,这对孩子无疑是很大的打击。孩子看不到希望,自动选择了放弃,这不是孩子的错。母亲忙于照顾弟弟,和姥爷独处的安安精神方面是孤独的,只能选择沉迷于游戏。

我跟家长进行了长谈,列举了玩电脑的弊端,并和他妈妈说安安的表现。我们共同制定措施,帮安安戒掉网瘾。我又尝试做安安的思想工作。起初他不肯说,在我一再追问下,他痛苦地说:"学习有什么用?得了这种病!"说着说着,他水汪汪的大眼睛看着我,眼里满是泪花,语气里充满了失落。擦了一下泪水后,他又说:"老师,我该怎么办?"我眼中也充满了泪水,搂过他,拍着他的肩膀说:"你看,杂志社采访了你和上大学的那个哥哥。和你的病一样的大哥哥都能上大学,你怎么能放弃呢?我们要坚信自己是可以改变命运的。身体残疾并不可怕,可怕的是没有了斗志,可怕的是没有战胜挫折的信心和意志。"他看着我，试探地问："我行吗？"我使劲地点点头，对他说："要相信自己。"

这次长谈后，安安又恢复了往日的风采。课间，同学们会和安安一起做他喜欢做的事。安安顽强地与病魔斗争，积极地面对人生。安安在作文中说，上帝为他关上一扇门，也帮他打开一扇窗。王老师就像妈妈一样对他好，他永远都不会忘记王老师。和安安朝夕相处的三年，我看到了他的坚强。安安自信顽强地与病魔斗争，积极地面对人生，他也被评为"房山区最美自强学生"。

老师的爱就像阳光，博大而温暖，能渗透每一个孩子的心灵，阳光之爱可以融化冰雪，春风之爱可以萌发草木，雨露之爱可以滋润禾苗。我愿做阳光，愿做春风，愿做雨露，倾尽所有，甘为人师。

作者简介：王雪峰，城关小学教师。曾荣获"北京市学生喜爱的班主任""北京市'紫禁杯'班主任""区教育系统创新标兵""人民满意教师标兵""最美党员""优秀共产党员""魅力班主任"等荣誉称号，撰写的论文多次获得市、区级奖项。

教育正当时

作为一名英语学科老师，每天我都在不同的班级间穿梭，每个班级都有几个个性鲜明、难以引领的学生。面对这些学生时，是苦口婆心地劝导？还是熟视无睹地任其"肆意妄为"？我相信所有老师都会毫不犹豫地选择前者，不会放弃任何一个学生。每个教师都会用自己的方式方法，积极地应对和帮助这些学生，慢慢走进他们的内心，最终化解矛盾。

有这么一个特立独行的班级，不仅个别学生的自制力差、纪律观念不强，而且整个班集体缺乏凝聚力，整个班的学习氛围欠佳。班干部缺乏威信，有时候他们也不能很好地约束自己，班级里形成了一种谁也不服谁的不良风气。在这个班里，高×和杨×可以说是一对"死对头"，因为性格和观念不同，两人经常因为小事儿唇枪舌剑，有时会恶语相向，矛盾升级时甚至还会有肢体冲突等过激行为。高×成绩优秀，但是桀骜不驯、纪律散漫。杨×成绩中等，而且有一颗"玻璃心"。这两个学生的相同点是，说话不注意场合，言语很随意，他俩说的话时常会成为同学们的笑料，因此各科老师都对他俩关注的次数最多。有一次上课时，高×又管不住自己，发表了不合时宜的言论，老师及时制止了他，提醒他说话言语要文明。而此时，他却反驳、质疑老师道："你怎么不说杨×？他也说过这话，你就是偏向他，你就宠着他吧。"老师语重心长地对高×说："杨×在这节课上认真听讲、纪律良好，老师没有理由批评他，你要先从自己身上找找问题。"

还有一次，高×过生日，他自己黯然神伤，闷闷不乐，趴在桌子上发呆。突然他用略带愤怒的腔调质问道："为什么没有一个人愿意跟我做真心朋友？我唯一的好朋友也转学了。"他会羡慕其他同学的好人缘、朋友成群，感觉自己一个人有些落寞。我慢慢地跟他说："高×啊，要想得到同学的喜欢，首先你要学会尊重他人，课上回答问题要举手，不能说与课堂内容无关的话，不要动不动就发脾气，课间和同学相处时，多说一些快乐的事儿，言语要文明，和同学们沟通得多了，你就会找到好朋友了。"他似懂非懂地听着我的话，可是没过一会儿，他就从伤感的心境中脱离出来，开始放飞自我，脏话也脱口而出。我又立刻指出他的错误："高×，你看你是不是又说脏话了？同学之间要和谐友善、相互帮助，语言要文明，决不说脏话。"他不好意思地低下头，说道："是，是，我刚才又犯错误了。""文明记心间，时刻不能忘啊。老师相信你，慢慢能改正的。"为了帮助他改正错误，我尝试过发挥他的英语才能，让他当领读员，起初他也兴冲冲地欣然接受，但还是改不了自己身上的问题，对待同学粗鲁，不尊重。班主任也曾让他担任午休管理纪律员，他喜欢被重视，但自己不能很好地服务同学，说话方式不能让同学接受，声音过于洪亮，听起来有很浓的指责意味。旁观者清，因为他自身的这些问题，他不能服众，在他的管理下，同学们会争辩不休，他也无法在这些小责任岗上继续担任。

其实，对于高×这个学生，老师们从内心里觉得他还是有值得肯定的地方的。他打篮球时会和队友配合，奋力拼搏；对老师们尊敬热情，每次见到老师，老远就会喊老师好，我帮您拿东西吧；而且他学习能力还是很强的，也有上进心。有一次，学校准备英语课本剧，我选了几名同学当演员，因为角色性格特点的原因，选了另外一名同学。下课时，高×走向我，对我说："老师，我以前都是演课本剧的。"我对他说："这次因为男主角外形、性格特点原因，另一个学生更适合。下次，再有机会，老师一定想着你啊！"

为了更好地对他引导教育，我跟他的母亲沟通过孩子的问题。了解到，在家里他的父亲对他的期望

很高，也很严厉，很少有表扬他的时候。因为长期得不到家人的肯定，让他更渴望用成绩证明自己，甚至有些过重地看待成绩，而忽略了自己性格品质上的发展。

家庭教育是孩子身上的第一颗纽扣，家长在关注孩子成绩的同时，也要关爱孩子内心的需求。这学期，高×自己跟我说，自己妈妈生了很严重的病，现在一个人在住院，他爸爸忙于工作，他已经很久没见到妈妈了。听后，我心中很不是滋味，因为我家也有这样的病人，感同身受，我开始理解，为什么孩子行为总是反反复复，小小的年纪承受了太多的压力。少了亲人的关爱，他还能笑对生活，对自己的学习不放松，都是值得别人学习的优点。

类似发生在高×身上的故事，每天都在继续着，有时会让人义愤填膺，有时也会让人黯然落泪。英语学科教师既要完成教学任务、照顾班级整体，又不能对违反课堂纪律、有各种"小毛病"的同学放任不管。对这些学生的教育引导尺度，就很难拿捏。对待这样的孩子，我们能做的就是公平公正，让他感受到集体的温暖，不要强调他的"小毛病"，要用他身上的闪光点，带动性格品质上的进步。至少，我可以减少批评他的次数，倾听孩子内心的需求，试着理解孩子，走进孩子的内心世界。为人师表，对有各种小问题的学生，我们要有耐心，不能怕麻烦。我会在教育引导学生的工作上坚持不懈，不断探索新方式，努力成为孩子人生路上的优秀引路人。

作者简介：王昭君，城关小学教师。喜欢钻研和创新，工作中常常将音乐、美术、计算机技术融入英语课堂，积极寻找每节课的兴趣点和德育价值观。师生关系良好，课堂轻松活泼，受到学生们喜爱。

赏识你的独一无二

苏霍姆林斯基说过:"要在每一个人(毫无例外的每一个人)的身上发现他那独一无二的创造性劳动的源泉,帮助每一个人打开眼界看到自己,使他看见、理解和感觉到自己身上的人类自豪的火花,从而成为一个精神上坚强的人,成为维护自己尊严的不可战胜的战士。"

经过这几年低年级的班主任工作,我发现,他们天真烂漫,有相当强的可塑性。你不要把他们估计得过高,也不能低估他们。他们是在教师的教导中不断成长起来的。这是一个漫长、曲折的过程,需要我们不断摸索,吸取经验,不断总结。所以,"关注每个细节,赏识每位学生"就成了我现阶段的教育理念。我把新的一个班级取名为"水滴八班",也就是希望孩子们每天进步一点点,拥有滴水穿石的力量。收获习惯,提升能力。

唐××,一个活泼开朗的小女孩儿。课堂上,专心听讲,积极回答问题。在我的眼里,她积极上进,是个听话的好孩子。可是,在她的身上也发生了这样一件事,令我难以置信。

一天课间,刘同学来到我面前,说:"王老师,我的橡皮没了。有同学看见是唐××拿的。""是吗?"我有些不相信,一边说,一边看了唐××一眼。这时,她正在拿着东西看些什么。"好,老师问问她是怎么回事。"说完,我就走到唐××面前。她看到了我,就主动站了起来。"唐××,你看到刘同学的橡皮了吗?""没看到。""有同学说,你拿了刘同学的橡皮,是吗?""老师,我没拿她的橡皮。"她理直气壮地回答。看到她坚定的样子,我回过头来又问刘同学:"谁看到是唐××拿了你的橡皮呀?""他们都看见是唐××拿的。""唐××,你有橡皮吗?""有。""把你的橡皮拿出来让老师看看?"她在桌洞里找来找去,没找到。刘同学主动帮助她找,唐××好像在藏些什么,刘同学一下子找了出来,说:"老师,这就是我的橡皮。"我一看,只有一节,不是一整块儿。和刘同学的橡皮一比对,是从整块橡皮上掰下来的。这时,唐××低下了头,不敢看我。我沉着脸,说:"是你拿的吗?"她这才应了声。我接着说:"你要是没有橡皮,可以让妈妈买一块儿。拿别人的东西是不对的!下不为例。"她哭了。我看到她已经知道错了,便对刘同学说:"这次,你就原谅她吧!"这件事就这样过去了。

心理学家说过:"人类最本质的最殷切需要的是:渴望被肯定,渴望被赏识。"处于儿童期的孩子,他们尤其需要老师的肯定,渴望得到老师的赏识。

那件事过后,唐××一直不敢正视我,总是觉得自己做错了什么,学习上也退步了。怎么办呢?正好,升旗仪式该我们班展示,需要几名同学发言。我把这个机会给了唐××,她高兴极了。练习读稿件,她磕磕绊绊,有一半生字不认识,我把她不认识的字圈出来,让她标上拼音,并要求她回家一定要多练习。没想到,这次她真的很认真,早早地就把自己朗读的视频发过来。我看了,竖起大拇指,发了个抱抱的微信图标。她清脆地回复:"谢谢王老师夸奖!"看到她进步了,找回了一些自信,我感到很欣慰。

又过了一段时间,学校举行冬季长跑比赛。体育课上,我和体育老师一起选拔运动员。女子运动员选拔开始了,一圈下来,唐××遥遥领先其他同学。我心里暗暗在说:"原来,这是她的强项!"她用自己的努力,为自己争得了一次展示自我的机会。课间,她微笑着对我说:"老师,我去练习跑步行吗?""去吧!注意做好准备活动。"她爽快地答应着。功夫不负有心人。最终,她获得了年级第四的好成绩。赛后,我帮助她总结经验。她明白了,长跑时,开始用力不能过多,不然最后一圈冲刺就跑不起来了。

每个孩子都是独一无二的。我们要赞赏每一位学生的独特个性、特长和成就；赞赏每一位学生所取得的每一点儿成绩；赞赏每一位学生所付出的努力和表现出来的善意……尊重智力发育迟缓的学生；尊重学业成绩不良的学生；尊重有过错的学生；尊重有严重缺点和缺陷的学生……如果我们老师都能用爱的眼睛去发现孩子的优点，用正确的方式指出和矫正孩子的缺点，那我们的孩子或许会是另外一个样子。在老师的鼓励下，许许多多的孩子将在快乐中改变，在快乐中成长。

作者简介：王志坤，1996年毕业于北京三师，从教25年。2002年来到城关小学，在这个大家庭中一路奋斗、一路成长，有幸成为三届区级语文骨干教师。怀揣一颗爱心走上三尺讲台，从青涩走向成熟，时间教会我耐心、细心、恒心和平常心。

爱心浇开心灵花

冰心老人曾说过：世界上没有一朵鲜花不美丽，没有一个孩子不可爱。因为每一个孩子都有一个丰富美好的内心世界，这是学生的潜能。

我又开始接任一年级班主任工作了，回顾过去的一个学期，有辛酸，有喜悦。在我们一（3）班这个小花园中，令我印象最深的要属喆喆这朵花。

刚接班时我就接到学校通知：喆喆去年因治病休学，今年安排在我们班里复学，下周就来学校上课了。我找到喆喆原来的班主任金老师了解他原来在校的一些情况，金老师介绍说："喆喆有些自闭，不爱与人交流，课上从不举手回答问题，更让人头疼的是他发起脾气来，摔东西，根本不听劝阻，孩子的爸爸有时还不配合工作。"这到底是一个怎样的孩子呀？我心里浮想联翩。先和家长联系、沟通，争取配合吧。我从金老师那里找到了喆喆家长的电话号码，拨通电话后我说："我是孩子的新班主任隗老师，今后我们将要为孩子一起努力了。请您这两天准备好孩子复学所需的材料，下周让孩子正式上课。"周一，喆喆在家长的陪同下来到学校。文文静静、有些拘谨，这是喆喆给我的第一印象。妈妈对喆喆说："要听老师的话，好好学习。"喆喆重重地点了点头。我和喆喆以及他家长沟通的整个过程中，孩子没有说一句话。

一个星期的时间很快过去，喆喆就像一个旁观者一样坐在他的座位上，不回答问题、不与同学交流。这可不行！我心里暗暗着急。周一语文课上看到喆喆拼音本上工工整整书写的拼音，我不禁称赞道："写得真工整！"我通过实物投影把喆喆的作业展示在同学们面前，大家都称赞喆喆写得工整。这时我从喆喆的脸上看到了腼腆的微笑。我想因势利导，就对他说："喆喆，你带大家把今天学的拼音读一下。"他慢慢地站起来，显得有点紧张，左看看、右看看，还是没有开口。

喆喆每一次的作业都非常认真、工整，于是我就天天表扬他，课间我会主动和他交流，每当看到他的笑脸，我就感觉离成功又近了一步。

这天课上我又点名要他领读拼音，他慢慢地站起来，声音不大，有点吐字不清。这时传来了几名同学的笑声，喆喆把头低得很厉害。我看在眼里，就一边鼓掌一边称赞道："第一次听到你的声音，没想到你的声音很好听，老师喜欢！同学们，我们应该为喆喆的勇气鼓掌。"在同学们的掌声中，喆喆低下的头又抬了起来。

从那以后，喆喆开始一点点改变，课上回答问题越来越主动，声音越来越响亮。我看在眼里，喜在心头。

还没高兴两天，喆喆就出问题了。课间，班长到办公室找我，说喆喆和一位同学闹矛盾了，他谁也不理，还推倒了桌子。我急忙走到教室，看到喆喆在捶胸顿足地哭泣，在他身边，一张课桌倒在地上，四周是散落的书本和文具。我将桌子扶起来摆好，将书本文具一一捡起。周围同学七嘴八舌地讲述事情的经过，唯有喆喆一言不发。我将喆喆叫到办公室，摸着他的头问道："你和天天发生了什么事？和老师说一说，让老师来当法官，给你们评评理。"几经劝说，喆喆才说出实情：是因为天天拿了他折的飞机。我找来了天天，天天也承认了他的错误，并向喆喆道了歉。看到喆喆气消了，我对他说："咱俩比比谁的力气大吧，掰手腕。"我主动伸出了手，他伸手握住了我的手，我故意输给了他，笑容立刻浮现在他的脸上。我说："你的力气好大呀！老师输了。"他笑着说："我的力气可大了！""嗯嗯！不知道用这么大力气摔桌子，桌子疼不疼。"我看着他的脸说道。他的笑容消失了，小脸在慢慢地变红。我接着说："下次有什么问题就来找老师评理，不能再自己生气摔东西了。"喆喆看着我，重重地点了点头。

一学期过去了，喆喆的表现越来越好，从那以后再也没有出现发脾气、摔东西的现象。反观对喆喆的教育：我平时对他倍加关注；关心他的学习、生活；尊重他，帮他树立自信；当他犯错误时，动之以情晓之以理地正确引导，最终收到了较好的教育效果。孩子的成长过程，就是一个心智成长、认知积累、行为习惯养成的循序渐进的过程。每个孩子的内心深处都有一颗积极向上的种子，我们的爱心和引导就是这颗种子最需要的阳光和雨露。

苏霍姆林斯基曾说过：自尊心和自信心是学生心理最敏感的角落，是学生前进的潜在力量，是学生前进的动力和向上的源泉。我们要像对待荷叶上的露珠一样小心翼翼地保护学生幼小的心灵，晶莹透亮的露珠是美丽可爱的，却十分脆弱，一不小心，就会滚落破碎，不复存在。学生的心灵，如同脆弱的露珠，需要老师倍加呵护。

像喆喆这样的"特殊"孩子还有很多很多，他们真的更需要我们的关爱！我们要用爱推开他们的心扉，真诚地与他们交流，晓之以情动之以理地正确引导，让更多的心灵之花竞相开放！

作者简介：隗合兵，城关小学教师，曾荣获"房山区优秀青年教师""房山区骨干班主任""城关教育集团'四有'好老师"等荣誉称号，撰写的文章多次获得市、区级奖项。

感 动

我是一个容易感动的人,别人一个鼓励的眼神,一句温暖的问候,一次及时的帮助,常常会激起我心中的涟漪,甚至使我眼眶潮热。回味那些令我感动的人与事,我的内心便充溢着幸福和温暖。感动真的是一种美好的情愫,值得我好好地珍惜它,细细地品味它,尽情地享受它。

当我有幸成为一名小学老师时,我的这种感动越发强烈。而它的源泉来源于我的孩子们,是他们给了我无限的感动。是他们让我重新审视自己,解读教师的神圣与伟大,也让我收获了幸福快乐的人生。

1996年参加工作到现在已有 26 年之久。在这 20 多年的教学经历中,送走了一批又一批的毕业生,每当听到这些孩子们从远方传来的优秀成绩时,作为老师的幸福感便油然而生,看着孩子们一点一点地进步,我倍感欣慰。

记得三年前我刚接上这个四(5)班,作为一个新的班主任,看到孩子们看我的眼神的那种陌生感,我明白要想更好地开展教学工作,必须尽快拉近我和他们的心理距离。于是,在了解了孩子们的家庭背景后,我开始有目的地与他们沟通,从他们的兴趣爱好出发,一个轻轻的抚摸,一句温柔的话语,消除了孩子们心里的隔阂,拉近了师生之间的关系,慢慢地,他们有什么心里话都愿意告诉我。

两天后,一个不爱说话的小男孩儿吸引了我的注意——他便是王鑫。说来也巧,刚接班不到一周,王鑫妈妈便找到我,让我做好思想准备,孩子问题很大:"什么不写作业啦,什么脾气暴躁啦,不但不学习,还经常玩手机,更有甚者,在家里只要不依着他就会满地打滚。"当了这么多年老师,我头一次听家长这么说自己的孩子,真的是毫不掩饰。最后还告诉我,孩子年龄越来越大了,希望老师能多给予帮助,让这种问题能得到改善。后来,通过我的观察和询问其他同学,发现王鑫的确不爱学习,所以成绩很差。再加上不爱读书,语言表达能力很差,一篇作文很少能写出几句通顺的句子,所以在班里很沉默,很少跟同学交流。针对王鑫这种情况,我想还要一步一步来。首先要让孩子信任我,古人云:"亲其师,信其道。"因为孩子学习不好,所以家长让他学了一门乐器。我发现孩子对音乐比较喜欢,于是我假装跟他学习音乐知识,与他套近乎,果然说到了他的长处,他兴致浓浓地给我讲起了音乐知识。趁此机会,我便提出让他抓紧练好一个曲子,在班里搞活动时展示一下,听到同学们热烈的掌声,我看到王鑫脸上露出了灿烂的笑容,那阳光般充满自信的笑脸,至今让我难以忘怀。后来每年学校搞音乐活动时,我都让他做班级指导。得到了孩子的认可,也拉近了我和他之间的关系。紧接着,我跟他提出学习上的要求,王鑫也一一兑现了,成绩也取得了很大的进步。不仅如此,我还鼓励他多读书,为了让他长期坚持,我和他约定每天都来跟我交流读书内容,到了六年级,他便开始阅读《红星照耀中国》《朝花夕拾》《呐喊》等名著,问的问题也越来越深奥,只要我答不出来,他便笑一笑,告诉我答案,每当这时,我便给他竖起大拇指,王鑫也调皮地跟我说:"老师,您记住了,明天我还考您。"看着他蹦蹦跳跳地跑回座位上,我也满意地笑了……

教育不是一天两天的事情,也不是一次两次就能成功的。每当王鑫犯错误的时候,我就找他,帮他分析犯错误的原因,给出提议帮忙他改正,每次在家里要乱发脾气时,家长便及时与我联系,只要在学校有一点点进步,我便当着全班同学表扬他。鑫鑫真的变了,变得懂事了,不再乱发脾气了;变得爱读书了,作文也成为范文让同学们学习了;爱思考了,字也写端正了——由于他的转变,不仅妈妈无数次感谢我,同时也带动了许多学生,班级的凝聚力越来越好,学习进取性有了很大的提高。期末成绩也是他入学以来最好的一次。

其实像王鑫这样的孩子还有很多，他们的进步让我深深体会到了教师的责任与担当。有了孩子们的认可与信赖，我的工作开展起来更顺手了。他们听老师的话，自律自强，团结一心。记得六年级搞了好几次团体活动，无论是体育节中的跳绳比赛，还是艺术节中的唱响红歌比赛，孩子们毫不松懈，每天在班干部的带领下，训练得如火如荼，有一种不拿第一绝不罢休的气势。果然功夫不负有心人，比赛结束后，我们班级如愿摘得了桂冠。孩子们用他们的身体诠释着为班集体争得荣誉的决心，看着这样一群认真的孩子，我被感动了。在比赛中乐观自信的人生态度和不服输的劲头，这才是给予孩子们真正的宝贵精神财富，这样的精神财富或许会影响孩子们的一生。每个学生生命中都有一片纯净的蓝天，老师的责任是百倍地呵护它，不断地滋润它，真诚地锤炼它。

教师的爱，是圣洁的、无私的，真正的教师是纯粹的奉献者，因为我们把自我的青春、智慧、温柔、活力乃至毕生的心血和精力，一切的一切和盘托出，不为名利，不计报酬，微笑着送出一批批争芳的桃李，又微笑着迎来一株株待育的幼苗。有人用"春蚕到死丝方尽，蜡炬成灰泪始干"来描述教师的一生，我认为形象而准确。我们平凡的一生不会有惊天动地的壮举，却用爱浓缩了生命意义的崇高。

我庆幸我是一位人民教师，我自豪我是一名人民教师。我奉献着，我快乐着，我耕耘着，我收获着。

作者简介：隗淑杰，1996年参加工作，本着对教育的热爱与执着，从事20多年教育教学，一直担任班主任。

爱润童心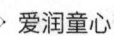

小萌的"问题"

能够大胆质疑，提出"真"问题，是学生创新精神的出发点，教师要善于抓住学生的"真"问题，激发学生的学习兴趣。

又到上数学课了，这是学完乘法口诀的一节整理复习课。课堂上，孩子们先把乘法口诀表自己填完整，然后我让同学们认真观察乘法口诀表，跟同学说说你发现了哪些秘密，看看谁发现的秘密多。

同学们兴趣高涨，各自跟同学交流着。只有小萌手里摆弄着笔和橡皮，一副若有所思的样子。同学们很快交流完毕。正当我准备进行练习环节时，小萌站起来大声地说："乘法口诀为什么只有1—9的口诀，咱们学习了那么多数，为什么没有其他数的口诀？"哈哈哈！"就有9个数的口诀！本来就有9个数的口诀！"其他同学被小萌的问题逗笑了，七嘴八舌地说着。见同学们笑话，小萌脸上挂不住了，又是摔书，又是扔笔，大声哭了起来。说实话，自己教二年级数学也好几轮了，还是第一次听到这样的问题，可这的确是值得思考的问题。我走上前抚摸着小萌的头对全班同学说："今天小萌发现的这个问题同学们想过吗？这是一个特别有价值、值得每个人思考的问题。咱们应该为小萌点赞！"同学们听到我这样评价小萌提的问题，都不笑了，小萌也不哭了，都用疑惑的眼光看着我。

我没有立刻解答这个问题，而是给同学们讲了牛顿、爱迪生的故事。美国心理学家罗杰斯认为："成功的教学依赖于一种真诚的理解和信任的师生关系，依赖于一种和谐、安全的课堂氛围。"宽松、民主、自由的教学氛围能够消除学生自身的畏惧心理，能够激发学生内在的探索需求。学生发自内心地提出自己不懂的问题，那才是"真"问题。我肯定了小萌的"真"问题，保护了孩子们好奇的天性。临近下课，我布置了这样的任务：请你自己想办法，试着解决小萌提出的问题；关于乘法口诀，你还有什么新的发现或者新的问题，可以找老师交流。布置完任务，我发现小萌身体挺得直直的，眼里充满了自信。

本以为这件事就这样过去了，没想到孩子们还真去思考了。几天后，有孩子找我来交流，原来他们有的请教了家长，有的问了高年级的哥哥、姐姐，还有的和家长一起上网查阅资料，他们有很多新的发现、新的想法。关于乘法口诀，学生的发现远远超过了数学书上的学习要求。

看到孩子们拉着我，急切要交流的眼神，我很庆幸，在乘法口诀的复习课上，没有因为教学进度的设置搁浅孩子们的"真"问题。虽然他们的回答不是那么科学，但是探究的种子已经在心中生根发芽，这才是我的最终目的。在以后的教学中，我总是鼓励孩子大胆提问，提出自己不理解的"真"问题，学生在课堂上敢问、真问，让我听到了花开的声音！

作者简介：李雪，1996年参加工作，城关小学教学处主任，高级教师。热爱学生，热爱数学教学研究，所带领的"问题引领学生学习"专题研究团队多次在市、区级教研活动中做展示课和主题发言。

心怀童心　微笑从教

教育家陶行知先生曾说："童心，是师爱的源泉。唯有童心，才能细腻地感受童心，理解童心。"没想到，已经从事教育工作十年的我，到现在还没有彻悟前辈们的劝诫。上课的日子里，每天在上演着大差不差的剧情，作为导演兼编剧和演员的我，每天疲于奔波于各个班级，演绎着大差不差的剧情。突然有一天，三十四名演员中的一个"小角色"的过分举动，激怒了作为"导演"的我。

事情还要从去年年底的一节英语课说起，坐在第一排的轩一直有在英语书上"作画"的爱好，画到兴起的时候，他还会回头与后座的女生分享他的"创意"，由于这不是他第一次在课上"作画"自我陶醉后与他人分享的镜头了，为了维护课堂秩序，为了能在规定时间内将今日的剧情表演完毕，又出于职责所在，我私下提醒过后座的女生不要与他为伍，女孩儿苦笑着说："老师，我都没理他，他总回头跟我说话。"这不，马上就到了下课喊"咔"的节骨眼上，这一幕又重演了。我耐心地提醒轩把头回过来，一次，两次，三次……到第六次的时候我终于爆发了导演本该有的"脾气"，大声呵斥："我提醒你几次了？如果你不尊重老师，那我也没必要尊重你！不想上课的话你就出去！"话音落下，此时的我已经把春风化雨、循循善诱、谆谆教导、润物无声都远远地抛到脑后了，面红耳赤地回到讲台，只见轩的表情略显惊愕，但很快就当作什么都没有发生一样，只是，在下课前的最后两分钟内，他没再影响其他同学。

自那以后，虽然我还像往常一样奔波于各个"片场"，但我的心里就像长了一根刺，每每走到这个班级上课就会隐隐作痛，因为这件事始终没有得到很好的解决，他是我内心深处的一个疙瘩，我深知解铃还须系铃人。我开始先寻求班主任的帮助，在班主任那里我了解到他父母已经离异好几年了，他跟着妈妈生活，但是妈妈重新组建了家庭，并与现任丈夫育有一个小妹妹。妈妈对班主任也曾表示过无法管教这个儿子，经常遭顶撞，一旦母子矛盾升级，他还会离家出走，去姥姥家住。轩就是这么一个性格叛逆的问题学生，我后面也没有再找他妈妈聊了。

反思我自己，为什么在二年级上课的时候，孩子们都很喜欢我？喜欢上英语课？每次课前都是笑脸相迎？仔细思量，原来我自己本身对待不同年级的孩子们就是有区别的。二年级学生年龄小，我便放大自己的童心，把自己变装成一名少儿节目主持人一样，在班级里组织教学，评价学生，遇到个别管不住自己行为的"调皮捣蛋精"，我也能够耐着性子晓之以理、动之以情地"摆平"他们，我不仅讲课时声情并茂，还经常走到孩子们跟前进行互动，这样的授课形式自然大受欢迎。但是在五年级的时候，我不自觉地把他们当作成年人一样去交流，用成年人的标准去要求他们，审视他们，换来的结果只能是两败俱伤，其实他们也只是大了三岁而已啊！想到这里，我茅塞顿开，其实困境都是自己造成的，如果能换一个方式，转变一下思路，结果也许大不相同！

其实，那天之后，我内心一直很受煎熬，我的行为举止不仅可能会伤害到他，更让我觉得枉为人师，我不是没有想过向轩道歉，我是没有勇气面对道歉后轩会做何反应，如果他不接受怎么办？如果他假装不在乎怎么办？如果我的道歉没有换来他的"浪子回头"又怎么办？于是，我想到了用郑丹娜老师的"悄悄话"走进他的心灵，我给他写了一封道歉信，大概内容就是虽然你影响同学和老师上课，违反课堂纪律不对在先，但是老师不该对你大吼大叫，我的方式非常不对，我向你道歉，你能接受吗？你还有什么想对我说的？我很期待你的回信。就这样过了几天，我以为我的道歉信石沉大海了，我的心情更加低落了，仿佛雪上加霜。没想到就在前几天他回信了，我既紧张又兴奋地拆开一看，老天啊，他接受了我的道歉，我的心里顿时充满了阳光，那根刺一下子就消失得无影无踪。但是他后面说自己没在意，早就习惯了等一些话，让我对这个孩子心疼不已。我希望今后能与他多多通信，期待着走进他的内心，尽可能给他带去一缕阳光，一丝温暖吧！

　　燕子去了，有再来的时候；杨柳枯了，有再青的时候；桃花谢了，有再开的时候。然而时间却如流水一样，一去不复返。生活不是拍电影，错了可以重拍几条，孩子们的童年只有一次，作为老师——人类灵魂的工程师，我希望自己能时刻怀揣一颗童心，做到"像孩子一样"去体谅学生，做学生心灵的"点灯人"，理解学生，关爱学生，宽容学生，引导学生，就像郑丹娜老师说的那样，全接纳，慢引导，静待花开。

作者简介：郑文科，北京第二外国语学院毕业，房山区英语骨干教师。热爱教育，更热爱英语教学工作。工作中，喜欢学习新鲜事物，特别是最前沿的英语学科相关指导理论，进而不断更新教育理念并付诸课堂实践之中。

用爱温暖你

新学期，新气象！新的一年，迎来了新的一年级小同学。像小鸟一样快乐的孩子们来到他们盼望已久的美丽校园，他们跳着、唱着、笑着。当然，也有的小同学哭了。来到陌生的地方，他们需要一个适应的过程。丰富多彩的校园生活在向他们招手！

快快乐乐的校园生活不久，我发现班里有一个与众不同的孩子。他每节课都不认真听课，还总给别的同学捣乱，不让其他同学好好听课。怎么和他讲道理，他都点头同意。可是，没过一分钟，就又不听了！弄得大家一提起他，就都摇头。老师和他谈了多次，可他总是管不住自己。老师想了好多办法，效果都不太奏效。和他讲道理，他都懂，但就是不分时候自己想做什么就做什么。先表扬表扬他。如果他上课好好上了，老师会给他一枚小印章。可是，没过几天，他的老毛病又犯了。光表扬也不行。我们想还有其他办法吗？到底是什么原因呢？后来，深入了解，才知道，由于他家庭的特殊情况，他被忽视了许久。到了学校，他是想让大家多注意他，多关注他！

怎么让他融入我们温暖的大家庭呢？怎么能让他不掉队呢？想办法，看看他有什么优点。找他的优点，发挥他的"特长"。先从他的体型看，个头儿小，干瘦，小胳膊力气小，让他说话，不好好说。他的跑、跳还行，可是……唉！后来，我为了让他静下来，给他找来了一本课外书。课外书也不是什么书都行，得是他感兴趣的。他看得津津有味。起初，我认为他只是看看书上的彩图。一次，我无意中听到他读出声来。我开始以为是他自己乱说的。我拿过他的书一看，他读得一个字都不差。"小明，你都认识啊！""那是！我都认识！"他手舞足蹈地说。"你真棒！"我向他竖起大拇指说。那双不服气的小眼神看着我，起身一只脚踩在椅子上，竖起大拇指，一摆，满不在乎的表情。我突然发现小明认识的字挺多。

对！终于找到他的特长啦！应该充分利用他的这个特长。怎么利用呢？利用他识字多，我交给他一项任务。课前，给同学们发书，他忙得不亦乐乎！

刚开始，他发书导致书在教室满天飞。同学们都向我告状："老师，我的书被小明给扔地上啦！""我的书坏了一个小口子。""书碰到我啦！"……我找来小明，问他："小明！老师首先表扬你，给同学们发书没有怨言，愿意为大家服务，是好样的！"紧接着我又问他："小明，你能说说，你是怎么给同学们发书的吗？"他满不在乎地说："就那么发的啊！怎么啦？""老师想问问你，你想给大家发书吗？"他一个劲儿地点头，嘴里一个劲儿地说："愿意啊！""既然你愿意，那你就应该努力干好。"他有些不好意思，低着头，不说话了！"老师这儿有个办法，你愿不愿意试试看？小明，你发书时，试试这样做。拿起一本书，轻轻地放在同学的课桌左上角，摆正。然后，再发下一本书。看看会有什么效果！"我慢慢地说。他噘着嘴，说："好吧！"没想到第二天，他真的如我告诉的那样做了！我没有做声，只是静静地远远地看着他。

虽然，他做得还不是很好，但已有了一些进步！在他走过来时，有的同学发现他的鞋带开了，好心地提醒他："小明！你的鞋带开啦！""没事！一会儿我系！"他就忙着发书去了。同学们起初也没有在意。可是，后来，慢慢地，有的同学发现小明变了。同学们小声地说："小明变了，变得让大家都喜欢他了。"

下课了，又看见小明在有条不紊地给同学们发书。他轻轻地把书放在桌子的左上角，突然，有个同学快步过来，把刚刚放好的书给碰歪了。这次，小明没有急，而是立刻把歪了的书给摆好了。当他发到小军面前时，听到了一个响亮的声音，说："谢谢！小明！"他愣住了。其实，他俩一直以来就矛盾不断，谁也不服谁。我对他说："小明，同学谢谢你！你应该说什么呢？"小明愣了一下，又去发下一本书。又是一句："谢谢你，小明！"小明一直发，同学一直在说："小明！谢谢！"他把最后一本书发完，走到讲台前，郑重地向大家鞠了个躬，说："谢谢大家！我会继续努力的。"说完赶紧跑回自己的座位上。这时候，响起了同学们的鼓掌。"小明！看大家多么喜欢你啊！为你鼓掌！"得到大家的肯定和尊重后，慢慢地，小明能老老实实地坐在椅子上，也能听老师讲课，还能和大家合作啦！看着小明的改变，我真的很开心，很满足！

现在的小明不仅上课专心听讲，而且下课还主动问老师问题。得到了同学们的鼓励，他干劲十足。我们的小明同学在短短的几个月中，从一个无知顽皮的孩子，变成了一个懂事的人见人爱的孩子！

在温暖团结的大家庭里，小明慢慢地感受到了温情。老师和同学们就像他的亲人一样，大家在一起都高高兴兴地过好每一天！

作者简介：徐海凤，城关小学教师。荣获"房山区教育学会先进个人"称号。曾获中国教育技术协会教学课例项目深度融合探索成果奖、中国高等教育学会教师科研课题成果二等奖、全国中小学优秀思想道德建设优秀成果二等奖、中国教育学会论文一等奖 、北京市小学语文教师论文一等奖、北京市房山区教育委员会一等奖。

用爱浇灌学生的心灵

陶行知先生曾说："爱是一种伟大的力量，没有爱就没有教育。"我班有个孩子叫小马，开学前，孩子的妈妈给我发了很多条信息，主要是孩子的身体情况，我了解到了这个孩子得的是"进行性肌营养不良"，是一种基因遗传缺陷，这个病会随着年龄的增长，身体的肌肉会慢慢萎缩。开学那天，孩子们终于到校了，我特别关注小马，他看着很正常，胖乎乎的，跟其他孩子一样天真可爱，但就是一运动起来就跟别的孩子有区别：跑、跳、上楼梯等都很费劲。从开学那天起，我就在默默地关心他，生怕他出什么事。

没过几天，他就和同学吵了起来，声音很大。我走到了两个孩子跟前，轻声地问："怎么回事？""老师，他骂人。"小李生气地说。小马哭着赶忙说："我没有，我没有，我没骂人。"这时，刚才在一旁制止吵架的其他几个孩子急忙说："老师，小马是骂人了，他骂小李大傻子。"小马哭得更厉害了，边哭边说："我没有，我没有。"我看着小马："孩子，你跟老师说说是怎么回事，你骂人了吗？"小马委屈地说："他把我的桌子碰歪了，我让他给我摆正。"一旁的小李说："我正要帮他摆正，他就骂我。"我有些严肃地问小马："你到底骂人了吗？"小马："我骂了，但是他把我的桌子碰歪了。"我还是严肃地对小马说："小李是把你的桌子碰歪了，但是他将要给你摆正啊，可是你骂了他，你说你做得对吗？"就这样，小马认识到了自己的错误，不再狡辩了，他诚恳地跟同学道了歉。

我以为小马没什么事了，没过几天，事情又发生了。一天，我讲完生字，让孩子们写字，陆续有些孩子写完了，我随后催了一下没写完的抓紧时间写，孩子们都在安静地写，一会儿我就听到一种"嗯、嗯、嗯"的声音，还伴随着摔笔、用手拍桌子的声音，声音越来越大。我寻声找了半天，终于发现原来是小马在那儿发脾气。我急忙走过去问他："小马，你这是怎么啦？"小马这时咬着牙，红着眼睛，流着泪像看仇人一样看着我，不回答。我又问了他一遍，他一下就把笔扔到了地上。这时，我的火立马就上来了，大声对他说："你怎么了？把笔捡起来！"小马不但不捡，两只小手紧紧地攥着小拳头，仍旧恶狠狠地看着我。教室里鸦雀无声，别的孩子都睁大眼睛看着我俩。我很生气，大声地对他说："你到教室外面去！"小马大声对我喊了一声："我不去！"我俩僵持了半天，他还是不去。我想：这孩子的性格太倔强了，我得换个方法试试。于是，我软了下来，小声对他说："小马，你看别的同学都在那儿学习，你出声是不是打扰别人了？"小马这时也缓和了一些，说："是。"我又连忙说："你跟老师到教室外面谈，咱们不打扰其他同学，好吗？"他答应了。我俩走到了教室外，我把门关上，问他："小马，这里只有咱俩，你跟老师说说，你刚才怎么回事？"他带着哭声委屈地说："好多同学都写完了，我没写完，还写不好。"我又轻声地对他说："你没写完是因为你对自己要求太高，有一点点不好就得擦了重新写，还有就是写字的速度太慢了，你得练习着一下就把字写好，不要总是写了擦，擦了写，这样更耽误时间。另外，还要加快写字的速度。"他说："老师，我懂了。"我又问他："你刚才做得对吗？"这时他也理智一些了，低下了头说："老师，刚才我做得不对，不应该耍小性子，也不应该冲您发脾气。对不起，老师！"这样，小马认识到了自己的错误。

这个孩子不但身体特殊，性格也很特殊。我从别的老师那里了解到：这个孩子在课上有一点不满意就要小性子，经常扬着手骂老师"打死你"，对老师吐口水，老师说话他不听，大哭大闹，班里乱糟糟，无法上课。对待同学也是想骂就骂，想打就打，班上的学生都慢慢地疏远了他，不敢跟他玩。

针对这些情况，我找到了孩子的妈妈。我跟孩子的妈妈谈了孩子在学校的种种表现。孩子妈妈说她也发现了，孩子现在的脾气越来越大，她也分析了原因：孩子得这个病，作为家长觉得很对不起孩子，就对孩子百般溺爱，什么事都顺着孩子。现在孩子上学了，真的是很不好管，孩子的爸爸一急躁也打过孩子几次，可是越打越不管用，孩子脾气越来越大，反倒是起了反作用。我跟孩子妈妈建议说："我们都耐下心来跟孩子讲道理，我觉得孩子还是很听话的，不要对他喊和打，那些对孩子来说不起作用，反而适得其反。"孩子妈妈接受了我的建议。

自从跟家长谈完话以后，小马在班上一发脾气，我就赶忙问他："小马，有什么需要帮忙的吗？"他也会跟我正常交流，会告诉我发生了什么事，我也会耐心地帮他解决。我又赶忙跟教我班的科任老师传授了一下这个方法。小马在老师和同学们的帮助下慢慢地改变了很多，现在的小马好像换了一个人似的。

爱是教师教育学生最有效的方法，让我们用爱去温暖他们、用情去感化他们、用礼去说服他们，从而促使他们茁壮成长。

作者简介：杨亚妮，城关小学教师，对工作尽职尽责。担任班主任多年，所带班级班风正，学风优良。有丰富的教育教学经验，受到学校和家长好评。喜欢教书，寓教于乐，尊重、信任学生，以爱心感染学生，以真诚感动家长。对待学生如同自己的孩子一般，用爱心包围班上的每一个孩子，深受学生喜爱。

用心做教育

叶圣陶先生说过这样一句话：我以为好的先生不是教书，不是教学生，乃是教学生学。这句话深深地影响了我。

一、每位学生都是耀眼的"星"

还记得工作之初接手了两个大容量班级的英语教学工作，由于人数多，起初并没有特别注意到坐在后门旁的小段同学，但是慢慢地发现了一个问题，那就是每次我叫小段同学回答问题，其他同学都笑出声来，更有甚者会提醒大家"注意听"，我心里非常疑惑，但是小段同学的回答没有任何问题，我怀疑自己多虑了。后来一次偶然的机会了解到大家发出笑声的原因，原来小段说话饶舌，就是我们常说的"大舌头"，他多次被人嘲笑，所以平时在班里是不怎么说话的。我心里默默地心疼这个孩子。孩子这么小，同学的嘲笑可能会把原本阳光开朗的小段打击得自卑、颓废，我想找个机会帮帮他。这一天，机会来了。课上，我提了一个难度较大的问题，没有人举手回答，正在我要说出答案的时候，小段举起了手并且完美地说出了自己的见解，我顺势进行了表扬并说道："世界上任何一种语言，它的美感就在于表达时的语音和语调。我很开心能在英语的课堂上看到一个自信且勇于表达的你，让同学们也看到你的优势！"这时班里的同学们也都纷纷夸赞起了小段同学："我也觉得小段的英语说得很好，而且他敢于表达，值得我们学习！""对！就像我在语文课上也喜欢回答问题，但在英语课上不好意思举手，我也应该向小段学习！"……比起之前孩子们相互提醒"注意听"小段的发音，这时的课上小段仿佛成了大家相互学习的榜样。每个孩子都是一颗星星，虽然不一定璀璨夺目，但他们的光芒不可否认。也许就在这一刻，小段发出了他耀眼的光芒。

二、设计学生喜欢的活动，让课堂"活"起来

传统的填鸭式教育方法短期内可能效果比较明显，但长此以往，学生会丧失学习的主动性，失去了所谓的学习能力。反之，让学生自己主动学习，满足自身对知识的渴望，在这个过程中，他们会体会到成就感。每当到抽查课文背诵这种枯燥的活动时，我会和学生们玩"击鼓传花"的游戏，既调动了他们的积极性，也吸引到每一个同学的注意力，可能中间会有卡顿的情况，成为暂时待定，一轮游戏下来，选出表现最好的三位同学成为本节课的学习标兵。待定的同学可以申请再次参战或者请求支援，我会要求其他同学向再战的同学鼓掌，鼓励他们不怕困难和挫折，坚持奋斗。向请求支援的同学说，这次你们是在同学的帮助下跨过了这道坎，希望下节课的时候，你们要好好努力，成为可以帮助别人跨过坎坷的好助手。就这样，在玩与学中寻求到了平衡，每一位学生都乐在其中，也增进了同学间的友谊。

三、学习的目的是"用"

为什么有很多学生抵触学习，自打进入校园的那一刻，考满分似乎就成了每一位家长对孩子的要求，这在无形之中为孩子们套上了枷锁，同时扼杀了他们在某些方面的创造力。英语不同于其他学科，英语是一门语言，是可以时时刻刻拿出来就能用的工具。让学生意识到，学习好英语不只是为了考到一个满意的成绩，更是为了以后自身的发展能够多一个强有力的装备。我会给学生更多的机会和时间进行对话练习，让他们在课上用英语去和同学沟通，发音也好，语法也罢，这些问题都会随着课堂的逐渐深入而改变，勇于表现自己，开朗自信，这是我们学习英语的目的。

有一次，一个学生来跟我倒苦水，老师，我觉得英语好难啊，我读不会。我跟他说，学习不是一天

就可以完成的，你看到的考高分的同学都是努力了很久才成功的，不过老师相信你从现在开始努力，也会和他们一样。读不会就多练，大胆开口读，不会写就多写，一遍背不过就多背几遍，熟能生巧，勤能补拙。

陶行知说：真教育是心心相印的活动，唯独从心里发出来，才能打动心灵的深处。科任老师本就不如班主任和学生们相处的时间长，我们只有在课堂上的时间才能和彼此交流，所以学生细微之处的变化，对我们来说却是巨大的改变。不用常规的方式去束缚他们，释放学生的天性，在知识的王国里肆意生长，唤醒他们对知识的渴望。用心去教导学生，去引领学生成长，是我们的职责所在。帮助他们一步一步变得更优秀，是我们努力的方向。我愿倾自身之力，助他们翱翔蓝天。

作者简介：赵秀凤，房山区城关小学骨干教师，把爱心、耐心、责任心都融于平时的工作。授课风格活泼生动，充满激情，深得同学们喜爱。

我们班有个"大宝贝"

我们班有个"大宝贝",一张可爱的娃娃脸,一双水汪汪的大眼睛,睫毛又密又长,见人就打招呼,每天都乐呵呵的,那份快乐感染着身边每一个人。

刚入学的时候,他可不是这个样子的。第一天,吃完午饭就吵着要回家,哄也不行,劝也不听,嘴里反反复复就一句话:"我要回家,快给我妈妈打电话"。我只好把他抱在怀里安慰着。看着他的样子,我心里突然有了一丝不安……

接下来的一个月,每天都鸡飞狗跳。上课时,眼睛总是望着窗外,时不时站起来拍着手叫两声。别的同学写作业,他要么坐着不动,要么在本子上乱画。我生气地说,如果不写,晚上放学留下。他说,你怎么生气了呀,接着就哇哇大哭。中午吃饭,不会插酸奶吸管,哭;不会剥橘子皮、香蕉皮,哭;不想吃饭,哭;米粒掉到地上,不会清理,哭;美术课上,不会把纸对折,哭;体检时,扎了指尖血,就是不让采,满楼道跑着哭,老医生追都追不上。

这可怎么办?实在不行只能让家长来陪读了。不行,这个孩子的自理能力太差,多半是因为家长包办了一切,如果家长来了,我轻松了,但对孩子成长来说肯定弊大于利,我觉得要和家长好好谈一谈。

"大宝贝"的妈妈是个全职母亲,孩子早产,自己一个人带,非常辛苦,担心孩子不能适应学校生活,每天都很焦虑,就怕老师请家长。如果我把孩子这段时间的表现一股脑地说给她听,一定会加重她的心理负担。但这孩子最听妈妈的话,有些话妈妈说可能更管用。我告诉孩子妈妈,孩子在学校里挺乖的,自己的东西收拾得整整齐齐,就是有点儿心理年龄偏小,不爱写作业,手指力量不够,做精细动作有点儿费劲,还有就是脾气有点儿急,遇到问题爱哭鼻子,希望妈妈和孩子谈一谈,在学校要听老师的话。

这次谈话非常有效,孩子开始写作业了。原来,他学前有一些基础,字虽然歪歪扭扭,但写得非常快,抄写或计算类的作业总是第一个完成,而且正确率非常高。接下来解决不会插酸奶吸管的问题。我教他用大拇指和食指捏住吸管,使劲插下去。他的两个手指不能自然弯曲,勉勉强强捏住吸管,一碰就掉,一点儿劲儿都没有。第一次扎下去,只在酸奶盒上留下了一个浅浅的印儿,一下、两下、三下……连着扎了六七下,酸奶盒表面丝毫也没有要破开的迹象。此时,他的另一只手已经开始抹眼睛,两大颗泪珠挂在眼眶里蓄势待发,只等那一声"哇"。旁边的同学要帮忙,我赶紧打了一个手势制止,鼓励他说,数到20一定能戳开。他说:"是吗?"于是,一边数一边继续戳,1、2、3……数到18的时候,微微发出"砰"的一声,吸管滑入酸奶盒中,从此他学会了插吸管。不久又学会了剥橘子皮、香蕉皮。最不可思议的是他学会了跳绳,之前甚至连甩绳都害怕得不得了,现在一口气能跳一百多个,还一边跳一边喊:"我不行了,怎么停不下来呀!"我一边数,一边偷笑,心想这可都是妈妈的功劳啊!

接种新冠疫苗的时候,孩子妈妈给我打电话,担心他不配合,我说没事,有我在呢。我和妈妈一起上阵,默契配合,一个人按着胳膊,一个人捂着眼睛,他哭归哭,闹归闹,但是没有满场跑。接种完我们问他疼不疼,他说怎么不疼呀。下楼就和见到的每一个老师炫耀,他打针了,一点儿都不疼。

这个宝贝有点儿特殊,我告诉全班的孩子,说他还小呢,不懂事,你们要教他。我和每个教他的老师说,他虽然有些听不太懂话,但是个非常可爱的孩子。他的语言很简单,他的想法很单纯,他的笑容非常治愈,他是我们班人见人爱的"大宝贝"。

作者简介: 于克芹,城关小学教师。20年来一直秉持着对教育事业的赤诚之心,勤奋工作,刻苦钻研,关心爱护每一名学生,与教育为伴,无怨无悔。

用语言点亮成长

"教育的艺术不在于传授本领，而在于激励、唤醒和鼓舞。"这是德国著名教育家第斯多慧曾说过的话。孔子弟子三千，留下《论语》这本记录孔子和其弟子言行的经典著作。这些教育的大师们，用不同的方式告诉我们，教师要善于运用语言给学生启智，激励学生成长，给予学生向上的力量，教师应该做最会"说话"的人。

有些话启发着说。一次出现午饭危机，在孩子身上出现了一些诚信问题，我站在主席台上，没有责备孩子的行为，而是给孩子们抛出了几个问题：你们听过狼来了的故事吗？故事中的小男孩出现了什么问题？最终的结果是怎样的？你愿意成为像故事中小男孩一样的人吗？自此，午饭的危机不但解除，后面也没有再出现类似的情况。在召开全体学生会前，我一直在思考该如何和孩子们说，直接点出问题是一种方式，启发学生思考并形成自己的认知也是一种方式。面对几岁的孩子，他们身上出现任何问题我们都要用理解的心态正确看待。老师的作用是什么？是给孩子启智，教给他们生活的本领，启迪孩子的心灵成长。

有些话反着说。每天早晨我都会在学生入校时和他们面对面，看看孩子们入校的秩序、口罩佩戴的情况等。每天都会有个别学生没有排好队入校，口罩也放在了下巴上。从提醒个别学生到表扬多数学生，方法的转变，效果也随之而来。看到没有排队的学生，我会说"表扬入校排队的同学，走得真直"，那些没有排好队的学生自然归队；看到口罩没有戴好的学生，我会说"每天同学们都记得戴好口罩，真棒"，没有戴好口罩的学生马上能意识到自己的问题，迅速戴好。这些反着说的话，既让孩子们认识到自己的问题，也保护了他们的自尊心，为别人树立一个正确的标准。

批评的话关起门来说。孩子的成长道路上会出现各种各样的问题，教师要不断传给学生成长之道，严中有爱的教师很会掌握说话的分寸。有一位班主任，看不到她在公共场合批评学生，多的是提示和肯定，孩子们都很懂规矩。一次班主任经验交流会上，她将自己的带班"密码"公布，原来她批评的话都是关起门来说，她和学生达成共识，不在公共场合批评学生，有问题回班再说。我真是佩服这位班主任的教育智慧，孩子的"面子"得到保护，孩子们更能体会到老师给予他们的关爱，在爱中长大的孩子才会懂得爱。

表扬的话大张旗鼓地说。一个孩子犯了一个小小的错误，当我给他提出来的时候，他非常诚恳地认识到自己的问题并真诚道歉，我在全校广播校会上表扬了这个犯错的孩子，我跟孩子们是这样说的："今天我要表扬一个犯了错误的孩子，因为当老师纠正他的错误时，他诚恳的态度远比改正那个错误可贵得多。"还有一个一年级的孩子，给班级倒垃圾的时候顺道把沿路上出现的纸屑也一同捡起扔到垃圾桶，在全体学生面前我表扬了这个孩子的班级和个人。当老师的要善于发现学生身上的可贵品质，用这样的品质去鼓励他们成长，同时也为别人树立成长的榜样。

教师的每一句话都能影响孩子的一生。"话"由心生，说话是教师的必备能力，教师对教育的认识、理解转化为语言，打动学生的心灵，启迪学生的智慧，助力学生的成长。

凡心所向，素履以往。每一位教师都应做说话的大师。

作者简介：张帆，城关小学德育副校长，2004年参加工作，被评为房山区"教育之星"。

语文课上的尴尬

有人说教师甘为人梯，默默耕耘，而我只愿做那一粒小小的铺路石。我的目标只有一个，让我们的学生在平坦而宽阔的道路上奔向前方。今天我要讲述的语文教学故事，虽没有感天动地的故事情节，却让我有着印象深刻和意义深长的思考。这个故事还要从一件小事说起。

平凡的人讲述平凡的故事。作为小学语文教师，有时候学生们向我们提出一个难题，而我们一时答不出来，可能会让我们自己觉得很尴尬，但我们的难堪还是自己内心的虚荣心造成的。

那还是我刚参加工作的第一年，记得有一次我在给学生上语文课的时候，离下课还有两分钟，班上的一个女同学站起来问我："张老师，您知道椰子是怎么传播种子的吗？"我一下子被她的问题给问住了，一时间陷入尴尬之中，因为我们这儿是北方，根本没有这种树，平时我也没有过多地去关注这类事，但是出于老师的虚荣心，我小声对她说："现在我很忙，以后再说吧。"这时下课铃响了，她用一种渴望的眼神看着我匆匆离开教室。

过了几天，我早就把这件事忘了，但是这位女同学却没有忘记，她再一次来到我的面前问起了这个问题，我这时候才焦急地去翻阅各种资料查找，然后告诉她："椰子是通过海洋来传播种子的。"那位女同学吃惊了，睁着大大的、渴求知识的眼睛望着我，好像还有一肚子的疑问。我看出了她的心思，就接着说："因为椰子是生长在海边的，它还有厚厚的外壳，等它长成熟以后，便掉在了大海里，随着海洋漂荡，在海水的浸泡下，外壳脱落，来到新的海边时，种子便在那里生根、发芽，最后又长成了椰子树。"听了我的解释，她非常满意，有一种说不出的满足感。临走时，她微笑着对我说："谢谢您，张老师。"

通过这件事，我意识到无论是在课堂内外，学生提出一个让老师难以回答的问题是再正常不过的事，我们应该保持冷静，以平稳的心态，及时去解决问题，不能遏制学生的求知欲。

从此以后，我更认真读书学习。大家都说，你要给学生一杯水，你自己必须有一桶水，并让它不因为蒸发而减少。我在业余时间不断认真学习业务知识，翻阅各种教育杂志，并认真做好理论笔记，不断积累，不断给自己充电。所谓的尴尬不会再尴尬，是从前的尴尬让我更加成熟更加自信！我会扎扎实实打好基础，为做一名更加优秀的语文教师而努力。路就在脚下延伸，而我正在迈步向前；路就在脚下延伸，而我正在铺路！

作者简介： 张静，1997年参加工作至今已24年。从事的工作有班主任、教导处副主任、德育副主任。在教学中稳扎稳打，对学生不抛弃、不放弃，适时把德育融入教学中。以学生为本，课堂教学风格活泼生动，学生乐学。

特别的爱给特别的她

　　教育是爱的事业，没有爱就没有教育。班主任老师只有像父母那样把无私的爱奉献给孩子们，才能收到良好的教育效果。

　　新学年开学，我接手了一个三年级的班。班里有一个小女孩叫莹莹，她每天上学的头发都是乱蓬蓬的，衣服也不是很干净，而且很少见她穿新衣服。课间很难见到她和同学们一起说笑，作业也经常不完成。

　　在与前任班主任沟通的过程中得知，莹莹生活在重组家庭，亲生母亲在她一岁多就去世了，她是在陕西姥姥家长大的，到上小学的年龄了才被爸爸接回北京上学。这时孩子的爸爸已经再婚，新妈妈带着一个姐姐和他们一起生活。还听说这个孩子一二年级就不爱写作业，是个"老大难"。听了前任班主任的话，我知道为什么我多次联系家长，这个孩子还是不写作业的原因了。

　　一天，在学完《账单》这篇课文后，我发现她课间时趴在桌子上偷偷地哭了。我知道是课文中母亲对孩子的爱激起了她对母爱的渴望。对她来说，或许在她还不知道什么是母爱的时候，亲妈妈就已经离开了她。现在，她想妈妈了。看到她凌乱的头发，小小的抖动的肩膀，我的心也隐隐作痛。我来到她身边，默默地搂住了她。

　　第二天早晨，我把她领到办公室，帮她重新梳了头发，并把我从家里带来的女儿的新头花、发卡给她戴上，还告诉她：老师很喜欢她，老师希望她每天都开开心心、漂漂亮亮的。孩子听了高兴地笑了。

　　接下来，我联系了莹莹的爸爸，到家中做了家访。一进门，我发现，客厅的墙上贴着许多她姐姐的奖状，在与孩子爸爸交谈的过程中，也处处透着对姐姐的夸赞，对妹妹的"恨铁不成钢"。这位爸爸的心情我是能理解的，两个人同时带着各自的孩子组成家庭，人家的孩子处处优秀，自己的孩子和人家一比，哪儿都不行，心里总是不舒坦。

　　莹莹生活在这样的家庭里，由于姐姐的优秀，使得受表扬的总是姐姐，挨批评的总是她。家长肯定也是爱他的，但是由于家长对待两个孩子的不同态度，让她感受不到家长的爱。

　　我把孩子学完《账单》之后哭了的事告诉了孩子爸爸，他的眼眶也红了，道出了自己对孩子的心疼与教育孩子的迷茫。

　　我跟孩子爸爸谈了一些关于重组家庭孩子的教育方法，并给他带了一些相关的资料供他学习。

　　在以后的日子里，我几乎每天都在课堂上表扬莹莹，每周都找她聊天，并发动其他孩子和她一起做游戏，让她感到集体的温暖。我还在教室里特意准备了一把梳子，只要看到她头发乱了就帮她梳，后来还教会了她自己梳头。渐渐地，莹莹作业完成的次数逐渐增多了，她的笑容多了起来，看到她和同学有说有笑的样子，我的心里也有着说不出的喜悦。

　　有一次放学后，我发现讲桌上多了一个小信封，里面有一张自制的心形小卡片，上写着"送给我最爱最爱的老师"。我知道，这颗"心"一定是莹莹送给我的。

　　第二天课间，我拉着她的手对她表示感谢，告诉她老师也特别特别爱她。我还跟她说："老师有点贪心，我还想跟你要一件我最最想要的礼物，你能给我吗？"她疑惑地看着我。"老师想要的是你每天都认真完成的家庭作业，能把这个礼物送给我吗？"她点点头说："能！""那一言为定，老师每天都会期待着你的礼物。"她又用力点点头。出乎意料之外的是，从那以后，她真的能保质保量地上交作业了，

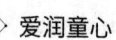

偶尔有反复，我就笑着跟她要："老师的礼物呢？"她就赶快去补了。

到了六年级，她的习作已经形成了自己的特色，我经常让她给大家读自己的习作进行展示，她的脸上也常常洋溢着自信的笑容。

作者简介：张连芳，本科学历，高级教师，"北京市'紫禁杯'优秀班主任"，房山区骨干班主任，语文学科骨干教师。多次被评为"房山区优秀教师"、"人民满意教师标兵"，所带班被评为房山区"先进班集体"。

爱的智慧

想起上节课，学生涣散的纪律，再加上赵×的顶撞，我有着深深的挫败感。无精打采的歌声揪扯着我的内心，希望学生好好上课，就这么难做到吗？让他们朗诵歌词，却引来哄堂大笑，欣赏宋祖英的《长大后我就成了你》这首歌曲，招来学生怪声怪气的学唱，这是为什么？

这节课，我先让孩子们看了实验二小高华老师讲授的《采菱》一课，告诉他们这是五年级的学生，听一听他们的歌声。孩子们安静极了，非常专注地看着屏幕，听到学生演唱的《茉莉花》，他们惊讶了！"再看看他们上课的姿势。"我适时提醒，孩子们自觉地调整了自己的坐姿，教室里安静极了。

"再听听他们读歌词。"我再次提出要求。学生开始抿着嘴笑，他们觉得这声音怪怪的，小声地议论着。"大家看看一个人的朗诵。"孩子们笑的声音更大了，他们说："真难听！""我可不这么读。"我刚刚看到学生调整坐姿产生的喜悦，顿时消失，取而代之的是沮丧。现在的孩子怎么了？好歹不知呀！

我从教学手段、教学方式上不断改进，关注学生的学习态度，但让别的同学做示范时，我传达的还是教师自己的标准。我试图包容学生的错误，但事实上，却还是对学生有条件的理解。

"存在就有理由。"我发现学生对自己的行为不以为然，源于自己的一套理论。这种理论或来源于同学，或来源于家庭，甚至来源于老师。一个喜欢嘲笑别人的孩子可能经常受到别人的嘲笑，一个叛逆的学生可能长期受到高压管理，所以，每个现象的存在都有各自的理由。我曾经问学生："你为什么笑？""好玩，声音奇怪。"其实这是孩子真实的想法，由于自己的视野有限，生活中很少观看这种文艺表演，所以，孩子提出这样的看法。其实，孩子的内心很简单，他并不认为这是违反纪律，而只是自己不喜欢。

于是，我搜集了一些朗诵表演、音乐剧表演视频，在课上为学生播放，介绍这些不同的表演形式，让学生感受表演带来的快乐，嬉笑声渐渐没了。

无论出于本能还是责任驱使，教师都是爱学生的，但令人遗憾的是，能感受到教师爱的学生却不如我们期望的多。

在三十多年的教育生涯中，回想自己，给予学生的爱是否也没有学生期望的多呢？许多曾经对教育的美好向往/想象渐渐消退了，对那些多次违纪的孩子们会说"别理他"，对那些怎么教都不会的孩子心凉。这不就是"缺乏爱了吗"？

面对一个年级几百个学生，我不也有过放弃吗？年级公认的不发言、不唱歌的肖同学，我放弃了对她的考查，觉得她就是这样的孩子，大家都没办法，自己也就心安理得。想起曾经的自己，和孩子们一起玩耍，一起聊天，像个大孩子，而今却失去了往日的热情，所以我要给予她更多的爱。

课堂上，我观察肖同学，她虽然不说话，可总用专注的眼神看着我，我问她问题，还是不说话，但我多次对她说"你觉得老师讲明白了吗"，她会点点头。"那你给老师唱一唱行吗？"她眼睛不眨也不说话，多次交流都失败了。

我经常看到肖同学和他的弟弟一起上学，弟弟和她很亲密，她对弟弟话不多，但总是笑眯眯的。我于是问弟弟："姐姐跟你好吗？""好！"我再问肖同学："你喜欢弟弟吗？"又是沉默无语。

虽然她一直不跟我说话，我观察她上课时眼神更专注了。音乐课也练竖笛，只是一贯的沉默。

"难道孩子不需要关爱吗？"当我气馁时，我心里总念着这句话。

一次唱歌时检测，我让学生一个一个到老师面前唱歌。到她时，我小心翼翼地叫到她的名字，她居然很快走过来。"你能唱《静夜思》吗？"她点点头。"那唱唱吧！"不出声。我说："跟我一起唱行吗？"她点点头。我和她一起唱了起来，我声音越来越小，好听清她的歌声，居然很准确，完成得也很完整。"唱得很好，继续努力吧！"没说话，她默默地回到座位，但我看得出她愿意为我唱。

　　第二天，我看到她的弟弟，问："听姐姐唱过歌吗？""没有。""回家让姐姐给你唱首歌，姐姐唱歌可好听了。"

　　后来，我再遇到姐弟俩，我问弟弟："姐姐唱歌好听不？""好听！"听到弟弟的话，我第一次看到肖同学对我笑了一下，那是灿烂的笑容。

　　不是学生感受到教师的爱少，而是教师如何正确理解及表达爱。因为教育、爱不仅是一种态度，它的本质是一种能力和智慧。

作者简介：张秋立，城关小学音乐教师，从事音乐教学33年。热爱音乐教学，工作踏实认真，连续多年被评为市、区级骨干教师。

"老师，我能不能横着跑？"

体育课对学生来说是一门十分受欢迎的课程，他们喜欢的是体育课上的自由活动，也就是爱玩什么玩什么，爱干什么干什么，他们不想要老师的干预，甚至不想学习教师教授的内容。可是每一个体育老师又希望在自己的课堂上学生都能够守规矩，练习是按秩序进行的。其实不然，真正的体育课的课堂纪律与练习的实际情况不是体育老师所想象的那样理想化的，这样就需要体育教师不断提高自身素质，适应新时代的要求，真正了解学生对体育课的需求，走入他们的内心世界。

记得在一年级的一节30米快速跑的体育课教学中，学生们正摩拳擦掌、斗志昂扬地准备比赛。学生们上了跑道，我组织好队伍后，比赛开始了。"加油，加油"，助威声此起彼伏，学生们个个争先恐后，技术动作也比以前好多了。一轮比赛结束，有的为取得胜利手舞足蹈，有的为失败而沮丧不已。我抓住时机，让学生思考：怎样才能跑得更快。学生开始讨论，有的认为摆臂姿势很重要，有的认为步子要迈大一点，有的认为……气氛非常热烈，教学效果非常好。

"老师，我能不能横着跑？"一个稚嫩的声音在我耳边响起，随之而来的是学生们哄堂大笑。"这不是捣乱吗？"我纳闷了，循声望去，一个男孩正满脸疑问地看着我。原来是第一轮小组赛跑了最后一名的那位同学。

"为什么要横着跑？"我装作一点也不生气的样子，耐着性子问了一句。

"我喜欢横着跑。"他理直气壮地回答。

"咦，怎么有这种道理？"我暗暗发笑，觉得无可奈何，又不知如何是好，忽然灵机一动，有办法了，说道，"同学们可能觉得这位同学的想法很好笑，但老师觉得他很聪明，平时很注意观察，我们的确还能横着跑。接下来，第二轮比赛我们就横着跑，我们先请这位同学给大家做一下示范。"大家鼓起掌来。他走出队伍，侧身对着跑道，像小螃蟹一样张开双手开始示范，虽然跑的动作看上去有点古怪滑稽，但确实挺快的，其实动作就是篮球训练中的滑步动作，大家不由自主地模仿他的动作练习起来。

第二轮比赛开始了，比赛气氛比第一轮还要激烈，想不到学生们对这种怪异的跑法还挺感兴趣，但是动作不协调，跑得令人发笑，有的还跑成交叉步。而那位同学成了小组赛的冠军。

"同学们，老师还想让大家思考一个问题，到底哪一种跑法更快？"比赛结束后，教师又给学生出了一个问题。

学生们三三两两地聚在一起开始讨论。片刻之后，同学们自发地组织比赛，绝大部分的比赛方法采取两个直跑、两个横跑。教师特意观察那位同学这个组，他在两次采取直着跑的比赛中，都是最后一名。结论可想而知，大家觉得直跑是跑得更快的动作。这时候他躲在队伍的最后，低着头，他也觉得横着跑不是最佳的方法。

这时候，我微笑着说道："同学们，今天我们学习了快速跑的动作，也知道了跑得更快的动作。但是，我们还应感谢他，他让我们有机会学会了横着跑的动作，这也是一种跑的方法，在篮球和排球比赛中需要用到，如果没有他创造新跑法，我们还学不到这种跑的方法。所以，老师希望同学们以后在学习上敢于创新，敢于发表自己的想法。"此时，那位同学脸上流露出的是洋洋得意的神情，学生们也投去羡慕的目光。

作为一名称职的体育教师，应该善于观察学生的学习情况，准确、恰当地处理课堂上由创新或奇思妙想而出现的稀奇古怪的现象，这是一种技能或是一门特殊的艺术。它需要教师有耐心和爱心，其次是要研究方法和艺术，不要轻易地把学生行为定格为捣乱，更不要大发脾气，应沉着、冷静、灵活、机智地对事件实行有效的调控，变不利为有利，多加鼓励，并给予必要的启发及指导。这样既不伤害学生的自尊心，又恰如其分地把各种技能传授给每一位学生。

作者简介：张文凤，喜欢各种体育运动，城关小学一级教师。热情开朗，待人友好，为人诚实谦虚。工作勤奋、负责，吃苦耐劳，善于与人沟通。

用心做"小"事

三十多年的小学班主任工作经历，让我深感虽然面对的是一群活泼好动、天真无邪的孩子，但事务之繁多，工作之琐碎，再加上不断调整的课改教学工作的压力，班主任工作真可谓是辛苦至极。针对班级管理中的种种困惑，我苦苦寻找，虚心求教。有位名师的一句话"把我们的教育转变成学生的自我教育"让我茅塞顿开——如果学生们都能够学会自我管理，真正成为常规管理的主人，我们班主任的工作不就可以轻松许多吗？

在这种思想的指导下，我认真回顾了班级管理中的点点滴滴，发现平时的许多细节都可能引发教育活动，只要善于发现，把握时机，积极引导，就可能收到良好的教育效果。于是我重新确定了班级管理理念：抓住生活中的点滴小事，挖掘教育资源，尽可能地为学生创造教育的机会，达到自我管理的效果。

在一次课间操之后，我们学校第一次开放了部分体育器材，孩子们高兴地投入活动中，操场上热闹非凡，有些孩子甚至是有些疯狂了。但是到了第二天，操场上却没有了昨日的热闹，细心的孩子在日记中找到了原因：许多同学抢到体育器材之后不好好使用，还随意破坏、乱扔……许多孩子发出感慨：好怀念操场热闹的时候……

针对这篇日记，我组织学生们展开讨论，查找原因，感受爱护公物、有序活动的重要性，孩子们检查自己的行为，提高了对这项活动的认识，明白了不论在什么情况下，都要守秩序、讲文明。几天之后，学校制定了相应的活动措施，我们的孩子又感受到了活动带来的快乐，但是他们都懂得怎样去活动，怎样用好这些器材，他们更懂得如何珍惜！

在平时的生活中，我注意引导孩子们用自己的眼睛去发现，用自己的大脑去思考。引导孩子们不光要学知识，还要学做人。例如在班长竞选活动中，引导孩子们如何正确评价一个人，使得几名学习成绩不好但责任心较强的孩子积极投入班级管理中，并在任班干部的过程中自我约束、努力提高自己，最终不断进步。

有一年冬天，我们班里发生了一次暖气跑水事件，在我们的齐心协力下，经过两个多小时的努力，终于制止了水灾的蔓延。在这次活动中，孩子们认识到了老师的指挥才能——分批轮换上岗清理水患；感受到了张老师对他们的关心——轮换下楼活动、休息。许多孩子都在日记中记录下了自己的感受：老师一直都在辛苦地指挥并亲自动手，却让我们轮换着休息，我们一次次地请求都没有效果，老师的嗓子都哑了，但是老师一直都没有离开岗位！在这件事的总结过程中，我引导孩子们一分为二地看待这件事：跑水虽然是坏事，但是在我们的努力下，我们的教室彻底干净了；我们的同学齐心奋战，我们的集体更团结了，我们的师生情谊也更深厚了。

第二天早晨，我特意早一些来到学校准备清理教室，却发现大部分孩子已经比我更早地来到了学校，他们心里还牵挂着昨天未完的工作。教室里有几名细心的孩子在做最后的清理，桌椅已经摆好；而体育委员已经带着整齐的队伍在操场上跑步了，讲桌上还放着不知是谁给老师治嗓子的药……

在平时的活动中，我经常告诉学生们：老师就喜欢鲜红的 100 分，我最喜欢看咱们取得的荣誉。在每月的评比之后，我们都把每一张奖状高高地贴在教室里，并且让孩子们和去年这时候比较，我们又进步了多少？我们还有哪些差距？我们班的学生们都知道：自己是班级的一分子，集体的成绩代表着我们大家的努力，不管在什么时候，在什么地方，我都要为集体争光！这样，孩子们比学习上谁得100分多、比谁的进步大、比谁为集体做的贡献大，竞争的意识极其强烈。这样极大地调动了孩子们的上进心和积极性，就连写字课上谁没得到优或优加也都要受到同学的指责，因为你没有为我们班争光！在兴趣小组玩成语接龙的游戏时，我们班的一个学生还念念不忘怎样才能超过别的班的学生为自己班争光，结果这个孩子用最快的速度第一个背了下来。我也抓住这些势头，因势利导，告诉他们：写字老师夸咱们班进步特别大，科学老师、音乐老师都夸咱们班做得特别好，某班老师夸你们聪明，等等。孩子一听，心气就更足了，做得更好了！这样一来，我的教学工作和管理工作也顺畅了许多。

抓住学生身上的闪光点，多表扬，多鼓励，多引导，调动学生的热情，适当奖励，让孩子们更加地投入，体会到自己的价值。我们的黑板干净得像镜子、我们的门窗真整洁、我们的开关贴真漂亮、我们的眼操管理员真负责、我们的路队真整齐、我们的100分真多……

生活中的点滴小事，折射出的是一个小集体的智慧。著名教育家斯宾塞曾经说过："我们的教育目的是培养一个能够自治的人，而不是一个要别人管理的人。"只要我们抓住这些小事，正确引导，给学生创造自我教育、自我成长的机会，相信我们每一个孩子都是可爱的，相信我们的班主任工作也会做得有声有色，有花有果！

*作者简介：*张晓风，从教33年，一直担任班主任工作。在工作岗位上踏踏实实地尽着自己的教师职责，本着一颗关爱学生的慈母心对待所教的每一个孩子，以满腔的热情实现着自己的人生价值。在班级管理中，努力营造一种平等、和谐、友爱的氛围，善于从小事中挖掘教育因素，引导学生的言行，客观、公正对待人和事；教学方面细心、用心，善于用多种方法培养学生严谨求实的学习态度，让他们快乐学习、健康成长。

用一个生命去影响另一个生命

从教两年了，一直担任班主任，可以用雅斯贝尔斯的话来总结这份工作："教育的本质就是一个生命去影响另一个生命。"孩子的心灵是需要教师用心浇灌的，人非草木孰能无情，当真心面对真心时，教育就会有不一样的收获。

我们班浩浩是一位特殊的孩子。在刚接班时我并不知晓，只见他身材矮小，不爱说话，他的特殊体现在不爱完成作业，在刚接班时我总是为此联系他的父亲，从孩子父亲口中得知浩浩父母离异，每次我提及浩浩的作业问题时，孩子父亲给我的答复都是："我跟孩子聊一聊！"久而久之，我对这个孩子的关注就渐渐少了，心想：反正他也不闹，只是不愿学习，就任其发展吧。就这样，第一学期结束了，浩浩还是老样子，第二学期由于疫情的原因，我们开始了线上学习，浩浩总是不在场，教学效果可想而知，我当时只想：作为老师，我能做的也只有这么多了！此时我已经和浩浩相识一年了，我对浩浩的态度也一直是无奈！

暑假中一个陌生电话打来，改变了我对浩浩的态度！电话是浩浩妈妈打来的，通话时间有两小时之久！这两个小时的通话让我看到一个可怜的10岁孩子的经历！浩浩一年级时和妈妈分开了，爸爸总是在外地工作，一周才回一次家，后来浩浩爸爸换了北京的工作，情况才得到好转！回家后浩浩爸爸又和浩浩奶奶一起担负起照顾重病爷爷的任务，家里的很多家务都由浩浩负责，如给树浇水、给狗喂食、扶爷爷起床等。有时干得不好还免不了几句责备！浩浩的饭量很小，妈妈说其实孩子是饿的，胃都小了，营养跟不上所以个子才矮！得知了浩浩的生活经历，我的内心五味杂陈，最先有的不是怜悯，而是自责！作为他的班主任有一年之久，我为什么没有发现并帮助他呢？从那一刻起，浩浩成了我教育生涯第一个想要关心他生活的孩子！开学后，我一改之前对浩浩的态度，总是不由自主地去关注他的一点一滴！我发现浩浩在中午就餐时没有桌布，就连餐具都是外卖的一次性勺子反复使用！桌布和勺子对我这个老师而言不算什么，第二天我就为浩浩备齐了，我骗浩浩说是爸爸托我给他的，孩子似乎什么都明白一样，真诚地谢了我。新学期我在班里开展了班级评价，我总是将一些好吃的零食作为奖励发给孩子们！借此机会，我都是偷偷地多分给浩浩一些，慢慢地，浩浩在我面前非常懂事，总是第一时间来帮我做些什么，有一次我的笔从讲台上滚落，浩浩瞬间从座位上站了起来，将笔捡起，还给我，他的眼神中充满了尊敬！正可谓"亲其师，信其道"，我和浩浩之间建立了深厚的情感，他的学习也得到了改善，如今他已不再是那个不完成作业的特殊孩子了！

通过我和浩浩的经历，我对自己的育人方式也进行了更新，想要孩子真正地信服一位老师，教师一定要知道孩子最需要什么帮助，再根据现实情况尽最大努力去帮助，让教育充满真诚，这样教师才能和孩子建立任何事情都隔不断的深厚情感！浩浩，一个10岁的孩子，让我知道了一个老师应该怎样去关心一个学生！

作者简介：张萱，城关小学青年教师。课堂上努力创新教学形式，把童趣带入课堂，让孩子爱上数学。课下努力融入孩子的生活，和他们一起嬉戏玩闹，用自己的方式走进孩子的内心，是孩子心中亦师亦友的大哥哥。

正视自己，量化而行

当我知道自己即将成为一名教师时，我的内心十分激动。毫不夸张地说，我一度认为教师是可以和医生相提并论的职业。一位是救死扶伤的天使，让人们远离病痛。而另一位则是人类灵魂的工程师，温润人们的心灵。所以，在第一次和孩子们见面的时候，我已经幻想好了无数温馨的场景。课上我们一起学习知识，课堂中充满欢声笑语。课下，我们一同游戏，是师生更是朋友。可"骨感"的现实给了我沉重一击，并不是所有的事情都如想象那般美好。

"老师老师，俊俊打了别人一巴掌。"

像这样孩子之间发生矛盾的情况，作为班主任的我一天可以听到很多。而这些矛盾的主人公往往都有我们班的"淘气包"——俊俊。

我把俊俊叫了过来，问他发生了什么。

"老师，他总是看我，我太烦了！"

逃避问题是我在俊俊身上发现的第一个特征。他在和其他孩子发生冲突时，总是下意识地去把问题归咎到别人身上。

于是，我把另一个孩子叫来。我相信，孩子之间并不会有什么深仇大恨，多看俊俊几眼，肯定是出于一个美好的原因。

"能和老师说说为什么你总看俊俊吗？"

"因为我觉得他很好看啊。"

多可爱的一个原因啊。

"听你这么说完，老师也觉得俊俊很帅气。但一直盯着别人看确实不太礼貌，下次要注意。"

于是，我看向俊俊："现在你知道他为什么总是喜欢看你了吗？"

俊俊挠着头，没有说话。

"老师知道俊俊现在误会了别人，感到不好意思。不过没关系，我们可以想办法弥补一下。"

第二天，另一个孩子兴高采烈地举着一张卡片，卡片上是俊俊对他表达的歉意。

之后俊俊再和其他同学发生矛盾时，我会先让他说说自己在这件事里做了什么，再带着他分析这样做好不好，有没有什么更好的解决方式。慢慢地，他已经不需要我的引导就能说出自己的问题了。但新的特征也随之显现出来了。俊俊能够发现自身问题，但总是忘记改正过来。为此，我也联系过俊俊的家长，俊俊的家长表示，上幼儿园时他就经常和同学发生矛盾，每次都说改，可每次都没有改，家长也很头痛。

于是，我让俊俊准备了一个小本子。

"当你有不好的行为时，老师会让你把这个情况记在这个小本子上。"

第一天，俊俊的本上写了好多条。有忘带文具，有上课溜号，还有在书上画画等。

于是在课后，我把俊俊叫来，对他说："今天的问题有点多哦。"

俊俊低下了头。也许这是他第一次直观感受到自己一天竟然犯了这么多错误。可能在俊俊之前的认知中，他确实知道自己每天都会犯错误，可他并不了解这些问题累积起来竟然会有这么多。

我摸了摸他的头，对他说："没关系，只要我们每天改正两点，一周后本子上就再也没有什么可写的了。"

于是我带着他一起复盘了本子上的所有问题，并让他选择自己第二天能够改正的两条。对于改正错误，俊俊动力十足。他在选好要改的问题后面认认真真地写上了"改"字。

第二天结束后，我们又一起拿着本子分析。因为是俊俊自己选择的，所以在第二天他会格外注意避免去犯这两条错误，因此那两个问题他很轻松就改正过来了。而且，本子上写的问题也比第一天少了一些。

"现在你可以把第一天的两条划掉了！"

俊俊开心地拿着铅笔划掉了改正过的两点，接着又迫不及待地去寻找明天要改进的问题。我想此时的俊俊心里的成就感、自豪感得到了极大的满足，这也能够形成一种动力，让他不停地进步下去。

其实，每个班级中，都会有像俊俊这样的"淘气包"，由于成长环境以及行为习惯等因素的影响，他们会选择逃避问题，害怕自己是"不完美"的。而我要做的则是帮俊俊正视自己的"不完美"，让他能够接纳自己的不足，让他知道"人非圣贤，孰能无过，过而能改，善莫大焉"。

对于孩子"屡教不改"的问题，一定不要过于着急。首先，孩子的感知能力并不如我们大人那般强烈，有很多时候他并不能意识到问题的严重性。这就需要我们通过一些方式方法，让孩子们明确自己究竟是在哪方面不足，哪方面是需要急于改进的。同时，为了不打击孩子的自信心，我们可以用小目标的方式激励他去改正。通过将这些行为量化出来，孩子能够亲眼看到自己的改变，体会到改正错误带给他的快乐，这样，他就能够更有动力地坚持下去！

作者简介：卓佳颖，城关小学青年教师。一名不断在教学和班级日常管理中学习、摸索、总结经验的学习型教师。致力于为学生营造一个轻松、愉快的学习氛围。

换一个角度看

小学语文课文《画杨桃》一课中，每个孩子坐的位置不同，画出的杨桃也不一样，孩子们因此议论纷纷。老师对学生教育道：看的角度不同，杨桃的样子也就不一样；要换位思考，站在别人的角度看问题。的确，站在不同的角度，想法不一样。对学生的异常行为也应该学会换个角度看，就会更加理解他们、关爱他们。

我曾经教过的一个学生，他叫小博，个子不高，不善言谈。但是我多次发现他学习时总是爱发火，尤其是我催他、追问他，他就会很暴怒，但也能看出他在控制。从他的表现中，我又联想到他的家长：教了半年，我都很犯怵跟他的妈妈交流，总担心我的话会使她恼火。

有一回数学课上，在讲完新知识后，为了巩固知识掌握情况，我给学生出了一道例题形式的习题，感觉学生都应该好理解，做起来会很顺利。可是我巡视到小博身边时，看到他握着笔使劲地划来划去，题却没有做出来。我刚要追问他怎么回事的时候，瞬间想起他的脾气，犹豫了……但我还是跟他说话了，因为我发现的他脸上露出暴怒的表情，此时我意识到他是在跟自己较劲："你是不是很恼火，觉得别人都会自己不会，很生气？你也控制不了自己的情绪？"刹那间，他那瞪得溜圆的眼睛终于让我明白了他以前因为学习发火的原因：原来是在自责，是生自己的气。此时我也很心疼他，摸着他的头说："没事，不着急，我给你再讲讲。以后遇到这种情况你告诉老师，不要急，越急会越想不上来的，好吗？"他诧异的眼神瞬间有了温暖，点了点头，似乎找到了知音。从此我们有了约定，当有问题时他就会给我一个小暗示，我会及时过去帮助他。

他这样易怒的表现也让我脑海中展现出他在家跟他的爸爸妈妈发脾气的画面，我何不抓住这个契机跟家长拉近距离，让我们沟通得更加畅通呢？于是，我用休息的时间主动给他的妈妈打了一个电话："小博妈妈，您好，您现在忙吗？我想跟你聊聊。"小博妈妈说："老师您好，我没事，您说吧，是不是孩子在学校犯错误了？""没有，您想多了，呵呵！"我停顿了一会儿，接着说："我发现小博很爱发怒，在家也爱发脾气吗？……"还没等我问下去，他的妈妈就说："老师，是呀，在家也那样，有的时候气得我都哭了，可是也改变不了，怎么办呢？"我笑着说："我很理解您，在学校我也是一样，但是今天我突然发现他的发怒并不是因为别的，而是自己在跟自己较劲，觉得自己太差了，那么简单的都不会，因此才发脾气。"不等他的妈妈说什么，我又说："我发现对于他这个性格的孩子，您可以在他生气时控制您的脾气，不唠叨他，给他一个安静的空间，或者询问他需不需要您的帮助。这样时间一长，他就会控制好自己的脾气，选择适当的方法解决问题，您说是吗？"我的话瞬间让小博的妈妈豁然开朗起来："老师，您说得很对，以后我也改变一下对他的教育……"

这次换个角度看小博和小博的妈妈，我不仅帮助他学会调节自己的情绪，选择适合的方法解决问题，同时也让家校沟通畅通。

还有一个孩子，很聪明，爱说话，在每一节课上他总是不能控制自己的嘴，给我们班上课的老师都会跟我反映他的问题，一度让我很头疼，我经常跟家长谈话，效果也不是很好。后来我发现：他其实是一个很热心的孩子，谁有困难，他都会主动去帮助；老师下课提醒擦黑板的同学，他就第一个冲上去擦……诸如此事让我深思：这个孩子热心、爱劳动，假如用这种方法激励他，鼓励他，教育他在课堂上控制自己的言行，做到想说话就举手的习惯那该多好啊！于是我在观察到他做好事的时候立刻当着全班学生的面表扬了他，同时还鼓励他，希望他能在课堂上认真听讲，回答问题要举手，这样也会受到老师的表扬。此时我看到了他眼中的决心！果然在连续的两天里都没有听到别的老师再说他课堂随便说话的毛病了。但是到了第三天，问题又出现了，于是我接着认真观察他是否做好事，继续鼓励勉励……就这样断断续续的鼓励勉励，使他在这一学期中终于改掉了课堂上随便说话的毛病。后来我还跟他谈心：你看，你这学期进步很大，上课不随便说话了，希望你能找到自己其他的不足，争取在下一学期中继续发扬你的优点，改掉你的缺点，成为一个人人喜欢的孩子。他在我的鼓励下，慢慢转变，最后成为班中优秀的学生，还考到了理想的学校。

"换个角度看"为我的教育开辟了一片新的大陆，也为我现在的工作积攒了大量的经验。

在我担任德育工作后，我也经常给班主任老师讲这两个故事，让他们明白不要单一看孩子表面的行为，要换个角度看他们，这样才会让自己的教育更灿烂。作为教育工作者，要永远记住：鼓励中长大的孩子，将来必能充满自信；赞美中长大的孩子，将来必能心存感恩；嘉许中长大的孩子，将来必能爱人爱己；接纳中长大的孩子，将来必能心胸宽广。

作者简介：史秀菊，一级教师，房山区城关小学德育副主任。从教25年，曾担任班主任工作20年，带着对班主任工作的热爱和对学生教育的热情进入学校管理层，不仅为更多的班主任搭建学习平台，同时也把自己多年的班级管理经验传授给每位班主任。

植根沃土　绽放芬芳

魏书生在《班主任工作漫谈》中有这样一段话："一个班集体，一旦用'尊人者，人尊之'的思想统帅起来，一旦成员们都在言行中尽可能多地用尊重别人的方式，获得别人对自己的尊重，这个集体就会产生极大的凝聚力，每个生活在集体中的人都会感到幸福、自豪，从而发挥出巨大的潜力，取得意想不到的好成绩。"

城关小学六（8）班这块沃土，给了每一个孩子快乐成长的养分。

一、统一班级目标，形成优秀学风

这个班级是个特殊的集体，说它特殊，是因为它是2018年由周边多所学校学生转学组建的48人的集体，是因为它是城关小学两个校区人数最多的集体，也是新校区年级最高的班级。

这个集体的学生来自不同的学校、不同的班级，学生在原班级养成了不同的学习习惯，要让他们爱上新的集体、形成学习共同体，班级各项工作都充满了挑战。首先我和孩子们制定了"班级因我而骄傲"的班级目标，使学生深刻感受到自己是班级中不可或缺的一分子。其次，在班级中我努力调动他们的积极性和自觉性，促进班级形成良好的学风。在班级中开展不同形式的读书活动，鼓励孩子养成爱读书的好习惯。开展课前两分钟读书展示活动。这样不仅为孩子们创造了展示自己的平台，更陶冶了孩子们的情操，也提高了语文的阅读与写作水平。在国家级"中国传统文化"课题研究中，我班几十人次获得了一、二等奖。

二、明确岗位职责，争相为班级贡献力量

班级是学生参加学习活动的主要阵地，学习生活常规管理抓得好，有助于培养优良的学风，促进学习质量的提高。我根据班级人数多的特点，制定详细的小主人责任岗，做到人人有事做，争当"云峰"好榜样。自从建立小主人责任岗以来，班级日常工作很快走上了正轨。从刚开始的手把手教学生如何扫地，天天提醒学生擦讲台、擦桌椅、擦黑板、关门窗……事无巨细，现在，班级事务都有专人负责，同学自己管理自己，学校每周一次的各项评比，我们班总是名列前茅。

同学们不仅承担班级任务，还主动承担了学校的校园新闻播报、"云峰"志愿者、眼保健操检查、少先队等各项任务。在承担各项任务中树立孩子的责任意识，让孩子们意识到他们是全校同学的大哥哥大姐姐，言行举止都是全校学习的好榜样。

三、相信每一名学生，给予学生发展期待

教师最大的幸福莫过于学生的成长。2021年9月10日是个难忘的日子，与往常一样，我早早来到教室，为孩子们准备一天的学习生活用品，孩子们陆续进到教室，或对我送上节日的祝福，或送上精心制作的小礼物。这时班中比较内向的萱萱同学来到我的身边，小声地说："老师节日快乐，有些话早就想对您说，我都写下来了，您一定要看哦！"看着她期待的眼神，我开心地答应着。打开信，只见上面写着："王老师，您好！我们已经和您度过三年多的时光，在这几年中，我们都是很开心地度过的。王老师，我知道自己数学一直不理想。但是，谢谢您从没放弃过我，我一定会努力把数学学好，不让您和我的家人为我操心，做一名您喜欢的好学生。老师，这是我的真心话。"读着信中每一个字，我想萱萱昨晚一定度过了一个不眠之夜。我的心久久不能平静，给孩子写了一封回信，孩子如今的表现已经证实我对她的信任与鼓励。

四、发扬学生的优点,发展学生的特长

"在共性中发展孩子个性"是我尊崇的教育理念。作为班主任,我注重对班干部的培养,这些小干部阳光、自信、工作能力强,为学校工作做出了巨大贡献。抓住学校"八大月节"活动创造各种机会让学生参加文艺活动,鼓励他们发挥特长。在各种表演中,都有我们班孩子的身影;在各项展示中,还有孩子们的优秀作品。学校开展的"体育节"我们班有长跑冠军;"艺术节"同学们自编自演的校园生活剧把平时不文明现象在全校展演。幽默风趣的表演,既丰富了学生活动,又纠正了孩子的不文明现象,推动了全校的常规教育工作。

一个优秀的集体承载着学生美好而光明的梦想。"让沃土中的每一朵花芬芳成长"是我追求的目标。我们的班级群花绽放,我们的校园共浴芬芳!

作者简介: 王翠艳,北京市数学骨干教师,城关小学教学副主任。热爱教育教学,工作踏实勤恳,曾荣获"房山区优秀青年教师""人民满意教师标兵""教育系统创新标兵"等称号。

春熙赋彩　静待花开

学生用餐习惯引发的思考
——管理无小事

一次社会实践外出活动，我跟二（1）班的同学同乘一辆车。坐在我旁边的是一位头发黄黄的、瘦瘦小小的女孩。车子开动了，她悄悄从背包里拿出一块糖送给我吃，我说："谢谢你，老师不爱吃零食。"她冲我一笑，剥下糖纸把糖放在嘴里，这时我才发现，这个孩子的乳牙全是黑的。一路上，我俩轻声聊着天，小女孩名叫欢欢。经过与她聊天，我得知这个孩子除了糖，其他的都不爱吃。

欢欢同学中午在学校用餐，有好几次我巡视用餐情况时，刚进二（1）班教室，就碰到她拿着餐盒往外走。我很纳闷，她怎么这么快就吃完了。有一次，我拦住她，打开餐盒的盖子一看才明白，满满的一盒饭菜，这孩子居然一口没动。"为什么不吃？三个菜你一个都不喜欢吗？"我蹲下来询问。"我都不喜欢吃。""你在家都吃什么饭菜？""我在家里也不爱吃饭菜。"简单的一问一答，我就知道这个孩子为什么在班里最矮、最瘦了。黑黑的乳牙也是从小缺钙的表现。

事后，我找到班主任了解了情况并商量对策。天天不好好吃午饭，会导致营养不良持续加重。班主任把家长请到学校，决定家长与学校联合，让孩子养成良好的用餐习惯。通过沟通达成以下共识：

第一，每天早晨家长给孩子准备丰盛的早餐，包括牛奶、鸡蛋、主食、水果，上午上学任何零食都不能带，包括水果、糖果等小食品。第二，每天中午班主任亲自关注欢欢同学的用餐量，并采取相应的奖励措施，比如：吃掉二分之一积累一枚小花，吃掉多一半奖励一块糖，如果都吃完，下午放学回家后家长有奖励。第三，在班级内以小组为单位开展用餐习惯评比活动，倡导"光盘行动"，每月公布评价结果。第四，学校及时与送餐公司联系，午餐要经常更换菜谱和主食的种类，并经常更换酸奶和水果的口味。第五，建议欢欢同学加入学校的舞蹈社团，既有小伙伴一起学习，又能锻炼身体，运动量上去了，孩子也有了食欲。第六，双休日家长带领孩子多运动，比如：爬山、跳绳等。带领孩子一起做饭，给孩子介绍各种食材的营养价值。这样，小零食没了，运动量增加了，学校午餐花样的变化和家长的配合（严格控制零食、适当参加劳动），欢欢同学的用餐表现越来越好。一年过去了，每当中午我巡视午餐的时候，欢欢总会凑过来对我说："校长，您看，我的午餐都吃啦！""好棒啊！你这样吃饭身体肯定会越来越结实，个子会越来越高。换牙以后的新牙也漂亮啦！"

像欢欢这样用餐习惯不好的孩子不是个例，这与家长的育子观念和方法有关。为此，学校就孩子用餐习惯专门组织召开家长会，针对有的孩子边吃饭边玩耍，注意力不集中；有的孩子挑食，喜欢吃的就吃，不喜欢的一口不动；有的孩子零食不离口，到吃正餐的时候没有胃口等问题与家长进行深度沟通。经过家校双方的共同努力，与家长达成一致，共同培养孩子良好的用餐习惯。

管理无小事，吃饭的事是最重要的事，孩子的用餐习惯直接影响着身体健康和智力发展。健康的生活习惯是核心素养中自主发展的重要内容。没有强健的体魄，何谈核心素养！小小的一顿午餐对学生的健康发展和营养均衡不是小事。作为学校管理者，我们要关注教育的每一个细节，要关注学生成长中一点一滴的小事，用爱心、责任心为学生的健康成长保驾护航。

作者简介：沙志娟，中共党员，高级教师。在从教30多年的过程中，用心、用情关爱每一名学生的发展。曾荣获"北京市经济技术创新标兵""北京市骨干教师""房山区教育之星"等荣誉称号。

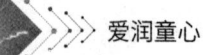

笑靥重现

缘起：云深不知处——莫名其妙地哭

吴××是班里一名乖巧的女生，可最近一段时间，在她身上却发生了一件匪夷所思的事儿：原本每天开心上学的她，突然变成了"爱哭鬼"，每天都要妈妈送进学校，在班级门口开展一场"生死离别"的催泪大戏，哭声打破井然有序的早读。

镜头回放：

第一天：吴××安安静静进班，趴在桌子上就哇哇大哭，问起原因，说是想妈妈。在我和同学的安慰下，情绪渐渐平稳下来。

第二天：妈妈把她送到班门口，她死死拽着妈妈的衣角，哭着说："妈妈，我要你陪着我，别离开我。"这一次变本加厉，任凭我怎么说，孩子也不松开妈妈的衣角，最后在我和妈妈的"秘密"配合下，总算把她留在了班里。

第三天：孩子似乎意识到我和她妈妈会配合，干脆在校门口就抱着车门不撒手，大声哭喊着："我不去上学，我害怕！我害怕！我不要去上学！"这一天孩子就没有来上学，家长实在没办法，只得请假在家陪孩子。晚上，我和她妈妈不断沟通，排除了家庭的原因带来的影响。

孩子的反常表现让我百思不得其解，真有种"只在此山中，云深不知处"的感觉。"明明上学期孩子一直都好好的，为什么突然就不想上学了呢？"苦恼围绕着我，不过也增添了我一探究竟的力量。

过程：守得云开见月明——绞尽脑汁地探

午餐后是属于我和孩子们的阳光休闲时间，也是我与孩子们游戏、谈心的时间，每次不经意地聊天，都会发现"小豆包"们不少的小秘密呢。

这件事后，每个休闲时间我都会主动加入吴××她们的阵营，趁着和孩子们做游戏，在放松的状态下，在她心理防备最低时，借机跟她谈心聊天。几次聊天后，我发现她不是厌学，因为真的上起课来就没事了，而大哭也只是出现在早上跟妈妈分开时。

厌学被排除了，那问题到底在哪儿呢？这更激发了我探底的勇气。于是，像福尔摩斯探案般，我开始认真梳理整件事的前前后后，仔细回想每个细枝末节："我不去上学，我害怕！我害怕，我不要去学校！"孩子哭时喊的这句话，成为解开谜团的关键线索。

"她在害怕什么，她为什么会害怕，怕老师还是怕同学，难道在学校里有人欺负她了？"一连串问题随着最近班里情况的闪现，心中大概有了答案，男生A成为我锁定的目标，是不是被他欺负了，但一时不敢确信。

于是，我再次跟她妈妈沟通："咱孩子现在这种表现，肯定是有事藏在心里，不想让我们知道，不如您趁周末带孩子去看看心理医生，找到症结所在，我们就好对症下药，帮助孩子解决问题，您说呢？"家长欣然接受了建议，而且也很快给了我消息。

事情果然跟我推测的一样，是由班里行为习惯极差的男生A引起的。在心理医生的疏导下，吴××清晰记起3月8日这天，好朋友（女生C）被A欺负，她上去跟A理论，A同学吓唬她说："信不信，我扎死你！"紧接着的几天里，班上接二连三出现了三四个女生都被A欺负的现象，就这样，吴××的心理有了阴影，害怕A同学真的会伤害她，于是就有了之前哭着闹着不上学的那一幕。

高潮：解铃还须系铃人——用心良苦地解

事情的原因终于调查清楚了，"怎么帮吴××尽快走出阴影"成为摆在我面前的新问题。"解铃还须系铃人"，我想，问题的解决还是要从源头开始。于是，我胸有成竹地开启了对吴××的治愈之旅。

首先我给孩子创设安全感，每天早上到班门口迎接她，让她知道老师在等着她，并给她特权，每天中午可以和妈妈视频5分钟，有了这个目标作诱饵，安慰起来更容易，也让妈妈放心地看她走进教室。

接着在对待A同学攻击其他同学的事情上我更加关注，严厉批评教育A同学，改正他的行为，让吴××知道，老师是不会让他为所欲为的；组织主题班会，让孩子们明白：班集体就是一家人，同学间要和谐相处、要互相帮助。

最后一步是关键，我及时与A同学的家长取得联系，将这件事和盘托出，耐心与家长沟通："您看，因为咱孩子的行为给吴××造成了影响，咱们一起帮她走出阴影。"A同学的家长也很通情达理，当天晚上就带着孩子主动到吴××家道歉，同时，有意识给两个孩子创设一起玩耍的机会，玩着玩着，恐惧感烟消云散，两个孩子越来越亲近，A同学居然还说："以后我会保护你的！"这一玩居然让两个孩子之间建立了友情，成了好朋友。

结论：为有源头活水来——心怀智慧地爱

就这样，吴××很快从悲伤中走出来，高高兴兴地融入集体中，快快乐乐地融入每天的学习中，和A同学之间有时还互相帮助。

"问渠那得清如许，为有源头活水来。"教师充满智慧的爱，让吴××成功走出阴霾，让那个乖巧、快乐的小女孩又重新回到集体的怀抱。看着她每天笑靥如花，我的世界也更灿烂，心里很甜，很甜。

我想，这就是教师教育生活中的小幸福吧！

作者简介： 成建华，中共党员，高级教师，北京市语文学科骨干教师。从教以来，始终坚持"以科研做教研、以科研做教学"的理念，在语文教学、课程建设、教育科研、校本研修等领域，以昂扬向上的姿态与时俱进，用心用情做教育，至真至爱对学生，用热爱书写自己的教育芳华。论文、课例多次获市、区级奖项，教学成果突出。

美丽契机

在自荐表里，我没有见到丹丹的名字。

开学之初，我们班就要承担"升国旗"的任务。丹丹是我们班的学习委员，她在学习上的自信满满、泰然自若，都给我留下了深刻的印象。再加上同学们对她无比"膜拜"，我相信她一定会不负众望，落落大方地站上象征着无上荣耀的升旗台。

然而，她没有报名的理由很简单：升入四年级，她的数学在最近两次检测中都出现了失误，不再是首屈一指的尖子生。她坦然地问我："老师，您说这样，我能成为您心目中的佼佼者，站上那集万千荣耀于一身的升旗台吗？"我怔住了。

我自信还是了解她那点小心思的。我试图从她那灿烂的笑容背后，读懂她隐藏的那点弦外之音——可是没有，她的笑容依然还是那样清澈，既没有以退为进的故作姿态，也没有心灰意懒的扭捏怨艾。

她一如既往地笑着，笑得那样平静。"那你就这样放弃，不给自己机会，不是很可惜吗？"我问。"老师，咱班还有比我更优秀的人，我相信他们会比我做得更好。"她用那清澈如水般的黑眸看着我，淡淡地说着。我想，都说"强扭的瓜不甜"，那就随她吧。也许对她来说，放弃，是一种勇气，更是一种智慧。

第二天班会课，自荐演讲如期举行，教室里暗潮涌动。一双双炯炯有神的大眼睛都在注视着黑板上瞬息万变的投票情况。有的孩子在默默地关注着黑板上候选人票数的此消彼长，有的孩子在窃窃私语。我猜想他们应该是在嘀咕最终的结局，谁会"名落孙山"，谁又能"独占鳌头"吧！当然，此时看似置身事外的我，内心也是五味杂陈的。

我不知道最终到底谁会取胜。既然决定权已经交给大家，那索性就顺其自然吧。台上的三位竞争者的日常一一浮现在我的脑海：小卓，单纯善良，多才多艺，不能说琴棋书画样样精通，但也是粗中有细、乖巧懂事的；畅畅，数学思维活跃，一直是班里数学领域的"领军人物"，但她的个性有些我行我素，如果能遇到一位好"骑手"耐心调教，相信她将来必定会是"宝马良驹"；霏霏，一个典型的乖乖女，语文课上总能听到她侃侃而谈，难逢对手……嗯，看来，她们三个真是不分伯仲，平分秋色！

我的思绪最终被选票的结果打断了——畅畅当选！这能算得上是情理之中的结果。然而就在唱票人一锤定音之际，畅畅一声号啕大喊："老师，我觉得我不配当升旗手。"话音刚落，两行晶莹的泪珠簌簌而下。这突如其来的状况，让我和同学们都猝不及防。"别哭，怎么了？你慢慢说。"我赶紧收起僵住的目光，微笑着安慰她道。"老师，我觉得这次还是让丹丹去当升旗手吧，她是最当之无愧的。因为……"说到这儿，她居然哽咽了。

"到底怎么回事？"我愕然！

待她稍微平静后，我们才从她的讲述中大概了解了整个事情的始末。

原来，丹丹的弃权，完全是为了成全畅畅。她们两个是无话不谈、形影不离的闺蜜。那个课间，畅畅随口而说的一句"我特别想成为升旗手"被丹丹"捕捉"到了。正所谓"说者无心，听者有意"，她居然做出"囊里盛锥"的事情来。我的目光转向丹丹——她就像一棵隐匿在丛林的树木一样，不招惹旁人的注目，更不向我炫耀自己的无私，她依然还是那样纯真地对我微微一笑。黑白分明的眸子，犹如山涧中的一泓清泉，清澈而单纯……

我努力寻找着教育的契机。我告诉自己不能错过。不容置疑，此时把"球"再抛给孩子们，一切都会是最美好的。我装作愁眉苦脸的样子，说："这可是个大难题呀！老师现在是黔驴技穷了，你们大家说该怎么办呢？"孩子们开始交头接耳起来。"丹丹真不愧是班干部，佩服，佩服得五体投地啊！""不行吧，如果丹丹上，是不是不合规矩啊，那对小卓和霏霏有失公平。""我很欣赏畅畅的做法，为了这次能够入选，她前期做了很多准备，而现在能够做到把这难能可贵的荣誉拱手让人，很值得我钦佩。"……在这样此起彼伏的交流中，孩子们的心灵也在同时进行着洗涤。

众所周知，鲜花在开放的时候，人们常会给予它一大片的赞赏和美誉。那孩子们这次的成长经历，不就像花儿绽放一样有声而又精彩吗？而教育却是无痕的，在这岁月的温润里，听着孩子们各抒己见，不正如听着花儿悄然绽放的"呢喃细语"吗？

同学们讨论的最终结果是：她们两人一个负责升旗，一个在国旗下讲话。教室里萦绕着经久不息的掌声……我想：还有什么比这个结果更好呢？一切都刚刚好！注视着台下33张稚嫩的笑脸，仿佛浮现在我眼前的是一束束缤纷绚丽的花朵，我的思绪，兀自悠长……

作者简介：郭辉，房山区语文骨干教师、课程改革先进教师、优秀青年教师以及优秀辅导员。多次承担公开课任务。评优课、论文多次荣获市、区级一等奖。带班理念：努力塑造"乐学、善思"的"春熙少年"。

师爱，开启心灵的钥匙

记得张红老师在师德报告会上说：教育这种职业的特殊性决定了教师要奉献。我觉得"奉献"源于教师对这份职业的爱与责任。心灵的沟通，情感的交融，使个别学生得到理解、关心和鼓励，逐步消除自卑，建立自信。爱是这些特殊儿童良好的心理素质、行为习惯得以形成并保持的根本。这样的孩子在学习和能力上一点点进步，往往要比其他孩子更难，这就需要教师给他们"持久的爱"。

小凯上五年级时，我开始教他，刚开学不久他就给我来了一个"下马威"，因在学校吃午餐的事情和我翻了脸。他说自己是空气，想飞到哪儿就飞到哪儿，说空气不会说话。我苦口婆心，一直耗到中午12点半才让他把情绪稳定下来，那一次我领教了什么叫"不讲理"。

没过几天，他又和科任老师闹翻了，任凭我怎么说，他就是一言不发。那一次我们组老师集体出动，晓之以理，动之以情，好说歹说，总算把事情摆平了。那一次让我领教了什么叫"宁死不屈"。

一波未平，一波又起。没过多久，他又把别的班的孩子打进了医院。家长的电话打不通，去家访让我吃了"闭门羹"。好不容易联系上家长，经过协商，才把事情妥善处理好。开学不到一个月，在他身上接二连三出问题，弄得我焦头烂额，一天到晚围着他转，疲惫不堪。这让我清楚地认识到必须找到问题的根源，及时解决孩子身上存在的问题。

我利用一切可以利用的时间与他聊天，消除他对我的防范之心。通过交谈，我了解到，由于家庭原因，小凯从二年级起便和父亲一起生活。父亲是个出租车司机，一出车就是一天一夜，孩子绝大多数时间基本上是一个人独处，每日三餐除了中午在学校吃的是正餐，早晚基本上都是自己买零食吃。了解到这些后，我知道他为什么不懂得尊重他人，为什么不遵守纪律，为什么不能和同学相处，因为他的生活中只是自己，不涉及妨碍别人，于是表现出极度的自我。不是孩子故意违反纪律，而是他根本就不知道应该怎样在集体中生活。

知道这些以后，我充分利用集体的力量，发动全班学生一起帮助他。我借助他喜欢画画这一爱好，把班里设计墙报的任务交给他，并让班长利用午休时间帮助他。开学后的第二个月他的变化很大。同学们对他有了一个新的认识，他也有了想改变的想法。我当时心里很高兴，信心十足。趁热打铁和班干部商量了一下，决定以发现小凯的优点为主题为他一个人开一次班会，班会时间定在11月中旬。班会那天，主持人让同学们把看到的小凯的优点及进步记录在黑板上。同学们都积极地到黑板上去写，写了满满两块黑板。我看到小凯的眼睛亮了，兴奋中带着一点羞涩。当我向同学们介绍他从二年级开始就自己做饭、洗衣服、自己收拾衣物，现在自己一个人安排一日三餐时，孩子都发出了赞叹，夸奖他了不起，并要向他学习。我感受到了小凯从未有过的成就感，一种自信在他心中滋生了起来。当孩子们和我一起把精心准备的礼物送给小凯时，他眼里充满了感动。那一刻，我可以感受到他的内心一定不平静。

沉睡的心灵在爱的力量下打开了，为了获得持久的动力，从内心深处激发小凯的转变，我又从图书室借来《让小学生保持阳光心态的100个故事》这本书给他看，让他讲给大家听，从中受到影响，并以身边的人为例，告诉他怎样才能做一个受大家欢迎的人。慢慢地，小凯向我和同学们敞开了心扉，也拥有了自己的伙伴，在那一段时间，我看到了孩子脸上的笑容，属于他那个年龄应该有的发自内心的童真的笑容。

一次孩子得了急性结膜炎，知道他爸爸在出车，我便先带孩子去看病；一次孩子感冒了，咳嗽不停，我便把家里我儿子吃的止咳药给他带去；一次他爸爸因为有事，一连三天没回家，孩子手中没了零花钱，我便给他钱让他买饭。一来二去，我的真诚打动了他，无论在课堂纪律上，还是在学习上，小凯都悄然地发生着变化，他懂得了爱、懂得了尊重，由原来的调皮、任性、蛮不讲理，到自我克制，严格要求自己，积极主动地为班集体服务。比如：拔河比赛上拼尽全力，胳膊擦破也要坚持到底；班级大扫除，不怕脏、不怕累，积极主动。六年级时小凯还承担了帮助我收作业、整理作业、督促没有完成作业的同学认真及时完成的任务。

六年级毕业时，小凯说遇到我改变了他的人生，我说遇到他是我的幸福。

一转眼，小凯今年已经是一名初三的毕业生了，平时我们通过微信互相联系，他会嘱咐我注意身体；教师节他会和班里的孩子一起来看我，虽然我们不经常见面，但彼此已经住在了对方的心里，作为教师，这一刻我感到无比幸福与欣慰。

我坚信只要坚持不懈，即使是搁浅的小舟经过不懈的努力也会驶向远方的水域。只要我们心中有爱、有孩子，用爱心精心浇灌，努力为他们的成长创造空间，搭建舞台，每一个孩子都会茁壮成长，成为班级里一道靓丽的风景。

作者简介：李卫华，二级教师。从教以来，工作勤勤恳恳，关心爱护每一位学生，认真完成每一项工作任务；采用多元评价的方式进行班级管理，所带班级多次被评为"优秀班集体"；积极参加各项活动，所撰写的论文多次获得市、区级奖项。

音乐课上的邂逅

随着眼前这个大大方方，面带微笑，站在台上的阳光大男孩演唱的一首《花蛤蟆》开始，全场立刻鸦雀无声，只有那清澈明亮的声音回荡在音乐厅的四周。当最后一个"呱"字唱出后，掌声顿时如雷鸣般响起。

随着孩子优雅的谢幕，掌声四起时，我的思绪不禁又回到了9月初刚刚接手这个班音乐课的时候。

初相认

见他的第一面，看到他懒散地坐在专用教室的最后一排。那无所谓的神情就告诉我："我就这样了，你又能怎样？"我强压住心中的无名怒火："屁大点儿孩子，就不信治不了你……"

可几节课下来，挫败感油然而生，这孩子怎么了，怎么软硬不吃，刀枪不入啊！

继续加大力度，调座位，写保证，单独留下做工作……各种办法用尽，他依然故我，继续在音乐课上影响其他同学，变着法儿地想办法玩儿……就是不听讲。与同事聊起这个孩子，他们也都摇头表示无计可施。

浅相识

故事依然继续，就在一筹莫展之时，我偶然间看到学校大屏幕上展示的一幅铅笔画，丰富的想象，合理的构图，把一个孩子的内心世界用繁杂的线条勾画得淋漓尽致，画面清新明快，充满了童趣。细看作者，原来是他，顿时"不可思议"四个字脱口而出。

一个小小的想法流露出来：何不换个办法，再试试呢？

当他又一次和前面的同学聊天时，我装作没看见似的对其他同学说："同学们，今天在大屏幕上我看到了咱们班同学的绘画作品，画得真好。一看就是下了功夫的，让老师对他刮目相看。你们猜猜我说的是谁？"大家齐声说出他的名字。他愣了一下，抬起头看着我。我用真诚的目光看向他说："你让我看到了你的优点，认真，细致，有想象力。不然你的绘画作品也不会让美术老师选上，在全校展出。我还觉得你肯定不止绘画好这么一个优点，只不过你不想让我们大家知道罢了。我希望你以后在音乐课上也给大家一些音乐方面的惊喜。"我的这番话使他安静了一节课的时间，这个微妙的变化让我暗暗窃喜，让我看到了改变他的曙光，也促使我思考今后的音乐课要通过怎样的方式继续改变他的现状。

每一个孩子，都是上帝送给我们独一无二的礼物，都有他自身的优点和不足，可是我们的眼光却常常盯在了他的不足上，哪怕是他的一个小小的优点，我们都视而不见。每一个孩子都是美丽的，因为美无处不在，我们缺少的恰恰是发现美的眼睛。

在《小学音乐课程标准（2011版）》中是这样阐述音乐课程评价目的和意义的："音乐课程评价应着眼于评价的诊断、激励与改善的功能。通过科学的课程评价，有利于学生了解自己的进步，增强学习的信心和动力，促进课程教学质量的不断提高。"这段话使我决定采用小组合作的学习方式，先帮他找到自己的优点，让他在小组的合作学习中看到自己的进步，这也许会产生意想不到的效果。

再相守

抱着试试看的想法，我利用一节课的时间，由大家先推举他们心目中的组长，然后进行双向选择，组长挑组员，组员也可以选择组长。意料之中，他被拒于千里之外，理由自不待言。就在组长七嘴八舌地数落他时，我发现他埋下了头，眼中闪烁着晶莹的泪光，充满了深深的失望与失落。我走到他的身边，悄悄地对他说："你想去哪个组，我给你去做担保。你画画那么好，比起画画来，音乐对你来说一点都不难，只要你肯学，我相信你一定能学得会，学得好。"他抬起头，看着我，眼睛里充满着感激，略带着惊喜。那神情，直到今天我都无法忘记。

利用老师的权威和担保，我强行让六组"收留"了他。

通过小组学习与评价，我看到班里的孩子都有了很大的改变，同学们那种不服输的劲头体现在所有的学习环节中。他的变化尤为明显，他融入了一个小组的"小家庭"，也渐渐融入了五（5）班这个大集体。他能够认真地听老师讲课，专心练习，还会主动向组长请教。最让我高兴的就是最先在他脸上出现的无所谓的样子一去不复返了。看着他一点一滴的变化，就像是看着一棵小树在慢慢长高一样，我欣慰，高兴又自豪。

终相庆

一学期的最后一周即将到来，我把班级音乐会的任务安排给了科代表。由科代表负责组织两节课的班级音乐会，地点安排在学校的多功能厅。最令我意想不到的是他竟然主动找到我，告诉我他准备好了一个男声独唱节目，请我帮他辅导练习。听完他的话，我抑制不住激动的心情，心中窃喜，赶忙连连点头，谢谢他对老师的信任，并高兴地表示我很愿意帮助他。在我面前，他一遍遍地唱起那首《花蛤蟆》。在我的鼓励和一次次表扬下，从一开始害羞得不敢抬起眼睛看我，到如今音乐会上面带微笑，饱含深情地熟练演唱这首歌，于是，他便成了这次班级音乐会上获得掌声最热烈的一位演员。

一个学期过去了，他的画，他的歌声，他前后变化的样子，依然萦绕心头。我希望所有的孩子都能像他一样，在评价中变化，在变化中成长，在成长中变得自信，在自信中使自身习惯、性格品质、人文素养从我们的款款爱意和深深信任中自然地滋生开来，慢慢地成长为一个个充满阳光、自信自强、有远大目标的好孩子。

而我们只需静候那一树花开。

让我们期待那满树花开的声音！

作者简介：王维莲，中共党员，高级教师，房山区音乐学科骨干教师。从教30年来，用热心、爱心、恒心对待每一名学生，用高度的责任感和事业心对待音乐教学工作，音乐课深受学生喜爱和同事认可。能够主动学习，积极参加市区级活动，在教学研的基础上撰写论文，多篇文章获奖并发表。

特别的爱，帮助特别的学生

作为一名小学英语教师，由于授课班级较多，不知不觉总会把各个班级或是多个学生进行对比，时常抱怨孩子们"不懂事"，更使人头大的就是那些"问题学生"。他们状况百出，麻烦不断，有时我总觉得束手无策，力不从心。但一次突发事件却使我重新审视这些"问题学生"……

"One star or two stars？"看到舞台上僵直的圣诞老人，我大声提醒道。其实我是在提醒我们本届英语节的主持人，让他们帮助圣诞老人做出点评，也许是主持人也沉浸在游戏的氛围中，他们也高声重复我的话"One star or two stars"。这时大家齐刷刷地把目光转移到圣诞老人身上，他瞬间生杀大权在握，只见他涨红了脸，憋出了一个单词"Two"，瞬间孩子们欢呼着，全然忽视了他的存在……

就这样，一次有惊无险的英语节表演录制结束，细想起来还真是难为这位圣诞老人了。他又高又胖，看上去憨憨的，但课上无用的幽默经典语录都出自他口，说起英语学习那是一团糟。之所以选定他，也是巧合，因为我们的道具服装买大了，穿上合身的，全校仅此一人。可偏偏他的英语却又是那么糟糕，平时重复一句英文，那叫费劲。让他扮演圣诞老人，还有大段的英文台词，真让人挠头。别无选择，只能他了。我找到他，和他说明了我的想法，他连忙拒绝："老师，不行，我英语不好，您看小明一定行啊！""谁说的，老师看你最合适。这次英语节只有圣诞老人有发大奖的权力！你说了算，多过瘾呀！""那……我试试吧！"在我的劝说下，他勉强答应了。接下来的工作难度可真不小，我把很多台词删掉，就简单的几句，也让他费了九牛二虎的力气，经过一遍又一遍练习，才勉强过关，但他却面无表情，平时的机灵劲不知去哪儿了。我帮他一句一句翻译，又给他示范表情应如何如何，也只能将就了。本次英语节表演中有一个游戏环节，需要圣诞老人评判同学们的英文回答，对他来说，那是一个不可能完成的任务。于是我只好安排主持人帮他点评，谁想到竟出现了开头的一幕，还好他给出了一个单词的评价，也不错了。

事后，我赞许地说："这次任务完成得很出色！他是怎么评价的呢？你听懂了吗？"他不好意思地说："老师，我以后一定好好学习英语，要不太丢人现眼了！他声音那么洪亮，中间没间断，虽说我听不懂，但看同学们赞许的目光，我也知道答案了。""喔，你真了不起！老师等着懂英文的圣诞老人到来呢！""一定！"从这次表演之后，同学们喜欢称他"圣诞老人"，他默许了，也一反常态地在英语课上让我觉察到他的"真正存在"。

"圣诞老人"事件引发了我的思考，我竟在不知不觉中忽视了孩子们的能力，对我来说，学习就是评判他们的标准，我是权威，课上评判的依据就是语言，"表达正确、语法错误少"那就过关了，而今天他的视角却与我有些不同，为什么呢？几天后，又一件事彻底颠覆了我的评价方法和标准。

一天，小组对话操练后，我照旧出示了我一贯用的"朗读加星标准"，让学生根据标准评价，一组表演后，"他们读得完全符合二星的标准，声音洪亮、正确并且有感情"，我心想。当孩子们评价时，齐刷刷的两颗星，但只有"圣诞老人"给了一颗星，我追问："你为什么只给一颗星？""他们没说 Hello！""那又怎样？"一部分同学质疑道。"没礼貌，能得两颗星？"他分辩道。这时班里沸腾了，意见不一，有的说："评价标准上没有说礼貌，他们读得符合两颗星，就应该给两颗星！""不对！礼貌是最基本的！"大家你一言我一语，我从来没想过这个问题，我连连点头："有道理！那么同学们说说怎么修改这个标准呢？"我立即组织学生分组提建议，热烈讨论之后，意见反馈如下：1. 应补充礼貌的要求。2. 要增加动作、表情的要求。3. 要设立奖励项，比如：有的组能脱稿表演；有的同学进步特别大等。4."加星评价"的基础上，可以用些新颖的奖励卡。听了学生们的建议，我第一次审视我一直认为"合理的评价标准"，原来是我在"专政"，没有听取"民意"呀！

反思我们的工作，有时真是忽略了很多关键性的东西却全然不知。我们总强调如何爱学生，但对学生的爱，不应该那么空泛。其实，每个孩子都是与众不同的，只是我们还没有真正关注到他们的"个体差异"。教育的真正所在莫过于能了解每个孩子真正的需求，为他们量身定做一套独一无二的专属教育计划，时刻给予鼓励、辅助他们实施，使之逐步形成自主管理的能力，那才是真正成功的教育。教育一定要有丰富的内涵，只有"特别的爱"才能造就"特别"的孩子。

教育的乐趣在于充满悬念。每天面对一个个鲜活的学生，无论多聪明的教育者，也无法预料明天他们会做什么。也正是在这个意义上，"教育，每天都充满悬念"！期待着每一天的"悬念"，进而研究、解决不期而遇的"悬念"，并享受解开"悬念"的喜悦，然后期待下一个"悬念"……如此周而复始，这便是教育过程的无穷魅力。

作者简介：李冬彦，中共党员，高级教师。1993年参加工作，现为城关二小英语教师，英语教研组组长，曾连续三届被评为"房山区英语学科骨干教师"。曾获得"北京市基础教育学生综合素质评价工作先进个人""房山区教育学会工作先进个人""房山区优秀教师""房山区优秀党员"等荣誉称号。所带领的英语教研组多次被评为"房山区优秀教研组"。

以仁爱之心育人，育有爱心之人

教育是一门"仁而爱人"的事业，做好老师，要有仁爱之心，没有爱心的人不可能成为好老师。教师的仁爱之心，不简单等同于父母爱子女，这是一种对国家、民族的爱在教师身上的体现，是一种无私的爱、不求回报的爱。苏霍姆林斯基曾说过："教育技巧的全部奥秘在于如何去爱护学生。"的确，热爱学生是教师最为可贵的职业感情，在教育学生的过程中，师爱更体现出不可估量的作用。有时一个微笑、一个动作，就能打开学生的心门，能融化学生心中的坚冰。作为教师，我的教育目标是：以仁爱之心育人，育有爱心之人。

"爱"源于高尚的师德，"爱"意味着无私的奉献。记得新接班，还没见过学生，就从各个老师处了解到一个女孩子，她爱拿别人的东西，不仅在本班拿，而且也到其他的班级随意拿，让别的班主任老师也是头疼得厉害，反复教育都没有效果。当看到这个孩子后，我就想，我一定把她教育好。这个孩子是个漂亮的小女孩，而且非常聪明，她是单亲家庭的孩子，但家庭条件不错，不缺东西，缺少的是爱与关注，所以造成她的性格怪癖。我开始教育她"随便拿别人东西不好，缺什么告诉老师，老师可以帮你买来"。她真的开口要了，说明她并不排斥我，也是想看看我对她是不是真心的关爱。第一周就是要钢笔，我说："好，我帮你买。"第二周要可擦笔，行，我又为她精选了一支漂亮的可擦笔。再后来，我就要求她在各方面表现更好，用自己获得的贴画才能换想要的奖品。在这样的关心和友好交流中，她确实两周没"犯事"，一个月没"犯事"……她改掉了乱拿别人东西的毛病，别的老师都难以置信。

教师的仁爱之心体现为真诚地尊重学生。作为一名教育工作者，首先要相信学生，相信每个学生都能够成为有用之才。我国传统教育文化中赋予教师的"学而不厌、诲人不倦""有教无类""因材施教""教也多术"等优秀品质，正是在尊重学生的基础上发展出来的教育理念与方法。有一次，隔壁班学生丢了200元钱，那个老师在本班没找到，马上就开始怀疑我们的这个小女孩，我当时并不相信，但都是老师，先让她们都查一遍吧，别只针对一个孩子呀。但是这个女孩受了委屈，就是要老师道歉。我告诉她："这事并没有针对你一个人，不是吗？而且，你自己清白后，别人会更相信你改好了。"最后钱找到了，跟我们班没有任何关系。这件事后，再也没有老师和孩子乱怀疑这个女孩了。可是后来，都快临近期末了，她真的又在隔壁班拿了一个男孩的100元钱，确实调查清楚了。不管我和管理德育的老师怎么问，女孩都不开口。后来，我说："你是想单独和我说吗？"她低垂的头点了点，我把她带到了自己的办公室，在关上门的一刻，孩子"哇"地就哭了。我把她抱过来，让她坐到我的腿上，没等我问，孩子就说："我就是想报复他，他们老叫我小偷、小偷的。""那你怎么知道他有钱的？""我不知道，我就是到他的笔袋里和书包里翻翻，想随便拿点儿什么，看到里面有钱，我就拿走了。"了解了情况，我教育她："要想赢得别人尊重，首先要自尊自重，不能再做错事。老师尊重你，悄悄地解决问题，也希望你尊重他人，与老师和同学私下去认识错误。"认识了错误，我们找到德育老师，进行解决，两个孩子互相道了歉。从那以后，真的没有再发生她偷拿别人东西的事了，老师和同学们也都忘了她曾是一个"问题生"。后来她成为升旗仪式的主持人，是班上的学习尖子生，是一个能处处为他人着想的班干部，相信她今后的路会走得更好、更远。

要放寒假了，她亲手做了一张卡片送给我，悄悄地放在我桌上。上面写着：老师我爱你！还画了满满一卡的小爱心。我在想，只有老师自己用心去爱学生，才能教会学生如何去爱别人，使学生更成熟懂事。在学生整个成长过程中，老师时刻都要伸出热情之手帮助其向上攀登，用自己的真诚感化学生，用爱心去换取学生美好的人生。

有人说："如果一个教师把热爱教育和热爱学生结合起来，他就是一个完美的教师。"由此看来，只有热爱学生，才能去关心他们的成长，才能去教书育人，才能尊重学生人格、引导学生成才。谁爱孩子，孩子就爱他，只有爱孩子的人，他才能教育孩子。教师应用自己博大的爱去温暖每一位学生，让学生成长为有爱心之人。

"做好老师，要有仁爱之心。"让我们以仁爱之心对待每一名学生，促成学生成长进步；以仁爱之心开启每一名学生的心灵之门，成为学生的良师益友；以仁爱之心施展教育的魅力，以卓有成效的工作赢得社会的尊重。因为"爱是教育的灵魂，没有爱就没有教育"。

作者简介：吴亚耕，中共党员，高级教师。从教以来，形成"严谨、求实"的教学风格，成绩突出，多年来被评为"骨干教师"。曾荣获"房山区优秀教师""房山区人民满意教师标兵""房山区优秀青年教师"等称号，还连续多年被评为"房山区优秀共产党员"。

了解学生　唤醒学生

在我教过的学生中，有个叫李明晨（化名）的孩子。他和同学关系很不好，是不受欢迎的同学。但是，通过和他接触，我感到这个孩子其实特别渴望友谊，渴望老师的喜爱。就凭着对他的这份了解，我在对他的多次教育中，获得了成功。

有天中午，当我坐在多媒体控制台前，准备吃饭的时候，李明晨过来，把一根小香肠放到了我的餐盘旁边，悄悄地对我说："王老师，这个给您。"然后跑回了自己的位子。李明晨的举动被一个女同学看到了，她忍不住叫了起来："李明晨又去要饭了！"听到这里，李明晨委屈了，马上申辩道："我没有要饭！"

原来，一年级的时候，李明晨看到我的饭菜好吃，很想吃，我就挑选一些分给他。这样的事情多了，同学就说他是"要饭的"。孩子的年级增高了，他当然不喜欢别人这样说他。上了三年级以后，我再给他菜的时候，他不要了，相反，他开始把自己的水果、香肠、肉块给我吃。我知道这是怎么回事，他希望改变自己在同学心目中的印象，所以，我也是很配合他，有些时候，就和他交换好吃的东西。

看到今天他被同学误会了，我想应该支持一下他，于是，我大声说："谁说李明晨要饭了？人家是过来给老师一根香肠。"我的有力证明，一下子让那位女同学无话可说。接着，我又说："明晨，来，你送我香肠了，我也送你点儿好吃的。"李明晨想过来又有点犹豫，我再一次邀请他："别不好意思，你都给我了，我也应该给你。""那好吧！"李明晨看似不情愿又美滋滋地过来了。我给了他几个肉丸子，他很开心。

孩子在生活中，慢慢地学会了礼尚往来，我想这是非常宝贵的经验，对孩子以后的学习、生活和工作，一定会起到积极的作用。

吃过午饭没有多长时间，李明晨突然哭了起来，然后委屈地来到我面前。我问他："怎么了？"他哭着说："何军铭（化名）他们不跟我玩！他们谁都不跟我玩！"看到李明晨哭，他们班的一些孩子没有同情，反而显得很反感，有的女同学不满地说："李明晨动不动就哭！"这确实是个惹人厌烦的毛病，特别是对一个男同学来说。不过，这个孩子渴望友谊，不希望被孤立，这是正常的需求，应该鼓励。孩子还不太会和人相处，也需要老师指导。

我把何军铭、康远飞（化名）几个人叫过来，问他们怎么回事。何军铭说："他总是耍赖，玩游戏输了，不承认还发脾气！"我相信孩子说的，因为了解李明晨，他是这样一个孩子。即便在几个同学共同指责之下，他还是不服气，带着哭腔讲自己的理由，不承认自己耍赖。

我问李明晨："玩游戏，输赢当然很重要，但是和同学友情相比，你觉得哪个更重要？"李明晨犹豫了一会儿，说："同学的友情。"看他认同了，我继续说："既然这样，就不要太在意游戏输赢了，如果没有了朋友，赢了又怎么样呢？你说呢？""嗯。"他低下了头。我看他同意了，又说："我要是你，既然知道自己没有朋友，为了交到朋友，输了就痛快地承认。你要是做到了，大家一定会愿意和你做朋友。"李明晨同意了，我又问何军铭："他知道错了，你们能不能还让他和你们一起玩呢？"孩子考虑了一下，然后痛快地答应了："那我们就再让他和我们玩一次吧！"我又回过身，嘱咐李明晨："这回好好玩啊！""嗯！"李明晨高兴了。

看着孩子们走了，我也感到欣慰，这是因为能够帮助孩子解决一些关系到长远发展的问题吧！

孩子的问题，当然不能靠几次批评引导，就完全解决。但是，我相信，只要不断了解孩子各方面的情况，长期加以关注和教育，孩子一定会不断进步，获得属于自己的成长和发展，并最终成为优秀的孩子。

作者简介：王福江，中共党员，一级教师。1997年参加工作，担任班主任11年，后任教思政学科至今。喜欢学生，乐于和学生在一起，善于与他们交流，帮助他们成长。现为道德与法治学科区级骨干教师。

重视生命教育，培养健全人格

让我们先来看看发生在我们身边的一些事例：

情景一：在一所小学，一个学生上体育课的时候，不小心摔了一跤，腿磕破了，在流血。其他的学生不但没有一个人去扶他一把，甚至还爆出了几声嘲笑……

情景二：一个中学生由于高考落榜而跳楼自杀……

情景三：北京某大学的一名学生将硫酸泼向了动物园里的棕熊……

情境四：看到受伤的小动物，很多孩子没有可怜与同情，甚至会踩上一脚……

……

经常会有类似的新闻充斥着我们的眼睛和耳朵。网络上，各种关于校园暴力、校园霸凌事件的报道也依旧层出不穷。很多孩子与人发生一点点冲突就会大打出手，可能还会动刀子……为什么在现在的孩子身上会发生这样的事情呢？环境的影响固然重要，但不能说与我们的教育没有关系。

如果要问您这样一个问题：教育的目的何在？可能任何一个教师都知道，教育的目的是培养人。那么培养什么样的人呢？在我国的传统教育中，尤其是以应试为目的的教育，似乎过于注重知识的教学和理论的传授，忽视了对学生人格的培养。这已经严重阻碍了学生成长为一个人格健全、对社会有用的人。以上事实告诉我们，增强人类的生命意识已经成了一项非常重要又十分紧迫的工作。

可喜的是，现在对学生的做人教育已经越来越被广大教育工作者所重视。作为一名小学科学教师，同样有义务在我们的教学中对学生进行生命教育，为把他们培养成真正意义上的人。

做人，要从珍爱生命开始。科学学科有其独有的特征，这里充满了生机与活力，也有竞争与淘汰，更有出生与死亡。这些特点使得这一领域的教学更加具有人文教育价值，可以对学生进行尊重生命、珍爱生命的教育。

4月，我和学生们一起开始了新一轮的养蚕活动。之所以进行这一活动，一方面是教学需要，让学生了解蚕的一生，进而认识昆虫的一生；另一方面是想通过养蚕活动，让学生去体会生命的价值，给学生的心灵和情感带来一些影响。

4月中旬的时候，我们把去年留下的蚕卵找了出来，撒上些水，等待新生命的到来。后来像蚂蚁一样的小蚕出来了。看到新的生命终于诞生了，孩子们兴奋不已。接下来就是对蚕无微不至的照顾。为了让学生们真正与蚕"零距离"接触，我把采桑叶和进行蚕室清理的工作都安排给了学生。孩子们每天都会拿来新鲜的桑叶，每天也会看到蚕的变化。对蚕的每一点变化，他们都会很兴奋，对每只蚕，他们都爱护有加，我知道因为那是他们的"宝贝"，蚕的每一点成长都是他们努力的结果。

正当蚕宝宝们茁壮成长的时候，意外发生了。一天早晨，学生们照例来看他们的"宝贝"，却看到一只蚕的皮蜕到尾巴部分没有蜕下去，同学们就把这件事告诉了我，这对我来说也是第一次遇到，不知道是怎么回事。于是只好告诉他们再继续观察。第二天，那只蚕的皮还是没有蜕掉，而且身体开始发黄，不再进食，蠕动也很慢。学生们有些着急了，想帮助它把皮蜕下来，但是一动它，它就会把身子拼命地扭来扭去，显得很痛苦，最后我们还是放弃了。第三天早晨，学生们很早就来看那只蚕，却发现它已经一动不动了……好几个孩子掉下了眼泪。看到这里，我的心里也不是滋味，但同时又为孩子们能有如此的爱心而感到欣慰。对一只蚕尚且如此，相信他们也会怀着这样一颗爱心善待周围的所有生命。我借着这个契机，及时与孩子们谈心，让他们结合自身换位思考，说出自己对此事的感受。有的孩子说："蚕宝宝的皮蜕不下去，卡住身体，一定很疼，我就特别怕疼！"有的孩子说："它蜕不了皮，就不能吃饭，会饿死的。"……孩子们你一言、我一语地诉说着。一节课的时间，他们将自己对生命的热爱完全释放了出来，同时也影响着其他的孩子。大家纷纷表示出了对蚕宝宝的心疼与怜惜。

通过养蚕活动，学生亲身经历着生命的生老病死，感受着其中的喜悦与悲伤，相信在他们的心里对生命也一定有了更深的认识。

在"生命科学"领域的教学中，还有很多内容可以很好地开展尊重生命、珍爱生命的教育。如人体的保健、植物的生长和栽培植物、饲养动物等内容。我们可以充分利用这些素材使学生体会到：生命对每个人来说只有一次，对一株植物、一个动物来说同样也只有一次；不论人或是动植物，生命对他（它）们来说都是独一无二的、宝贵的，每个生命都值得我们去尊重。

作者简介：李沫，中共党员。论文和教学设计多次获得国家级、市级、区级奖项；多次获市级、区级教学评优、基本功大赛奖项；获北京市教师职业技能比赛一等奖；参与录制教育部继续教育网相关视频资料；参与承担北京市数字学校课程录制。

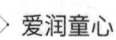
爱润童心

不同寻常的一次家访

又是一年开学季，一连几天，我都在积极做着开学前的准备：擦玻璃、打扫教室、发新书、备课……期待着与新生见面。

终于等到开学的这一天了，我早早地来到学校，迈步进班发现已经来了三四个学生。"大家好！"我热情地打着招呼。"老师，阿维管您叫'暴力女'。""谁是阿维？""就是他！"几个孩子把小手一起指向了靠墙坐着的一个小男孩。"我们未曾谋面，你为什么这样叫我？"他低着头，不再看我，嘴里小声地嘟囔着我根本就听不清的话。"能大点儿声吗？我听不清。""我听他们说的。""他们是谁？能告诉我吗？""我也不认识他们。""哦……"我心里暗暗嘀咕：还没教他们，就先给我起了外号，胆子够大的，都说现在的孩子不怕老师，一点儿不假，看来这是一个不容小觑的"人物"，我得多加关注。

事实验证了我的猜测。几天的相处，这个孩子给我留下了深刻的印象：上课听讲无精打采，要不就用手拽前边小女孩的辫子，作业书写潦潦草草，下课不见踪影，与同学打闹，个人卫生很差，没人愿意和他玩，告状声此起彼伏。这样下去如何是好？我决定对他进行一次家访。

来到阿维家，迎接我的是他的姑姑，高高的个子，胖胖的脸蛋，带着油点儿的衣服上面沾着面嘎巴，说起话来嗓门特别高，见到我，一个劲儿地往屋里拽我。这时，他们的房东走来了，对我说："有什么话，跟他奶奶说，跟他姑姑说不清，她这儿……"房东说完指了指自己的头，我立刻明白了她的意思。在等孩子奶奶的过程中，我从房东那里了解到：阿维几个月大父母就离异了，和奶奶生活在一起，爸爸有钱就上网吧，一待就是一夜，白天也不出去找活儿，全家的生活费都来自卖水果的奶奶……听着房东的话我连连叹息：哎，孩子生活在这样的家庭确实不容易……

"张老师，来啦。"顺着声音，我见到了阿维的奶奶，中等的个头，头上围着一块头巾，腰里系着一条围裙，饱经风霜的脸上多出了两块被太阳晒得发紫的晕圈。"等您一会儿了，我想把阿维在学校的情况跟您交流交流。""行，您说吧！"我把阿维最近一两天在学校的表现跟老人家叙述了一遍。"孩子在家是不是总挨打？从他在学校的表现看，他有些暴力倾向，一定是把在家受的气发泄在其他小朋友身上了，这可不行啊！"听完我的话，阿维的奶奶扬起手照着孩子的脸就扇了过来，幸亏我拦得及时，要不然这一巴掌准会留下四个指印！"我来是向您反映情况的，不是给孩子找揍的，孩子总有长大的一天，将来您老得打不动了怎么办？该说服教育要说服教育，让孩子懂道理，有时候比打管用，您以后多试试。""张老师，跟您说，我也知道这样做不好，可是你看看家里的情况，不上外边卖水果不行，不在家里管孩子不行，孩子的爹也指望不上，哪有那么多的时间啊！我也发愁。""那您就让儿子赶快到外边找点儿事做，挣钱养孩子，给孩子起个表率，您也轻松轻松。""要能这样敢情好了，我也就不这样累了。"……

回到家里，我的心情久久不能平静，这是一次不同寻常的家访，学生对自己的父母无从选择，而作为父母可曾想到把孩子带到这个世界就要给孩子最起码的安全感和幸福感吗？作为一个普通的老师，我无力改变什么，唯一能做到的就是给孩子更多的关爱，更多的心理辅导，家家有本难念的经啊！

第二天，我把阿维叫到跟前对他说："阿维，老师知道你是个好孩子，现在老师想请你帮个忙，不知你愿不愿意？""什么忙？您说。""你看，咱班的多媒体控制台和柜子上的物品需要人天天管理一下，我想请你做我的助手，你看行不行？""不就是每天擦擦多媒体控制台，擦擦柜子，把上面的东西摆放整齐吗？这个我会。""好，咱俩说好了，这事我就交给你了。""没问题，您就放心吧！"自从我交给了他这个任务，我天天关注他，虽然擦得不是很干净，但每次我都当着全班同学的面表扬他，每次表扬都会看到他红红的脸蛋，这更加激励了他，多媒体控制台越擦越干净了。同学们看他的眼神也发生了变化，课堂上他也敢举手发言了。

几个星期之后，我觉得这点活儿，对他来说已经是手到擒来了，还应该再给他加一些活儿，让他既可以养成不乱扔纸的习惯，又能和同学搞好关系。我决定让他每天放学和同学一起值日。看到每天放学，阿维忙碌的背影和满脸的汗水，我内心笑了。在这个过程中，我能听到阿维与同学们的欢笑声了。渐渐地，我交给他的任务越来越多，擦擦窗台，浇浇花，整理一下图书角，他都能完成得很好，为此全班同学还一致选他当劳动委员……

几个月后的一天，我刚回到家，就接到了阿维奶奶的电话："张老师，我听阿维说您选他当劳动委员了，是真的吗？""是真的！""张老师，自打您家访后，阿维发生了很大的变化，爱干净了，每天都把自己的书桌摆得整整齐齐，被子叠得方方正正，这在以前可从来没有过啊！有时候还主动帮我买菜，变得爱说爱笑了，会与人交流了，我得谢谢您！谢谢您对孩子的教导！遇到您这样的老师是孩子一生的幸福！"听着阿维奶奶的感激之言，我心里也洋溢着满满的幸福。

是啊！作为一名教育工作者，能得到家长的认可，是多么自豪的一件事啊！这更加燃起了我的使命感……

作者简介： 张华，房山二小一级教师，1992 年毕业于房山师范学校，参加工作近 30 年。在教育教学工作中兢兢业业，任劳任怨，对教育事业的满腔热情全部播撒在孩子身上。撰写的论文多次荣获区级一、二等奖，并在《房山教育》上刊登。

用"心"做教育　帮孩子走出困境

2020年9月，我担任六年级五个毕业班的英语教师。随着我工作的不断开展，转学生小明便成为我关注的焦点。这个男孩又高又瘦，一双大眼睛炯炯有神。可每次上课时，他都沉默不语。有时，他会把手放在桌子下面玩东西，有时他会看着某处发呆。他的作业字迹潦草。英语课代表常向我抱怨："老师，小明他又没有交作业，听写单词错了也不改。"于是我留他在学校补作业，看着他背单词，可收效甚微。后来，我把他的妈妈请到学校，了解他在家的情况。我从他妈妈那里得知，小明家是离异家庭，他是独生子，妈妈比较娇惯他。他妈妈忙着做生意，没有时间管他学习，他以前的英语考试成绩都不及格。

我想每个孩子不良行为的背后都有其内在原因，通过我的课堂观察和课下调查，我认为小明学不好英语，主要是因为：他上课注意力不集中，缺乏良好的学习习惯。他写作业潦草，或不交作业，不背单词，不喜欢说英语，可以看出他对英语没有学习兴趣。小明缺乏学习方法，没有打下良好的学习基础，丧失了学习自信心。家长忙于生计，忽视了孩子学习。

鉴于以上分析，我决定帮助小明矫正不良学习习惯，提高他的英语学习兴趣，让他重拾学习英语的自信心。

第一，我认为必须和小明妈妈进行一次深入的谈话。我把小明妈妈请到恳谈室，开门见山地说了小明在学校英语课的表现。听完我的描述，小明妈妈很焦急地说："小明喜欢玩电脑，打游戏。我管他，他就不高兴。"我一听，马上给小明妈妈阐明玩电脑的利害。随后，我补充说："您很着急，我也知道，他丢下的知识多，兴趣就少。孩子还小，我们有办法有时间让他回到学习的路上来，但需要您的大力配合。首先您在家要重视孩子学习，每天在他学习时，一定要关注他，看看他坐在那里背没背单词，读没读书，其实不需要大人真的去教，只要关心就成，孩子就会有压力去学习。时间长了，就会成为自觉。"我在学习习惯养成方面对小明妈妈进行劝导。我进一步宽慰说："其实他丢下的知识也没有那么多，只需要把原来的书拿出来读一读，单词背会就行了。我每天利用课余时间给他补课，每天您抽出半小时看着他，以他的聪明，半年下来就能补齐。我上课重点关注他，您看这样行吗？"小明妈妈点头："老师，这次我一定在家看着他学习，我再也不让他玩电脑了。其实我儿子还是很聪明的，只要肯学，他就记得很快。"我说："好。"我们约定平时利用电话或微信沟通，督促小明的学习。

第二，小明上课容易走神，注意力涣散。我在教学方式上做了适当调整，采用多种教学方式调动小明的学习积极性。

在复习单词时，我请小明领读单词。我和他约定只要他举手就先叫他，他不举手我不会叫他。终于，有一次，他鼓起勇气举起小手，我欣喜地请他领读。尽管有一两个词他读得不好，我仍大加表扬。从他的眼神中，可以看出他的自信在迸发。在创编对话时，我请一位学习好有耐心的学生和他搭档，并告诉那位同学如果小明能和你一起说得很好，我就奖给你两个贴画，因为你比老师教得好。这样，很多孩子抢着和小明合作，小明也觉得自己受到了重视，逐渐开始参与到课上来，减少了发呆走神的机会。

我们每学完一课英语对话后，我一般会采用一人读一句的方式，给学生以压力，来达到熟读的目的。这样，学得差的往往闭嘴不说，小明就是其中一个。后来，我开展小组学习，每个组在组长的领导下，协商自己的角色，一起练习朗读。小明在这个过程中自己选择角色，不会的主动请教同学，最后能和大家一起在课上成功地表演对话。而且从他妈妈的反馈中，我得知小明回家能主动读书了，说很喜欢上英语课。

在课堂中，我根据他的表现，及时表扬他的点滴进步，常常用"Good！ Wonderful！ Good job"鼓励他。每当他听到我表扬他时，他总是很开心，抢着回答问题。我及时在作业本上指出他写字的问题，给他出字头、写范例等，他写好了我给予鼓励，作业本我留言"这次作业很认真"等。每次听写全对就加一颗星，我还当着全班同学的面夸他又进步了。积累10颗星就在全班表扬，并发给他一个小奖状和奖品，鼓励他持续进步。我还鼓励学生向我报告小明的进步点，用同学的关注督促他进步。通过恰当的时机表扬他："小明读课文进步了！小明背单词进步了！"真正让小明"亲其师，信其道"。

经过一段时间努力，进入六年级下学期，小明的英语学习成绩明显有了好转，他已经能够及格了，成绩还在一点点提高。他的学习逐渐向好的方向发展，尽管有时候还会控制不住自己，但是有了较为规律的学习习惯，这是我一直以来的期待。在毕业考试时，他竟然考到80分的成绩！这让我欣喜若狂，可见，我的努力没有白费。

通过对小明学习习惯的矫正与强化，我产生了许多新的感触。小明的进步是对我用"心"教育方式的最好褒奖。正如教育家苏霍姆林斯基所说："我们应当了解孩子的长处和弱点，理解他的思想和内心感受，小心翼翼地去接触他的心灵。"只有这样，才能赢得孩子的信任，赢得孩子的心，让孩子喜欢上学习，从而走出学习困境。

作者简介：石海燕，二级教师。从教以来，勤恳敬业，乐于奉献。被评为"房山区英语骨干教师"及"房山区教育学会工作先进个人"，荣获"'四有'好老师"及"春熙教师"称号。论文及整合课例多次荣获北京市及房山区一、二等奖。主持并参与市、区级课题研究。

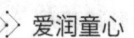

让教养站在知识之上

今天我跟大家说一说我们班里的一个姓胡的小朋友的故事。

故事之一：大美与小胡

大美是我刚刚接手的这个班的班长，到班里才两天，在大美与小胡之间就发生了这样一件事：

那天，我外出听课。我们班的小胡借机在自习课上说笑话，扮鬼脸。大美警告了他很多次，可他就是不改，还说大美管不着。一气之下，大美便把小胡的名字和他捣乱的证据记到了纸上，准备第二天我回来之后交给我。谁知，晚上小胡的妈妈就给大美的奶奶打电话，小胡在电话一头不停地又哭又喊，他的妈妈也不停地跟大美奶奶说白天发生的事，很长时间也没有挂电话的意思，好像这些错误都是小胡的妈妈犯的，话里话外就是不要将今天学校里的事告诉老师。大美的奶奶一脸无奈地看着大美，大美也气坏了，拿过电话大喊着："我把记你的纸撕了，你别哭了。"大美从书包里找到那张纸很大声地撕掉了，这件事才结束。

大美想这件事这样就算了，谁知，第二天上学路上碰到了上班去的我，大美的奶奶嘴快，把这件事告诉了老师。这是我来这个班当班主任遇到的第一件事。听到之后，从进校门到走进教室这段路上，我想了很多。我认为这应该是教育孩子们的一次好机会。

第一节课课前五分钟，我给孩子们讲了一个故事，一个我亲身经历的故事：我周六带孩子去城里上学，等电梯到八层教室上课，电梯口挤满了要去上课的老师和孩子以及很多家长。有一个小男孩，大约六年级的样子，走上电梯后他抢先站到门口按钮的地方，电梯门一关，他把1到18层每个楼层的按钮全都按了一遍，这就意味着电梯到每一层都会停一次打开门。这时已经接近上课时间了，当电梯停到第5层的时候，从人群里冲出一个20岁左右的小伙子，一把抓住那个小男孩，抬脚将他踢出电梯，说道："没教养的东西，看到底有没有人管你，滚出去，自己爬上楼。"电梯门瞬间关上了。

孩子们张着嘴看着我。我平静地说，如果你的错误父母发现了却包庇你、娇惯你，那你到了社会上就是一个没有教养的人，就会有人站出来替你父母管教你。从今天开始，我希望你们和我一起做有教养的人！

我没有说昨天的事，但从我开口说这件事起，小胡自始至终低着头，什么都没说。

讲规矩先要立规矩，规矩自己定，自己执行：早上到教室，将一天所用的书本放进桌洞，左边是书本，右边是小黄帽、胸卡。老师和孩子们一样，教室内属于我的东西必须摆放整齐，并且保证自己的脚下干净。犯了错误先找自己的问题，错在哪儿，应该怎样做，如何补救……这些规矩首先在班里建立起来，我做事言必信行必果，孩子们被吓得大气都不敢出，不敢有丝毫的马虎，背地里都说这次他们可遇见了"母老虎"。一段时间小胡都规规矩矩，像一只小耗子一样小心翼翼，不敢招惹我，也不敢犯错误。表面上风平浪静，其实是我的规矩吓到了孩子们，他们每天都会看我的脸色行事。这样我和孩子们处在了僵持阶段。渐渐地，我明白了，教养不是一天养成的，需要不断地滋养与感悟，只有引起内心的触动才会让他们自愿地改变，为此我改变了自己的方法，但起码的规矩不能改变。

立规矩，讲规矩，在故事中感悟规矩。

从那天起，每天中午课前五分钟我都会带给孩子们一个好听的故事。有时这个故事就与我们班刚刚发生的事情有关，有的故事讲的恰巧是班里的一种现象，还有的故事讲完了大家发现就是我们班里的故事。渐渐地，他们发现老师只要一说什么重要的事总会讲个故事，不批评谁，不指责谁。有时他们会与故事里的人物一起哈哈大笑，有时也会不好意思地低下头，因为我讲故事幽默风趣，他们都渐渐喜欢上了我和我的故事，因为故事里的主角不是你就是他，但大家都绝口不提，听着听着就明白了老师的意思。渐渐地，孩子们不再害怕我了。

故事之二：小胡与交通岗

一天，小胡因改错题耽误了课间休息，急急忙忙跑出去上厕所，结果从应该进楼的门口跑了出去，被教导主任逮了个正着，不仅在楼口站了半天，就连厕所也没去成。上课铃响了，小胡满脸委屈地走回教室，回到教室最快的孩子都已经告诉我事情的经过了。既然班级的纪律分已经扣了，我先让他上厕所再按照我定的规定检查自己：哪儿错了？走错门口了。应该怎么做？右进左出。怎么补救？哭！不停地哭！看看孩子委屈的样子，又不是故意犯错误，我也不好再说什么。摸了摸他的头说，大家都会原谅你的，犯了错不要紧，只要承认了错误下次注意不犯就行了。我拍拍孩子的肩膀，顺嘴说了一句：自己想想怎么补救吧。谁知，还没下第四节课，教导主任就找我来了，说，小胡是你们班的吗？我一惊，又怎么了？主任说，这两节课的课间他都在门口指挥交通，谁走错了就让他回来重新走一遍，可负责了。我悄悄走下楼梯，果真在门口看到了那个熟悉的身影。

孩子们知道这件事都对小胡刮目相看，大家在班里商量，也经过学校同意，这个门口就为我们班设立了专岗指挥进出楼口的交通，以免再有同学走错门口而发生意外。从此以后，课间，你经常会看到我们班的孩子在那里和小胡一起指挥交通，或替他站岗！

我还记得那天中午的故事时间，我给孩子们讲了一个故事——《在金牌面前》：第二次世界大战期间，在柏林举办奥运会，黑人选手杰西·欧文斯想要为黑人争取一枚金牌，由于紧张，他两次试跳出现失误，他的对手白人选手卢茨·朗格在关键时刻告诉了他正确的跳法，使得欧文斯获得了冠军。卢茨·朗格当着希特勒的面向黑人冠军致敬，他虽然失去了金牌，但他赢得了友谊，甚至比友谊还要珍贵的东西。孩子们把目光都给了小胡，我接着告诉他们，今天我们虽然失去了纪律上的一分，但我们换来了团结与宽容，你们不但没有责怪反而还帮助小胡站岗，这份友情无法用分数衡量。在孩子们的掌声中，小胡的小脸红红的，但充满了自信。

其实，孩子们教育了自己也教育了我，现在我更坚信我的做法是对的，那就是——让教养站在知识之上。改变孩子一定要从内心出发，让他们学做有教养的人比获取知识本身更重要！

作者简介：刘影，中共党员，一级教师。从1993年参加工作就从事班主任工作。喜欢孩子，喜欢看着一批又一批孩子从身边长大、离开。先后被评为"紫禁杯"班主任等。擅长班级管理，管理中努力做到班级无小事、小事管班级。

静待花开

  人跑得快了容易摔跤，教育走得太快了容易失去教育的本质。
  一次跑步比赛，取得比赛胜利的只有3人，而其他选手只是失败者，不受人们关注。现在我们的教育就像极了这次跑步比赛，由于教育节奏过快，一个班级里我们往往把过多的时间、机会放在优等生身上，而忽略了中等生和后进生。不曾想过，我们应该换一个角度，用欣赏的眼光去看待这些中等生和后进生，多为这些孩子创造机会，使他们都有可能成为优等生。
  欣赏既是一种渴望，又是一种期待，更是一种创造。工作中、生活中，多一些换位思考、多一些欣赏，往往会产生意想不到的结果。
  这让我又不由得想起一篇我最喜爱的散文《牵着一只蜗牛去散步》：
  一天，上帝给我一个任务，叫我牵扯一只蜗牛去散步。
  我不能走得太快，蜗牛已经尽力爬，但每次总是挪那么一点点。
  我催他，我唬他，我责备他，蜗牛用抱歉的眼光看着我，仿佛在说：我已经尽了全力了。
  我拉他，我扯他，我踢他，蜗牛受了伤。他流着汗，喘着气，继续往前爬……
  每每读到这篇文章，一种莫名的感动涌上心头，掺杂着淡淡的忧伤，不由想起自己所从事的教育工作。我的工作不就像牵扯着蜗牛去散步吗？那些学习、纪律、思想有问题的孩子与蜗牛多么相似，我有时总是嫌孩子写作业的速度太慢，成绩提高不快，于是我就在后面不停地催促："快点写、快点写……"每天，我不停地拉着他们，扯着他们，责备他们，呵斥他们，不曾想过，也许他们已经尽力了。我只固执地嫌他们慢，感觉他们的学习就像蜗牛爬行，特别是那些成绩较差的孩子简直和蜗牛没两样。我费了九牛二虎之力，他们还是只进步那么一点点或让我所有努力化为零，于是怒气充满了我的心田。可我却没有想过，也许孩子已经竭尽全力，但他们还得忍受着我的责备甚至呵斥继续往前赶。此时，我看不到孩子灿烂的笑脸，听不到孩子清脆的笑声，更顾不到孩子无瑕的童心，当孩子流着汗甚至流着泪拼命往前也赶不上的时候，我们时常看不到他的汗水，更看不到他眼眶里满是委屈的泪水。班里的刘月等不就是这些小"蜗牛"吗？从上二年级起，他的学习成绩从来就没有及格过，还经常不按时写完作业，不知挨过多少次家长的打骂和老师的训斥；胖胖的小磊，上课总爱开小差，一做题就错很多；还有父母长期不在身边的小轩，爱耍脾气，字总是写得乱乱的……好不容易放假了，老师留的假期作业要写，家长还要孩子参加各种培训班、补习班，因为我们总盯着孩子的成绩，唯恐分数落后。其实我们心里都知道，如果抛开成绩，每一个孩子都是可爱的：刘月虽然学习吃力，但是他为集体做事的能力很强，交给他去做的事从来不用老师去督促。
  于是，我决定换一种心态面对孩子的成绩，就当孩子是蜗牛，我就是那个牵扯着他们去散步的人。我放慢脚步，留给这些孩子进步的时间，尝试减少关注他们的缺点，充分利用小组合作学习的方式，有问题找小组长交流，再由小组长对组员进行转述。由于每天减少了对这些小蜗牛负能量的关注，我的心情也自然愉悦起来。这时，我才发现，原来生活是多么美丽的一道风景线：我也可以闻到一路的花香，听一听林间的鸟叫和虫鸣，还有那溪水的欢唱。要知道有些风景也许我们一生只能看到一次，属于孩子的童年也只有一次，童年的快乐只属于童年，很多东西童年没有学会，以后还有很多学习的机会，把培养和提升孩子的学习兴趣放在第一位，岂不是一位启迪智慧的最佳引领者吗？多看看孩子灿烂的笑脸，多听听孩子无邪的笑声，然后我们会发现：原来上帝是叫孩子牵扯着我们去散步。

每个学生都是一株幼苗，我们不能渴求所有的幼苗都开出美丽的花朵，但是只有把爱的阳光和雨露洒向每一个学生，才有可能迎来春色满园的美景，作为老师就是要用爱的行动和语言使园子里绽放尽可能多的花朵。

有人说："过去，书本是孩子的世界；现在，世界是孩子的书本。"世界在变，格局在变，教育更需要改变：改变心态、放慢脚步，给予小蜗牛们欣赏性的期待，想办法去为他们创造一切可能的机会。

作者简介：李艳华，一级教师。在工作中注重教学方法的探索和教育方式的研究。以爱心感染孩子，以真诚感动家长。所带班级在各项活动中表现突出，受到学校和家长好评。所撰写的论文、参与的教学评比均多次获奖。

《习近平新时代中国特色社会主义思想学生读本》这样进课堂

在全国上下学习贯彻习近平总书记"七一"重要讲话精神之际，2021年7月9日，教育部召开《习近平新时代中国特色社会主义思想学生读本》（以下简称《读本》）工作座谈会，研究部署《读本》使用工作，把学习"七一"重要讲话精神的成果转化为铸魂育人的实际行动，推动大中小学学习贯彻习近平新时代中国特色社会主义思想往深里走、实里走。

2021年9月中旬，在房山区小学教育教学工作部署会上，教研部门和行政部门联合就《读本》的使用做了重要部署。《读本》共两册，分别安排在三年级和五年级第一学期。学生《读本》是新时代推进用习近平新时代中国特色社会主义思想铸魂育人的标志性成果，也是推动大中小学思政课一体化建设的一次创新。教育部把推动习近平新时代中国特色社会主义思想进教材、进课堂、进学生头脑作为培育时代新人的头等大事，所以，作为基层学校，必须要使用好《读本》，使教材成为最基础、最有效的育人载体。

困难重重。面对新任务，学校干部教师却有些犯难了。因为新学期的课程表已经按部就班地实施，统编版《道德与法治》课程每周两课时，信息量很大。《读本》内容也很丰富，如果把《读本》融在《道德与法治》学科，则教学效果不理想，且学校三位思政教师周课时都在18课时以上，不能再给他们增加课时量了。那么，《读本》谁来上？什么时间上？怎样保证上好？围绕这几个问题，我们采取了行动。

共商对策。召开支委扩大会，深入展开研讨。研讨会上大家就如何推进《读本》的实施你一言我一语展开热烈讨论。有的同志说："可以利用班队会时间让班主任来讲，班队会本来就是对学生进行德育教育的时间。"有的支委说："不行。班队会课程计划已经通过班主任会研讨通过了，按照爱国主义教育、社会主义核心价值观教育、安全教育等每周都已经做了安排。再说，'双减'以来班主任工作量加大，再把《读本》任务交给他们也不妥呀。"还有的支委说："要不让道德与法治学科教师做个导读，之后让学生自主探究？"正当大家展开讨论的时候，作为书记、校长的我，心里萌生了一个想法：我们的干部队伍一直以来素质过硬，有想干事的态度，也有能干事的本领，我们五名支委、五名中层都是现任或是曾经的市区级骨干教师，都有扎实的教学基本功，大家虽然身在管理岗位，但都没有脱离课堂，《读本》的讲授可以让干部承担。我把想法一说，果然，得到了同志们的支持，大家都觉得可行。

多学精备。育人不能等，立即开始备课。我和副书记、主管教学的校长立即对两本教材进行分析，三年级共6讲，五年级14讲，每讲包含2—3个话题，根据教学内容和学生的实际需要，通过集体备课，确定了高年级每班每周安排40分钟标准课时，15—17周可以完成；三年级隔周上一次即可。我们十名干部和三名优秀党员着手备课，大家分头从教研部门、"学科网"、人教教材培训官方微信、《习近平新时代中国特色社会主义思想学生读本》配套教学资源平台等学习关于《读本》的专家解读、集体备课、教学设计、示范课例，经过充分地研讨和备课，经过与思政教师和部分学生座谈，我们的教学设计逐步完成。

精准落位。精耕课堂，凸显教材育人价值。我们利用每周三课后服务时间，由一位干部在录课室给一个班上课，另外三个平行班在本班教室线上同步直播上课（班主任辅助）。五年级第一讲由我来上，三年级第一讲由宣传委员、德育副校长来上，由于课前准备充分，教学效果比较理想。这两节课的成功也使其他干部信心倍增，大家都积极准备，同时也展开了擂台赛，大家互相听课、评课，目的就是为了确保教学效果。同学们通过课前阅读资料、课上观看视频、分组探究等，理解一个民族、一个国家的事业进步，离不开思想的引领；通过每一课的标题，学习理解习近平爷爷讲过的"金句"，都饱含着深意；通过一个个真实的案例，理解国家富强、民族振兴，我们每一个人才能实现自己的梦想。

经过一个学期的教学实践，《读本》进课堂在师资、时间、质量等方面都得到了有效保障。承担教学任务的党员、干部，通过给学生讲《读本》，对习近平新时代中国特色社会主义思想有了更加深刻的认识，真正做到了教学相长。干部在教师中的威信更高了，得到了全体师生、家长的点赞。

为了让《习近平新时代中国特色社会主义思想学生读本》真正走进课堂，从开始的师资困难、没有课时，到有计划上课，人人讲出精彩，学生喜欢上《读本》课，我们用干部的初心使命，用炽热的教育情怀实现了想干事、能干事、干成事。

作者简介：沙志娟，中共党员，高级教师。从教 30 多年，用心、用情关爱每一名学生发展。曾荣获"北京市经济技术创新标兵""北京市骨干教师""房山区教育之星"等荣誉称号。

消失的"豆腐块儿"

"豆腐块儿"的追问与思考

常态听课时多次发现，学生的语文书上生字表旁都贴着生字扩词的纸片，就像是"豆腐块儿"，低中年级尤甚。问了学生才知究竟：是老师把全册书的生字组词（扩词）、打印、裁剪、粘贴，于是如此精细加工的一个个"豆腐块儿"便赫然出现在每个孩子、每篇课文的生字表旁，俨然一道别样的"风景"，其用意学生说是方便查询与记忆。

作为教学管理者，看到这样的现象级做法，一连串的问题触发了我的深思：

如此组词训练，对学生能力提升有帮助吗？

如果有，那么价值究竟有多少？

靠死记硬背留存下来的印记到底能留存多久？

学生从中的实际获得能有多少？

这其中的利与弊又是怎样的呢？

灵魂追问伴随理性反思：从应试的角度看，整齐划一的规范答案确实可以规避学生少丢分。但是，当我们把这样的做法放在课程育人视域下去审视时，就会发现其效果大相径庭——它压抑了学生灵活的思考，限制了学生的思维发展，惰化了学生的自主学习，制约了语文素养形成，学科课程的育人价值衰减……

显然，此举是弊大于利的。那如何引导教师告别"豆腐块儿"？如何引领教师让词语教学凸显育人功能与素养导向？又如何让学生的思维在司空见惯的组词教学中得以生动地发展呢？

灵魂追问的同时，我又在连续的头脑风暴的碰撞中，不断解析、提取着适合植根常态教学"伏地而行"的好办法。那就引领我们的教师来一场以"创意组词促进学生思维发展"为切入点的校本研究吧。

"豆腐块儿"带来的研究与探索

作为教学校长，作为语文市级骨干，"真实地下水"是我对自己提出的刚性要求，而"典型引领－年级同行－进阶推进"是我们进行校本研究的思路与策略。中高年级要首当其冲，亡羊补牢为时不晚，而以识字教学为主的低年级则尤为关键，要从小给孩子打下良好基础，以防患于未然，继而在今后的学习中受益。

我的研究开始了。

一边搜集、翻阅相关资料，一边不断地思索，一套"一字组多词的思维模式"在头脑中逐渐清晰并成形，即：一点、多线。"一点"指的是教师课前深研教材，慧眼发觉能进行训练的"点"，也就是要把握好哪些字能进行发散性的扩词练习。"多线"指找好这样的"点"后，调动自己的智慧或借助工具书，梳理出可以从哪几方面入手进行组词训练，进行预设。课上按预设实施，出现预设外的新生成要抓住火花适时引导，教师必须要有强烈的捕捉生成进而顺学而导的意识。

"教师能走多远，学生才能走多远"，这句话真的是意味深长。如果教师自己都杂乱无章，又怎能引领学生进行有序性思维的训练呢？所以，教师要走在课堂之前，更大的功夫在课外。这是我研究之初对每一位语文教师强调的，我自己也正是这样做的。

"词语开花"PK"豆腐块儿"

"纸上得来终觉浅,绝知此事要躬行。"一段时间的教学探索与实践,一年级"词语开花"的下水课新鲜出炉——"花"字的组词训练。

我首先创设"词语开花"的游戏情境——在黑板上画出一丛紫色的铃铛花,把"花"字工整地写在花的根部,用黄色的彩粉笔画一个圆圈住"花"字,激发孩子的参与热情。游戏开始了,当第一名学生组出"红花"时,我并不急于让学生去组别的词语,而是启发学生思考,"红花"是从"花"的哪方面来组词的?引导学生概括出"颜色"。接着扩散,学生纷纷组出了诸如"黄花、白花、紫花"等一系列表示颜色的词语。于是,黑板上开出了一串儿"颜色"系的"花束";当一名学生组出"菊花"时,我又及时启发、引导,让学生明确这是按"花的种类、名称"来组词的,接着追问,学生顺着这方面扩词,又组出了桃花、荷花、梅花、兰花等词语。于是,一串儿"名称"系的"花束"又在黑板上绽放开来。当有学生组出"养花""花心"等词语时,我便将学生思维归类到"花的栽培"及"花的各部分组成"方面来,于是,便又组出下面的词语:养花、浇花、种花……花心、花瓣、花蕊、花香……

当学生把上述类别的词语呈现出来后,我又向学生发出挑战:有没有不是花却被叫做花的东西呢?一石激起千层浪,学生的思维之火再次被点燃。于是,"雪花、水花、冰花、火花"等又一类词语跃然于黑板之上。

还会有什么呢?我接着引导:奶奶的眼睛——花了(眼花),她戴的眼镜——老花镜;你们每天买东西要——花钱;老师为教育好我们要——花心思……

如此多的词语开出了一束又一束美丽的花,眼看着花儿在黑板上越开越密,我想,孩子心中的思维之花也越开越美。

"豆腐块儿"消失了

"下水课"打开了学生的思维空间,让孩子兴趣盎然;"下水课"打开了教师的视野,让老师兴奋不已。老师们找到了方向,校本研究成果在语文常态课堂不断延展。伴随着常态研究逐渐走向深入,我发现"豆腐块儿"慢慢消失了,而孩子们的思维变得活跃而有序。

"另辟蹊径花满蹊",真为师生教学共长而欣慰。

作者简介: 成建华,中共党员,高级教师,北京市语文学科骨干教师。从教以来,始终坚持"以科研做教研、以科研做教学"的理念,在语文教学、课程建设、教育科研、校本研修等领域,以昂扬向上的姿态与时俱进,用心用情做教育,至真至爱对学生,用热爱书写自己的教育芳华。科研论文、课程成果多次获市级、区级奖项及发表,教学成果突出。

书籍与阅读的力量

本学期，在我调入新学校后，又遇到了"双减"政策，需要承担一个班的社团课。考虑到自身资源和学科特点，以及本着激发学生阅读兴趣、培养阅读习惯的教育目标，我开设了"心理绘本赏析"的课程，给五年级一个班授课。

在这个班中，我结识了本文故事的"主人公"，一名男同学小Z。像所有能给老师留下深刻印象的学生一样——要么特别优秀，要么调皮捣蛋——而小Z自然是那种调皮捣蛋的孩子。但从9月社团课开始到现在，他发生了很大的变化。而他的变化，也让我感触颇深。

家访的缘分

作为协同育人老师，我要给五年级四个班8个同学的家长进行有关"双减"的电话访谈，巧合的是，电访名单里也包括小Z。我了解到小Z的妈妈是餐厅的服务员，平时没有时间管孩子，因此小Z在家基本就是看电视，很少看书。也很少有亲子阅读或亲子运动的时间。由于父母的学历不是很高，也没有太多的教育方法，因此小Z基本属于放养状态。

从课上接话茬到"认领"书分享

一开始，我的心理绘本赏析课，都是以我出示课件，让学生们按座位S形朗读，我在关键处进行提问，学生思考并回答问题这种形式进行的。这个时候的小Z坐在第一桌，虽然也在听，但经常会和同学交头接耳，甚至会学我的语气，在底下重复我说的话。因此，我改变教学模式，让学生分享绘本，体现学生的主体地位，充分发挥学生的主观能动性。让学生分享绘本，我用了两种方法。一是让自己有心理绘本且有分享意愿的学生，拿着绘本找我备课，然后在班中分享。二是我在课上展示几本绘本，请同学们"认领"，自己阅读后，找我备课，然后在班中分享。

我还记得当我展示认领书目《麦克斯的超级英雄》时，小Z的阅读兴趣就被激发起来了。他将手举过头顶，高声喊道："老师，我认领！我认领！"而且成功认领后，见到我就追着我问，老师您帮我带书了吗？其实在周三的课上我就告诉同学们，因为书不在手边，老师下周一才能给大家带来。

"下周一"终于来了，小Z在校园里见到我就找我要书，积极性极高。请他跟我一起去办公室取书并拿到书时，我见到他两眼放光——是对书的喜欢和对阅读的极大兴趣以及要赶紧回去阅读的迫不及待的心情。我嘱咐他自己读时先不要给同学们看，要不然下周就不好讲了。同时，我还有一些担心：这本书虽然讲了很多漫威的超级英雄，但其实是讲超级英雄——妈妈的，不知道小Z读完会不会失望……

第二天在校园里见到他，他主动告诉我："老师，那本书我看完了，很好看，而且我还给我妈演练了一遍怎么讲！"我喜出望外，说道："好啊，那你已经超额完成任务了！那你给我大概讲讲，你要怎么在课上分享呢？"随后，他告诉我书上讲了什么，自己打算在哪里提问同学们，等等。我第一次看到了这个在我协同组织的素质训练活动课经常说脏话、不按要求做，在我的心理绘本课接话茬、哈哈大笑、搞小动作的男同学小Z的认真！我想书籍和阅读真的是有力量的！我告诉他，下节课由他分享这本书。

小Z的分享课上，他的认真阅读、讲解，是与同学们的认真倾听、积极回应和欢笑并存的。第一次在全班分享他的爱书和他准备的成果，能看出他的欣喜与紧张——站在教室前面的中间位置，忍不住傻笑了好几次才开始严肃地讲起来。但同学们很包容，他自己也很快调整好。讲授过程很顺利，有提问有回答，互动良好，学生举手也比往常我上课时还积极。

渐渐爱上阅读的小Z

每次在校园里见到小Z，他都会问我："老师，您那儿还有要认领的书吗？"有一次，我从家里选了五本绘本给他带来，告诉他抓紧看。第二天他来到我办公室，找我还书。我问他你都看了吗？他说都看了。我说你最喜欢哪本？他便找出《不期而至的寒冬》那本书，给我讲为什么自己喜欢。看来，他真的看了，而且很认真，很有收获。从中，我也看到了他渐渐浓厚的阅读兴趣和慢慢形成的阅读习惯。之后，我还会给他带来一些我的绘本，还建议他可以到学校图书馆借书或者房山图书馆办个借书证。

上一次绘本课，他就和另外一位是大队委的孩子一起告诉我，他俩都有房山图书馆的借书证，他俩想下次一起分享一本绘本！我的欣喜更是溢于言表。

我想小Z的变化坚定了我要不断在工作中激发学生阅读兴趣、培养学生阅读习惯的决心，让书籍和阅读产生它应有的魔力。曾经看到过这样一句话：一定要让孩子结交两个朋友——运动场和图书馆。作为心理老师的我十分认同运动和阅读所能给人带来的无穷力量。篇幅有限，想说的还很多，但最想说的是伟大的教育家苏霍姆林斯基的教育思想和教育名言指给了我教育的方向，提供了教育的方法，而我也确实收获颇多，感触颇深，学生也因此受益匪浅！我会继续努力，在工作中不断实践反思，以便更好地引导学生。

作者简介：纪学平，中共党员，国家二级心理咨询师，中学一级教师。工作11年一直兢兢业业，关爱每一名学生、上好每一节课、做好每一份工作。作为心理老师，宣传心理健康常识、做学生团体辅导、学生个体咨询和家长家庭教育指导。曾任海淀区融合教育兼职教研员一年。撰写的论文、所做的课例等多次获市级、区级一、二、三等奖。

爱心浇灌　静待花开

手里捧着《给教师的一百条建议》，当我读到"建立师生之间的友谊，是要付出巨大劳动，花费许多精力的，建立跟儿童的友谊，这是要用我们的力量，我们的思考，我们的明智，我们的信任和我们的情操，去鼓舞儿童的思想和情感的事。只有教师关心学生的人的尊严感，才能使学生通过学习而受到教育"时，脑海中不禁浮现出这样一段故事。

"姜老师，早上好！"

"姜老师，我长高了，瘦了……"

这是我每天早晨在学校门口迎接学生时必须经历的一幕，一个高高的男孩每天都会跟我打招呼、聊天，他就是小朗，一名六年级的学生。每次聊完，我都会表扬、激励他，并且关注他一天天的成长变化。回忆起这些年和他相处的点滴，更让我相信：每一个孩子都是一颗种子，都有破土而出的时刻，需要老师去精心培育，面对生长缓慢的种子，则需要用极大耐心，花费更多精力陪伴其慢慢成长。

认识小朗是他上二年级的时候，那时他就比同班的其他同学高很多，身体壮壮的。从第一次上课，我就发现他有些与众不同：不参与课堂学习活动，他想说话了，不管不顾，立即发言，就像活在自己的世界中。通过和班主任老师沟通，了解到他易怒、爱动手，和同学相处不愉快，上课不能专心听讲……是一个让老师挠头的孩子。

我要放弃他吗？不要，我要让他收获成长，我愿意陪伴他、改变他！我首先从课间聊天入手，比如：你喜欢看什么电视节目，家有几口人，爱吃什么……就这样，我们熟悉了，相处得很融洽。坚持了一段时间后，我发现他在课上有时能够专心听讲，就立即让他回答一个极其简单的问题，并奖励他一张贴画。当他得到贴画的时候，眼睛里闪烁着惊喜的光芒。就这样，他愿意在课堂上和我互动了。他不能坚持，我就利用他爱表现的特点，让他回答问题，表扬他声音洪亮。及时得到表扬和认可后，慢慢地，他喜欢上我的课了。

他喜欢在课下追着我问这问那，看来很信任我。我也抓住机会，有时用讲故事的方式告诉他怎样和同学友好相处，他从《六尺巷》的故事中懂得了与人相处要宽容与忍让，好的品质会得到别人的夸奖；有时候用约定的方法让他不在课堂上随意说话，"拉钩钩"是小朋友最喜欢、也是最相信的方式，从他那用力的手指和坚定的眼神中，我可以感受到他那份小小的决心；有时候用奖励的方式激起他的进取心，安安静静听课5分钟、10分钟给他一份礼物，答对一个问题就给他一个贴画……当他有一小点进步时，我就在同学面前表扬他，让同学们看到他的努力并从内心接受他。也让他感受到同学们的友好，更重要的是唤醒他，激发他自身的潜能，为后续成长增添动力。

日子一天一天过去了，他变了……身边也有几个好朋友，老师们也反映他和同学们相处融洽了，上课能安安静静地听讲，不再随意说话，还能主动帮助同学和老师，阳光开朗起来。后来，不论是在课上还是课下，我看到他就给他关心和鼓励：

"小朗，你长肉了，要注意锻炼啊！"

"小朗，天气冷，要穿好衣服！"

"小朗，老师们都说你进步非常大，继续努力！"

……

春熙赋彩　静待花开

　　四年时间过去了，他已经上六年级了，我没有六年级的教学任务，但是关心和鼓励一直不曾间断。我每次话语虽简短，却是发自内心的关爱，句句透露对他的期许，相信他一定也感受到了。我也从他的一言一行和班主任的反馈中看到他各方面的成长和进步。体育课上，和同学们一起打篮球，懂得合作，敢于拼搏，得分后笑得非常灿烂，露出满口小白牙。上课也能专心听讲，积极回答问题。

　　看着、听着小朗的变化与进步，我陷入了沉思：教师都希望每名学生进步，希望每名学生优秀。可是，有的学生需要我们把脚步放慢，弯下腰来，和他一起慢慢走，陪着他一起跌跌撞撞，还要拉着他的小手鼓励他继续前行。这样的学生是最需要我们老师的，他们需要老师的"慢、弯、陪"，需要老师的爱，需要老师的信任，需要老师的等待，等待他们的发芽、成长与开花，这是教育应有的迷人风景！

　　作者简介：姜红英，中共党员，大学本科学历。1998年参加工作，现任教劳动技术学科。在她的课堂上，依靠精心的准备，组织学生，用有趣的活动吸引学生，用和蔼的笑容面对学生，用真诚的爱心感染学生，学生在她的课堂上学得开心、学得快乐，获得感颇丰。积极参加教科研活动，多篇论文、多节研究课获市、区级一、二等奖，正在努力成为一名深度研究型教师。

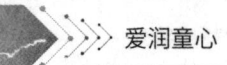

塑造"一双双发现美的眼睛"

中国传统文化，是中国特有的，与世界上其他民族文化不同，有着五千年的历史，凝聚着劳动人民的智慧，是华夏民族最珍贵的精神财富。积极宣扬传统文化并将其渗透于教学之中，是小学美术教育工作者应当承担的历史使命。美术介入中华传统文化的传承，使得传统文化变得更加喜闻乐见，更易于优秀的传统引入专业课堂，得以继承和创新。

在小学美术教学中，教师需要学习花鸟、山水、人物、建筑、水墨特效等，中国画的章法、布局，书法、印章、古诗词，都需要我们知晓。再如剪、刻、塑，容纳了剪纸、刻制、拼贴、泥塑、面塑、版画等技能技法，衍生到不同媒材的使用。又如对中国牌楼、古塔、古建筑的了解、分析等，这是一个坚持不懈、持之以恒的过程，如何让学生真正爱上美术课，是美术教师应该认真思考和不断实践的。

我在教学过程中，坚持课前可以让学生通过阅读书籍、咨询家长、查询网络、走访民间艺人、参观展览、参观博物馆等方式，了解有关美术课程中的中华传统文化元素。课堂教学中，让学生展示汇报，教师补充。这样，美术课堂教学，不但可以做到跨学科的知识融合，例如与语文、书法、音乐、戏剧、体育、自然等学科，而且培养和提高学生感受美、鉴赏美、表现美、创造美的能力，更培养和提高学生追求人生趣味和理想境界的能力，立德树人，这就是最重要的美育。

六年级上册《画皮影》一课，我通过播放皮影戏，使学生了解到皮影与戏曲、民间艺术之间的工艺美术的联系。学生课前对皮影的起源、材料、基本结构都有了一定的认知，通过学生间的交流，相互补充，学生形成了完整的皮影的"百科知识"。更通过学生带来的皮影实物，一目了然地了解到皮影的制作、装饰手法。接下来的小组探究合作，完成一件出色的纸质皮影作品就是顺理成章的了。课上学生兴趣盎然，课堂氛围和谐融洽，并延伸到了课下，与家长、同学创造性地完成了更多的皮影作品，也带动了家长的学习。同学们对这样的美术课印象深刻，都有着不同的成就感，潜移默化地传承了中华传统文化。

再如五年级美术《画风筝》，学生同样在课前了解了风筝的历史、流派、种类，学生的介绍、讲解，令我耳目一新。有个平时不爱带学具、随意讲话的男生，他比老师的知识还全面，他给大家讲了风筝为什么能飞上高空，要注意风筝拴线的角度，怎样"吃风"，怎样"泻风"。这是我从来没有听说过的内容。我说："你今天表现真棒，不但认真听讲，积极回答问题，而且你在风筝上的知识比老师都多，你是怎么知道这么多的？"他自豪地说："我舅舅很懂风筝，是拜过师的，经常到全国各地去比赛，获过好多奖呢！"

由此看来，真的应验了那句话："兴趣是最好的老师！"

接下来，我以播放幻灯片的形式，开始展示风筝上的吉祥图案：两只蝙蝠，各衔一个桃子，还有两个圆形方孔钱。可以根据它们的谐音和寓意，给这个图案起个好听的名字。"福寿双全！"同学们异口同声。

"双减"政策背景下这样的课堂，师生激情满满，不同层次、不同爱好、不同价值取向的学生，通过一节节的美术课，既有传统文化的传承，又有审美育人，而且教学相长，收获无限，更是润物细无声。

教师要努力设计丰富多彩的学习活动，作为中华传统文化传承的催化剂。书写创作感想、开展书画展、做风筝放风筝比赛、自编自制皮影剧展演等，将中华统文化渗透于小学美术教学之中，在美的熏陶与实践中塑造"一双双发现美的眼睛"。

作者简介：陆大成，中共党员，房山三小专职美术教师。中国共产党北京市房山区第七次党代会代表，"北京市师德先进个人"，"房山区教育系统优秀共产党员"，"房山区教育创新标兵"，"房山区十佳教师"。历经十几年的不懈努力，创立了"石画石说"石头画工作坊，开创性地建立了石头画校本课程。协助编写了教育部规划教材（试用本）《幼儿师范学校教科书——手工（第二册）》第四单元中乡土材料造型第三课《石子造型》的内容。

化作"春泥"呵护你

"老师，看看我的新发型，新学校要求的，可丑了……""老师，我考得不太好，520分……""您比我妈想得还周全……"看着这些聊天记录，往事又重现在眼前。

二年级开学我认识了这个瘦瘦小小的小军，他是个"小淘气"，很喜欢打架。开学第一周，他就与学校一至六年级的学生都发生过冲突，而且从不轻易承认错误，堪称"打遍天下无敌手"。由于是新接手的班级，无论是班级建设还是家校合作都面临着新的挑战，再加上小军这个孩子天性活泼好动，每天都要处理他与其他同学的纠纷，时常还伴随着"国际纠纷"，那段时间里听到他与同学打架的消息，我的头都要炸了。

记得一次课间，我在给一个同学讲题。突然，一声大叫传进我的耳朵，随之两个孩子跑到我身边说："老师，小军和小雨打起来了……"我心里一紧：小军怎么又打架了？我赶紧问："怎么回事？"小雨两眼通红，手指着小军，抽抽噎噎地说："我笔袋找不到了，肯定是他把我笔袋扔了……"此时小军单手叉腰，理直气壮地说："他打我，还骂我！"

原来事情是这样的：上一节课课间小雨在看书，小军几次叫他出去玩，小雨不想玩，在推开小军时用力有点大，于是小军和小雨就吵了起来。小军拿着小雨的笔袋，扬言要扔到厕所去，小雨以为小军只是说说而已，没理睬他。谁知小军趁小雨不注意时真把笔袋扔到了厕所，所以上课后小雨怎么也找不到笔袋。两个人都觉得自己很委屈：小雨觉得是小军先招自己才骂他的；小军认为是小雨动手在先，还骂他。我对他俩分别进行了教育，但小军怎么都不认为自己有错。经过我的耐心教育，小军终于认识到自己的错误了，最后两个人为自己的错误向对方道了歉，小军给小雨买了新笔袋。

虽然事情解决了，但我心情很复杂，有很多事情需要做，"小淘气"老打架，也需要解决，真是郁闷啊！就在此时，我想起陶行知先生曾说过："真教育是心心相印的活动。唯独心里发出来，才能达到心灵的深处。"只有爱学生，才能与学生从心灵里沟通，从心理上产生共鸣，要想改变他，首先要让他体会到你的爱。

记得一天下午第一节科任课，我发现小军站着听讲，当时我很疑惑，于是询问了原因。他一脸沮丧地对我说："我在小饭桌和别人打架了，小饭桌阿姨对我爸说我再和别人打架，小饭桌就不要我了。我爸生气就打我屁股了，不能坐，一坐下屁股就疼。""去医务室上点药吧！""不用了，老师，我在家里上药了。"我给他找来坐垫，让他慢慢坐下，可他刚一坐下就又站了起来，还是疼。我赶紧和他的妈妈联系，告诉她孩子的情况。妈妈说这件事情她知道，孩子在家里已经上药了，不用去医院。我和孩子妈妈说："孩子多疼啊，坐不下，只能站着上课，站久了多累啊！虽然孩子犯错误了，但不能打孩子，打孩子不是解决问题的办法。打孩子不仅大人生气，孩子也受罪，而且问题未必能解决。试着和孩子好好交谈，告诉孩子应该怎么做，为什么这么做，你会发现沟通的神奇效果……"经过我与家长耐心、细致的交谈，家长明白了我也是为了孩子好，她说："老师，您不说我真不懂怎么去教育孩子，我们确实容易急，一急就用武力镇压。好的，我和他爸说以后不打孩子了，谢谢您对孩子的关心！"

课间我对小军说："小军，我和你妈妈说了，以后你爸妈不打你了。但是你得有进步，不能老打架，如果你老犯错误，你爸妈那里我也护不了你，一定要加油啊！""好的，老师，我一定加油，您对我真好！"小军脸上露出了开心的笑容。

从那以后，小军有了明显的进步，"国际纠纷"没有了，班内纠纷越来越少，课上听讲认真了……课间他还经常和我聊天，告诉我他家狗狗的情况，让我看他买的新衣服，告诉我少生气，保重身体……

高尔基曾经说过："谁不爱孩子，孩子就不爱他，只有爱孩子的人，才能教育孩子。"热爱学生是教师的天职，得到老师的关爱，是每个孩子的心愿。"小淘气"是一朵迟开的花，相信这些迟开的花朵在爱的浇灌下，在春泥的呵护中，在阳光雨露的沐浴下，一定会绽放得多姿多彩。

作者简介：肖西娜，中共党员，"房山区人民满意教师标兵"及"优秀青年教师"。教学设计、评优课、论文及教育案例等多次获国家级和市、区级一、二、三等奖，并在《中国教师》发表或收录入《为了孩子的健康成长——成功教育案例》等书。

用心感受　用爱聆听

我深信："每个孩子都是花的种子，只不过每个人的花期不同。有的花，一开始就会很灿烂地绽放，有的花，需要漫长的等待……"我愿意对他们说："孩子，别急，你慢慢来。"

小泽行为习惯很差，有时候一个月才换一次衣服，到了夏天一进班级都是小泽身上的味道，他们都管他叫"臭臭"。没有学生愿意和他一桌，即便给他安排了同桌，其他家长也会给我打电话要求换同桌。后来我了解到小泽的妈妈在他很小的时候就离开了他。爸爸不上班，伯父常年住院，全家只靠他奶奶一人打扫卫生维持家用。孩子虽然选择不了出生的家庭，但我希望通过班级其他学生的努力，能让他感受到（3）班这个家庭给他的温暖。于是，趁着课间小泽做值日的时候，我把他单独叫到外面，主动和孩子亲近。我送他一个小小的笔记本，告诉他，如果有什么心事，可以写在上面，我愿意和他成为班级中的第一个朋友。课上他扰乱课堂秩序时，我不直接批评，先调查清楚，搞明白是什么原因，然后和他讲道理，让他慢慢地平静下来，再探讨原因，帮助他融入集体。对孩子平时每一个小小的进步和成功都给予表扬，让班级孩子接受他。现在，小泽不再是"臭臭"，他能做到隔几天就换一次衣服，学习方面也有了进步。

其实，每个孩子都有求上进的愿望，都有被肯定的期盼，只要我们以真情去创设积极向上的氛围，就能激发学生的潜能，使他们健康成长，不断进步。

胖胖是年级的"小名人"，课上不听讲，捣乱，课下楼梯口追跑打闹，说脏话、打架、骂人，回到家不完成作业，成绩当然不言而喻。但我记得美国教育家卡罗尔说过："学生没有好生、差生之分，只有快生、慢生之分，所有学生都可以达到某一学习程度，只不过每个学生所花的时间长短不同而已。"很多事情在我们成人看来是自然而然的，但是对孩子来说，却需要时间。我们不能焦急，更无法代劳，我们只能慢慢等待。

有一次，我让学生写几句对我说的话，他写道："张老师，对不起，我上课不听讲，总惹您生气。上课惹您生气，下课我就擦黑板……"就是这样一句简单的话，深深地打动了我。几次观察之后，我发现，即便不是他们小组值日，但只要听到下课铃一响，他连厕所都顾不上去，立马拿起擦布去擦黑板。我想教育的时机来了，在班会上，我表扬了他为班级服务的良好品质并发给他一枚"班级服务之星"。胖胖手拿这颗进步星，脸上笑开了花。课间他自信地对我说："老师，我太高兴了，他们都向我学习……"因为基础薄弱，课上他还是精神不能集中，听着听着就走神，开始玩手中的文具。这时，我会走过去，轻轻地敲一下他的桌子，他会朝我尴尬地笑一下，立马认真听起来。但我知道对基础相对薄弱的他来说，每次学习新的知识都很难听懂，不过看到他努力的样子我很是欣慰。两年来，胖胖让我烦恼过，也让我焦急过，但烦恼的背后却也让我懂得静待花开的魅力。

在实际教学中，我们对待后进生的态度，有时候过于急躁——太多的揠苗助长。我们常常为了赶教学进度，课堂上忽视应有的"慢"，忽视"慢学生"。慢下来，和学生一起琢磨；慢下来，和学生一起推敲；慢下来，和学生一起感悟、理解。正确对待"后进生"，帮他们建立信心，这样才能逐渐赶上去，这样才能收到我们想要的结果。"胖胖"的故事时刻提醒着我，每一个孩子都是花的种子，但是每个人的花期不同，作为教师，要有耐心去等待每一粒种子发芽、开花，让自己的教育慢下来，顺应他们的速度，调整自己的步伐。

和学生打交道时，蹲下来，和学生处在同等高度，了解孩子的所思所想，把握教育的起点，等待，聆听更多花开的声音……

作者简介： 张巍，中共党员，本科学历，承担数学、语文双科教学并担任班主任工作。本着"打动童心的最佳方法是诚恳而慷慨地赞扬他们每次进步"的工作态度在三尺讲台上工作8年。所带班级被评为"房山区先进班集体"。个人积极参加各项活动、撰写论文，并多次获得市、区级奖项。

给予期待　彰显自信

小学语文识字教学案例分析

识好字、写好字、读好书是低年级的教学任务。在日常教学中识字教学极易被忽视，连教师上公开课都避开生字不讲。但识字对低年级孩子而言，却是一项非常重要的任务。在努力学习各种识字教学法之后，我认为要还识字教学以精彩，必须集百家之长，将新课标的理念融入其中，从而激发学生的识字兴趣，开发学生的识字潜能，寻找识字教学规律。其要求学生能在生活中学习，能在生活中运用，更能在生活中感受汉字的博大精深。

案例主题

针对新教材第一册识字量大的特点，教材编排意图非常明确，提出了"多认多说，多读少写"的要求，如何采用新颖、富有童趣的方法？如何贴近学生的生活实际？在学生熟悉、喜爱的生活环境中，激发学生自主识字，是每一个一年级语文教师必须认真思考，付诸行动的使命。

案例描述

创设情境："小可爱"们，想闯关顺利？来，那就认真看、大声叫出名字来。（教师顺次贴出写有生字的闯关卡片"擦、抄、拾、摔、拨、拦、摸"。）

师：小朋友们，和我们的生字宝宝问个好吧。

生（全体）：擦、抄，您好！

师：剩下的生字一起问声好吧。

生："拾，摔……"

师：你想教大家认什么字？用什么方法记？

生：猜字谜，手在发抖。（拨）

生：兰兰有一双胖乎乎的小手。（拦）

师：能把学过的知识加以运用，真不错！

生：我想教大家认"抄"，用换一换，把"沙"的"氵"换成"扌"。

生：我用加一加，兰州的"兰"加上"扌"。

师：你认识的地方可真多！

生：我记"擦"，我家桥附近有个检察院，检察院的"察"加上"扌"就是"擦"。

师：我要表扬你，因为你平时很注意观察周围的事物，真是一个有心的孩子！

师：这些字有什么特点？

生：都是"扌"。

师：你们的心可真齐，都想到一块去了。再给你们一分钟记生字。（学生记生字）

师：下面我们一起来做个游戏，老师做动作，你们来猜猜是哪个生字。（学生根据动作猜生字）（师指生字，生做动作，指名二人猜）

师：下面的同学也很重要，你们做好动作，他们才能猜得出来。（游戏结束）

师：为你们也为大家鼓鼓掌，闯关一路顺利，达到指定地点。

案例反思

一、激发兴趣，感受识字的乐趣

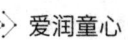

古人云："未见意趣，必不乐学。"兴趣是激发学生进取的重要心理因素。当学生产生兴趣后，学习就成了一种享受。低年级学生最容易受感情因素的感染，这时顺应学生心理，结合生活实际，巧妙创设各种有兴趣的情境，就能让学生情趣盎然地、意犹未尽地投入到学习中。如：从进入闯关游戏，到解决闯关途中的障碍，到达闯关胜利制高点，始终让孩子们在闯关游戏过程中认识生字、反复记忆，让学生通过闯关游戏与生字、文本进行对话，由反感枯燥的汉字变成享受汉字的乐趣，岂不是一举两得？

二、识字方法，提升学以致用的能力

"授人以鱼不如授人以渔。"教师让学生愿意学习、主动学习、学以致用就应该教给孩子们自主识字的方法，让学生会学。汉字属于表意文字，其中70%以上是形声字，正确掌握形声字是完成小学阶段识字任务的关键之一。

在本案例中，教师采用多种教学方法，鼓励学生自主识字、记字。首先，教师提出问题：你想教大家认什么字？用什么方法记？问题的提出给学生提供了自主发言和创新的机会。于是，学生在自主、自由的学习氛围中，利用生活经验记住了"拦、擦"，又运用合一合、换一换认识了"抄、拾"。接着，引导学生在丰富多彩的游戏中识字，通过猜一猜、动作演示，寓教于乐。这些活动调动了学生的眼、耳、口、脑等多种感官参加活动，学生始终处于兴奋之中，学习热情高涨，在玩中不知不觉认识了这些生字，也感受到了成功的喜悦。最后，让学生找生字的特点，知道这些字都和手有关，揭示造字的规律，在学习中达到触类旁通的效果，培养学生识字的能力，体验识字的乐趣，从而乐于主动识字，更掌握了多种识字方法。

三、生活中识字，启发学生识字的思维

"生活和交往是发展的源泉。"课堂识字是有限的，把学生引向更广泛的空间，在生活中识字。教师在教学中要与社会生活相沟通，使儿童尽快从"我"的世界跨入更广泛的周围环境，以吸引更多的信息。如在识字教学之前，先让孩子们自己制作识字卡片、家长帮其识字、亲自去各个地方寻找识字，开展"包装袋识字"和"电视上识字"游戏等。让孩子们时时处处品味到生活识字乐趣，自然而然成为一名有心的识字者。

作者简介：隗翠荣，城关三小教学副校长，市级语文骨干教师。每次在语文课堂上看到孩子们专注读书、写字，听到孩子们天马行空的创意分享，想到与孩子们一起互动……这一切都会让我永远沉浸在语文教学当中。

听，花开的声音

教育学家陶行知先生曾经对教师说过："你的教鞭下有瓦特，你的冷眼里有牛顿，你的讥笑中有爱迪生。"教育本身就是一门艺术，它需要强大的基础才能搭建出一座坚固的桥梁，桥的那一头连接着的是一颗颗单纯、可爱甚至曾经叛逆的心。因此，任何事情，只要我们俯下身来细细品味，就会嗅到花香，听到花开的声音……

作为孩子的班主任，每天接触的，是几十颗不同类型却同样等待滋润的心灵。如何使这一颗颗心灵健康成长？我认为，只有采取不同的教法才能在实践中获得成功。比如，我们班的小方。小方是个自制力薄弱的孩子，尤其是纪律方面。令人头疼的是，他总会用拳头出击，与同学争执过后大打出手，有时，他还会失手把同学打伤。我前脚刚说完，他后脚又忘了，批评也好，引导也罢，遇到头脑发热，他总是控制不住自己，收效甚微。以至于同学们叫苦不迭，我总会收到来自同学们的哭诉，但他却对大家的意见置之不理，并且愈演愈烈。

有一次，当几名同学再也忍无可忍，一起跟我报告小方对他们的不友好时，我左思右想，决定为小方量身定做一节微班会，想让孩子们自己试试来解决彼此的心结。就这样，我把小方叫到了讲台前。据我观察，小方其实是个情商很高的孩子，因为每次我教育他的时候，他总能清晰地梳理出自己的不是，甚至能提出自己努力的方向。这一次，他站在讲台上，脸上挂着刚发泄后的不平静，却也夹杂着一丝丝惭愧，至少，他是低着头的。我觉得，有戏！于是，我一改往日的教育方法，没有让他先说自己的错误，而是先让教室安静了一分钟。我知道，他和孩子们都非常需要这一分钟。一分钟过后，我依然没让小方说话，而是让其他同学畅所欲言，说说心里话。同学们向我倾诉着小方的过错，我全程观察小方，他并没什么太大的变化。

"还有其他要说的吗？"我看向其他同学。

"其实小方，我们挺喜欢你的，你的身上有很多优点。比如你的字写得比我漂亮，总被老师当成优秀作品展示。"班长首先把话锋转到了别处，其他同学纷纷点头。"对对！其实你上次还帮助了我，我特别感激你。""我也是我也是！上次我忘带橡皮，是你第一时间冲到我面前借给了我！"……这样的话越来越多，小方的脸越来越红，从微微抖动变成了慢慢抽搐，看得出他被同学们突如其来的夸奖触动了。

"那么，你们有什么想劝劝他的呢？"借着孩子们的话，我给孩子们提出了新问题。

"虽然你有这些优点，但你总是攻击别人，把我们都推远了。""你这样我们都快忘了你的优点了！""其实，我真的有点失望了……"不知不觉，孩子们的心里话说得越来越多，而小方的脸抽动得越来越厉害，终于绷不住大哭起来。我从来没见过这个孩子哭得这么认真过。看到小方哭了，班长和几个小姑娘也跟着哭了："小方，你别哭了，你哭得我也想哭了。你要是能改正过来，我们还是你的好朋友。"接着，班里的哭声越来越大了。我觉得火候到了，转过头问小方："你有什么想跟大家说的吗？""对不起大家，我知道错了，我不该控制不住自己老是动手，也不该总跟同学们起冲突，我……"小方的话越来越多，哭得也越来越厉害，等他把心里话说完，我觉得，我不用说太多了。一切矛盾，在这后悔的泪水中，在同学们的话语中，都已经悄悄地解决了。看着懂事的同学们，看着被触动的小方，我没有再批评谁，只是搂了搂小方，此时的小方早已泣不成声。在他的泪水中，我看到了他的愧疚与后悔，也看到了成长与温情。

有时候，我觉得，一些无声的教育可能更能打动人心。在处理班级这件小事的过程中，我突然想起了马斯洛的需求理论，他把我们的需求分成生理需求、安全需求、爱和归属感、尊重和自我实现这五类。小方在集体中缺乏的就是归属感，他对爱的感知能力不够，也没有足够的集体意识，所以才会这么为所欲为。首先，我让同学们表达了自己对他的关心与爱之后，他感受到了班集体的归属感。这一需求满足后，才可以实现对集体的尊重以及自我的提升。其次，当小方优秀的一面得到大家的认可时，他在集体中找到了价值，就会有动力改正自己不好的一面。在自我实现需求之后，就会有自我超越需求。最后，我给了同学们和小方一分钟的冷静时间，让他们缓冲一下自己的情绪，又给了他们彼此充分发泄情绪的机会，他们才会更冷静地听进去对方说的话。正如当我们山重水复的时候总会找不到突破口，而步履不停乱了脚下，但当我们冷静下来停一停，也许会看到别样的风景，比如小方那一分钟的冷静和思考，比如那无声的、悔恨的泪水，比如同学们那能量十足的缕缕温情，比如，自始至终，我们用心聆听到的，那花开的声音……

作者简介：蔡晶晶，城关三小教师。喜欢本职工作，一直沉浸于教书育人的快乐之中。喜欢与孩子们共同成长，也喜欢俯下身子倾听花开的声音，渐渐成为孩子们的"大朋友"。寓教于乐是宗旨，授人以渔是目标。

我的教育故事

——情绪的沟通

苏霍姆林斯基是苏联杰出的教育理论家和教育实践家，他热爱教育事业，把心都献给了孩子，在平凡而伟大的教育岗位上，真真切切地奉献出自己。这样一位伟大的人，我们要怎样去追逐呢？我想教育都是一样的，需要用心才行。在读《苏霍姆林斯基给老师的建议》一书时，我得到了很多值得借鉴的东西。我们每天都要面对各种各样的孩子，书中阐述的更多的是如何和孩子们交流，如何培养孩子们的兴趣，等等。在进行自我反思后，我觉得人们是通过分享情感来与他人交往的。把沟通建立在了解自身情绪的基础之上，真诚地分享自己的情绪并且设身处地地体会孩子的情绪，能够为我们和孩子建立良好的内心感受，还影响我们外在的人际交往，并能影响我们对事物意义的判断。如果我们能够意识到自身情绪并且与他人分享，生活就会变得丰富。情绪的分享与交流可以加深我们与他人之间的关系。

下面我来给大家讲一个小故事，是真实发生在我们班的。班级中有一个比较孤僻的孩子，他不愿意和同学交流，而且对老师的依赖性也很强。只要早上或者中午他来到班里看不见老师就会哭，如果看见家长没来接，也会哭。他的这些不安和焦躁源于他对周围环境和人的不信任。经过观察，我发现他有自己的思想和世界，只是不知道该如何去表达，去接受。

每次下课他都是自己跑到外面，夏天找找小蚂蚁，墙根挖挖蚂蚁窝；冬天呢，还是在墙根翻翻树叶，找找虫子的尸体，等等。这就是他课下的全部乐趣，但是和同学们交流少之又少。

一天，我正在班里批改听写的作业，一个同学跑进来，惊讶地说："老师，林同学找了一个塑料袋，里面装了很多蚂蚁，还有一只苍蝇。"我的天，他居然还抓住了一只苍蝇，放在了塑料袋子里！这远远超出了我的接受范围。很快，他拿着一袋子"战利品"进到班里，那个小小的塑封袋子里，下面是一只一只的小蚂蚁，苍蝇趴在袋子的上半部分，显然是因为憋了很久，无论是苍蝇还是蚂蚁都已经没有了生气。如果放在以前，我一定会大发雷霆，说他一顿，然后把这一袋子动物处理掉。但是这次，我在深吸了几口气之后，说："给我看看。"他怯怯地把东西放在我的手里，然后看着我，我想这件事不仅需要语言上的沟通和交流，更需要我俩情感上的交流和理解。我先打开了这个僵局："你很喜欢蚂蚁？"他点点头，然后说："我喜欢看小蚂蚁。""但这次怎么还把它们抓起来了？你看看袋子里的小蚂蚁，都快憋死了，你怎么不把袋子打开？""我今天还抓了一只苍蝇！"他显得很自豪。是啊，还有一只苍蝇呢，打开袋子苍蝇不就飞了吗？

"你知道苍蝇有多脏吗？"实在是出乎我的意料之外，他说出了很多苍蝇的坏处，显然都是自己看书看来的。说完之后，我问他："那你为什么还抓它？""我只是想好好看看它。"也许孩子们从来没有机会好好看看这些小动物，尤其像苍蝇这样的。我对他说："这次你看过了吧？"他面带微笑地点点头。"那老师教你一个任务，下周的交流课，由你来给大家讲一讲苍蝇的故事。但是，今天你抓住的蚂蚁和苍蝇要放掉。尤其是小蚂蚁，你不能随意就要了它们的性命啊。它们也有自己的家。从哪里抓的就放到哪里去，以后只能看看，不能随意抓住它们，它们也需要自由。尤其是小蚂蚁，它们都有自己的伙伴，见到伙伴会伸伸触角。你的小伙伴是谁？"显然他没有想到我会这样问。"我不爱和他们玩。"他用自己的倔强保护自己。"我们人类就像小蚂蚁一样，每个人都要有自己的小伙伴，一起玩，一起学习和生活，这样自己才能更快乐，你下次再看蚂蚁时能不能带着咱们班同学一起看？"他不是很情愿地点点头。我说："他们不会打扰你的。"他才说："好吧。"

以后的日子，他还是最喜欢到墙角看蚂蚁、看虫子，但是没有再抓住它们。虽然主动和同学们交流的时间不是很多，但我能感受到他也在积极地努力，也会和跟他一起看蚂蚁的小朋友说说话。他需要时间去和同学们更深入地交流。

如果老师对孩子的情感表现出共鸣，孩子就会自我感觉"良好"。情感交流能给孩子带来益处，并且会影响孩子对老师的理解。要让孩子感到"被理解"，需要我们与孩子的情感处于一种调和状态。如果彼此交流有限，我们就会失去感受和交流的机会，而这种有深度的、有意义的交流每天都可以进行。让我们敞开心扉，互相接纳和感受孩子们的情绪。

作者简介：晁阳，从教将近十载，一直担任班主任工作，教育教学方面经验较丰富。曾经获得"学生最喜爱班主任"称号和"班主任基本功大赛二等奖"等荣誉。

老师，好好学习能找到宝藏吗？

小向个子不高，白净的脸上长着一双又大又圆的眼睛，浓密乌黑的睫毛让他的眼睛更加有神，忽闪忽闪的，灵动极了。小向很爱笑，每次笑起来，眼睛就会弯成小月牙，很是惹人喜爱。但是这个机灵又爱笑的孩子，其他方面却让我很头疼，拼音一点都不会，课文读不下来，数学计算还需要数手指头。不仅如此，课间我还总是能收到关于他的"举报"——"老师，我没招小向，小向就打我。""老师，小向又骂我。我说他他还不听。""老师老师！小向把大航鼻子打流血了，您快去看看吧！"课上问啥啥不会，课下处处惹问题。就是这样一个孩子，还遇上了居家线上学习，爸爸要忙自己的事，妈妈一直在外地没有办法回来，姐姐忙着毕业考试和出国留学的事情，一家人根本没时间管小向。每天早上，爸爸匆忙帮小向登上腾讯会议就出门，小向只能自己学习、上课，常常课上到一半我就要隔空呼喊小向，让他认真听讲或者回答我的问题。就这样，我不仅要当班主任给孩子们上课，还要当小向的半个父母，每天提前叫他进入腾讯会议，线下对他的练习进行一对一有针对性的辅导和讲解，帮助他提高。

回归校园后，操着一口浓厚东北口音的小向每次语文课的看拼音写词语题目，都是干干净净地空着，其他题也只是寥寥几字，但是字却写得规范又好看，于是我鼓励小向："你的字写得和你一样好看，老师喜欢你更喜欢你的字。"小向高兴得不得了，脸上洋溢着美美的表情。从那之后，小向的字写得更认真了。看到小向被表扬后的变化，只要有进步，我都及时地给予肯定和鼓励："小向，今天作业交齐了！不错哦，自己的事情自己想着，我们的习惯越来越好了。""小向，今天的口算比上星期又快了，不过还要提高正确率呀！""小向，这节课的生字你写得比老师都好看！"每次听到这些，小向就腼腆一笑。

"得语文者得天下。"从小向身上我得到了反向的印证，语文成绩上不去的同时，还影响了数学成绩——不认识字，数学题读不懂只能空着。于是我帮小向制定学习计划：数学从口算抓起，每天坚持50道口算，计时10分钟，两周之后根据做题速度再缩短时间。语文坚持每天课外阅读20分钟，识记5个生字，认真书写3个会写的字。当然这些不能靠我和小向来完成，还需要父母的帮助。我主动联系小向妈妈，把小向的进步以及为孩子制定的计划跟小向妈妈沟通了一下，刚开始小向妈妈还是不愿意放弃自己的高薪工作，但是能感觉到她对孩子有愧疚。没过几天我又给小向妈妈打电话，这次我是以一位母亲的角度来说服她："孩子需要的是您的陪伴，您给孩子挣再多的财富也是一时的，孩子自己拥有的知识才是一辈子的。而且孩子的童年就只有一次，错过了您再想补、陪伴他，可能孩子已不需要了。每次我跟小向说表现好有奖励，小向都会问我：'老师，是妈妈回来陪我吗？'""何老师，我听您的。回去陪孩子！"有了妈妈的陪伴和鼓励，小向的学习和生活慢慢步入正轨。

有一天下了第一节课，小向走到我跟前，一本正经地问我："老师，好好学习能找到宝藏吗？"

"什么？"

"我问我妈妈好好学习能找到宝藏吗，我妈妈让我问您！"

我想：也许可以借着这个问题让小向明白学习的意义！于是，我认真地回答道："好好学习当然能找到宝藏啊！你看我们学习语文认识很多生字，了解词语的意思，知道课文中的道理。找宝藏我们也得会看图纸，读懂图中给我们的信息啊！"

"不光学语文，数学也同样重要。我们要计算宝藏离我们有多远的距离，在什么位置，藏宝盒的机

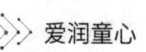

关需要我们按照一定的规律才能打开！你说是不是？"看小向听得入迷，我继续说道，"如果你不认识字，藏宝图给你，你也找不到！"

"真的？"小向兴奋地问道。

"当然！"

从那之后，小向的学习积极性有了很大转变，课上我总能看见他炯炯有神的大眼睛，有时还会对我提出的问题给予回应，看拼音写词语出现了他规范的字迹，越来越多好看的字出现在卷面上，数学进步更明显，口算和计算题能全对，选择、填空和解决问题等题目也能独立解决。我对小向的表扬越来越频繁，就连小向的妈妈也偷偷跟我说："何老师，您知道吗？小向可喜欢您了，每天回家都主动跟我分享学习的事情，还说您又表扬他了。谢谢您！"听到这样的话，我心里暖暖的，教师的幸福感涌上心头。

就这样，小向在期末收到了他上学以来的第一张奖状，我在全班同学面前表扬、肯定了小向的进步，小向拿着奖状笑得合不拢嘴，再也没有问过我关于宝藏的事情。

苏霍姆林斯基曾说过："每一位教师不仅是教书者，而且是教育者。由于教师和学生集体在精神上的一致性，教学过程不是单单归结为传授知识，而是表现为多方面的关系。"人们总说老师是伟大的，其实老师只是用关爱、鼓励、陪伴、信任和真诚去成就孩子。不仅孩子会找到宝藏，相信每位老师也会得到宝藏！

作者简介：何思琦，城关三小青年教师，带着对孩子的喜爱，走上了三尺讲台，与孩子们相处的过程是人生中幸福、温暖和难忘的时光。

期待的力量

每一位老师应该都会遇到几个让自己感到"头痛"的学生吧，引起头痛的原因可能是各种各样的，在我短暂的6年教学生涯中，也曾有这样一个"头痛"症结。

小羽所在的这个班级是我工作第二年开始带起来的，从一年级到现在五年级，我已经陪伴他们五年了，想想时间过得真快，现在翻看着以前的照片，看着他们一年级那可爱的模样，嘴角还忍不住会翘起来。一年级大家所表现出的天真烂漫，完全掩盖住了小羽同学的懵懂。

小羽同学活泼好动，动手能力很强，他能变好多种魔术，还会手指翻飞折出各种手工，班级里做手枪、加长指甲、指尖平衡鸟……都是他带起来的风潮，凭借这样的手艺，课下的他成了当之无愧的"孩子王"，总有一群人围在他身边向他请教手工的做法。

然而课上，他又成了"锯嘴的葫芦"，仿佛他的兴趣点全在动手上，对动口一点兴趣也没有。作为每天固定至少有两节课的我，全班同学基本人人都要回答一遍问题，哪能看得下去小羽这么沉默？不过数学课上小羽回答问题还好，偏是语文课，让他张口可费劲了。即使是做"小老师"领读生字，他也会睁着无辜的双眼望着我，丝毫没有开口的意思。当我尝试带着他先读一遍，他一开口，我却发现他的发音咬字不能说完全错误，但也总会有所偏差，加上天生的nl不分，更加大了小羽学习生字的难度。发现了这个问题，我赶紧和家长交流，毕竟平时的说话交流才是孩子们学习读音的最好时机，好在孩子妈妈也很重视这个问题，于是我们商量着一起帮助小羽练好发音，帮他认字。

然而理想是丰满的，现实总是骨感的。平时上课我积极给小羽领读的机会，不会的字通过我的范读，小羽也能勉强读出来，再充当"小老师"让其他同学跟读。然而明明是刚刚才读过的字，再让小羽自己读，他根本就不认识，即使一年级学习的生字是如此简单，对他来说还是难于登天。没办法，练吧！上课的机会毕竟是有限的，我只能利用课余时间把他叫到我身边，一个字一个字带着他读，借助字形帮助他记忆。可是他跟读很费劲，仿佛舌头总也不知道放在哪里才能正确发出那个音，往往含混不清地说出一个字音，说完自己就忘了，再问他这个字怎么读，他又会露出他那无辜的经典表情。一个人的力量是有限的，除了和小羽妈妈商量如何在家里帮助孩子识字认字之外，我还在同学中寻找帮手。例如和小羽关系比较好的同学，我邀请他们和我一起来帮助小羽攻克难关，他们每天带着小羽读生字、读词语、读课文，每天陪着小羽聊天、讲故事、看书……然而收效甚微，常人读三遍课文，可能就能勉强地读下来了，对小羽来说，他可能需要读30遍，才能磕磕巴巴地在别人的提醒下读完一段。

任是谁总做一件让自己感到失败的事，都会没有动力的，这是人之常情。可是没有动力去做这件事，他的口语就会越来越差，我怎么能看着孩子"光动手不动口"呢？但是我该怎么做才能让他有兴趣和动力去做这件事呢？反思我之前希望他开口的想法和行为，所谓的给他机会在课堂上做"小老师"，可能对他有一些帮助，但是我每次都会纠正他的读音，这样难道不会让他感到挫败吗？还有找同学帮助他读课文，好像大家都会就他不会，难道把他的弱点暴露出来，他就没有弱点了吗？这样做或许都有帮助，然而这样做的代价是一次又一次地让小羽对识字这件事感到抗拒。怎么做才好呢？通过阅读苏霍姆林斯基的《要相信孩子》，我开始尝试用期待与鼓励来对待小羽。

我不再忙着纠正他的问题，让一个孩子变好，一定是让他自己相信自己做得很好。所以小羽即使读得有些含混，我们也会用满含鼓励的眼神望着他，用满怀笑意的表情等待他，用掌声赞美他。我还悄悄地和他做约定，第二天就让他读某一个自然段，相信他能读得很好。果然，第二天他的表现棒极了，不需要经过别人的提醒，他也能自己含糊地读下一段课文，全班响起雷鸣般的掌声。望着小羽羞涩的脸庞，我不由感叹，还好及时发现自己的问题，及时改变自己的行为。

小羽渐渐地越来越快乐，虽然他还是对回答问题这件事有些发怵，但不是那么抗拒了。他的第二次巨大转变是在四年级。那时我们学习完三首古诗，第二天我照例要检查背诵。课间小羽悄悄地来找我说他会背其中一首了，我惊讶极了，于是静静地听他流利地背诵。没错，就是流利地背诵，虽然个别字音还是不太准确，但真的背得很流利。我想当时我的眼睛一定充满了赞叹的光，才把他眼里小心翼翼的目光点燃了，他也双眼闪亮地看着我。等到上课，我又让他当着全班同学的面进行背诵，果然，当他的声音落下，全班雷鸣般的掌声和一片"哇"声马上响起来了。小羽又羞涩又骄傲地面对着大家，我相信那一刻，他的内心一定无比满足。

如今五年级了，小羽比起以前的"锯嘴葫芦"，可以说是侃侃而谈（爱说，但其实还是有些口齿不清），他也在不断进步着，特别是班级里开展的"今日我主讲"活动，轮到他主讲时，他总喜欢把故事讲得绘声绘色，我们呢，就坐在台下用期待的目光望着他。我相信，他会越来越好的。

期待，也许真的有无穷的力量，能推着人不断前进！

作者简介：董雪松，城关三小教师。2021年"吴正宪团队基础教育国家级优秀成果推广应用示范区项目"中，被评选为"成果推广核心教师"。2020年度房山区教育系统共青团"达标创优"竞赛活动中被评为"优秀教工团员"。一直坚持以"礼貌为首、微笑为容、智慧为主、规范为限"为宗旨，立志打造出"信自己，爱自己，做自己"的新时代少年。

有钱难买友情真

刚升上五年级的孩子们，慢慢进入了青春期，他们渴望得到关注，尤其是来自同龄人的关注，会让孩子们更有成就感。班里最近掀起了一阵"追赶时尚"的新风潮。俗话说："有钱能使鬼推磨。"对时尚的追逐，离不开"钱"，而孩子们对友情的追逐，也没离开"钱"。

有一天上课，我发现有两个小姑娘都在课桌底下摆弄贴纸，根本没有认真听课，我有些生气地让她们把贴纸拿到讲台上来。我询问了一下价钱，二十块钱一盒，一盒二三十张，总共七八盒，全是其中一个小姑娘思思买的。我十分震惊，这些贴纸的价钱加起来足足有一百五十多块钱，这孩子竟然花这么多钱买了这些贴纸，这到底是为什么呢？

我把思思叫到"心理小屋"进行谈心。我不想用严厉的语气批评孩子，因为我想他们比以前的孩子更早地进入青春期，孩子也是有烦恼的，只不过大人常常都认为不重要就忽略了。问起事情的经过，思思说："我拿压岁钱买贴纸，再把贴纸送给他们，他们才愿意跟我玩啊。只要他们跟我玩，我可以送给他们。"聊到这里，我立马意识到思思的想法：我想要朋友，无论他们是因为什么和我做朋友都没关系。思思性格较为沉默，不太爱和其他同学交流，但从我的角度观察，她一直是一个朴素认真的"学霸"。我又问："思思，你为什么会这么想呢？"思思沉默了许久，说道："同学们都这样，谁有好东西谁的朋友就多。"又经过一番调查，我才知道班里竟有一群追赶潮流的孩子。

时尚潮流的中心就是我们班的小樱。小樱家庭条件优渥，上学时用的东西基本上都是名牌，每天变着花样地穿漂亮衣服，什么是当下潮流，小樱身上绝对有一件。正是小樱那类似小公主一样的生活，使得她性格跋扈，在班里的朋友并不多。可就在那天，小樱的桌子上摆着一支非常漂亮的签字笔，听说是小樱的小姨从迪士尼给她带回来的礼物，放在桌子上看起来就金光闪闪。数学老师刚一下课，班里似乎是有一阵风，六七个女孩子"呼啦啦"一下就冲到小樱那里去了。"哇噻！这个好漂亮啊！你从哪儿买的呀？""嘿嘿，我小姨从迪士尼给我带回来的礼物。""真好看！这支笔好使吗？"突然受到了大家的追捧，小樱立刻说："下节课给你用，你试试！"小兰握着这支笔，写起作业来都笔下生风，好像在那一瞬间小樱就成为她最好的朋友。没过几天，我发现小樱上身一个大半袖，下面是健身裤，头上箍着粉色发带，就像时尚杂志上的模特。小樱变得更加"大方"，发带又借给了班里的女孩子们轮流带。潮流的风潮从一支笔到一个发带，再到一个手链……小樱的"朋友"越来越多，人气在班里忽然高涨。当时没有人注意到，角落里的思思却看到了班里发生的"时尚"新风潮。正是那个周三，思思从小卖部买了很多贴纸，贴纸又出现在很多同学的桌子上，思思一时间也成了潮流中心。思思就这样发现了迅速拥有朋友的方法。

了解了事情的经过，我再次和思思谈心。我对思思说："孩子，你说不在乎他们是因为什么和你做朋友，可是老师想问问你，如果你有伤心事的时候，你觉得谁才会真正理解你？其实同学们也是真的愿意和你做好朋友，可你会不会犹豫，他们到底是喜欢你还是喜欢贴纸？"思思想了想，犹豫着说："他们其实是因为贴纸才和我做朋友的吧……"我看到孩子愿意敞开心扉，赶紧说："其实我觉得贴纸虽然美丽，但比不上你本身的品质优秀，你学习上进认真，为班级做贡献也默默无闻，文笔又好，体育运动你也是班级的佼佼者，这都是你的优点！难道你就不认为他们会因为你本身的品质和才能而喜欢你吗？你看，老师就很欣赏你，就冲着你学习那股钻研劲儿！"思思眼睛发亮："我看到小樱用这样的办法得到了好多朋友，我就想试试，我觉得我只顾着学习，大家都喜欢打扮漂亮的同学！"我拉着思思坐在我身边，对她说："思思，钱可以买到漂亮的衣服，但是买不到漂亮的品质。这样的品质就是你最漂亮的衣服！用不着去追赶那种潮流，有内涵的小姑娘才是最漂亮的！"我又跟孩子举了国外的居里夫人、海伦·凯勒以及他们都知道的屠呦呦的例子，让孩子知道伟大的女性都是有优秀的品质的。谈话的最后，我告诉思思："你可以换一种交朋友的方式，比如你数学特别好，下课给小兰讲讲那个方程，她还不熟练，你把你的方法教教她。老师还准备举办一场诗歌创作大赛，你文笔这么好，你参加！同学们一定会愿意和你做朋友的。自信一点！你的人格魅力一定能让你拥有更多的朋友，不需要用这些华而不实的贴纸来换！"后来思思和妈妈说了拿压岁钱买贴纸的事，也说了自己的想法，妈妈支持她用自己的人格魅力去获取没被"钱"掩盖的真友情。让我没想到的是，思思和小樱成了最好的朋友，她们一起参加了赛诗，获得了班级一等奖。她俩努力的过程也许就是友情建立的过程。

孩子们追赶潮流，但何尝不是追逐友情。钱也许能买来朋友，但买不来真友情。年少时，朋友是无比重要的角色，但拥有朋友的路上更是真心换真心。"钱财如粪土，仁义值千金。"我要让孩子们知道，值钱的不是那些物品，应该是你们之间的友情。有钱能使鬼推磨，但有钱难买友情真。

作者简介：陈伟，北京市房山区城关第三小学语数教师、班主任，小学二级教师，2020年北京市班主任基本功大赛二等奖获得者，2021年成为北京市教育学会班主任专业委员会委员，2021年获"区级学生喜爱的班主任"称号。热爱教育教学，热爱读书创作。

播撒爱心　收获成长

跳绳去哪儿了

燕子去了，有再来的时候；杨柳枯了，有再青的时候；而岁月却是如流水一样一去不复返了。作为一名人民教师，在讲台上我们可能会不断地上演自己的教育教学故事，有许多会随着时间的流逝而渐渐淡忘，也有一些就如同树根一样深深地扎在了我们的心上。虽不曾惊天动地，但仍历历在目，感悟至深。

我是一名非师范类的应届毕业生，非常有幸加入房山区教育事业，成了一名光荣的人民教师。由于专业知识缺乏，在刚刚开始工作的时候，处理学生发生的各种问题还显得非常生疏，尤其是当遇到有关同学诚信的问题时。

记得曾发生过这样一件事，我们班有一名女同学买了一根跳绳，上午拿到学校，下午上体育课的时候发现跳绳不见了。学生跟我反映情况的时候，正好我在处理其他问题，就没有重视这件事，只是让她回去再好好找一找。在此之前，班里也出现过同学丢橡皮、铅笔等现象，我一直都认为是学生年纪小，喜欢乱放东西的原因。可是第二天中午值班的时候，主任特意找到我跟我说了这件事，我才意识到事情的严重性。于是我开始认真调查，首先我把丢跳绳的女同学叫到办公室了解情况："你是什么时候丢的，跳绳的材质以及颜色是什么样的？还有就是班里有哪些同学和你的跳绳是一样的？"为了能了解更多信息，我还找到了她周围的两名同学询问情况。根据他们三名同学的描述，我知道我们班有两名同学和她的跳绳是一样的。于是我就分别叫出这两名同学并仔细看了看他们的跳绳。我先是把我们班的小田同学叫出来，我看到他手中拿的跳绳，一看就知道不是那名女同学丢的，因为小田同学的跳绳已经很旧了。后来我又叫小猪同学，看到他手中的跳绳我心中泛起了犹豫，因为他的跳绳是很新的，让我无法判断。我开始向他询问："你的跳绳是什么时候买的，谁给你买的，在哪儿买的？"通过他的描述我知道，跳绳是他的妈妈上周从文具店买的，为了能证明他没有撒谎，我还故意跟他说："那我能给你妈妈打一个电话问问吗？"他说可以，这下我就相信他说的话是真的了，因为如果他在撒谎，他就不会同意我给他妈妈打电话了。

后来我就开始在班里和全班同学来说这件事。起初和全班同学说这件事的时候，目的是为了再一次告诉他们，做人一定要诚实。因为在我看来，小学生可以学习不好，但一定要诚实。于是我就借着这件事跟他们说了很多。当我说到如果是我们班里的哪位小朋友不小心拿错了别人的跳绳，你现在可以拿出来，老师和同学都会原谅你的。这个时候，我发现小猪同学有一点紧张，并且时不时地动自己的书包，这让我又开始有点怀疑他。其实作为班主任，最痛苦的事情莫过于怀疑自己班里的学生，他们就像自己的孩子一样，有哪个母亲愿意怀疑自己的孩子呢？可是没有办法，当问题出现的时候，我们还是要去解决。尤其是发现学生有不良习惯时，更应该帮助他们及时改正。小猪的这一个小小的举动让我开始对他产生怀疑，之后我又给他们讲了很多道理，希望犯错误的同学能够主动承认。可是直到下课，我们班还是没有人承认。我表示很失望，并且非常想把这件事情弄清楚。最主要的是想知道这件事情和小猪到底有没有关系，因为我不相信我们班的同学会拿别人的东西。于是回到办公室我就开始向我们学校的一位老前辈请教该如何处理。前辈听完我的叙述后，让我把小猪同学叫过来她帮我问问。后来我就带着学生去上课间操，前辈帮我问了问小猪一些问题。过了一会儿，前辈带着小猪来到了操场。前辈跟我说不是这个孩子拿的。我当时提着的心一下就落下来了，心里很是开心。自己的孩子是诚实守信的远胜于一切。前辈是一名特别负责任的老师，她还带着我来到了中午在小饭桌吃饭的班级跟这个班的老师了解一下中午在我们班吃饭的那个同学。根据这个班的老师对她的了解，这名同学是一名特别听话懂事的好孩子，绝对不可能拿别人的东西，所以就没有再继续追问。

虽然到最后跳绳还是没有找到，但从我的内心来讲是非常开心的，因为证实了小猪同学是一名诚实的好孩子。通过这件事情，我开始反思自己。不要因为觉得是一件小事就不去理睬，再小的事情如果不及时处理的话，也会演变成一个大的错误。教育学生不是一朝一夕的事，是一项长期的工作，需要足够的耐心，在平时的工作中细心观察，学生如果有错误，就坦诚地和他交流，学生是能够接受的。

作者简介：晋文静，城关四小教师。2014年参加工作，热情奔放，工作踏实，团结同事，关爱学生。曾获"优秀教师""优秀党员"等称号。

"老师，我们和好了"

"刘老师，我跟您说件事，我家小涵是不是跟班上的小佳总有矛盾啊！前几天孩子就和我说小佳藏了她的跳绳！今天又哭着跟我说小佳骂她，现在小涵哭着喊着不想去上学了……"窗外烈日炎炎，大气压低得连知了都懒洋洋的有一声没一声地叫着。"噼里啪啦"一大串微信提示，惊醒了正在午睡的我，努力睁开眼睛打开微信，听筒那边家长气愤又激动的声音瞬间使我清醒，她声称要到学校"收拾"小佳同学。我一听事情不妙，赶紧拨通家长的电话安抚、劝说：冷静下来，给我一些时间了解这件事。话音刚落，班上一个女生就急匆匆地跑来，上气不接下气地大喊道："刘老师，我们班有同学吵起架来了！"脑袋里瞬间一片空白，顾不上其他事情，三步两步地跑进班里。结果，居然还是小涵和小佳，一个理直气壮地噘着嘴，一个泪眼婆娑地哭个不停。看到这一幕，我心里大概猜到了些什么。

小涵性格倔强，喜欢做主，凡事都想让别人听她的话，班上的朋友不多，时常和朋友处不好关系。家中有三个孩子，作为长姐的她经常被父母压制。而小佳经历了转学进入新班，拆班合班，两次重新融入新集体，又是家里的独生女，脾气秉性和小涵差不多。经过两人的叙述与班上同学的补充，才知道：两个孩子平时就是针尖儿对麦芒，互相看不惯，又喜欢往一块儿凑。这次是因为今天是小涵的生日，小佳不想让班上的女生送给她礼物，以断交为砝码阻拦别人送给小涵礼物，而小涵气不过又没有办法，只能回家向妈妈哭诉。

面对两个倔强的小姑娘，每个人向我诉说的时候都觉得是对方不对，自己非常委屈，而且越说越激动。看到她们涨红的小脸，我想：要处理她们的问题，缓解她们的矛盾，先要让她们平静下来。于是，我给她们两个每人一张纸，让她们在一个空教室内，写出她们两个在这件事或以前的事中，自己不对的地方和对方不对的地方。

一间空荡荡的教室，静得仿佛能听见针落下的声音，五分钟、十分钟、十五分钟……"铃铃铃"的一阵下课铃声打破了这安静尴尬的气氛，两个人各自手拿着一张写满对方"罪行"的纸递到了我手中。我什么也没说，只是示意她们将手中的纸交换彼此阅读，读完便让她们回去上美术课了。

之所以我选择冷处理的方式，有这样两点考虑：1. 两个人在气头上，越调解越会激发矛盾，冷静下来各自反省自己的问题，而写字既能让她们情绪稳定下来，又能使反思有结果有认识，五年级的学生应该具有自我反省的能力。2. 尝试给予她们时间，试试看能不能自己解决与朋友的问题，逐步锻炼她们独立解决问题的能力。

果然，惊喜真的出现了！伴随着广播操的音乐声，小涵一脸笑容地朝着我走过来，笑嘻嘻地说："老师，课上小佳给我传纸条了，说她错了。"我欣慰地摸了摸她的头，说道："你们呐，要珍惜友谊，收获友谊是你最好的生日礼物，祝你生日快乐！"做完操，小佳也凑到我跟前，悄悄地说："老师，我跟她道歉了，她也原谅了我，我下次不这样了。"我向队伍中的小涵招了招手，拉着她们两个走向校园的长廊中，和她们聊了起来，告诉她们："要珍惜友谊，小涵下个学期就转走了，你们现在不珍惜还不知道什么时候能再见面呢！她要走了，你得多孤单啊，连个吵嘴的人都没有！"两个孩子哈哈大笑起来，手拉着手一起去上课了。

这件事情还让我注意到，家长有时候可能是问题的激化者。本来小孩子之间拌嘴吵架是一件小事，有了家长的介入，就会非常严重。两个孩子可能说说笑笑事情就过去了，可在家长那里依然是个结。想到这里，我马上掏出手机给小涵的妈妈打过去，第一句就和她说，如果我告诉你，现在两个孩子怎么样，你一定会笑的——两个孩子已经和好了。听到这句话，家长终于放下心里的石头，开心得一个劲地向我道谢。抓住这个机会，我耐心地和她分析几点：1. 孩子的事永远都是孩子的事，家长不要轻易卷入其中。2. 学会交给孩子解决问题的方式方法，不要总想着用暴力解决问题，而且暴力根本就解决不了问题，她始终是孩子，你是成年人。3. 遇到孩子在学校发生的矛盾，不要无限量地去扩大想象，孩子的世界很单纯。家庭教育对孩子来说非常重要，时刻影响着孩子们的言行。

作为教师，有时不仅要教给孩子解决问题的方法，还要教给家长引领孩子解决问题的方法。让这两个孩子"真正"地和好，还需要时间的磨合。现在孩子都是每一个家庭的宝贝，受不得一丁点儿委屈。人与人交往，就像牙齿和舌头一样，总会有摩擦。当摩擦出现了，怎么解决、怎么处理至关重要。我尝试了几种方法：1. 环境渲染——退一步海阔天空、想想有什么大不了这之类的话语，让他们出现问题后，能够稍稍冷静。2. 情绪倾诉员——班级中设立情绪者，把坏的情绪和他说说，让旁观者出出主意。3. 开展丰富多彩的活动，让孩子在活动中了解自己的同学，消除以自我为中心的性格，学会交往。

唤起学生的交往意识，开启他们心灵的大门，帮助他们消除交往中不良的心理因素，培养他们交往的兴趣，增强他们交往的信心，收获友谊，能够真真正正地"和"好！成为真正具有独特个性，能终身发展，幸福健康的一代！

作者简介：刘立华，中共党员，城关四小教师。在教育教学中，结合学校教育特色，以激励教育为主，勇于探索、大胆创新，因材施教。在班级管理中，注重发挥"小干部"的作用，坚持以集体教育为中心，打造一个团结、向上、和谐的班集体。

走进学生的心灵

休息期间，我读了苏联著名教育家苏霍姆林斯基的《苏霍姆林斯基教育选集》。读了这本书，就好像有一股清泉不断冲击着我的头脑，让我的思想在不断地撞击中反复锤炼，去腐存新。在读书时，我常常情不自禁地掩卷沉思，对照书中的例子，反思自己平时的教育行为，在不断地对比与学习中，我常常为苏霍姆林斯基为了学生成长不遗余力的精神而感动，也为自己在教育活动中对学生的毛躁与教育方法的粗糙深感羞愧。读完全书后，我对苏霍姆林斯基谈到的保护好学生的自尊心深有体会。

苏霍姆林斯基在《寄语后来人》一文中，对后辈的教育同行们寄予了无限厚望，他把自己对未来教育的期望整理成八条教育遗嘱，对影响学生发展的各个方面都进行了细致的嘱咐。其中有一条，苏霍姆林斯基特别讲到要保护好学生的自尊心。他说，要当作最宝贵的珍宝一般，保护儿童的信赖这朵最娇柔的鲜花。它是很容易折损、憔悴和被不信赖的毒汁毒死的。读到这里，在我脑海里浮现出这样一件事。

今天班里最坐不定，且最令我头疼的扬扬在课堂上居然坐定了！更不可思议的是他还举手发言了！这是怎么回事？略一回忆，想起了课前的那一幕：走进教室，见他正低头捡着脚边的一张小纸片，我轻轻摸摸他的头，投去一个赞赏的眼神，悄悄地在他的耳朵旁说了句："你真棒，老师真喜欢你！"

难道，是这么一个眼神、一句话，让他开始改变了？要知道，这个刚入学没多久的孩子，每天都会因为调皮捣蛋而屡屡遭到各科老师的批评。不管老师采取怎样激烈的措施，均不见效，他甚至还有变本加厉的态势。看来，赏识教育真的很神啊！

于是，我决定开始猛烈的"糖衣轰炸"。

"我请扬扬来读，因为他是现在坐得最端正的小朋友。"

"我又要奖励扬扬了，瞧他今天听课多专心啊！"

……

类似这样的表扬还有很多，在大家羡慕的眼光下，扬扬狠命坚持专心听了一节课。原本，我以为很难调教的他原来也有"软肋"。

吃过午饭，扬扬又开始"活跃"起来，整个教室成了他的天下。

"扬扬。"我走到他身边，拉起他的小手说，"老师一个人在这里批作业好寂寞，你来陪陪我吧。"

"好啊。"他的小眼睛滚圆滚圆的，回答得干脆极了。

在我边上的他偶尔看看我教其他孩子做作业，显得很安静，也很自在。见他无所事事，我请他看《十万个为什么》。见他看得那么投入，我继续批改作业。

没过多久，我见他一个人站在那儿哭，伤心得跟什么似的，眼泪"啪嗒啪嗒"往下掉。我站起身一边替他擦眼泪，一边询问他怎么回事。谁知他就是不开口，我一看，他手里书没了。而书的主人此刻正站在不远处看着他。

"是不是他把书拿走了，不给你看？"见我说中了，他哭得更伤心了。

"悦悦。"我叫来了书的主人，"是不是以为他自己从讲台上拿了你的书看，所以你生气地拿走了？"

"是的，他怎能自己拿我的书看？"他显得很气愤。

我摸着悦悦的头告诉他："书是老师借给他的，因为啊，他陪老师批作业，可乖了。"

见我这么说，悦悦赶忙将书从讲台上拿过来，并放到了扬扬的手里。这下，两个孩子才都抹平了心里的疙瘩，一个高高兴兴地玩去了，一个津津有味地看起了书。

上课铃声一响，扬扬乐颠颠地告诉我，以后每天他都要陪我批作业，因为今天他觉得好开心！

每个孩子都是一个独立的生命个体，他们千差万别，个性、能力、兴趣各不相同。作为教师，我们要学会宽容，学会尊重，学会理解，这样才能真正走进学生的内心，成为他们信赖的良师益友。作为教师，只有在关怀学生人格尊严时，教导才能成为教育，就本质而言，教育的核心就是关怀学生，让他们经常具有作为智力劳动者的自尊感，作为公民的自尊感，作为自己父母儿女的自尊感，作为因自己崇高的意向、激情和成绩而变得美好起来的个人自尊感。我们要让学生经常看到自己的成功，让他们感到每一天都不白费力气，每一天都有新的收获。

苏霍姆林斯基说："培养人，首先就要了解他的心灵，看到并感觉到他的个人世界。"我对苏霍姆林斯基书中讲述的教育理论有了更深的理解和感悟，对苏霍姆林斯基的伟大人格也充满了深深的敬意。他用赤诚的心、火热的血、坚强的毅力、辛勤的汗水，在人们心中树起了一座不朽的丰碑，让我们每一个教育工作者时时不忘己任，努力完善自己的教育方法，时时不忘贴近学生的心灵，给他们发展的空间，最大限度地激发学生的创造力和热情，让每一个学生都能成为有用的人才。

作者简介：史春艳，中共党员，城关四小教师。热爱教育，担任班主任工作多年，喜欢教书，寓教于乐，尊重信任学生，充分发挥学生的主体作用，让学生做课堂的主人，深受学生喜爱。

他不随便说话了

　　老师都知道，每个孩子都有不同的性格特质，有的善于表达、爱表现；有的机智灵活、情绪化；还有的性格平静，不善言辞。正因为这不同的气质类型，在学校学习和生活中，尤其是课堂上，孩子们的表现各有不同，相对文静的孩子课堂上虽不太爱表现自己，但是认真听讲、遵守纪律，还有一部分孩子学习积极、思维敏捷，也能约束自己的言行，可哪个班没有一两个小淘气呢？他们很爱表现、极其活跃，自我约束力不强，经常破坏纪律，打扰到别的同学，甚至影响老师的正常教学，这样的小淘气真是让任课老师头疼。

　　去年暑假开学，我又新接了一个班的数学课。之前，虽然没有给这个班的学生上过课，但是有个孩子的大名却早已被我知晓，他叫小宇，给这个班上课的老师说到他的名字就头疼。从老师们的口中，我知道了他的一些表现，他上课随意说话，经常打断老师的讲课，引得其他同学分散注意力，甚至被他逗笑，可他却丝毫没有因为自己影响了老师和同学感到不好意思，反而还一脸得意。这样的一个孩子影响着一个班级的教学秩序，没有一个良好的教学秩序很难保证学习效果。因此，我就在思考我的数学课该怎么上。他现在是二年级，还在习惯培养的重要阶段，因此，还要在自我约束和习惯培养上下功夫，不能听之任之。

　　很快，第一节数学课到了，第一节课的内容是认识厘米，当我讲到"厘米是长度单位"时，小宇脱口而出："还有米、千米呢！"然后一脸得意地看向其他同学，又看向我。我心想：你这个小家伙知道得还真不少，可是这样张口就说打乱了老师讲课，却成为你故意炫耀自己的时刻，同时也分散了其他同学的注意力，可能还有同学不再想厘米的事，而去想米和千米又是怎么回事呢。想了片刻，我转头看向他，说："小宇，你说的也是长度单位，还没有学你就知道了，你的知识很丰富，但是这样随意打断老师的话是不对的，你不仅影响了老师，更影响了其他同学的学习和思考，也是对我们的不尊重。"他虽然不说了，但是依然一副无所谓的样子，我继续讲课。不过，这件事可没有结束，如果他第一次随便说话破坏纪律就这样过去了，后面可能会故伎重演。于是，下课后我把他叫到自习室，这里只有我俩，我和他要好好谈谈。我让他看着我的眼睛，严肃地告诉他："你这样随意打断老师的话是不对的，也是不礼貌的，是对说话人的不尊重。"我一直看着他的表情，他似乎不为所动。我继续说："老师知道你知道得很多，说明你是个好学的孩子，但是，你说的米和千米难道咱们班就没有别的同学知道吗？就只有你知道吗？不信，我现在就可以叫过来一名同学问一问，看看他知道不知道米和千米。但是别的同学怎么没有张口就说呢？你张口就说不是为了其他同学，就只是为了炫耀你自己。"他看我说出了他的心思，略有所思，我又接着说："每个同学都有学习的权利，他们可以通过自己的学习获得知识，而不是你告诉他们，你如果想补充，可以举手示意老师，而不是张口就说。还有咱们换位思考，如果你在发言，其他同学随意打断你的话，你会开心吗？"他摇摇头，说："不开心。""对呀，既然你不开心，那也不能随意打断别人的话呀！咱们来个约法三章，怎么样？第一，上课你想补充或发言，先举手，老师一定会让你回答；第二，你的发言一定是和现在学习的内容有关的；第三，你说的内容是对同学的学习有帮助的。"他点点头，我对他说："好，你同意了，老师相信你可以做到。"

　　后面的数学课上，我发现，他的思维活跃，数学思维能力也很强，并且总会有与众不同的思考，帮助其他同学拓展思路。我也总是让他到前面给大家讲解他的思路，他也总能说得头头是道，思路清晰，他的能力得到了施展，有了用武之地，他进步很大。当然，如果你觉得他一下子就能改正那就错了，什么习惯养成了还那么容易改变呢？上课他还是有张口就说甚至接下茬的时候，那就下课再来一次长谈，让他认识到自己的进步，也认识到自己的问题。经过几次谈话教育，小宇也不再随意打断别人说话了，总是把手举得高高的。不过，老师课上毕竟要面向全体学生，不能总是让他发言，所以课下，我也和他约定好："我们也要给其他同学发言的机会，老师看到你举手知道你想说，但是不能每次都叫到你。你的思维能力强，如果老师没有叫你，你可以在别的同学说不全面的时候来补充，说不对的时候来纠正，怎么样？"他听了我的话，感觉自己很是重要，也就欣然同意了。现在，课堂上看不到小宇随意说话打断别人的画面了，看到的是他在讲台上给大家认真讲解的画面。

我想，孩子不是一个抽象的人，每个孩子都有自己的性格特点，也因此，作为老师，要充分地去了解孩子，理解孩子，没有什么教育方法是一成不变的，是适用于所有孩子的，不同的孩子要因材施教、因性格施教。老师要教育他们明辨是非，在成长的过程中不断发扬优势、弥补不足、改正缺点，使他们感受到成功的喜悦，体验到自身的价值，不断成长为更加优秀的人。

作者简介：李兰清，城关第四小学教师，担任班主任工作20余年，热爱班主任工作，关心学生、爱护学生，呵护每一名学生的健康成长，所带班级多次获得"房山区优秀班集体"和"北京市优秀班集体"，曾获得"房山区学生喜爱的班主任"和"北京市'紫禁杯'优秀班主任"称号。

播撒爱，收获希望

我担任班主任工作 6 年了，从第一次带班的紧张、害怕、不知所措，到现在能够淡定从容地去面对，我很感谢班主任这份责任带给我的点点滴滴，是这个岗位锻炼了我，让我和孩子们在成长的道路上创造属于自己的一片天空。这些年的班主任工作使我一直坚持着"教书育人并行，和学生共同成长"的带班理念。

班主任在日常的班级生活中扮演着实施德育、管理和引领，促进学生健康全面发展的角色。我认为德育教育应该成为班主任工作的重点，所以我把工作思路定为：抓学生思想和抓学生行动同时进行，以"育人"成就所有。

班主任要接近孩子，得和孩子们进行亲密交流，让孩子们感受到老师对他们的亲近和"爱"。所以平时我常会在课余时间跟孩子们一起玩游戏，一起交流，谈他们的家庭生活，平时的喜好。同时也了解一些孩子中间发生的事，喜欢聊的话题，及时把握好学生的思想动态。只有让学生从内心接受你是他们的"孩子王"，是他们的良师益友，他们才会毫无顾忌地把心里的想法说给你听。作为班主任，要真诚地喜欢每一个孩子，有人说："谁爱孩子，孩子就会爱他，只有用爱才能教育孩子。"尤其要能理解宽容，并去喜欢那些特殊的学生，因为在班级里，他们更需要关注和热爱。我认为"育人"比"教书"更重要，平等地对待每一个学生，尤其得让那些学困生感受到自己是不断进步的，自己的身上是有长处的，自己也是被老师所喜爱和看重的。

我们班有个孩子叫小平，他的的确确是个学困生，上课打瞌睡，学习漫无目标，对自己的前途毫无信心，家长带孩子去医院查出来是发作性睡病，没有办法治疗，家长也是又着急又无奈。通过平时的观察，我发现他特别喜欢劳动，一下课就跟同学争着抢着擦黑板、扫地，于是我马上找他谈话，并任命他为卫生委员，鼓励他积极组织同学一起为班集体做贡献，同时也指出他的缺点和错误。在一次卫生评比中，我们班取得了流动红旗，班集体有了荣誉。从此以后，他经常找我聊天："老师，今天我中午想午睡会，看看下午还犯不犯困；以后我上课要是再犯困，请您批准我去水房洗洗脸。"他将一系列防止自己上课打瞌睡的办法都说给我听。现在，他会利用下课时间睡觉，上课期间坚持不睡，听讲效率高了，学习成绩也有了一定的进步。

我经常教育学生：无论做什么事，要做到换位思考，想一想如果遇到这个事情的人是你，你会怎么去做、怎么去说、怎么去处理。例如我班的晓鸥同学，是个"淘气包"，有一次在上体育课的时候，由于闹肚子，拉了一裤子，但出于自尊心又不好意思告诉同学和老师，回到班上躲在门后面不肯出来，同学都围着他看着他哭，通过反复询问我才了解，当时同学们听了哄堂大笑，晓鸥哭得更厉害了。我见状让班长组织同学回到自己座位上读书，我带着晓鸥去了卫生间，帮他脱掉裤子，找来我的脸盆和毛巾，帮他彻底地洗了一遍，一边洗一边跟他聊天："宝贝儿，以后再遇到这种紧急情况一定记住及时告诉老师，千万别不说话，这多难受啊！你是不是觉得很尴尬？其实你不用尴尬，老实告诉你，每个人小时候都会遇到这样的情况，只是他们不说罢了。所以不要感到为难，这次以后你就长大了。"随后通知他的父母把换洗的衣裤拿了过来。回到班上后，我没有说一句话，就站在那儿，同学们看我没说话，都不敢出声，静静地看着我。"今天你们有的同学的做法令老师很失望，同学之间的友情和相互帮助都忘了吗？如果今天的这个人是你，你想看到的是同学们对你的嘲笑吗？我相信你们一定想看到同学对你的理解和

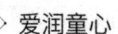

帮助。所以大家以后做事情想问题要做到换位思考，如果这个人就是你，你会怎么想。"听到这儿，有很多同学起立说出了自己以前的尴尬经历，同学们哈哈一笑，这件事情就过去了，之后再也没有学生提过这件事。晓鸥也不再像以前那样淘气了，每天主动要求留下来值日。

　　因此教师要走向学生，了解学生，善于倾听学生的心声，与学生进行思想和情感上的交流，这样才能从中获取信息，了解学生的心理情况，帮助学生解疑答惑；学生则能从老师的倾听中感到自尊、树立信心、增加亲切感。倾听是双向的，一个愿听，一个愿说，来不得半点勉强，教师也可以把自己的生活经历及喜怒哀乐讲给学生听，以引起师生在情感上的共鸣。倾听的后续工作是身体力行，躬身示范，是给倾诉的学生满意的答复，也是班主任老师尊重学生的体现。

　　作者简介：齐昱凯，城关四小教师，大学本科学历，三年级班主任。喜欢和学生相处，寓教于乐，尊重、信任学生，充分发挥学生的主体作用，让学生做课堂的主人，营造轻松活泼的气氛，展现课堂的无穷魅力，深受学生喜爱。

归队的"美丽"

宏达在我眼里，是我们班里一个很有灵性的小男孩，长得白白净净，有几分惹人喜爱。这样一个小男孩，在家里享受着各种宠爱，以至于养成了极其散漫、没有"规矩"、我行我素、以自我为中心的习惯，这给任课老师造成很大困难，上课时他在教室里跑，搞各种小动作，扰乱课堂秩序，令很多老师无法正常上课。就连升国旗时，都要站在老师身边，进行单独"看管"；大课间活动，天天把队伍搅乱，要么就是自己成为"独行侠"。对他的管理，真是令老师头疼不已。

我刚当这个班的班主任时，他可能是出于对新来的男老师的一种"惧怕"，前几天的表现还是比较好的。好景不长，几天过后，他又重新上演了自己以前的角色。见此情景，我就使用以前的老办法，试过多种方法，效果也就是那么一小会儿，可以说是屡遭失败。静下心来细细思考，我决定来一场"持久战"。

我上课时，更多的时间是站在他的身边，有时用手摸着他的头，他就会安静很多；有时对他进行提问，接着加以表扬，他就洋洋得意地坐下，脸上露出喜悦的神情；就这样，课堂上总算安静了，也让他走进了听讲的队伍，使这支队伍多了一份美丽。下课了，我让他帮我拿东西，并送到办公室，这途中他脸上洋溢着一种骄傲，在办公室，我和他聊上几句，把时间耗到上课铃响起，我们再一起回到教室，他就会安安静静地坐在椅子上。这样久了，他就会主动帮我做事，主动找我聊几句，也就成了我的"小跟班"。如果属于他自己的时间较长，我就把他找到办公室，让他在我身边练习写字，不但记住了所学的生字，还磨炼了他的性格，使他那颗躁动的心安静下来。一来二去，一个学期过去了，我们之间的感情深了，他的课堂纪律好了，学习成绩也有了进步。

室内的纪律有了明显的改善，让人头疼的是室外活动。大课间跑步时，我让他和我一起跟在班级队伍的后面，让他感受跑步的节奏，进行匀速跑、规矩地跑，经过一段时间，我把他放回队伍中间，当他不认真跑步，影响队伍整齐度时，我给予口头提醒，他也会立刻做好。后来，他自己也能独立跑了，也能让班级队伍整齐、美丽。

在宏达转变的过程中，我给他制定目标，每实现一个目标，我就给他一张"鼓励卡"进行肯定，当然这些目标都是极其简单的，只要做就能完成。他一天当中最多可得三张"鼓励卡"，成功的感觉慢慢地占据了他的内心世界。有时，为了增加他的执行力，我还给予他物质奖励，看着他那种不好意思又幸福的样子，觉得他更可爱。

宏达的转变，让我深深地认识到师爱对教育学生的重要性。

一、师爱，让自己走进学生的内心

走进学生的内心，让学生从内心深处接受并认可老师，这是让学生感受师爱的先决条件，只有老师在学生心里占有一席之地，教育才会有效果。否则，老师的话就像一阵吹不起涟漪的风，学生是零反应状态。学生只有接受了老师，他才会接受老师付出的爱。

二、师爱，用乐于接受的方式传递

每个老师都是爱学生的，但是到了学生那里就会变得不一样，甚至有的学生感受到的根本不是爱。这个事实告诉我们，对相同的事物，不同人的感受是不同的，有时会截然相反。我就是在与宏达的反复接触中，也可以说是多次失败后，才找到适合他的方式，不是说教讲道理，不是严厉批评、请家长，而是一种陪伴。

三、师爱，陪伴学生成长的融合剂

如果教育学生的方法是说说就行，那么教育也就没有艺术可言。说是必不可少的，但比说更重要的是做。必要时，老师要和学生一起做，进行合作，在与学生合作的过程中，见证学生的成长。在这个过程中，感受自己生命的意义和价值，感受另一个生命因为有我们而变得健康、优秀。要尽情享受这个或长或短的过程！

四、师爱，诠释教师的宽容与坚毅

个别学生之所以难改变，就是因为他的问题层出不穷，屡禁不止，改正了这个问题，新的问题随出现，其实这样的学生最需要教育，也更让老师头疼。面对这样一些认知正处于发展期的孩子，我们首先要有一颗宽容之心，这样自己才不会乱了阵脚，也不至于被气得火冒三丈。换个角度思考，也正是由于有这样的学生，才能充分显示教育工作的不可替代性，我们很重要！宽容之余，不是放弃，而是积极寻找教育方法，坚信方法总比问题多，考验着教师的坚毅、执着、负责。

五、师爱，是教育成败的重要基础

没有爱，就没有教育。有多大的师爱，就有多深的基础，就可能有多高的建筑。基础越深、越牢固，教育工作就越好做，越容易成功。

在学生前进的队伍中，要让人们看到更多的"美丽"的面孔，让这些"美丽"使人心情愉悦，充满斗志。

作者简介： 杨维清，中共党员，大学本科学历，担任班主任24年，一直用耐心与爱心去对待班里的每一名学生，关心每一名学生的健康与成长，深受学生与家长信赖。曾被评为"房山区优秀教师"、"房山区人民满意教师标兵"、"房山区优秀班主任"。

好琴还需常调弦

涵涵同学是个聪明、乐观、大方的孩子，刚来到我们班时，她给我留下了非常好的印象。虽然有同学反映她在老师不在时纪律松散，但我总认为"玉不琢不成器"，孩子在成长的路上会不断进步，并且同意同学们推举她为中队长。然而，当我外出听课回来却亲眼看到她带着几个同学楼上楼下地跑，让我大吃一惊。作为班干部，怎么能这样？这样怎能让老师信任呢？真想好好地批评她一顿。然而我想成功的教育，是给受教育者以适合的教育。

针对她的问题，我静下心来认真地进行分析：她生活在十分民主的家庭，参加了很多课外班，尤其是主持班，造就了她活跃、大胆、思维敏捷，但过分优越的条件却使她形成太强的自我意识，别人都要听她的。老师在时，乖巧听话，老师不在，另一副面孔。我外出听课，只告诉她一个人，她认为别人都要听她的，她说了算，别人要吃带来的感冒药，她不允许，还要扔到楼道的垃圾桶里，几个人就这样"你追我赶"起来。这一方面有她管理工作的原因，另一方面也说明工作方法还不够成熟，正可谓"好琴还需常调弦"。良好的行为习惯，就如同一把好琴，作为教育工作者，要成为一名很好的调琴师，使每个孩子都能奏出美妙的乐曲。

第一，保护自尊，讲究原则

斯宾塞曾经说过："在道德教育中，要耐心地对待儿童经常表现出来的优点和缺点。"如果对待孩子的缺点采取疾风暴雨式的"管教"，将会产生逆反心理，如果不分青红皂白，当众劈头盖脸地批评，将会伤害孩子的自尊。所以，要想促成孩子的转变，应以保护孩子的自尊为前提。赏识学生是送给孩子的最好礼物，赏识学生是一条有效的途径。日本著名小提琴教育家铃木镇一说："在每一双父母教育孩子学说话、学走路的那一个阶段，孩子进步最快，父母心态最好。"家中总是充满了欢乐，因为父母总是用最得意、最欣赏的目光，关注着孩子的每一点进步，也就是这种赏识，使每一个孩子很快学会了说话、走路，这种赏识培养了孩子的良好个性心理。在日常活动中，我发现了她的许多长处。抓住她的优点，充分赏识。比如聪明，回答问题时总能说出与众不同的答案；又如热情，同学遇到困难，她准能主动帮助。于是，我就在公开场合表扬她的优点，而在"私下里"指出她的不足和不良后果，讲究原则，纠正她的不妥行为。用赏识鼓励她，正是用爱心保护了她的自尊，促成了她的转变。所以说，尊重学生、赏识学生是教育学生的情感基础。

第二，树立自信，教给方法

孩子们常常会犯错，往往会产生自卑心理。此时，老师要做的就是帮助他们找回自我，树立信心。正如著名教育家陶行知先生告诫我们的："你的教鞭下有瓦特；你的冷眼里有牛顿；你的讥笑里有爱迪生。"每个教师必须有这个意识。我认定她是一棵好苗，就要细心去呵护，提供她成长的土壤和发展的空间，把班里的日常工作教给她去完成，并及时点评，在这个过程中教给她方法，鼓励她的工作，规范她的行为。

第三，多方联系，发挥合力

教育孩子还需要学校与家庭、社会共同努力，发挥合力。在这件事情上，我与她的爸爸取得了联系，爸爸一直认为女儿是个好孩子，没想到……爸爸决定挤出时间与她多沟通，和老师一起努力培养她良好的品质，还给女儿写了赠言。双方的共同教育使她认清了自己的努力方向。用爱的语言，爱的行动去激发她的上进心，在她的心中播种、诱发，培育良好的情感。

　　经过一段时间的培养，涵涵同学改掉了自由散漫的坏习惯，成为老师信任，同学喜欢，对待工作认真负责的孩子。她管理能力强，成了老师得力的小助手。教育是一个永恒的主题，在教育涵涵的过程中，我感到孩子的成长与家庭社会教育密不可分。成功的教育不在于选择教育的人给予教育，而在于给不同的孩子以适合的教育，使每个孩子得到自身应有的发展。尤其是这些各方面较好的孩子，他们的优越感明显强于别人，而他们自身的弱点更不容忽视，要使他们在健康的跑道上稳健奔跑，作为教育者的我们真的要"好琴还需常调弦"，只有这样才能弹奏出美妙的音乐。

　　作者简介：赵焕新，城关四小教师。善于调动学生的积极性，采取多种方式、方法培养学生行为习惯的养成，善抓养成教育。加强"三结合"教育，形成家、校教育合力，营造最大的教育空间；使所带班级班风好、学习氛围浓厚，学生自我教育、自我管理能力强并形成优秀班集体，取得优秀教学成绩。

春风化雨　润燥无声

小宇是一名三年级男同学，他性情倔强、暴躁，还爱耍脾气，不服从老师的管理，在很多老师的课堂上咆哮，顶撞老师，实在让人头疼。他就像一颗不定时"炸弹"，说不定什么时候就会爆炸，外界任何不符合他心意的信息都有可能把他"引爆"。

"咣、咣、咣"一阵捶桌子的声音，伴随着一声声"我脾气不好，我就这样"的怒吼，课堂上的气氛顿时凝固起来。

只因在课堂上一直随意接话茬，胡乱地说话，扰乱了正常的课堂秩序，影响了同学们学习，我对他进行劝阻和教育，然后就有了前面的一幕。这确实给我这个刚接手的班主任提出了一个课题，怎么办？引导他！影响他！改变他！我在心里暗暗下定决心！

一、委以重任　动之以行

小宇在课堂上敢如此作为，证明了他目空一切、无所顾忌的心态。前任班主任天天给他讲道理，也不见效果，反倒让他见得多了，没什么新鲜感。于是，我决定转变策略，让他做我的贴身小助手，跟在我身边做一些磨性子的小事，顺便增加一些了解的机会，也为日后的工作收集一点一手资料。

下课了，我要回办公室，让小宇帮我拿作业本。我回头看了看他，笑容一直挂在他的脸上，可以感受到他内心的那份快乐。他把作业本放在我的办公桌上，我对他说："下了这节课，你还来办公室取作业，可以吗？"他犹豫了一下，不解地问："怎么还是我？"我笑了笑，对他说："老师看你做事特别细致认真，不慌不忙，我相信你做这事比其他同学做得更好！愿意吗？"他用那双大眼睛看着我，点了点头。

接下来的日子，每到课间，我都会给他安排一些小事做，比如：在作业记录本上画对勾，看看谁没有交作业；再查一下哪位同学的错题没有改完；数一数同学们听写错了几个字……

做好任何事都需要耐心、细心和坚持。在做事的过程中，我还教给他一些快捷高效的方法，并鼓励他多帮其他老师做事。渐渐地，从他做事的过程和效果来看，不像开始那么浮躁了，对老师也有了一份亲近、信任。

二、溯本求源　有的放矢

和小宇一起做事，本身是一种无声的交流。

从交流中我了解到小宇是家中的独生子，享受着父母无边的宠爱，甚至是溺爱，在家里说一不二，于是养成了非常任性的性格。他受不了课堂的约束，经常违反纪律。原班主任联系家长后，小宇的父母也是费了一番功夫，但没有效果，后来就开始动用武力来镇压。宠爱转化为皮肉之痛和语言攻击，小宇心里自然接受不了，于是就有了种种对抗和爆发，这其实是一种无意识的宣泄。有了这样的认识和了解，我对小宇曾经的行为表现有了更多理解，同时也为进一步的教育转化明确了依据和方向。

三、激发内力　承担责任

少先队队干部要重新选举了，小宇在我的鼓励下也参加了竞选，他的发言引起了同学们对他的重新认识，最终被选为小队长。

选举结束了，我给队干部提出了严格的要求和努力的方向，只见小宇在不停地皱眉头。

我把小宇带到办公室，摸了摸他的头，轻轻地对他说："这个队干部是我给你的特殊任务，你要做到以下三点，就是帮助我了。第一，继续给我做小助手；第二，天天佩戴队干部标志；第三，上课除了回答问题不许出声音。你能做到吗？"

他听完之后连忙点头，并肯定地说："能！"我对他说："我也坚信，你一定能做到。"

后来，小宇果然在课堂上安静了许多，虽然偶有不和谐的声音，但只要老师一提醒就安静了，科任老师都说小宇像是变了一个人。

四、寄予期望　点燃信心

在接下来的日子里，我接连收到来自不同老师对小宇的表扬，这一信息也深深地鼓励了我，使我对自己的计划有了更大的信心。

临近期末，他结合自己以往的学习成绩，制定的目标是每个学科的成绩都能达到良好水平。这对小宇来说虽然太具有挑战性了，但我仍然明确地告诉小宇，只要目标都实现了，明年就能竞选中队干部，他的眼睛一下子就亮了！

期末检测成绩出来了，只有数学没有达到预期目标，他显得有些失落和沮丧。我问他："如果坚持这学期的进步速度，预测一下明年你会变得怎样。"他想了想，吞吞吐吐地说："说不清楚，我觉得会更好点，数学要是能达到良好，我就竞选中队干部。"我就来个顺水推舟："好！就按你说的，数学要是能达到良好，你就竞选中队干部，有这份雄心就很好！"

五、目标导航　稳步推进

成长不是一蹴而就的，需要日积月累长期坚持，需要有一颗恒心。眼看着小宇的进步，真怕他哪一天坚持不住了又打回原形。

新学期又开始了，我找来小宇，和他一起商定新学期的目标。在我们共同努力下，我们商定了每天的小目标、每月的目标、当前学期目标。每天的目标为每月的目标打基础，每月的目标为当前学期目标打基础，每个目标实现以后给予一定的奖励。

又一个学期结束了，小宇在纪律和学习方面都有了很大的进步，他正朝着自己心中的目标努力前行，变成了一个能够自控、受人欢迎的同学！

每一个孩子都是可塑的，这个塑造的过程与方法更是千差万别，但是无论怎样，都离不开老师对孩子的爱，只有爱才是助力孩子成长进步的桥梁，并且一定要爱得有技巧有策略，爱得春风化雨，爱得润物无声。

作者简介：陈红，城关四小教师。1996年毕业于房山师范，从教25年来，一直担任班主任工作，任教语文、数学。用发展的眼光看待每一个学生，用爱心对待每一名学生，深受学生喜爱。撰写的多篇论文获市、区级一、二等奖，曾获"区级优秀班主任""优秀少先队辅导员""骨干班主任"等多项荣誉称号。

"淘气包"变形记

著名教育家苏霍姆林斯基说过:"只有学校教育而没有家庭教育,或者只有家庭教育而没有学校教育,都不能完成培养人这一极其艰巨而复杂的任务。"在孩子教育这条路上,老师和家长携手同行,彼此充分尊重与信任,孩子才能很好地成长,这是我当一年级班主任三个月来最深的体会。

新学期开始,我迎来了一群"小豆包",一个长着一双机灵大眼睛的小男孩给我留下了非常深刻的印象。

他叫小翔,上课坐不住,一会儿动动右边同学的桌子,一会儿扒拉扒拉自己的书包;一双滴溜溜的大眼睛瞅瞅这儿,看看那儿;上课时注意力很难集中,还总是玩东西、出声音;走路时一蹦一跳,上操排队,还时不时用手捅捅前边的同学。真是一个十足的"淘气包"!

针对孩子的这种表现,我多次和家长沟通,建议家长在家里对孩子进行好习惯的锻炼、培养:每天15分钟的坐姿训练,15分钟的读书训练,孩子的东西让他自己整理。非常高兴的是,他的妈妈特别配合我的工作,每天按照要求锻炼孩子,并经常主动了解孩子在校的有关情况。

"老师,小翔今天上课总体表现怎么样?"

"老师,在家练习坐姿吧,刻意练习25分钟他能坚持,可一让他学习又坚持不了了。"

"试试把刻意练习25分钟的时间改成坐在座位上给您读课文,或者讲讲数学书上的知识,看他能不能坐住。"

"好的,老师,我会加强训练,争取让他早日融入班集体的学习生活。"

在我们的共同努力下,孩子慢慢有了进步,他上课时影响别人的情况越来越少了。

接下来,该解决孩子专心听讲的问题了。

上课时,他经常不认真听讲,提醒一次,坚持不了两分钟,然后继续玩自己的,即使边上有老师听课,他也照玩不误!

"爱是教育好学生的前提。"如果一再说孩子的缺点、不足,只能产生矛盾,老师和家长应该是一体的,应当互相支持。一再提醒无效的情况下,我开始改变策略,寻求家长的配合。

"小翔妈妈,孩子特别聪明,如果好好听讲,他能很快掌握新知识。"

"老师,您需要我们家长怎么做?我一定好好配合,严格要求他。"

(学习"数位"和"认识11—20各数"时,他掌握起来比较吃力。)

"小翔妈妈,上课时说10—20各数的含义和组成,孩子说不上来,您让他在家跟您说一说,录视频发给我,我再单独给他辅导辅导。"

"谢谢老师,您费心了。"

接下来的时间里,小翔妈妈天天发孩子练习的视频,我也及时指导:"20的含义和组成说得不太准确,应该说:'20的个位上是0,表示0个一;十位上是2,表示2个十;20由2个十和0个一组成'。""说对了,坚持天天练习,争取做到特别熟练。"

渐渐地,小翔上课会听讲的时间一点点儿增加。我在班里及时进行表扬,也经常向家长报告喜讯:"孩子今天回答问题特别积极。""孩子读课文声音特别洪亮。"

"老师,孩子就是耐心不够,现在带他读英语呢,看看明天表现,今天跟他说好了,上课不好好听讲，回家不能玩，就要一直学习。"

"行，咱俩配合好了，帮他尽快养成认真听讲的好习惯！"

现在的小翔，上课时坐姿非常端正，听讲特别专心；回答问题也十分积极主动，正确率高，有时候还能有出其不意的想法。

当孩子做错事时，家长配合学校解决问题时表现出的态度，对孩子的影响非常重要。

一次体育课上做游戏，他又和同学闹起来，无缘无故就把三个同学的脸抓破点儿皮。他家长接到我的电话后，急忙从大兴往回赶，路上和那几个孩子的家长联系、道歉，并表示如果去医院的话负责医药费；放学时，又给那几个孩子准备了些零食，并让小翔给那些孩子当面道歉。

第二天上学，我发现他老实了许多，不再招惹其他同学了。我及时把他的进步当着全班同学的面进行表扬，他不好意思地低下了头。我偷偷问他："回家后，你爸批评你了吗？""我爸给我讲了好多，让我和其他小朋友好好相处，还准备了一根小棍，狠狠地揍了我一顿。""那你可得长点儿记性，别再和其他同学打闹了。"接下来的几天里，我看他有时候有点儿忍不住，就悄悄逗他："我想把你爸的小棍借过来用几天，你看行吗？""不行不行，老师，我一定好好听您的话。"我把孩子的变化第一时间跟家长交流，学校里老师表扬，家长在家也鼓励。看到我经常表扬看课外书的同学，他课间不折腾了，也开始看课外书了。最令人头疼的打闹问题，也因为这个小事故解决了。

好几个同学每天都能拿到在家体育锻炼的鼓励卡，他特别羡慕，也开始在家使劲儿练跳绳。有一天晚上，他妈妈发来短信："孙老师，小翔跳绳能拿满分了！"我立即回复："太棒了！明天让孩子找我拿鼓励卡。"鼓励卡的激励，使他跳绳的积极性越来越高，家长几乎每天晚上都给我发视频，并且捷报频传："孙老师，今天突破120大关了。""今天跳了128个。""孙老师，又破纪录了，这次一下跳了140个！"

三个月过去了，小翔的表现越来越好，跟开学相比，简直换了一个人。这个月的班级之星评选中，他被评为"纪律之星"。

老师与家长的互相支持与配合，是孩子成长路上最大的助力。多一分理解，多一分包容，多一分耐心，只有初心一致，家校双方紧密合作，教育才能更高效。

作者简介： 孙京贤，中共党员，城关四小教师，区级骨干班主任。一直担任班主任工作，现任一年级班主任和年级组组长，对工作永远充满热情。

最后一堂英语课

我和大家分享的是一篇教育叙事。故事的主人公是一名六年级毕业生，他即将步入初中生活。

天气越来越热，六年级学生面临毕业。带着不舍的感情，我又一次走进教室。因为这是六（2）班最后一堂英语课，明天他们就要参加毕业考试了。其实，除了不舍，还有沉重。

我觉得还有那么多的话没有嘱咐他们，还有那么多的题怕他们不会做，还有那几个淘气不懂事的男孩子，让我如此不放心！唉，整理了一下思绪，我挺胸抬头地走进教室，走上讲台。多么熟悉的一张张脸庞，多么熟悉的眼神。咦？高同学怎么没在座位上？我扫视一周，突然发现他弯腰、伸着脖子跟旁边的同学在窃窃私语。看他的神情，他可能还没意识到这是他们的最后一节英语课啊。于是，我开口说话："孩子们，今天是你们班最后一堂英语课。"我故意停顿了一下，等着他们的反应。有的孩子开始点头，有的孩子低头不语，不知道他们心里在想什么。我用余光盯着高同学。

高同学是一名男生。很聪明，也很淘气。很上进，也很不通情达理。很好学，也很招摇、惹人烦。很喜欢英语，也很喜欢我这个英语老师。但是，奇怪的是，每次课堂上，他不仅仅喋喋不休，屡屡违反课堂纪律，而且说话狂傲至极。可是有时候，又自虐、自嘲、自讽得厉害。比如，我讲题时，如果一个特别低级的语法错误，他恰好错了，就会说"我脑子进水了""我是蠢猪"等特别激烈的言辞。还有，别看他在课堂上折腾得特别欢，一旦到我身边来问英语题，或者到我身边来问成绩什么的，总之有求于我的时候，他就会变成极其懂礼貌的"小绵羊"。我都不相信，那话是从他嘴里说出的。

"老师，您帮我看看这道题，是这样选择吗？"

"老师，月考我得了多少分啊？"

"老师，您看，这个词，不是应该是这个意思吗，怎么还有这个解释啊？"还拿来词典让我看。

每一次，他这样来找我的时候，都把我感动得不行不行的。我不厌其烦地给他讲解，举例子，恨不得倾我所学，全告诉他。可是，一转眼，他回到班里，坐到位子上，回到同学中去，他就变了。折腾、乱说话、接老师的话往别的话题上扯、不通情理、自虐，总之，就是三个字：惹人烦。这个怪圈，一直缠绕着我，使我百思不得其解。

一次次，我跟他家长谈，一次次，我跟班主任控诉，一次次，我和其他科任老师探讨，一次次，我找他谈心，一次次，找他的同学了解情况。但一切，于事无补。时间就这样一天天过去，最后还是来到了他即将毕业的这一天。他要走了，他要离开我了，他要继续"祸害"别的老师去了。

怎么办？看他现在的情形，似乎也没有被我们的离情别绪所感动，依然如故。接下来，我开始讲题，分析新初一增值性评价的样卷。典型的题型已经讲完，下面我要开始说应考的一些注意事项了。这期间，他多次和我"积极互动"。我说东，他说东好。我说西，他说西对。把我气得无语。终于讲完卷子了，我担心他不注意听考试注意事项，因此，停下来，提醒他。"高同学，你不要再说话了，以免影响大家听考试注意事项，你自己也不能做好考试准备。"他暂时收敛，我刚开始说，他又开始伸腰和过道那边的同学说话，还有说有笑的。我终于说不下去了。这一幕，在这个学期曾经是家常便饭，今天只是旧日重来而已。我走到他身边，对他生气地说："高同学，这最后一堂英语课，你也没有珍惜啊！也许，对你来说，以后还会有无数堂英语课。可是，对我来说，给你上课，这是最后一次了。请你站到书柜那儿，请给我十分钟，也请你认真听。"于是，他在最后一堂英语课上还是被罚站了十分钟。说实话，我的心里也不舒服。事后，我对自己说，我有必要这样做吗？留下这个缺憾，让孩子带着这样的心情离开英语课堂，离开我。他大体上还是很好的呀！关键他还是个孩子！毕业考试结束了，他成绩不错，虽然没有得满分，但是只差一点点。而且错的题也是他确实没掌握好。怀着惴惴不安的心情，我开始整理六年级的毕业事项：写评价手册，登统成绩，填CMIS，写质量分析以及上交各种材料。

突然，有一天晚上，我记得很晚了，大概22:00左右，他给我发来了微信消息。下面是我们对话的截图。

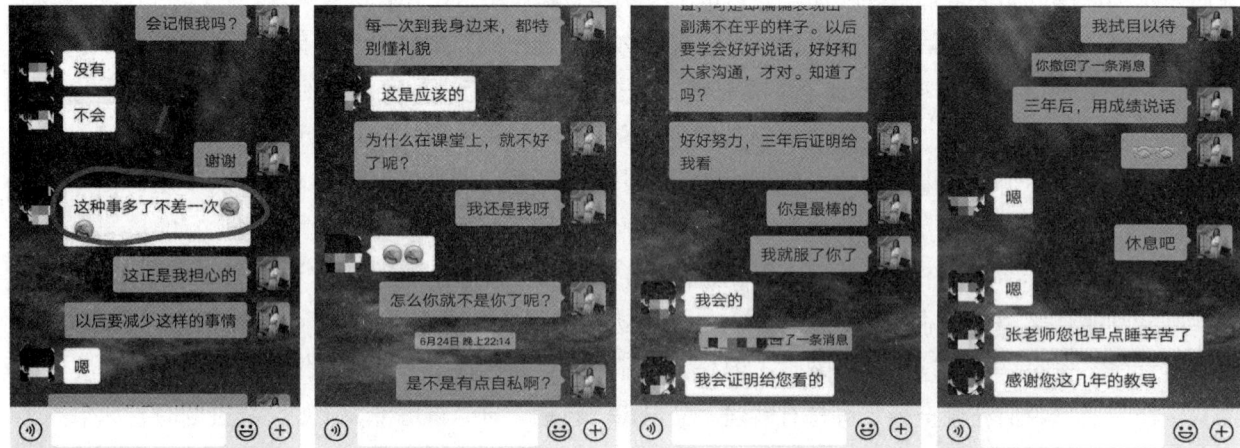

图5　学生和我的聊天记录①　图6　学生和我的聊天记录②　图7　学生和我的聊天记录③　图8　学生和我的聊天记录④

起先，他上来就是问成绩。好像没有发生过什么似的，这让我心安一些。然后，我们聊了最后一堂英语课的事。他的一句话，让我感到"触目惊心"，也让我一下子明白了孩子曾经经历了一次次什么。多少个一次次，他才会说，不差这一次。听了他的话，我觉得特别痛心。那句"这是应该的"又让我觉得无比感动！孩子的心灵都是善良的、纯洁的。可能每一次教育在他们的心灵上，都留下了或这样或那样的痕迹，包括老师的、家长的、同伴的，甚至是路人的。可是，作为一名专业教育工作者，我应该做的又是什么呢？我想：不管学生有多少个这样的"一次次"，我也要用我的"一次次"，去温暖、融化孩子的心灵。很多大教育家都曾提到"没有爱，就没有教育"，孩子的心灵，更应该得到最好的照拂，保护他们的良善，保护他们的失败，就是在培养他们做一个懂礼、有素质的人。

先圣尊师孔子曾教导我们："道之以政，齐之以刑，民免而无耻。道之以德，齐之以礼，有耻且格。"就是告诉我们：用道义、礼仪来教导学生，让他们知道自尊，懂得自爱。苏霍姆林斯基也说过："教育的艺术，是教学生学会尊重自己，爱惜自己的人格。倘若儿童不会尊重自己，那就糟糕透顶了……我在学校里工作了几十年，还没有遇到不可救药的家长，还没有遇到心灵没有剩下一丁点儿善的火花的人。把这火花变成明亮的火炬——这就是教师极端困难但却十分崇高的任务。"最后一堂英语课，留给我遗憾，也让我警醒。我们不仅要成为学生学习知识的引路人，更要做锤炼学生品格的引路人。

作者简介：张春杰，城关四小教师，现从事英语学科教学工作。一直从事一线教学工作，先后担任班主任、大队辅导员和英语教师。善思考、爱钻研。秉承特色育人，在学校"励行"教育理念的引领下，形成了属于自己的独特育人方式，是一名科研型教师。撰写的论文多次荣获市、区级奖励，并多次承担英语教材培训和教材梳理工作。

以真育真　共同成长

我们如此"课程"

——行走在课程供给育人路上的那点事儿

为党育人，为国育才——这不是一句空洞的标语，也不是单纯的追求，而是教育工作者应有的初心和学校须干的正事儿。这几年我们四〇一人始终把课程供给作为立德树人和五育并举的主菜单，砥砺前行！下面略记——

（一）"根"——一个不是故事的故事

2019年3月14日，学校的课程建设在一个和谐、激扬的大会后如约启动了：有组织框架、有任务分工、有行动路线、有时间节点、有保障机制……一切是那么的美好和丰满！然而，残酷的现实却告诉了我们一个赤裸裸的骨感：茫然和空洞——"我们做什么"，木讷和呆然——"我们怎么做"，哗然和挠头——"我们做不了。"怀疑和否认逐步蔓延开来，课程建设仿佛与我们越来越遥远。在困顿中恰逢区课程领导力项目启动，入校专家的那句"没有根的教育就是伪教育，没有根的课程就是花架子"惊醒了梦中人！是啊，在我们的课程逻辑里，我们好像从未思考过如此原生态的命题：课程有根吗？课程的根在哪儿？

再一次拿起书本、再一次走进培训、再一次走进学生，我们的视阈被打开、脑洞被激活："校长，课程的根就是教育的魂，做有根的课程就是做有魂的教育。""校长，学校课程的根就是育人的本分。""校长，我们的课程应该瞄准学生。""校长，多从立德树人的角度去考量问题。"……烦乱的认知最后凝聚成了两个共识：第一，课程是有根的。教育的根就是课程的根，课程是为育人服务的，是为教育的根本任务服务的，抛开教育的本质属性所做出的课程一定是镜中花，丢开教育的根本任务去谈课程肯定也是在耍花枪。具体来讲，做好课程建设要立足两根，即价值之根和文化之根。价值之根在于精准回应国家"培养什么人""为谁培养人""怎样培养人"的指向问题；文化之根在于科学回答学校文化的前世和今生、未来和方向的延续问题。第二，课程是见人的。课程是一座桥，一头连着民族未来，一头连着国家希望。我们在迷茫中基于教育原点问题的思考过程既是思维破冰的过程，更是我们迈出第一步的逻辑起点。

（二）"真"——一个值得讲又讲不好的故事

清晰原点的过程也意味着我们曾经"高大上"的1.0版的课程方案被否定的过程。接下来的战斗怎么打？主攻的方向在哪里？有生力量又在哪儿？……一个个问题蜂拥而来。"在极度求真和极度透明中追求创意的择优"：班子成员琢磨起了我们的课程建设做点啥，学科组长和有志青年谈起了课程建设我们能做啥，学生和家长也聊起了关于课程我们需要啥，专家学者聚焦了帮你做点啥。在痛并快乐的组合拳里，我们不断否定和成长，2.0版、3.0版、4.0版的课程方案逐一出台……

在这个基于需求的课程探索之路上，我们也逐步完成了三个转型：（1）办学理念识别系统的转型。借助专业力量，研判发展现状、梳理学校历史、调研群体建议、研读政策形势，明确了学校"尚真"文化的理念体系和目标体系，推进了学校办学理念从最初外延型呈现到内涵式表达的转变；（2）课程发展体系的转型。在学校"以真育真，共同成长"的教育思想和"教人学真，学做真人"的办学理念以及"培养具有善智蕴美尚真学子"培养目标的引导下,我们在按基础型、拓展型和探究型课程三个维度和限定学习与非限定学习两个修习方式,对学校的课程体系进行了重构,初步实现了课程从"文本"到"学生"的意义转型;(3)课程价值指向的转型。先从堵塞"我不会"这个最简单的借口干起,依托"一校一品"项目做了为期六期的"教师课程建设力和领导力"主题培训,实现了课程认知的精准扶贫;然后从学科建设的角度出发,让更多的教师被内卷:语文组的古诗词系列诵读课程、数学组的系列益智课程、英语组的系列听说课程、科学组的系列小实验制作课程、人文组的主题式课程等在半年后全部勃然萌发。在28门拓展课开出后,迎来了学生的欢呼和家长的点赞。两年下来,教师560余个区级以上证书、学生近1000人次的区级以上全领域的获奖让我们的努力收获了最实在的成果。

(三)"梦"——一个从不缺少故事的故事

两年下来,我们深切地感到课程路上从来就没有驿站。正如我们的人生,只要选择上路了,就只能永不疲倦地跑下去:饿了,画饼充饥也得坚持!累了,咬紧牙关也得坚持!困了,悬梁刺股还得坚持!好在这条路上我们从不孤单和寂寞:在你想要放弃时花香鸟语总是不期而遇,在你想要歇脚时万千双手总是推你前行!感谢我们课程路上自己的不放弃和同修者的不抛弃!

梦想继续,课程继续,故事继续,育人继续……

作者简介:梁玉财,从教20多年来在"以真育真,共同成长"的教育理念引领下追求教育本真,提升育人质量。曾多次被评为"房山区教育系统优秀共产党员"、"红领巾读书优秀校长",多篇文章在《现代教育报》《北京教育》等杂志发表。现任四〇一学校校长、副书记。

让融合教育之光　普照每一个孩子

北京市房山区四〇一学校，建于1957年，前身是中国原子能科学研究院子弟学校。2009年6月属地化管理，学校直属房山区教育委员会。现有教学班22个，学生702名，随班就读学生6人。教职工63人，专任教师学历合格率为100%，区级以上骨干教师（班主任）13人。领导十分重视随班就读工作，努力营造良好的融合教育环境，使特殊儿童和普通学生一样，同在蓝天下一起享受灿烂的阳光。

一、强化管理，为随班就读生创建良好的融合教育环境

（一）健全网络，构建学校融合教育的管理体系

特殊儿童有着纯洁的心灵、无邪的笑脸，他们向善、向美、向真，是一群可爱的孩子，也是弱苗，需要更多的关爱和扶植。因此，我们始终把对他们的教育作为学校教育教学工作的一个重要组成部分，给予极大的重视和热切的关注。成立以校长为组长、主管教学校长具体负责、资源教师实施的随班就读工作管理网络。在师资配备上，学校也作了细致安排，挑选学历高、业务能力强、工作责任心强、有耐心的教师担任班主任和资源教师。

（二）加强管理，建立融合教育的有效机制

在区特教中心的帮助下，学校制定了融合教育的工作制度和要求，如"零拒绝"的招生制度、课堂质量评价制度、"中小衔接"制度等。资源教师要做到"五清"：即人数清、姓名清、住址清、残疾类型清、学习情况清，为学生建立成长档案，对他们在学习、身体、心理等方面的发展情况进行跟踪记录，从而提高随班就读质量。

（三）加强培训，建设融合教育的教师队伍

融合教育工作的关键是教师队伍的培养，我们的目标是将所有的干部教师都培养成全纳型的教师。从事随班就读工作的教师要做到"两提高"：一是提高理论水平，鼓励教师积极参加各级各类培训；二是提高随班就读的课堂教学能力，学校定期开展随班就读教研活动，鼓励教师参加市、区随班就读教研活动。

（四）家校沟通，为融合教育工作提供有力保证

良好的家庭教育是做好随班就读工作的有力保证，对随班就读生的家长进行培训、请家长走进课堂、教给家长家庭辅导的方法等，是我们的日常工作。有些家长采取回避的态度，我们就耐心地和家长一起分析孩子的情况，帮他们选择恰当的教育方法，使家庭教育与学校教育形成共识和合力，共同促进孩子的发展。

二、全面关注随班就读生，提升他们的自信心和综合能力

（一）通过小组合作学习，提高他们的学习能力

每个随班就读的班级，已经形成了人人都是随班就读生的朋友和助学伙伴的良好氛围。低年级时，随班就读生有固定的合作学习小组，高年级时，随班就读生的合作小组为动态组合，即随着学科和学习内容的变化，在老师的指导下，学生们会根据随班就读生的情况调整合作学习小组，学生们已经把对随班就读生的帮助变成了一种自觉自愿的行为。

（二）通过及时有效的帮助，提高他们的自信心

自信是一种非智力因素，它不仅具有动力价值，而且具有精神价值。一个调动学生学习情绪的活

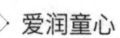

动、一句鼓励学生学习进步的话，都会对学生学习的信心和自我审视产生巨大的影响。

1. 给随班就读生更多的关心和爱护

首先，每一名任课教师，都能够创设良好的课堂气氛，以真诚的情感对待学生，并能设身处地地为学生着想，关注学生之间的差异和需要。通过适宜的教学内容、科学的组织安排、灵活的教学方法、分层的评价标准来满足学生的学习需要。其次，老师们还会对随班就读生进行个别辅导、安排形式多样的教学活动，让随班就读生充分体会到老师的关心和爱护，从而达到提高自信心的目的。

2. 给随班就读生更多的鼓励和表扬

教师的鼓励和表扬就是兴奋剂、航标灯。给随班就读生更多的机会，让他们通过发现自己"才能"的过程获得成就感，使他们的自信心得到进一步的提高。如一名视障生，电脑操作水平比较高，老师就让他管理电脑，他十分开心，也觉得很自豪。

3. 给随班就读生更多的条件和机会

在正常的教育教学实践活动中，针对不同情况的随班就读生，实施个性化教学计划，让他们接受与正常学生一样的教育。如视障生需要特殊的照明设备，就允许他在教室里使用，尽管会影响班级环境。上课时，随班就读生的座位是最靠前的、助学伙伴是最优秀的、老师也会用期待的目光关注他们；下课时，同学们会主动和随班就读生一起玩耍；天冷了，老师会嘱咐他们多穿一些衣服；生病了，同学们会主动为其买药、送水……这些看似微不足道的小事都让随班就读生感受到爱的温暖，在不知不觉间有了不同程度的进步。

（三）通过各种活动，提高他们的综合素质

每学期开展的各项活动，都有随班就读生积极参与的身影。在老师的指导下，他们都能自信地参加活动、展示成果。通过这些活动，不仅提高了随班就读生的自理能力，增强了他们的自信心，也增强了家长与孩子之间、学校之间的交流，同时也提高了家长对学校工作的信任度。如在房山区第六届听障生诗歌朗读比赛中，我校学生获一等奖，资源教师获优秀辅导奖。

每个随班就读生都是不一样的，我们会再接再厉，把随班就读生的工作做好，让随班就读生和其他同学一样绽放光彩，让融合教育之光，普照每一个孩子！

作者简介：肖子祥，教学副校长。发表论文多篇，多次担任房山区教师基本功比赛评委，多次获得"房山区优秀共产党员"和"优秀教师"称号，多次荣获"房山区优秀辅导教师奖"和"中高考优秀管理者奖"。曾担任《高校招生》杂志编委。

这一刻，我明白了……

水滴可以穿石，可以汇聚成无数条河流；小树经过精心呵护才会长成参天大树；点点滴滴的师爱，同样可以汇聚无穷力量，孩子会依偎在师爱这温暖的臂膀上，逐渐明理，从而不断成长、进步。

金秋九月，我与"小豆包"们结缘，成为他们的"首领"。孩子们来自不同的家庭，各具特点，但共具孩童的天真可爱。看到孩子们甜甜的笑容，看到家长们会心的微笑，我对今后的工作信心十足，因为我深知教室里的每一个孩子都是家长们的整个世界。

开学初，在"小豆包"们眼中，根本没有意识到要遵守什么规定，也没有他们所惧怕的人。追着校长叫爷爷，德育主任给楼道的展板拍照，小李趴在我耳边悄悄告诉我那个奶奶的手机和他爸爸的一样。逗得我"扑哧"一下笑出了声，和他们在一起的快乐生活就此拉开帷幕。"老师，××把××打了！""老师，他欺负我！""老师，他拿了我的橡皮不给我！"……每天不知要处理多少"事件"，我走到哪儿，都能听到告状的声音。

小泽是个偏内向的男孩，平时不善言语，和同学交往话并不多，但是每次和我说起话来却总是滔滔不绝，每天放学都要单独和我告别。"老师，您上了好几节课，嗓子一定很干，喝点水吧！"耳边又响起了小泽的声音。只见他双手把自己的水杯高举到我跟前，那双明亮的双眸充满期待地望着我。为了和孩子的目光在同一水平线上，我蹲下来，抚摸着他的头说："谢谢小泽，老师不渴，还是你喝吧！"小泽为我送水也是常事儿，可见孩子虽然年纪小，但懂事、体贴人。

一次，小泽满脸泪水，一头扑到了我的怀里，什么也不说，只是一个劲儿地哭泣。我轻拍着他的肩膀，什么也不问，心中却是充满疑惑：孩子到底受了多大委屈？居然哭得这么伤心！但此时估计也问不出来。就这样，过了几分钟，他哭泣的声音渐渐消失，不再那么激动，我才开口问他："告诉老师，到底怎么了？""老师，小聪拿了我的尺子，不还给我。""别伤心了，老师帮你解决。"我边说边用手抹去他脸颊上的泪痕。我找到小聪了解此事，他告诉我是和小泽开玩笑的。我告诉小聪："开玩笑，若对方不能接受就不是玩笑。就拿今天这件事说吧，你认为是玩笑，却已经伤害到了小泽。"小聪听了，主动向小泽道了歉，两人握手言和。

事情虽然解决了，但小泽伤心地扑到我怀中的那一刻，却深深地烙在了我的心上。如此一件小事，他却如此痛哭流涕。不，对一年级的孩子来说，这不是一件小事，因为他无法独立解决，很无助，只能向我求助。以往总认为一年级的孩子喜欢告状，从早到晚，每天不知要解决多少孩子们的诉状，有时也会感到不耐烦，而这一刻，我终于明白了为什么一年级的孩子喜欢告状。就拿小泽这件事来说吧！他们刚刚踏入校门，入学前有父母和长辈的百般呵护，如今独自一人感受校园生活，在学校里，班主任就是孩子们的天，是孩子们的地，是孩子们心中的"保护伞"。一年级的孩子告状是他们的天性，更能看出他们的童真。魏书生老师说过，变换角度思考问题，选择积极的角色进入生活，容易使人成为一个成功者。对呀，为什么我们就不能站在孩子的角度去换位思考一下，他们为什么告状呢？在他们心中，老师是神圣的，完美的。孩子们对老师有着一种特殊的期望和依赖。此时，我真真正正地体会到了"老师像妈妈"这句话的深刻含义。

对我这个刚刚教完毕业班的老师来说，高年级的孩子和一年级的小豆包真是鲜明的对比呀！为什么高年级的孩子很少再告状？我陷入了沉思之中：那是因为他们随着年龄的增长，逐渐学会了如何独立解决问题。正如小孩子喜欢跑来跑去，而初高中的孩子却很少再有这样的举动一样。希望我们对每个"小豆包"多一分爱心，多一分耐心，更要多一分诚心，逐渐教会孩子们试着去独立解决一些小事，因为他们总归要离开老师和父母的呵护，展翅高飞。真心希望孩子们也能在成长路上彼此多一些理解、信任，多站在别人的角度去思考问题，这才是真真切切的换位思考。或许同学之间的矛盾会逐渐减少，增加的反而是彼此间浓浓的友情。

这一刻，我终于恍然大悟，解开了多年的"告状"之谜。它将我带进了童心世界，找寻到孩子们心中的小秘密，我懂、他们懂，我们彼此都懂。用心做教育，做心中有人的教育，让我们从无私的师爱启程。我愿做孩子们忠实的倾听者，真诚的守护者，成长的引领者。愿我们一路同行，愿每一颗小星星都能在晴朗的夜空中熠熠发光。

作者简介：骆红双，房山区骨干班主任。1996年参加工作，默默耕耘在班主任这片幸福的沃土上。坚持身教重于言教，用自己的爱心温暖每一颗童心，成为深受学生喜爱的班主任。曾获得"北京市学生喜爱班主任""北京市'紫禁杯'优秀班主任""房山区智慧班主任""房山区优秀教师""房山区人民满意教师""房山区师德榜样""房山区教育创新标兵""房山区优秀辅导员"等荣誉称号。多篇论文获市、区级一等奖。

好沟通　真合力　促成长

　　教育，从来就不能够孤立成行，教育本身就是合力对儿童成长所产生的积极作用。在任何时候，好家长不能替代好教师，好教师也不能替代好家长；只有学校、教师、家长、学生——这些词语真正地回归它本身的语义的时候，和谐的教育才能够因"合力"而生成。

　　刚开学一个月，我就发现我们班的一个女孩子有些问题，美术老师要求孩子们当天完成美术作业，大部分孩子课堂上就已经完成了，于是，我对学生说，交完作业才可以离开教室。最后，发现只有2个孩子没有交作业，这当中包括那个女生，她一直和一个男生在说什么。"怎么回事，你们两个？"男孩很委屈："老师，这个是我画的，可她说是她的。"女孩却说："这个是从我书包里找到的，可是上面并没有写名字，是我的。"那到底是谁的呢！正在打扫卫生的孩子们围了过来，男孩子说："老师您看，墨点到了我的衣服上，有的还溅到了纸上。就是我的！"可这时候女孩子也哭说："老师，那个就是我的！"而且她很笃定，虽然刚接这个班两天，可平时我都比较偏向于女孩子，但这次我却有点犹豫了。说实在的，这张画，挺难看的，我觉得不应该是这么漂亮的女孩子画出来的。我说了我的想法，女孩子沉默了，忽然她对我说："我和他商量一下吧！"我真的很奇怪，这张画是谁画的还需要商量吗？但我仍然同意了她的要求。一会儿他俩商量完了，女孩子直接走到了我的跟前："老师，我们商量完了，那张画算是他画的，我自己明天再补上一张。""哦？好吧！"我挑起眉头看着她说。男孩子把名字写在了画上，离开了教室。女孩子说没有带墨水，想明天交作业。"可以，明天别忘了就好，一早来交给我。"我同意了。

　　第二天早上，女孩儿却对我说，墨水昨天晚上忘在教室了。嗯？这可就有问题了，昨天说别人的画是她的，今天却告诉我，她昨天将墨水忘在了教室？这个问题有些严重了，我需要找她好好谈谈了。我一点一点地给她讲这件事情，说我的想法，突然她就哭了，说昨天是骗了我，画是那个男孩子的，而她想早回家，不想在学校画，到了家，又忘了画。她请求我不要告诉她的妈妈，我和她分析了这件事情的利弊，她也认识到了自己的错误，答应我会尽快补完作业，以后也一定会改正骗人的小毛病。于是我们两个商量好，这件事就当成小秘密不和家长说了。果然孩子之后认真完成作业，也一直是个乖乖女的模样，我也遵守着我俩的约定，没有和她的妈妈去说这件事情。

　　然而在9月底她的妈妈打来了这样一个电话，说某一科的老师没有认真判作业，而且说孩子问老师怎么做，而老师却说，找同学问去。家长很生气，她觉得，我家的孩子一直胆子就小，孩子好不容易问这样一个问题，多不容易啊！老师还不给回答，真的挺过分的。我先安慰了一下家长，告诉她这件事我一定会调查清楚的。放下电话，我左思右想，总觉得这件事情很蹊跷，凭我对这位老师的了解，觉得这样的话他应该不会说出来。第二天，我就找了几个学生，问了问当时的情况，又和老师核实了一下当时的情况。这个老师说，这个女孩子从来没有问过问题，倒是有一个男孩子过来问，当时他很生气，因为刚讲了好几遍，就说让孩子去找别人问，不过，后来他还是又一遍将答案分析给男孩子听。了解了这些，我给家长打了电话，希望家长来学校一趟，和她进行一下交流。不久家长就来到了办公室，我先请她描述一下她对孩子平时的了解，家长说了孩子平时很乖巧，不爱说话，什么事情都特别让着别人，学习一直是中上等。听完她的话，我就说了一下这一个月我对这个孩子的了解，我也和她一样，觉得孩子是很乖巧的。接着我把昨天她对我所说的事情，以及我调查的结果对她讲了，因为我不光调查了学生和老师，也对孩子本人进行了调查，孩子对我说的是，她根本没有问过老师。家长却说觉得可能老师问她，孩子会觉得害怕，于是有骗我的嫌疑。看来家长对孩子还不是真正了解，我只好把和孩子约定不说的那件事情说了出来。家长很惊讶，说从来不知道会有这种情况发生，那到底是什么原因造成的这种问题呢？我提出了几个问题，首先，家里只有一个孩子吗？家长说，她还有一个弟弟。那平时，家长对弟弟和对她的要求一样吗？家长说，弟弟比较小，于是经常要姐姐让着弟弟，而且在弟弟没出生之前，对女孩的要求是很严格的，现在也同样这样要求，一样啊！那弟弟出生后单独带女孩子出去玩过吗？她说，弟弟太小，只带弟弟出去过。我觉得根源可能就在这里了，我对她说："你原来的关注点在女儿身上，而且是全部，但自从有了这个弟弟，可能你的关注点，大部分放在了儿子身上。于是女儿有时就会觉得不平衡，她可能要采取其他措施来博得你对她的爱，对她的关注。"这位妈妈突然就有所悟地说道："好像是，我曾经听到，我闺女曾恨恨地对我儿子说，要是没你就好了！而且，在我看不到的时候她也会打弟弟。"她当时觉得没有什么，现在想来还真是有些问题的。我对她说："你有女儿和儿子应该是非常幸福的，应该让他们同时都得到你的爱，而不是偏颇一方，尤其女孩子心思比较细腻，你应该单独带女孩子多出去，多陪陪她，让她感觉并没有失去这份爱，慢慢地，她也会去爱自己的弟弟。"

找到了根源，家长也认同了我的观点，知道了自身的问题，因为自己的一时疏忽，造成了孩子慢慢养成了会去骗别人，包括去偷其他人的钱（老师曾经讲的），以博得家长的疼爱，给别人的表面现象是乖巧的情况。这种后果真的是要不得，那么应该如何去对待自己的子女，培养出真正优秀的孩子呢？之后，我经常和这个家长联系，共同探讨如何去教育孩子。逐渐地，我看到了这个乖巧的女孩，越来越多地露出了快乐的笑容，课堂上勇敢举手，积极回答问题，学习成绩也稳步上升，也经常课下跑来和我聊天，说妈妈带她出去玩了，妈妈给她买了她一直喜欢的东西……

我觉得这就是和家长进行合力所取得的最好的效果。教师要以自己的努力，致力于这种合力的生成与完善……家校协同，最终的目的是为了教育的和谐发展。

作者简介：王雷，勤勤恳恳，默默奉献，坚信天道酬勤，组织各种活动陪伴孩子成长，为孩子的成长助力。曾获得"房山区优秀青年教师""优秀共产党员""优秀少先队辅导员""人民满意教师标兵""学生喜爱的班主任"等称号。论文多次获市、区级一、二、三等奖。

两封感恩信

刚刚接手新班级不久,教育难题就出现了……

一个星期四,浩浩和明明在课间跑到我跟前告状。浩浩说:"老师,昨天您不在学校,小刚在下午跑操时不尊敬您。"我有点儿诧异:"他做了什么不尊敬我的事?"明明补充道:"昨天他不守纪律,我说告诉陈老师,他说你告诉陈志苹啊,我才不怕!""你们两个都听到他这样说了?"他们使劲儿点点头。听了他们的"汇报",我心里咯噔一下,脸也不自觉地沉了下来。

这时,也有别的孩子围上来凑热闹,想知道发生了什么,我赶紧把他们支开,思考着处理办法。这件事我首先要考虑的是应该私下处理,还是在集体中处理。多年的带班经验告诉我,私下处理更妥当一些。榜样的力量是无穷的,但有好的榜样,也有不好的榜样。孩子们正处在喜欢模仿、好奇的年龄阶段,这种不好的举动一旦被班里一些调皮的孩子效仿,产生连锁反应,后果不堪设想。于是,我先单独对浩浩和明明说,这件事我一定会处理的,但让他们先不要告诉大家,我们心灵的摄像机应该对准那些美的事。这时,我不自觉地看向远处的小刚,他也正在看着我。他似乎已经知道了两位同学在告他的状,表情很不自然。

中午,我把小刚叫到我跟前,问他昨天下午课间操时做什么不好的事情了没有。他开始躲闪着说没有,后来说纪律不太好,至于不尊敬我的事丝毫没有提起。我没有再追问。小刚是一个聪明的孩子,大错不犯,小错不断,经常冒一些小"坏"。比如,把自己的一堆废纸扔到同学的桌洞里;课间用彩笔在自己脸上写上"王"字,画上猫胡子,逗得大家哄笑。刚开学时间不长,他一个人就给我们班扣了10分。以前每次犯错我都会严厉地批评他,并让他依据班规写说明书,但成效不大。如果我依然像以往一样批评小刚,只能让他与我形成对抗,进而寻找一切可能的机会与我作对,尤其是我不在学校的时候。

这次又该怎么办呢?苏霍姆林斯基在《给教师的建议》中说:"对儿童的恶作剧和淘气不能容忍,就会使教师成为冷淡的好说教者和只重理性的监视者,而受到儿童憎恶。"他把孩子们犯的错误称之为"天真的淘气",字里行间无不体现着对学生真诚的爱。而我缺少的就是"教育大师"对学生的爱与宽容。万玮老师认为,如果出了问题学生,真正要反思和改变的是教育工作者自己。我认真分析小刚出现诸多问题背后的原因:一是小刚本身性格使然,使得他非常淘气;二是我多次对他批评、惩罚,并向家长投诉,使他产生了一定的逆反心理;三是他不懂老师的辛苦,对我这个新老师还不够认可;四是我对他的关爱不够。既要让他接受教训又不能形成对抗,我决定对他进行正面教育。

小刚写作能力不强,因此,我还是想以此来为难他一下,继续让他写作。但这一次与以往不同,我让小刚写写他眼中的我。开始,他完全写不出,所以,我就启发他,并给他讲讲我的工作情况,我的教育故事,让他体会到老师的辛苦,体会到老师对学生的爱。憋了很长时间,他终于写出一页了,我看了看,里面写的主要内容是要感恩老师,我便顺势感谢他对老师的理解。就这样,我感觉我们的距离近了不少。

第二天早晨,同学们都来了,我对大家说:"前几天,丽丽同学给老师写了一封感谢信,感谢老师对她的辅导,而今天,我又收到了一封,是小刚写的。他看到老师工作非常辛苦,所以也写了一封信表达感恩之情。"我让小刚到前面来读给大家听,他的声音比平时回答问题时小多了,脸有些红。其他同学都认真地听着,最后大家还不约而同地鼓起掌来。

自从写了这封"感恩信"之后,小刚有了不小的变化,尤其是纪律好了很多。而我再接再厉,没有停下转化帮助他的脚步。我努力让我温暖的阳光播撒到他的身上,使他从角落走到台前,变得闪闪发光。他上课发言积极,我经常夸奖他。他做数学题正确率高,我在大家面前也极力表扬,又发微信给家长告知情况,表扬进步。现在,他的学习状态很好,不那么淘气了,在我面前也恭恭敬敬的。在我的鼓励下,他还入选了学校的羽毛球队,并代表全校参加了区里的比赛,取得了名次。

那天,小刚走到我跟前,手里拿着一张精美的折叠卡片。他说:"陈老师,这是我自己做的,送给您。您辛苦了!"我非常欣喜,打开卡片一看,里面还夹着一封信,一份感恩信呢!嘿嘿,我又一次收到了小刚的感恩信,而且是他主动送的。我们俩都笑了。

"孩子,不是你不能学好,而是我还没有找到教好你的方法。"现在,我终于找到了教好小刚的方法,那就是宽容、接纳与关爱。

作者简介:陈志苹,房山区骨干班主任。曾获"全国和谐德育先进教师""北京市中小学'紫禁杯'优秀班主任""房山区学生喜爱的班主任""房山区教育系统师德榜样""房山区教育系统人民满意教师标兵""房山区优秀青年教师"等多项荣誉称号。在北京市中小学主题班会评优、房山区"主题班会同课异构"评选、主题家长会评选等多项活动中获得一等奖。

终见花开

最近看了一篇题目为《每个孩子都是一粒种子，只是花期不同》的文章，其中写道：有的花一开始就灿烂绽放，有的花一开始就默默无闻，需要漫长的等待。不要看别人的花怒放了，自己的花还没有动静就着急了，放弃了。也许你的种子永远不会开花，因为他是一棵参天大树。这使我不禁想起了我们班的东东同学。

东东是一个天真烂漫的孩子，长得白白净净，脸上总是挂着灿烂的笑容，看上去十分可爱，让人有一种想抱抱的感觉。也许是上帝给了他一副天使的容貌，就让他在其他方面有所缺失。东东在上一年级的时候，心理年龄明显和身体年龄不符，有些像两三岁的孩子。上课不能坐在自己的座位上，总想着往教室外边跑。有时候因为别人的一句话或一个动作就会大发雷霆，在学校里找个地方躲起来，得发动全校老师四处去找他。

刚开始的时候，我天天加大对他管理的力度，经过一段时间的努力，他在我上课时不往外跑了，可一到其他老师上课就往外跑，尤其一上室外课或者课间活动就不回来了。我深刻反思后，觉得是我给他的压力太大了，等我下课时，他可能就已经到了爆发的临界点，或者是鉴于我的威压（本人是个身高185厘米的男老师），在我上课时他不敢往外跑。鉴于这种情况，我做出了调整，在学习上放低要求，给他减轻学习压力。经过一段时间，果然有了一定的成效，东东上其他课好了很多。

于是我给他定了第一个目标，就是上所有课都能在班里，毕竟不可能天天让所有老师和我一起满学校找他吧。我开始和各科老师沟通，在他上课的时候给他一个喜欢的玩具，要求必须坐他自己的座位上玩，如果离开自己的位子或影响别人就不让他玩。下了课，我会询问任课老师他的表现，如果能按我们给他的要求做好了，我就会给他一定的奖励。经过一年级一年的追逐与调整，东东大多时候能在班里"上课了"！

经过一年的学习，同学们的各方面能力都有所提升，我开始培养"小干部"了。学习委员有这样一个任务：每天的听写改错，谁改完了就在我的登记册上对应的名字后面画钩。东东看到人家干这件事觉得很好玩，他也想玩。我当时的第一反应就是：他连同学的名字都不认识，怎么画？可看到东东眼里的渴望，我又不忍心伤害他。思索一番，我让每个孩子在听写的时候，在他们的名字前写上学号，让东东按着学号来登记。东东果然对这件事很感兴趣，每天听写完毕后，他都追着我进行登记。尽管总是画得张冠李戴，可却十分认真。每次我都回到办公室再画一遍。惊喜总是来得那么突然，当我有一天重新画的时候，发现东东画的基本上没有错误了。之后我做了一个大胆的尝试，不再强调让学生写学号了，果然没过几天，就开始有学生不写学号了。东东开始向我告状，我告诉他没学号可以看名字啊，有不认识的名字就问同学们。结果东东真的去问同学们了，还真的画对了，他把没写学号的名字都记下了。由于我的放任，不写学号的同学越来越多，东东认识的人名也越来越多，干得也越来越好。这时我发现：东东就是那种需要慢慢等待的种子，他一旦发芽，就会快速成长。在东东干上这份差事不久后，他开始交听写了，以前可一笔都不写。我问他为什么，他告诉我，在他登记听写情况的时候不想看到没有自己的名字。我被深深地触动了——原来每颗花种都希望自己会绽放。

为了让东东坚持下去，我在班里总是表扬他，把他的听写发给他的家长看。在我和家长的共同鼓励下，他喜欢上了听写，每天听写时都十分认真，一笔一画地书写，每天都能写对好几个。借着这股东风，我又跟他说，你现在听写已经很棒了，要是其他方面也能像听写一样就更棒了，东东听了欣然答应……

现在的东东上课已经不再往外跑了，数学课开始算数了，美术课开始画画了，音乐课开始帮老师发书了，大课间能和大家一起做操跑步了……我把东东的表现都拍下来发给了东东妈妈，东东妈妈和我说："终于见到了曙光！"我也终于见到了东东这朵花儿的盛开！

作者简介：张志永，本科学历，校级骨干教师，现任四〇一学校二年级班主任、年级组组长。自工作以来，在班主任这个岗位上，踏踏实实工作，任劳任怨。主讲的课获北京市第二、第三届科研课题研究课（教学基本功）评选二、三等奖。撰写的论文多次获市、区级各种奖项。

从学生的"妈妈"到家长的"妈妈"

"妈妈",一个多么温暖、美丽而又神圣的称呼!以前学生们叫我"妈妈"。记得在教《我希望你是我女儿》一课时,一个小姑娘腼腆地发言:"老师,我觉得您就像课文里的伦纳德夫人,很胖、很美、温馨可爱。您的眼睛也是黑黑的、笑眯眯的。我们也想当您的女儿,叫您妈妈。"听了她的话,孩子们都嘻嘻哈哈地叫起了"妈妈"。没想到,在不久前,一位年轻家长也把我称为"妈妈"。这一声称呼,让我再一次看到了教师工作的重要性,再一次感受到了教师职业的幸福感。

一天,我在巡视课外活动时,发现二年级"大名鼎鼎"的小王和同学打闹,用绳子抽了同学小高的脸。我耐心地对二人进行教育,调查事情经过,见我一再追问,小王最后说:"我爸爸告诉我,谁打我就让我打回去。"

听到他这句话,我恍然大悟,再回想小王之前经常与同学发生大大小小的矛盾,上课出现各种问题,每天事故不断,从一年级开始就成为学校的"名人"。我想我应该和家长谈一谈。

放学时,在等候小王家长的过程中,小王和旁边的同学不断解释着:"小高拉我衣服,把我脖子勒疼了。以前班主任说过不能勒脖子,很危险。"听着他的话,我意识到,他在为自己打人这件事找理由,因为我在操场询问的时候,他根本没提这个原因,以他的"斗争经验",如果有这个起因,他是不会忘记的。他和小高是习惯性打闹,完全是临时起意,所说的勒脖子不是直接原因,不能成为"正当防卫"的理由。

小王妈妈来到之后听说他又打了人,赶紧责备孩子:"你怎么又打人了?妈妈不是说过吗,小朋友推你一下,你推他一下,别人抓你帽子你抓他帽子,这个是可以的,妈妈不批评你,抽人脸可不行!"听了小王妈妈的这番话,我很吃惊。这番话看似批评,实则是在纵容,这正是孩子经常打人和被打的原因。听了妈妈的话,小王满含委屈又理直气壮地把刚才和同学说的话再说了一遍。听了孩子的话,妈妈立刻转变了态度,诉说自己孩子不会无缘无故打人,是因为经常受人欺负,家长出于无奈才教他要打回去的。

开始,我还试图说服她:打回去不是解决问题的办法,只能是冤冤相报,受了欺负找老师帮助解决等。她一时不能接受,情绪越来越激动,我决定先不争执了,以后再慢慢处理。交流的结果是不欢而散。

家长领着孩子走的时候,小王妈妈脸色很不好看,但她仍然让孩子和我说了再见,她的这个小举动让我看到了事情的突破口。

第二天,班主任告诉我,小王父母要和我谈谈。我在校门口见到了这对80后小夫妻。小王爸爸脸色铁青,眼角眉梢都带着怒气、不满和责备,一看就是来者不善。

首先开腔的是小王爸爸,态度强硬,表达的意思主要是小王受了委屈,老师冤枉了他,老师不调查就批评的做法家长很不满,认为老师做事过于武断,没有顾及家长和孩子的感受。

我边听边整理着重点,以诚恳的态度一一作出回应:1. 小王妈妈昨天在不欢而散的情况下,仍然提醒孩子和老师说再见,而且自己也礼貌地感谢老师,非常有修养。2. 孩子在学校的真实状态并不乐观,问题很多,已经给老师、同学、班级造成了困扰,大家对他的负面评价几乎形成共识。如果他的各种违纪违规行为得不到有效纠正,发展下去很可能成为双差生。家长一定要重视。建议家长可以陪读几天，观察孩子在学校的真实表现。3. 我向家长反馈了我教育小王的几件小事，包括昨天事情的详细经过，使家长感到我是了解孩子的，是真心关注、帮助孩子，不是毫无根据地找他麻烦。4. 孩子的成长需要不等于家长的需要。孩子成长的道路上需要鼓励、表扬，批评、惩戒也是教育的手段，也是必需的。5. 教育权是国家和法律赋予的，请家长给予尊重；教育效果的呈现是需要时间的，请家长理解老师的良苦用心，静待花开；老师的教育不是迎合家长需要让家长满意，而是要符合学生成长规律，通过培养德才兼备的合格学生让家长满意，让社会和国家满意。6. 暗示家长不要低估孩子，孩子的话不一定能反映事情的全部真相，是有欺骗性的，家长要理智分析，正面引导。7. 再次明确表示，家长让孩子"打回去的"教育方法，学校和老师是坚决反对的。现在小王的处境就说明他用这种方法使自己四面树敌，一直这样发展下去，面临的可能是打赢了赔钱进牢房，打输了受罪进病房。

家长的态度有了明显的变化，从辩解逐步开始倾听，并问道："您这样帮助小王，别的老师做不到怎么办？您能教别的老师和您一样吗？"我是这样回答的：每个老师的教育方法因人而异，不可复制。我的方法不是万能的。我尊重同事们的教育权，相信他们的职业操守，我会和他们共同研究方法，逐步形成教育合力。

谈到最后，孩子的妈妈眼里挂着泪花，说："老师，谢谢您，请您原谅。我们今天没进学校就是怕给您带来不好的影响。我还年轻，您就像我妈妈，您就把今天的事当成'老妈妈'帮助'新妈妈'吧！孩子您该管还得管，我们放心！"小王爸爸也面带愧色："我年轻爱冲动，没坏心，您多谅解！"

以人育人，以心育心，以爱育爱。一声"妈妈"也许是对我最高的奖赏。我希望我的教育生涯中爱与真情是永远的主色调。

作者简介：纪丽艳，担任班主任 18 年，德育主任 14 年，在多年的德育工作中，积累了丰富的教育经验，在班级管理、特需生教育和处理家校矛盾等方面有独到的理念和方法，取得了良好的效果。主持的"十三五"课题《义务教育阶段家校协同教育的实效性研究》获得北京市二等奖。

第一次对视

"雯雯！"走在我前面的一个小女孩文静、可爱，举手投足间像极了《爱丽斯漫游仙境》中的小主人公，甚是惹人喜爱。于是我情不自禁地喊了她一声。谁知她回头瞧了我一眼，局促地向我问了个好，撇下我匆匆地走开了。望着她远去的背影，我心里画了个大大的问号。对自己和学生之间的关系，我一直还是比较自信的，这是什么情况？

多方打探，我明白了。这个叫雯雯的小姑娘很是聪明，各方面成绩俱佳，尤其是数学更是出类拔萃，单单不爱学英语，对英语简直到了畏惧的地步。无疑，在她眼里，我是英语的代名词，英语等于恐惧，同理，她的英语老师等于恐惧。所以这就不奇怪了，见到我她自然会敬而远之，远远地躲开了。

兴趣是最好的老师，对英语学习来说更是如此。然而到了高年级阶段，部分孩子对英语学习表现出了一定程度的无奈。一方面羡慕别人口中唱歌般的优美英文，幻想着自己同样帅帅的、酷酷的英文表达。另一方面，迫于考试成绩的压力，对大量的不得不背的枯燥词句很是抵触，也就造成了考试成绩与英语运用能力的矛盾。成绩固然重要，然而英语学习的最终目的是运用，一味地关注成绩，孩子很有可能会渐渐失去学习兴趣。如果能在二者之间找到一个平衡点，那么鱼和熊掌应该是可以兼得的。作为英语教师，我们要做的更多的应该是呵护孩子的学习兴趣。要让孩子通过英语认识世界，感受生活，感受英语之美。

这是我们的校本课程——英语说、唱、演。开始我选了几个简单的英文绕口令，原本还是很担心孩子们的接受能力，可没想到在明快的节奏中，孩子们掌握的速度远比教材中的词句背诵要快得多。尤其是雯雯居然是前几个说唱下来的。更让我惊喜的是课间的楼道，放学的路上，你会时不时地听到孩子们比着赛说唱。

接着我把一些经典英文歌曲引入课堂。《Yesterday once more》(《昨日重现》)，电影《音乐之声》插曲《Do Re Mi》(《多来咪》)，《The last rose of summer》(《夏日最后的玫瑰》)……或是欢快，或是悠扬，孩子们惊讶于这些传世之作的魅力，品味着生活的各种滋味。不久，我在QQ空间里看到了雯雯妈妈的留言：第一次听女儿唱经典英文歌曲，真高兴！再后来，我发现雯雯悄悄地传给我许多自己收集的英文绕口令和英文歌曲。我知道她开始接纳英语了。最好的证明是她的妈妈给我发来了这样一条短信：雯雯说好想要英语老师王老师的表扬信！我居然忽略了，孩子是多么渴望肯定啊！当我当着全班同学的面肯定了她的进步时，她有些羞涩地接过表扬信的同时，认真地看了我一眼。事后，有孩子告诉我，雯雯说这是她第一次和一位英语老师对视，第一次觉得原来英语老师并不那么可怕！这一次，我足足地享受了作为老师的满足感！

再以后，我尝试着把一些经典英文电影片段带到校本课上。大段的英文单词，众多的台词，孩子们真的没有抵触，认真地听，认真地记。用心模仿每一个语音、语调，体会每一个角色的表情、动作，揣摩每一个角色的心理。我被孩子们的劲头感染了，在这样的过程中，孩子们不仅扩充了大量的书本以外的地道的英语，更在这些经典台词中感悟着生活的真谛。

"No dream is too big, and no dreamer is too small."（没有遥不可及的梦想，小人物也有追逐梦想的权利。）这是《极速蜗牛》中的台词，从中孩子们懂得了每个人都应该有自己的梦想。"Must keep going.（继续走。）Must keep going.（继续走。）No, I can't. I can't keep going.（不，我不行了，我走不动了。）

Yes, you can.（走，你能行！）No, I can't！（不，我不行了！）Oh, shut up！（闭嘴吧！）"这是《辛普森一家》中的台词。当霍默·辛普森为拯救斯普林·菲尔德，完成自我救赎，而艰难、孤独地行走于暴风雪中，喃喃自语时，孩子们感受着什么是坚持。"Laugh at every single thing we do."（在我们做每件事情的时候都微笑。）"Just laugh"（只要微笑）……"Yes, even when your skies are gray"（甚至当你的天空变得灰暗的时候）"Just laugh"（只要微笑）这是《爱丽丝漫游仙境中》帽匠对爱丽丝唱的歌，从中孩子们感受着我们应该用怎样的态度面对生活中的一切。

渐渐地，我发现孩子们的眼里满是兴奋，或是说、或是唱、或是演，孩子们的英语学习可谓更为丰满。而雯雯扮演爱丽丝时的那份自信，也让我真切地感受到了她的英语学习渐入佳境。在一次单元练习中，她居然破天荒地拿到了优秀的成绩！我想这就是兴趣的魅力吧！作为教师，用心激发孩子向上的热情，并呵护每一个孩子内心萌动的希望的种子是何等重要啊！从避而不视到第一次对视，这是多么令人欣慰的蜕变啊！希望我们的小爱丽丝永远绽放美丽、自信的笑脸！

作者简介：王琳慧，热爱学生，工作中始终饱含热情。善于"以人为本"地开展各项工作。教学设计精心，课堂气氛活跃，深受学生喜爱，教育教学效果俱佳。所主讲的课例、撰写的论文、案例分获市、区级一、二等奖；参与、主持的两个微课题获区级一等奖；踏实做事，低调做人，在一线教学中默默耕耘，享受着与每一个孩子的最美相遇。

我的教育故事

苏霍姆林斯基曾说过：教师不仅是自己学科的教员，而且是学生的教育者、生活的导师和道德的引路人。经过一场教室风波，我深谙其中的道理。

一天早上，我刚进办公室没多久，正准备接杯水，定定神，迎接美好的一天。"咚咚咚……"几声敲门和熟悉的"报告"声打乱了我的节奏，这么早就有事报告，我有种不祥的预感。"请进！"再晚答几秒，我怕孩子就要破门而入了。

一进办公室，班长和纪律委员就争先恐后地向我告起状来。"崔老师，您快去班里看看吧！出大事了！""老师，耿同学又犯错误了！"此时，还没等孩子们解释清楚，我的心已经凉了一半，看来今天已不再美好了，我痛苦地接着问下去："你们不要吓唬我，事情给我说清楚。"经过这两个班委连叙述带补充地一通解释，我也大概了解了早上的这个紧急状况：原来是班里一位本身就很淘气的孩子耿同学，到校比较早，在晨读之前闲来无事，便在班里扔瓶子玩，本想表演一个"帅气"的身后高空抛接，结果没掌握好力度，水瓶直接砸了班里的吊灯。出于班主任的本能反应，我赶紧问了问有无同学受伤，所幸灯框没有掉下来，并没有伤到教室里的同学，我可算长舒了一口气。

迈着沉重的步伐，我三步并作两步上了楼，走进了教室。刚一进教室，同学们就把我围住，晨读的秩序一下子被这件事打破了，所有同学都蠢蠢欲动，七嘴八舌地讲述着早上发生的事，只有靠窗那组的耿同学静静地坐在座位上，头也不敢抬起来，生怕对上我的眼神。我抬头检查了一下灯的情况，确实有一角的灯框被砸偏了，虽然坐在灯下方的同学瑟瑟发抖，生怕它掉下来砸到自己，但是我观察了一下受损情况，并没有那么严重。"其他同学回到座位上继续早读，耿同学，你出来一下！"排除掉安全隐患，我简单维持了一下秩序，把肇事者叫出教室。

"你自己说一下早上发生了什么吧！"我一脸严肃地呵斥道。

"老师……我……不小心把……把灯弄坏了。"耿同学依旧低着头，支支吾吾地回答。

"灯那么高，你真是不小心碰到的吗？如果真是这样，那可是学校的问题啊，这属于安全隐患了啊！"耿同学听我这一说，知道我早就了解了情况，于是也交代了实情，的确是他早上淘气扔水瓶砸坏的。

"先不说班级公约你有没有遵守，中小学行为守则你是不是也忘得一干二净，万一你力度再大一些，或者赶上巧劲儿，把灯砸下来了，你意识到这件事的严重程度了吗？！班里有多少同学会因为你这个举动而受伤，你承担得起吗？！每天学校都要强调安全的重要性，你却总在危险的边缘试探……"一通批评过后，我让耿同学自己想解决方案。他思考片刻，回答道："老师，我现在去找段师傅（学校负责后勤维修的师傅），请他给修一下，多少钱，我赔给学校。"目前最紧急的还是让专业的人看看受损情况，我也没多想，接受了他的提议。

过了一会儿，耿同学带着段师傅走进教室，段师傅看了看灯框，答应等放学后再修理。我又在全班面前对耿同学进行了批评教育，调整好状态，开始上起课来。

两节课后，我回到办公室，反思自己早上处理的这件事，总觉得有些不妥之处。想到了开学初，在全校学生会上，学校提出对于学校公物，如果是正常使用，自然破损，学校义不容辞更换修理。但如果是由于学生故意损坏或野蛮、违规使用造成损坏的，由家长和学生负责恢复原状，而耿同学这件事应该就属于后者了。这并不是校方推脱责任，爱护公物并不是赔钱的问题，看来有必要跟家长说明一下情况，需要家校配合达成教育目的了。于是我联系了耿同学的家长，把事情的来龙去脉跟家长阐述清楚，希望他能够配合，亲自到学校来把班里的灯框修复好，并且把这样做的教育意义跟家长说明。尽管家长因为孩子淘气头疼不已，但是十分理解校方的做法，一边表达歉意，一边爽快地答应下来。

放学前半小时，家长带着自己找的电工，以及专业的工具，把灯框修复归位了。看着自己的爸爸为他犯下的错误登高爬梯，亲自到班里来修灯框，给家长徒增了负担，耿同学再次羞愧地低下头。相信回到家中，家长也对孩子进行了批评教育，第二天一早，孩子主动交给我一份反思，并保证遵守《中小学行为守则》，不再破坏班级公物。

这场风波也使我了解到，我们对孩子的惩戒不是目的，而是教育的一种手段，教会孩子要有责任感，有改错的勇气和能力，惩前毖后才是最终目的。知道而不去遵守，违规得不到惩戒，学生就会肆无忌惮。同时这也是一次家校协同、共同发力的机会，教育学生养成良好道德品质和健康心理。

作为班主任，见微知著是一种必备能力，我们应做到防微杜渐。宽容不等于纵容，不等于和稀泥，严师出高徒，严中有爱。每一个学生出现的问题都可以作为教育全体学生的突破口，班主任保持必要的敏感性是非常重要的。出现在一个学生身上的事件，老师的态度、评价和处理方法学生都看在眼里，老师的态度和处事能力就是学生学习的榜样。教育的根本任务是立德树人，不是一句口号，而是我们所有老师所有工作的出发点和落脚点。

作者介绍：崔妍，自2016年7月参加工作至今，一直担任班主任和年级组组长。作为一名成长迅速的青年教师，自从教以来，就投身教育改革，勇于探索实践。以师德为本，关爱学生，勤勉教学，把"爱生奉献，幸福从教"作为工作准则，将教育这缕阳光带给孩子们。

用心用情做教育

——面对意外，生成精彩

曾经在我任教的五（2）班英语课堂上发生了这样一件事。考虑到学生的年龄和认知特点，安排了头脑风暴，让学生用"Wh-questions"提问。但该班学生性格都比较内向，不爱举手回答问题。课堂上，我先让孩子们默读短文，给予充分思考问题的时间，还是无人问津，班里陷入了"沉寂"的状态中。我旁敲侧击地先让平时学习不错的杨同学回答问题进行抛砖引玉，可是万万没想到他却卡壳，不能够准确地回答出来。这下，紧张的空气顿时加剧了，更没有同学敢回答问题了。我用恳请的目光环视着四周，并一再地询问："Any volunteers?"恰在此时，我听到了一个坚定的声音："Let me try."当我的目光随着声音的出处找到他——王同学时，我看到了一副自信的表情，于是我也感受到了他坚毅的目光，说道："You, please."只见他不慌不忙地站起身来，冷静地先一句一句地朗读阅读理解的文字，然后逐一开始提问：

Wh-questions	
What	What will Guoguo do? What will Lingling do?
Who	Who will visit him during the summer holiday?
Whose	Whose father is working in NewYork?
When	When will Lingling and her mother visit him?
Where	Where is Lingling's father working?
How long	How long will it take them to fly from Beijing to NewYork?

其他同学都鸦雀无声地听着王同学的陈述，并不时地传来啧啧的称赞声。大家都被王同学的表现所震撼，但也同时传来一个声音："切！他在外边学的英语呢！"顿时，我感受到了现场大部分孩子很佩服王同学的表现，但还有一小部分孩子是很不服气的，觉得他会是应该的，因为他在外面的补习班学了英语。针对此情形，我因势利导，引用了一句英语典故："Rome was not built in a day."孩子们不太理解，脸上呈现出茫然的表情。于是，我耐心地给他们讲解道：真正的"罗马不是一天建成的"的由来，这个典故起源于一个古代传说：传说特洛亚王子的后裔公主来茜西尔维娅被战神马尔斯所幸，生下了孪生兄弟罗马路斯和莱谟斯。当时的国王知道后，杀死了他们的母亲，并把兄弟俩装进篮筐，扔进波涛翻滚的台伯尔河。是一只母狼救了他们，并用自己的乳汁哺育了兄弟两人。后来兄弟俩长大成人，为了替母亲报仇，他们想法杀死了国王，这两个天赋异禀的狼养大的孩子一夜之间建造了罗马城。后人用"罗马不是一天建成的"，表示很多先进技术、物质文明甚至一个成就，都不是简单达成的，而是经由很多人或者很多努力，才能够完成的，万事不可能一蹴而就。讲到这里，我环顾了一下四周，同学们都若有所思地考虑着。我接着说："很多同学都觉得王同学他会似乎理所应当。但大家扪心自问地想一想，咱们班有多少同学也是在外边学习了英语？那为什么同样是在课上和课下都学习了英语，同样是一个老师，同样是课堂40分钟，怎么会有这么大的差距呢？咱们再看看王同学一至五年级的英语课堂表现，自始至

终都学得十分刻苦，课堂回答问题时总有他的身影，课堂听写总是100分，单元检测和期末考试总是满分。这是为什么？他下了多少功夫？别人在下功夫的时候你却停滞不前，别人取得成功的时候你又羡慕、嫉妒、恨，不去付出努力。罗马不是一天建成的！天上不可能掉馅饼！机会总是留给有准备的人！所以，在此老师恳请大家，亡羊补牢、为时未晚。大家从现在就要开始努力，制定好学习目标和学习计划，为六年级的小升初考试做好准备！"同学们再次陷入了沉寂，并且眼里都流露出肯定的目光。恰巧一个声音传出来："我们应该向王同学一样！向他学习！"其他同学也都随声附和起来。同时，我也看到曾经说他在外面学英语的同学也表示向他学习，王同学在大家的簇拥下起身表达感谢。突然我感到一节课下来的满堂灌未必能给孩子们带来什么收获，可是这种由于"课堂意外"引发的教育带给孩子们的启示才是最大的收获。

课后反思：

一、面对"课堂意外"，教师要保持正确心态。

二、面对"课堂意外"，教师要根据实际情况，认真分析。

三、面对"课堂意外"，教师要尊重主体，培养学生自信。

四、面对"课堂意外"，教师要注意学科德育的渗透。

五、课堂"意外"促使教师不断地学习成长。

"罗马不是一天建成的。"新课程理念下的课堂是活跃的，孩子们会出现形形色色的问题，也会变得难以控制，意外也随之而来。但由于每个学生表现出不同能力的差异性、课堂动态生成资源的不确定性、教师教学智慧的不稳定性等多种原因，如何让这一次次的"意外"生成一次次的"精彩"呢？我们的教育必须是自然的，不必刻意去求顺、求纯、求完美。但一旦出现意外，我们应该以坦然的心态去对待，积极思考对策，合理解决和利用。只有这样，课堂才是活的，教学才是美的，教学活动才是精彩的。

作者简介：万妍，1995年7月工作至今，已有二十六载。始终坚信："每一个孩子都是一粒种子。我愿意把自己的热情和爱化作一缕阳光，不断提高自己的人格魅力，丰盈自己的生命底色，为孩子们成长提供甘甜的雨露和肥沃的土壤，使每一粒种子都能充满勃勃生机。"从教以来，在工作上刻苦钻研、积极探索，多次在各种评优课、研究课等活动中获奖。撰写的论文、案例和教学设计多次获市、区级奖励。

心守暖阳　沐浴书香

创书香党建，做育人先锋

长育中心小学始建于1920年，在过去100年的岁月里，学校形成了"书韵飘香"的校园文化。随着学校的发展，党员教师中出现了许多与书香校园不适应的问题：一是学校党员、教师学习意识不强，没有提升政治理论水平和业务素质的自我意识；二是党员、教师研究氛围不浓，缺乏问题意识和持续的学习毅力；三是党员、教师缺乏通过学习攻坚克难、解决教育教学改革中实际问题的能力；四是书香校园落位到学生发展中效果不明显。这些问题影响着学校质量的提升和内涵的发展。基于此，学校提出要从传承书香和为党育人的视角创新方法，从工作理念、思想政治、师德师风、专业知识、能力水平、机制建设等方面抓好干部、党员、教职工队伍，涵养书香少年。我们围绕"价值引领、促进规范、聚焦品牌、推动发展"工作思路，从完小党支部、干部、党员、教师、学生五个维度，开展党支部书香行动、书香干部培育工程、书香先锋培育工程、书香教师培育工程、书香少年培育工程，创建和培育"书香党建 育人先锋"党建品牌。

一、重视组织提升，建设书香支部

书香支部就是具有书香氛围、建立书香标准、开展书香活动、培育书香骨干、成就书香学生的学习型党组织。书香支部是具有扎实学风的典范。党总支几经研讨，建立书香党支部评价长效机制，通过组织—评价—考核，完善书香党支部评价标准，以标准领方向、以标准促发展。同时在书香支部氛围营造、红色读书活动开展、党员干部素养提升上下功夫，积极开辟新园地，倡导新风尚，提升新境界，深化了书香支部战斗堡垒作用，形成了党员干部扎实学风。

二、重视头雁效应，培育书香干部

书香干部是具有书香理念、践行书香管理，带领党员、教师开展书香校园、书香班级、书香少年争创活动的干部队伍。书香干部是学思践悟的典范。党总支从干部的学习能力、专业素养、服务师生、奉献精神四个维度建立书香干部评价标准。党总支以锤炼党性、聚焦素养、提升能力为出发点，提出"三精管理 浸润书香"的管理理念，通过理念指导行动，制度规范管理，实践促进发展。

三、重视示范引领，培育书香先锋

书香先锋就是具有学习意识、组织书香活动、注重教学研究，以自身示范、引领培育书香少年的党员队伍。书香先锋是书香党支部建设的骨干。党总支建立六个维度的书香先锋的评价标准，通过目标激励、年度实践、推荐评选、表彰宣传，培育书香先锋。同时学校支部还通过"163"先锋行动，形成长效机制，提升服务本领，加强书香先锋建设，建好书香校园。一是树立"1个目标"。树立"书香润党建 教育谱新篇"党建工作目标，以目标引领激励党员在书香校园建设中创先争优。二是争当"6个先锋"。"六个先锋"即：培责先锋、恒毅先锋、思悟先锋、博雅先锋、行实先锋、乐群先锋。三是党员"3个我先行"。"3个我先行"即：我是党员——学习研讨我先行、我是党员——课程改革我先行、我是党员——服务群众我先行。

四、服务学生成长，培育书香教师

书香教师是学问渊博、气度文雅，传承读书人的智慧与品德，能用书香气度和学识润泽教育学生，最终达到师生共同成长的教师群体。书香教师是书香少年的引路人。党总支从思想素养、师德涵养、专业发展、身心健康四个维度建立书香教师评价标准，确定评价主体和评价责任人，每年评选出书香教师进行表彰。学校还通过建设教师课程体系、开展书香教科研活动、挖掘教师艺术潜能等措施培育书香教师。

五、培育综合素养，培养书香少年

书香少年就是热爱读书，具有丰富知识、广泛爱好、优秀品格和健康身心的学生。书香少年是"博学、厚德、健美、敏行"少年的总和。党总支通过开展红色阅读系列主题活动、推动大阅读项目、丰富读书写字特色等措施，培育书香少年。

党建品牌的培育是一个思考—实践—提炼—再实践的过程。经过两年多的实践，学校形成了具有书香特色的党建文化，完小支部学习型党组织建设初步显现，学习型党组织活力不断激发，书香校园更具魅力。一是党总支通过学习、实践、传承、创新，把"传承书香，为党育人"作为核心价值理念，在实践层面开展了党支部书香行动、书香干部培育工程、书香先锋培育工程、书香教师培育工程、书香少年培育工程，打造书香党建品牌，形成了学习型党建文化。在研究品牌的同时，我们还挖掘学校红色校史中的感人故事，梳理提炼了爱国、奉献、奋斗、争先的长育精神，也使得学校精神得到进一步传承。二是学校党建品牌集群初现端倪。在"书香党建　育人先锋"品牌引领下，各完小学习型党组织建设内容不断丰富，方式不断创新，活动充满活力，书香党建"1+6"品牌集群初见雏形。"1"指长育中心小学党总支"书香党建　育人先锋"品牌；"6"指6个完小支部从培责、恒毅、思悟、博雅、行实、乐群6各方面创建的"育人先锋"支部小品牌。三是党组织活力不断激发。活力激发，支部战斗堡垒作用更加突出；学习力提升，先锋模范作用更加显现。四是书香校园魅力彰显。通过党建引领、品牌辐射，学校环境越来越美，书香氛围越来越浓，书香校园创新发展、魅力彰显。

作者简介： 晋卫民，大学本科学历，高级教师。2017年8月至今任长育中心小学校长。业务能力精湛，管理思路清晰，多篇论文在市级刊物发表或获市级一等奖，指导青年教师多人次做市、区级课获好评。带领学校在继承百年书香文化的基础上努力办一所"书韵飘香、长材茂学"的书香学校。

我与课改共成长

自区教委启动新课程改革以来,我一直与全区干部教师一起亲历着、摸索着、实践着,感受着课程改革带给学校日新月异的巨大变革,也沉淀着课程理念的反思与升华,感触良多。

一、初识课改,从教与学的方式变革入手转变观念

刚接触新课程改革时,我是一名完小主任,与众多"试水者"一样,更多地关注自主、合作、探究的学习方式,思考知识与技能、过程与方法、情感态度价值观三维目标带给我们的新视角、新思维。2002年,在确保国家课程开齐开足的情况下,我在深化学校法制教育办学特色的实践中,尝试着在低、中、高年级探索开展知法、学法、用法的系列活动,开发出校本读物,形成了初具特色的法制教育校本课程体系,在2003年12月教育部依法治校、依法治教验收活动中受到好评,学校被评为教育部"依法治校、依法治教"示范学校。

二、推进课改,在三级课程整体实施的课题研究中教学相长

2006年,我调入五侯中心小学,在担任业务校长的日子里,有幸参与国家级课题"基础教育课程教材改革实验"基地校的实践研究,并得到学校名誉校长陶礼光教授和市课程中心暴生君主任的指导,在周长凤老师的引领下进行了五侯中心小学"十大课程"的研究,带领教师精研课程纲要,并出版了《五侯中心小学善教乐学案例集锦》,以课题研究的方式制定出《五侯中心小学学校课程规划》,并以首批区内课程评审成员的身份参与了区第一批校本课程的审批工作。在九年的经历中形成了我的课程观,那就是以课程规划为统领,构建课程文化,促进和谐发展。2008年,五侯中心小学成为区内首家市级综合实践活动课程特色学校,2012年成为北京市教材建设基地校。

三、整合课改,在课程一体化实施中重构课程体系

2015年7月,北京市教委颁布了《义务教育课程设置实验方案》,吹响了课程改革3.0时代的进军号。市教委把课程实施的自主权下放,由学校在学时设置、长短课时调整、10%学科实践课时的落实、三级课程的整合多方面探索实践,形成了百花齐放的新格局。在这期间,我与佛子庄中心小学的干部教师共同经历了迷茫、困惑、失落与执着,对学校文化与课程文化、办学理念与育人目标、课程实施与学生评价有了再认知,重新梳理了学校课程建设的基础、优势与短板,学校课程计划得到有效调整与完善。我们遵循基础性、整体性、多元性、开放性的课程建设思路,整合三级课程,构建了包括健美课程、仁爱课程、智慧课程、自信课程在内的阳光课程体系,培育"健美、仁爱、智慧、自信"的七彩阳光少年。

四、聚焦课改,在一校一品项目推进中打造精品

2017年,区教委启动了美丽乡村教育品牌联盟项目,为北沟山区小学实现均衡发展注入活力。基于学校文化建构、教师专业发展、特色课程开发三个目标,项目组制定了年度计划,逐年落实。我们结合区域资源,整合重组,开发利用,以跨学科综合实践活动为载体,开展了形式多样的以语文学科为主的项目研究,全方位、多角度地促进学生语文等学科素养的提升,采用"普及提高、分层推进、特色突出"的方式,逐步实现学生全员参与的乡域课外实践活动,促进学生体育、艺术和科技等学科素养的普遍提高;依托区域资源燕职北台学生实践基地,开发"爱家乡、爱学校、爱我家"的"三爱"课程体系,实现我校"阳光教育"育人目标。2019年,我们在美丽乡村教育联盟特色课程群项目组专家黑岚院长、曲小艺老师的指导下,根据佛子庄乡的人文资源、地理风貌、历史沿革与发展定位,结合学校阳

光少年培养的育人目标，开发出"春生、夏长、秋收、冬藏"的精品课程，让老师和孩子们在经历课程兴趣调研、方案研制发布、实践探究生成、研究成果展示、课程延伸拓展的过程中提升素养，实现个性化、可持续发展。

五、深化课改，在践行书香课程文化中提升课程领导力

2021年，调入长育中心小学，与干部教师共同参与课程领导力三年行动计划研究。基于长育中心小学书香文化的核心价值观——"知书达理　勤学敏行"，我对课改有了更深层次的认识：课程要"全面"，主要体现在全面实施素质教育，促进学生全面发展；课程也要有"个性"，体现在因材施教，让学生有个性、有特长；同时，重视体验的实践过程，传承书香的人文风气。我校的书香校本课程，按照开发目的的不同分为三类。国家课程延伸为学科拓展类校本课程；传统美德培植为德育生活类校本课程；古韵民风开发为文化遗产类校本课程。在建设书香课程文化过程中，我校认真总结经验，巩固成果，纠正问题，促进各级课程的合理利用，不断丰富与完善课程结构，实现办一所书韵飘香、长材茂学的书香学校的办学目标。

课程建设，我们永远在路上，提升课程领导力，更是校长引领学校发展，促进教育公平，实现优质均衡目标的必由之路，在落实立德树人根本任务，为学生持续发展夯实基础的道路上，我们不忘初心，砥砺前行。

作者简介：张庆国，大学本科，中共党员，一级教师，现任北京市房山区长育中心小学副校长。曾被评为"北京市特殊教育工作先进个人"、"全国综合实践活动学科课题研究先进个人"、"全国法制宣传教育先进个人"，获得全国和谐德育成果评比一等奖、中国教育学会教育管理分会学术年会优秀论文奖。

评价中的教育智慧

一连教了三个一年级，越来越发现，评价在低年级班级管理中的重要作用。适时而恰当的评价，可以有效地激发学生正确行为的积极主动性，可以培养孩子的自信心，从而使学生形成良好的学习和行为习惯。接下来我就跟大家分享一下我的评价故事。

初教一年级，突然觉得血压都高了，因为低年级孩子的特点就是活泼好动，每时每刻都有说不完的话。起初，总是觉得自己嗓门不够大，"张三别说话了"，"李四赶紧坐好"，每天都在重复这样的话，一节课下来嗓子就哑了，苦不堪言！通过实践和学习，我逐渐发现这样的语言会更有效："张三，你看李四在你旁边，一句话也不说，老师相信你能表现得和他一样好！"这样的语言，两个孩子一个榜样，一个学习，两个孩子立刻都不说话了。"张三，你看你站得特别直，回答问题也特别准确，你要能坐好，那你就更棒了！"边说，边对孩子竖起大拇指。这样的语言和动作，让小家伙们表现越来越好了。可见，恰当的教育语言和动作，对孩子形成良好的行为习惯起着至关重要的作用。

仅仅语言和动作的评价还是不够的，于是我们结合一年级的学生特点和《小学生守则》及《评价手册》中的要求，在我们班级中开展了持续性的评价活动。

学期初，我们通过班会找到班级存在的普遍问题：上课回答问题声音小，没有自信，回答问题不够完整，缺乏条理性；写字不够认真；平时随便说话的现象严重；有随便乱扔纸屑的现象；大多数同学心中只有自己，不懂得关爱他人。于是针对这些现象，我们制定出了我们班级本学年的评价标准：1. 答；2. 写；3. 文明；4. 不说；5. 关爱。制定好了这样的评价标准，我们接下来开展了每周一评活动。我们每个同学都准备了习惯培养日记。在日记中，我们写下了这五条评价标准，每节课、每天，教师会根据孩子们的表现，给表现好的同学贴上小奖章。每周我们会根据孩子获得小奖章的情况，评出答题能手、写字状元、文明使者、纪律标兵和关爱之星。评选之后，我们设定了特殊的奖励方式。如：自由选择自己的座位、自由选择自己的助学合作伙伴、女生选择让老师给梳头一次等。记得有一次，一个家长见到我说："李老师，这两天萱萱特别有出息，早上起来自己梳头。"她神秘地笑了笑，接着说："她说自己要表现好，早上去学校让老师梳头呢！"看来，这样的评价方式，提高了孩子的自主能力，给家长减轻了负担。除此以外，我们还会奖励给孩子表扬信，同时把这些孩子本周的先进事迹发到我们的班级微信群中，并且通过朋友圈、美篇等方式对这些好的行为进行鼓励和传扬。或者选择担任每日一班长，佩戴上班长袖标。孩子们积极性特别高，都期待着登上班级光荣榜，期待着家长们看到自己的成长和快乐。

短短的两个月过去了，在我们班级中经常会看到这样的现象：班级里涌现出像王梓懿、周若溪、李雪娜、冯广鑫等一批朗读"小能手"，同学们声音洪亮，有了朗读的自信。带着这种自信，孩子们代表学校参加了教育集团的朗读比赛、讲故事比赛等，获得了学校、家长的一致好评。孩子们的字也写得有模有样，我们开展了写字比赛，杨靖萱、张梓琪、张越鑫等同学榜上有名。我把孩子们的字发到朋友圈里，赢得了大家一片点赞。

张育博是个特别淘气的男生，经常不写作业，上课听讲不专心。通过最近正确地评价，发现他的优点，他越来越有积极性了，每天追着把写完的作业给我看。更可喜的是，有的孩子把自己最喜欢的小蛋糕、最爱吃的水果分享给同学们。而孩子们，也会把无意中得到的小奖品，带给家中的弟弟妹妹，

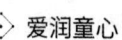

分享给爸爸妈妈……我们的班级在这样的评价中悄然改变：孩子们爱上学习、爱上学校、爱上老师、爱上……

孩子需要鼓励，孩子需要有针对性地表扬和批评，需要教师指导正确的发展方向。作为教师，我在满怀教育热情的同时，不断学习，不断完整，使自己的教育教学越来越充满智慧。

作者简介：李元雪，中共党员，高级教师，长育小学教师。区语文骨干教师。曾获北京市"学生喜爱的班主任"称号；在区班主任基本功比赛中获一等奖；在区"魅力班主任"交流展示中获得一等奖。所任教班级曾获市级"先进班集体"称号。

一次等待，让她不再害怕演讲

　　教育就像一亩田，撒下爱的种子，就能收获孩子的欢声笑语；锄走恶的杂草，就能收获人性的尊重与理解。教育是用生命影响生命的过程，离不开人与人之间和谐相处、互相支撑，因此要用心做教育，教育要心中有人，方能成功打开心灵的大门，师生才能共同健康快乐地成长。作为一名教师，要能走进学生心灵，懂得呵护孩子的自信及身心健康，懂得用不同的尺子来衡量孩子，能用宽容的心态接纳孩子，理解孩子，用真情和耐心激活学生的真情。

　　记得2017年的一天，全校开展演讲活动，而我们六年级的活动是，让孩子演讲"我的中国梦"。这个题目我早早地就布置了，要求孩子脱稿演讲，我们邀请家长，要给家长一个意外，一个震撼，同学们确实认真准备，自习课上很明显能看到一些同学在背稿子，但也总能看见那个少言寡语的宋林（化名）课上课下眉头紧锁。家长开放日这一天，孩子们讲得特别精彩，家长频频鼓掌，甚至能看到某些家长眼里闪动着欣慰的泪花。有的孩子讲到激昂时竟和家长互动，让在场的家长和学生唱起了国歌，此时教室里的每一个人在这具有感召力的国歌声中都很兴奋。我也很激动，把舞台完全交给了孩子，没做更多的补充。在那个孩子结束的那一刻，我把目光投向了下一个应该上台的学生宋林，当我的目光和她的目光碰在一起时，她把头垂得很低，她的脸几乎贴到了桌面，两手堵住耳朵用力地摇着头。当台上的同学下去后，我轻轻地叫宋林快来……紧接着，教室响起了热烈的掌声，学生家长一起鼓励她，她只是用力地摇着头，看都不看别人。这时，她的妈妈鼓励她快去，她还是摇头，家长们都鼓励她，周围的学生用力地拉她，她强忍着的泪水终于夺眶而出，嘴里怯怯地喊着："我不去，我不去！"于是我给了孩子们一个手势，示意大家别说了，请下一个同学接着说。就这样，孩子们的演讲在一次又一次的掌声中结束了，除了宋林全班同学参加了演讲。此时我觉得，课堂之上，教师与学生是互相感染、互相带动的。有时候，孩子们会跟自己步伐一致，取得理想的教学效果。可也有很多时候，孩子会启而不发，久久进入不了状态。这时，我不能沮丧，不能放弃她。学校的活动结束了，但我们班的活动还没结束。

　　第二天，我早早进入教室，并没像往常那样按课表讲数学课，我给同学们讲了"人生第一次"的故事。孩子们明白我的用意，一会儿这个学生喊："宋林勇敢点。"一会儿那个学生也喊："你是最棒的。"学生们一直掌声不停地鼓励着她。我走到宋林身边，把手放在她的头上，告诉她："我相信你一定可以。"我说完这句话后，孩子们焦急地看着她，鼓励宋林的掌声一直没停下来。宋林慢慢地站起来，抽泣着说："老师，我去。"说完，她走上了讲台，虽然很紧张，一直颤抖着说完，语无伦次不知说的什么，但她从讲台上下来的那一刻，同学们雷鸣般的掌声再次响起时，她放声地哭了，两分钟后她又破涕而笑。此时我说："孩子，人生会有许多个第一次，你很勇敢。其实，你还可以做得更好，我们期待着。"

　　一个星期以后，学校要开展讲故事比赛，每班推荐一名学生，我想给每个孩子一个机会，更想公平公正地让孩子们选择，更想看看宋林的表现，于是利用这一周周五早晨的两节课我挨个点名，当宋林前面的学生讲的时候，我偷偷地看向她，她拿着讲稿的手一直在抖，但是她眼里流露出的神情却是坚定的。当前面的学生讲完后，还没走到座位前，宋林就已经走向了讲台，她拿稿子的手还在抖着，她没看讲稿，声音有些颤，到最后声音愈来愈平静了，讲完后她深深地鞠了一躬，孩子们的掌声又自发地响起来了。她的脸上绽放出了轻松自然的笑容，眼眶里喜悦的泪水夺眶而出。后来，我们以《难忘的……》为题写了一篇作文，宋林写的是《难忘的第一次演讲》，在作文结尾她这样写道：其实我们最大的敌人是自己，只要勇敢地迈出第一步，你就走向了成功。看到这篇作文，我欣慰地笑了。在作文课上，我表扬了她，课间她不再是那个沉默不语的孩子了。其中有一个学生也写到了这件事。孩子说，梁老师，宋林的第一次演讲让我明白，人的成功与失败其实就在于你多坚持的那一秒，是您的坚持让一个人有了自信，您不知道，当时那热烈的掌声不只是对她的鼓励，我们也是送给您的。听到孩子这句话，觉得应该是自己用真情、用耐心激活了孩子的真情，激活了孩子的自信。

时间已经过去一年多了，上初一的宋林和其他同学在教师节后回学校看我，见到我的一刹那，孩子一下就抱住了我说："老师，我想您，今天我们初一新生演讲了，我不再害怕了，那一次要不是您和同学的鼓励和等待，我今天一定不敢上台。"说完她又哭了。这一刻我明白，这泪水有感激，有突破自我的快乐，更有对浓浓的师生情和同学情的欣慰和感动。

就在这一刻，我也明白了，用心做教育不仅要努力专心地去做事，更是用自己的真心、诚心、良心和耐心去做事。要心中有爱，眼中有学生。善待每一个孩子的错误，真诚地引导孩子，尊重孩子个体之间的差异，要有耐心静待花开。我们教师没有耀眼的光环，但我愿意和我的同事们共同努力，为我们的孩子点燃希望的灯塔，照亮他们的前程。

作者简介：梁甫珍，长育小学教师。热爱教育事业，业余时间积极撰写论文，记录自己的教育经历和反思，曾获得市、区级不同等次荣誉。

心守暖阳，呵护芬芳

心栖梦归处，不负韶华年。踏上这条教育之路已有数年，时光匆匆离去，回首这段岁月与孩子经历的种种不计其数，有过欢笑也有过泪水，如今都成了我生命画卷中的定格画面，注定是不能忘怀的，我坚信著名教育家苏霍姆林斯基说过的："没有爱，就没有教育。"我记录着孩子成长中的小故事，努力使他们成为更好的自己。

一、教会学生换位思考，解决矛盾

有一天我正在办公室判作业，班长火急火燎地找到我，上气不接下气地说："老师，不好了！小金跟小佳吵起来了，您快去看看吧！"我连忙三步并作两步走，朝班里奔去。只见小佳怒发冲冠，右手握拳，两眼瞪得溜圆，双眼迸射出熊熊燃烧的怒火，仿佛就要把小金撕碎。见此情形，我知道，一定要控制住场面，可不能再火上浇油。于是我选择冷处理，把小金叫到旁边，先让两个孩子隔离开，让濒临燃点的小佳降降温。随后，我了解到事情的原委，小佳脸上长了很多青春痘，小金故意想气小佳，于是给他起外号，叫他"癞蛤蟆"。小佳是个非常爱面子的男孩儿，听到别人这么叫自己特别生气，而小金又一直叫个没完，小佳认为这是一种挑衅，控制不住情绪，爆发了。我把小金叫到外面，跟他说："你给别人起外号，你做得对吗？"小金嘟囔着说："不对，我就是觉得好玩儿。""你想过吗？他本来长了痘，心情就很不好，他自己也不愿意长痘呀。如果别人嘲笑你，你会开心吗？"小金内疚地说："老师，我知道错了，我不应该嘲笑别人，下次我不会了。"我轻拍着他的后背，跟他说："认识到自己的错误，知错就改就是好孩子。接下来你该怎么做啊？""我应该去给他道歉。""去吧。"说完，小金走到小佳面前，给小佳鞠了一躬，说道："小佳，对不起，以后我不会给你起外号了。"本来暴怒的小佳，经过了一短时间的冷静，渐渐平复了情绪。我赶紧拉着小佳的胳膊，跟他说："小佳，小金已经跟你道歉了，保证以后不会给你起外号了，你原谅他吧。快回你自己座位上，马上就上课了，准备上课了。"小佳的气已经消得差不多了，看到小金又向自己道了歉，于是就回到了自己的座位上。

遇到学生间发生矛盾，先进行冷处理，再让学生学会换位思考，从根源上避免矛盾的发生。

二、小故事大道理，通过小故事，帮助学生解决问题

下课后，我把小佳叫到跟前，说："小佳，你听过火山爆发的小故事吗？火山爆发，会喷射出大量的岩浆，岩浆流过的地方，会燃起大火，可能会造成很多人员死亡。你生气的时候，愤怒就像个小火山，如果你控制不住情绪，情绪就像火山一样，喷发了，这样一喷发，就可能造成无法挽回的后果，对他人，对自己都不利……"小佳点点头说："老师，我刚才生完气之后，肚子特别不舒服。""对呀，这是对你自己造成的伤害呀，你万一没忍住，和同学发生争执，就不光是对你自己有影响了！"小佳若有所思，我接着跟他说："如果以后你和同学发生矛盾了，老师希望你做情绪的主人，不要冲动，在心里默数，从一数到十，然后选择正确合理的办法解决问题，你能答应老师吗？"小佳说："老师，以后我会用您教我的方法的，学会控制住情绪。""如果以后遇到小麻烦了，你可以来向老师寻求帮助。""老师，我知道了。"

通过给小佳讲火山喷发的小故事，他知道了学会管理情绪是一件很重要的事，让他渐渐完善自己的性格，不再那么冲动，变得更加温和。

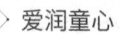

三、做学生的"童话垃圾桶",伴孩子快乐成长

后来每每小佳遇到不开心的事情了、受委屈了,都会来找我。我也非常乐意当他的"童话垃圾桶",给他建议,帮他分析,为他排忧解难,在他身上多倾注一些关心与爱护。比起我的教师身份,我更像一个陪伴他一起长大,一起成长的"知心小姐姐"。当然,我对他的好,他也着实感受到了,在他身上投入的感情,也潜移默化地改变了他、影响了他。他变得性格温和了很多,没有以前那么冲动了,学会了管理自己的情绪。他还成了我的得力小助手,我的小暖男。讲课时间长了嗓子有些哑,他会提醒我:"老师,您小点儿声儿吧,保护好嗓子。"班上有学生违反纪律、"气人"的时候,他会说:"老师,您别急,别生气。"听到这些话的时候,我心里顿时激起层层涟漪,幸福感满满。帮助学生完善自己性格的同时,还收获了与学生间真挚的情感。

著名教育家苏霍姆林斯基曾说过:"没有爱,就没有教育。"用一颗爱心对待孩子,用自己的教育智慧去成就孩子。教师不仅传授给学生知识,还要用爱去温润学生的心田,助力孩子健康快乐地发展,让孩子形成更健全的人格。

往事历历在目,涌上心头,我想这就是教师的幸福感吧!有人问我,你觉得当老师什么感觉啊?我说,痛并快乐着。有时候小孩子很"气人",有时候却又很窝心,我越来越体会到了,教师真的是太阳底下最光辉的职业!我很荣幸,也很幸福,进入了教师行列中。

静待一树花开,心守一抹暖阳,做教育路上温暖学生的暖阳,呵护学生心底的芬芳。

作者简介: 吕宏博,长育小学教师。热爱教育事业,对教育事业充满热忱,积极、阳光,喜欢学生,乐于走到学生当中去,与学生共同成长,共同进步。

每一朵花都需要在关注中成长

"老师，我每天都在认真完成您布置的每一项学习任务，平时我认真积累好词好句，写作文的时候也尽量用上您所教的方法。在写作方面，我是最有成就感的。数学课上我更是聚精会神地听讲，每次做题都认真地检查好几遍，以前的我对学习特别有信心，但是现在我不知道是哪里做得不好，您能告诉我吗？"在一次周记中，我看到了这样一段文字，与其说是周记，不如说是一个品学兼优的小女孩的一段心声。一位学习名列前茅的学生，本来对学习信心满满，突然像是泄了气的皮球，向我吐露心声，提出她的困惑，表达她的难过。我陷入了沉思，并开始反思自己的教育方法。

2017年9月，我根据学校的安排接手了四（2）班的班主任工作，同时担任本班语、数学科教师。这个班的学生热情、积极，很快我就和学生打成一片，为了提高班级的整体学习水平，我把所有的关注点，甚至是爱都给了后进生，对于优等生，虽然在心里肯定他们的出色表现，但在行动上却忽略了对他们的鼓励、表扬和赏识。看了这篇日记，我发现我犯了一个很大的错误，教育是公平的，爱也是平等的。身为一名园丁，我把关注点全放在了盛开缓慢的"小花"上，精心培育，每天只看着这些小花慢慢成长，欣喜着为他们鼓掌，却忽略了那些只要通过浇水、施肥，不用费尽心思培育就吐露芬芳的花朵，他们是那么美丽、值得欣赏，而我以前一直觉得，只要是盛开的花朵，就不必精心照料，殊不知只要一不留神，这些花朵就会在不被关注的情况下慢慢凋零。我开始反思自己，每朵花都需要在被关注中成长，虽然每一朵花的花期都不相同，但是只要对他们付出关爱，赏识他们不同的美，花骨朵会在激励中慢慢开放，盛开的花朵也会像被注入了保鲜液一样，始终芬芳。

"孩子，看了你的周记，老师很感动，因为你能把老师当作朋友，和我说自己的心里话。看到你的心里话，老师很愧疚，因为在你表现出色的时候老师没能及时称赞你，这让你觉得自己不够出色而对学习开始迷茫。孩子，你在老师心里各方面一直都非常出色，事事不用老师操心，你总能做得最好。只是老师忽略了把内心的想法表达出来，让你困惑，在这方面老师一定会改进，也希望我们还是好朋友，有心事一定要找王老师，不好意思说可以记在周记上哦。"反思后的我，在女孩周记下面写了这样一段文字，开始把关注点放在每一位学生身上，及时鼓励与表扬，慢慢地每个孩子的脸上都有了笑容。

孩子的心里话让我懂得在教育教学的工作实践中，不管对待哪一种学生，都要端正态度，掌握好方法，这是管理好班级、提高学生学习积极性的关键。

一、教育需要公平

每个班的学生都是参差不齐的，我认为在教育教学中尤其是奖惩方面，每位学生都应使用一个标准。优等生往往会得到老师的偏爱与优待，而后进生时常会得到老师的关注，所以教师在教育教学过程中，一定要公平，要一碗水端平，如处理偏颇，要么会助长部分学生的坏习惯或是抑制上进心，对他们的错误和缺点要一视同仁，对待他们每一次的表现出色都要给予肯定与掌声，这样才能赢得学生的尊敬和信任。

二、教育需要信任

教育大家经常告诉老师要"蹲下来看孩子"，教师要蹲下来和孩子保持一样的高度，以孩子的眼光看问题、看世界，这样才能真正尊重孩子、理解孩子，也只有在这样的前提下，教育者才更有心去了解、剖析、关爱孩子，为孩子提供最适合的教育。在教育学生时，要动之以情，晓之以理，导之以行，

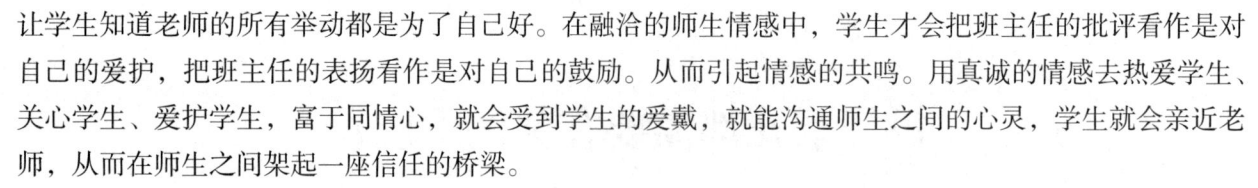

让学生知道老师的所有举动都是为了自己好。在融洽的师生情感中，学生才会把班主任的批评看作是对自己的爱护，把班主任的表扬看作是对自己的鼓励。从而引起情感的共鸣。用真诚的情感去热爱学生、关心学生、爱护学生，富于同情心，就会受到学生的爱戴，就能沟通师生之间的心灵，学生就会亲近老师，从而在师生之间架起一座信任的桥梁。

三、教育需要关爱

一个班级有几十个学生，他们的家庭环境、先天素质与自身努力程度都不同，但一定要做到一视同仁，尊重、信任、理解、关爱每一个学生。关心他们的身体心理，关心他们的生活，关心他们的学习，关心他们的思想。遇到闷闷不乐的学生，课间我会走近他，悄悄地问一句："今天遇到什么不开心的事了？和老师说说。"遇到打蔫的孩子，我会细心地问一句："孩子，是不是哪里不舒服了？"……我会细心观察每一个孩子，发现问题了，一句问候总能让学生知道老师在关心着他们。

学习方面，对待每位学生，应该让他们看到、感到自己点滴的进步，体验进步成长的快乐，增强继续进步的信心，让他们在充满鼓励与期待的沃土中成长，决不能因为一点过失而让孩子在指责声中或是在不被关注的情况下自卑地低下头去。对他们取得的点滴成绩，及时给予表扬和鼓励。被关爱的学生，才会懂得爱。

四、教育需要赏识

学生的家庭教育不同，内在需求也不同，因此赏识激励要有不同的针对性。力求在平凡、普通中捕捉搜寻闪光点，发扬学生长处，避其短处，在成功中品味赞扬其优点，促进学生个性特色的形成。每个学生都渴望得到赏识与表扬，所以激励赏识要面对所有学生。周记事件过后，我把对后进生的关注点分散开来，落实到每个孩子身上，对每个孩子做到及时表扬。那个女孩在习作与朗诵方面的表现尤为突出，我时常让她在班中朗诵或是读作文，让她恢复成就感。面对其他学生，只要在听写、小习作、练习中发挥出色，或是取得进步，我都会在班中给予表扬，同时为这些孩子拍张照片发给他们的家长，向家长表扬孩子，既让家长了解情况，又让赏识激励上升到更深的层次。每个孩子都需要得到赏识与激励，只要方法得当，每一个孩子都能有不同程度的提升。

身为教师，面对不同个体，如何进行有效的引导，这就需要我们在平时的工作中去摸索、去探讨、去反思、去实践。我想，只要心中有一杆秤，关注每一位学生；心有一种责任感，取得学生信任；再带着赏识与关爱，就一定能让祖国的花朵持久芬芳。

作者简介：王赛，中共党员，长育小学教师。所带班级班风纯正、学风优良。热爱教育，尊重、信任学生，让学生做课堂的主人，深受学生喜爱。班级活动、专业活动及撰写的论文，多次获得市、区级奖项。

爱是一缕春风

苏霍姆林斯基说过：教育的艺术首先包括谈话的艺术。我是这样理解这句话的：同样的一个意思，可以有很多种表达方式，每一种表达方式，都会给人不同的心理感受。怎样表达能够让人乐于接受，又能够完成你的表达初衷，在语言上，就需要技巧。与人交往也好，教书育人也罢，面对尤其是未成年的小学生，怎样的评价能够激励小学生充分发扬自己的优点，改掉自己的缺点，激发向上的自信心，这是我一直在努力思考的一个问题。

案例描述：多年前，一句不经意的评价曾经伤害了一个学生，一直让我深深自责并深切感受到评价的重要。作为音乐老师，要注意使用哪些评价的方式呢？

一是形成性评价与终结性评价相结合，二是定性评价与定量测评相结合，三是自评互评及他评相结合。

那么在评价的过程中，教师如何使用自己的语言呢？我认为：评价的语言要有激励性，评价的语言要有准确性，评价的语言要有启发性，评价的语言要有艺术性。

下面，我讲一个关于自己的评价故事：

在我教学的一个班里，有一名非常淘气的学生叫张明，他非常聪明，但是出奇得不听话，遵守纪律的问题，老师反复跟他讲，但根本就不起作用，道理懂了，纪律照样不遵守，一度把班主任老师气走，这样反复多少次，也不曾改掉自己身上的缺点。轮到我上音乐课了，他照犯错误，折腾得整个班不能好好上课，我一开始对他采取的管理方法是：直接说缺点，不留情面。他不接受，反而变本加厉，几节课过去，整个班的学习也受到了影响。突然有一天，我和他之间有了这样的改变：那是我要录课的一天，因为录音的问题，找不到电子琴，他跑到我面前："老师，我家有电子琴，我姥姥天天中午来附近买菜，我让我姥姥给您带来。"态度非常诚恳，非常热情。我当时并没有什么想法，可是录课那天，他直接找了几个同学："老师，我们到门口给您搬电子琴去了，姥姥一会儿就到门口了。"还没等我答话，他就已经走远了，我当时非常感动，在我非常着急的情况下，他那么热忱地帮助我一个经常大声批评他的老师，真让我这个当老师的有愧。之后，在音乐课上，他也有不遵守纪律的时候，但是，我一想起他作为一个孩子，能够在关键的时候，那么真心地乐于帮助别人，我想要批评的话就说不出来了，之后我在课上对学生说："孩子们，我们每个人身上都会有优点，也会有缺点，今天，我要给大家讲一个让我非常感动的故事。"我就把张明——大家一致认为是坏孩子的张明的故事讲给了全班同学，全班鸦雀无声，我知道同学们都在内心里思考同一个问题。之后，我的音乐课上，每当张明同学有不遵守纪律或打扰同学上课的时候，我就换用了与他交流的方式：平等。这两个字看着简单，实际上是我多年作为教师的一个深刻的理解。这看似简单的一个故事，其实在里面体现了教师的教学艺术，其中的一条就是对学生的评价艺术，也就是上面提到的评价语言的激励性、启发性、准确性和艺术性。比如，针对张明这个同学，我是从一件小事上发现了他身上具备的闪光的优点，我从心里承认他，从语言上肯定他，从而给了他自尊，给了他好好做的动力，给了他积极向上的心理动力，我在课上，在同学面前肯定他，让他有了好好学习、好好表现的行为动力，一句"你真是个懂事的好孩子""你真让我感动""有你这样的学生真好"，会在他心里产生无比向上的动力！

这只是一个张明的故事，其实，在每天的教学生活中，只要与学生接触，就会有言语上的交流，我

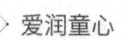

现在充分体会到，作为一名教师，一定要做好自己，在学生心目中的美好形象才能够树立起来，你说出的话，学生会当作"箴言"去听，"亲其师信其道"，一言一句，都要控制好自己的情绪，难免生气的时候，也不要忘记了自己的职责，对学生，多用赞美的言辞，批评的时候，一定要讲究艺术，只有在学生从心底里接受的时候，否则，批评将是无效的或者起的是反作用。

案例反思：回首多年的教育教学生活，我充分理解到：没有爱就没有教育，爱是一缕春风，像溪流，可以滋润融化心田，怀揣着爱，即使冰霜，也会有春天。爱是可以感染学生的，面对着一双双无邪的眼睛，全心地用爱去浇灌学生，那么，你的言辞，你的评价，就会像一棵枝繁叶茂的树。在音乐教学中，反思我自己，在每学期期末对学生的描述性评价中，注意使用词语的色彩性，让学生既能受到启发和激励，又能充分认识到自身的缺点，还能够从老师的评价中，感受到充分的自信和无比向上的动力。苏联教育学家苏霍姆林斯基说："人的内心深处都有一种根深蒂固的需要，那就是渴望被人赏识，而儿童的这方面的需要更为强烈。"所以在以后的教学中，我无论是从语言、动作、表情还是文字的描述，都要充分尊重学生的个体发展要求。

作者简介：隗凤玲，在教育战线工作了35年的教师，喜欢音乐，热爱生活，热爱学生，喜欢孩子的天真无邪，喜欢自己这份平凡的工作，喜欢阅读各方面书籍，希望自己的点滴光热能够给予学生一片海，一片绿洲，一片无限辽阔的天空。

关注细节　有效育人

古人说："审堂下之阴，知日月之行；见瓶水之冰，知天下之寒。"是说我们要见微知著，要从身边的小事出发，发现其中暗藏的规律，从而使我们获得新知识、新发现。细心对待身边一切细小事物，懂得留意，一定会有惊奇的发现。牛顿留意于苹果坠地的瞬间，促成了他万有引力定律的发现；爱因斯坦醉心于细微的光影变化，促成了他量子力学与相对论的问世；狄仁杰正是由于明察秋毫，才能断案如神。为人师的我，更是要关注细节，让细心的发现助我开启学生的心灵之窗，让我们可以走得更近、更近。

故事要从那一天说起……

小超是我们班的一个小男孩儿，长得不起眼，但在班里可是出了名的淘气。刚接手二年级的时候，以前的班主任介绍的"特别关注"对象里就有他。也许是对我比较陌生，开学初他的行为还有所收敛，但随着时间的推移，那些小动作，就如雨后春笋一样不断地冒了出来。"老师，小超把墙壁涂脏了。""老师，小超拿了我的铅笔。"……真是"事事"都离不开他。

一天中午放学，只听教室里"哗啦"一声，希希把水彩笔撒得满地都是。怕耽误家长接孩子，我就让他们下午再收拾。下午上学的时间快到了，这时班里还没有人，只见一个身影嗖地跑进教室，一会儿功夫，那个身影又跑出来，从背影判断那个人是小超。我心想：坏了，万一……我急忙走进教室一望，彩笔确实没了，再赶紧走到希希书桌旁探头一瞧，彩笔整齐地摆放在桌洞里，一根不差。

这个结果倒是让我着实意外了，不过也暗暗高兴……经过一番思考，我决定这样做。

下午第一节课，我在黑板上写下：彩笔掉落之后。写完刚转身，聪明的同学们就开始抢答了。"老师，我知道您要说什么，同学的彩笔掉了我们要帮忙捡起来。""不对不对，老师是想说同学有了困难我们要帮忙，这叫互助……"就这样，没等我开口，学生把助人为乐的精神全面地分析了一番，还上升到了社会主义核心价值观的文明、和谐、友善的高度。我看同学们讨论得差不多了，开始提出我的第一个问题："同学们，你们觉得帮助别人的人该是个怎样的人？写下来，把纸条贴到黑板上。"五分钟过后，黑板上密密麻麻地贴了很多，"有爱心、善良""一定是个优秀的同学"……我的第二个问题开始了："同学们，你们猜猜中午的彩笔是谁捡起来的呢？""肯定是班长，因为她平时就爱帮助同学。"这时，班长不好意思地小声说："不是我。"同学们猜来猜去，就快说遍了班里的名字，这时一个声音传来："不会是小超吧？"这一句竟激起了波澜："不可能……""对啊，不可能！"同学们的质疑还在继续，我看到小超已经把脸憋得通红，做了好事的他竟然不知怎么回答；这时我肯定地宣布："今天帮助希希捡起彩笔的同学就是小超。"我用肯定的眼神回应着同学们惊愕的表情，接着说："小超，来说说为什么这么做吧。"小超吞吞吐吐地说了几句，我接过他的话继续肯定地说："小超主动帮助有困难的同学，你们刚才在黑板上写的话都是对小超的肯定与称赞，原来他有这么多的优点，我们真要向他学习呢！"稍微停顿后我继续说："是什么让大家在最开始的时候没有猜到是他呢？"话音一落，大家立刻开口，我马上制止住大家继续说："是因为小超同学也遇到了困难，总有一些坏习惯在干扰他。他能帮助有困难的同学，现在他也遇到了困难，大家想想，我们该怎样帮助他呢？"片刻安静地思考后，同学们开始讨论了。我走到小超跟前摸着他的头说："你愿意接受同学们的帮助吗？"他的小脸儿依然红彤彤的，使劲儿地点头："愿意！"我微笑着肯定地对他说："老师相信你，一定能克服掉那些困难的，加油吧！"

这次班会后，在小超的各面都多了一位贴身的"小老师"，大家的热心顿时让小超感觉幸福极了，再不改掉那些坏毛病都会不好意思呢！一个月后的体育文化节，小超代表班级参加了男子长跑，经过他的奋力拼搏，取得了第二名的好成绩，他被同学们簇拥在一起，脸上都乐开了花，站在一旁的我更是欣慰，因为我看到小超已经能够在集体中找到自己的位置了……

一次班会，两个问题，三句肯定，若能起到对学生积极转变的作用，身为其师，知足矣！这个故事给了我很大的启发：

一、发现优点

教师要善于发现学生身上美好的东西，放大他们的闪光点，想方设法帮他们发现优点，发扬优点，让学生得到别人的认同和尊重。在帮助学生发现优点的过程中，我还借鉴了魏书生老师的写出二十条优点的方法，让学生以手抄报的形式把自己的二十条优点写出来，有的同学很快完成，有的同学真是绞尽脑汁地想啊，这个过程不也是一种激励吗？然后在班里让学生把优点大声地读一读，学生的自信心瞬间增加。增加的只是自信心吗？当然不是，还有一种对学生行为的约束呢！他当着大家的面把自己夸得那么好，以后还好意思犯错吗？

二、放大优点

教师要对学生平等看待，但对每个学生的标准应该是不一样的。对于某些平时缺点多的学生，我们哪怕发现了学生一点微小的进步，也应及时给予肯定，不应该认为不值得一提，就把点滴进步忽略过去。"星星之火，可以燎原"，一点优点是可以让许多缺点转变的。

三、多些肯定

实践让我懂得，教师一句激励的话语，一个赞美的眼神，一个鼓励的手势……往往能给学生带来意想不到的收获。教师对学生小小的成功，点滴的优点给予赞美，可以强化其获得成功的情绪体验，满足其成就感，进而激发学习动力，培养自信心，促进良好心理品质的形成和发展。

关注细节，发现问题，思考方法，细心感悟，此为用心做教育；以生为本，关注身心，此为心中有人的教育。若能如此，身为其师，无憾矣！

作者简介：宣晓光，长育中心小学教师。曾获"北京市学生最喜爱的班主任""国家级德育科研工作先进实验教师""房山区骨干班主任""房山区优秀教师""房山区书香教师"等称号。工作认真严谨，业绩突出。受到学生、家长的喜爱和信任。

时光慢慢，我陪你们长大

岁月匆匆，任你怎样恳切也绻握不住。猛地一回头，发现——时光悄悄，岁月留痕。明明那个时候还是一个个的小萝卜头儿，配着胖乎乎的小身子规规矩矩地坐在座位上听我讲课呢！现在也都拔高了身量，会在课堂上小调皮地问"十万个为什么了"！

回首从教的几年里，百感交集。刚到班的时候，我也会手忙脚乱，遇到突发事件也要斟酌斟酌再斟酌，十分担心处理不好会对孩子造成不可挽回的坏影响。那是焦！为了上好一堂课，我修改了一次又一次的课件。我就想着怀着我的初心，把我有的知识好好教给他们；为了让孩子们更快地吸收知识，我自己课下演习了很多次。看着孩子们能够自己解决疑难脸上露出的开心的笑容，我觉得修改了一次又一次的内容也是值得的。这是喜！后来啊，我和孩子们建立了比较好的关系，我便轻松了很多。但是包班教学的老师教学任务不能说真的轻松。兼顾班主任和语文数学老师的我，比大部分其他老师在准备的教案、需要批改的作业和在课堂管理上花费的时间要多得多。有的时候啊，天蒙蒙亮就要出门；有的时候啊，三更半夜才能休息。这算苦！看着班上一些孩子理解不了知识，成绩提不上去，我也忧哇……

时光慢慢，我陪你们长大。翻看时间的剪辑相簿，有那么一堂课记忆犹新。

那是2018年的某个周五的班会课。大夏天的还很燥热，没有蝉鸣却有风扇"骨碌骨碌"转动的声音。与孩子们精神抖擞地唱着"我们的祖国是花园，花园的花朵真鲜艳"相比，我显得有些夏乏。上课了，我转过身在黑板上写下"我的梦想"四个大字。我问孩子们："你们的梦想是什么？""你们长大了想要做什么？"有的学生说要成为数学家，有的学生说要当宇航员，还有的学生说想要做老师。同学们讨论得热火朝天，但是明明却在一边默默地写着什么。我注意到了，便邀请明明和大家分享一下自己的梦想。

明明起初是十分羞涩的，他诺诺地说："我和大家的梦想都不一样。我的梦想没有大家那么伟大。"话音未落，便红着脸低下头了，不敢看其他小朋友。正当大家都以为明明不会说出他的梦想的时候，明明却猛地吸一口气，用洪亮的声音回答道："但是我是真的很想做一名吉他歌手！"说完，便抬起头，睁着大大的眼睛望着我。一瞬间，他的眼里仿佛装满了星辰大海。情不自禁地，我开心地笑了，点了点头。

我注意到明明红彤彤的小脸儿，手足无措却又期待着我的肯定。我也注意到了有的同学在窃窃私语，还有的同学在嬉笑。我走过去拉起明明的小手，蹲在他的面前，用缓慢轻柔的语调说："明明，每个人的梦想都不一样。梦想没有高低贵贱之分。你的梦想就是属于你的最好最伟大的东西。不过，你是真的想成为吉他歌手吗？你和大家都不一样呢，你会害怕吗？"奇怪的是，明明一改曾经上课的迷糊、羞涩，一本正经地告诉大家："虽然我和大家不一样，但是我真的很喜欢吉他。我想要成为一名吉他歌手。"话一说完，教室里就响起了雷鸣般的掌声。

我记得那节课我是以这样几句话结束的：你的梦想是属于你的独一无二的东西。实现梦想的过程可能有很多小朋友会笑话你，也会遇到很多很多的麻烦。但是老师希望大家要勇敢地大声地说出自己的梦想，好好学习，努力地实现它。如果你懒惰，就要变得勤奋；如果你害羞，就要变得勇敢。

那节课后明明来找了我，问我他想成为吉他歌手，他的爸爸妈妈会同意吗？从家长的角度，很大几率是不同意的。但是我宽慰明明说："回家好好地和爸爸妈妈谈一谈，他们会同意的。爸爸妈妈也有自

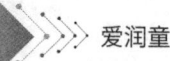 爱润童心

己喜欢做的事情呀。不过明明自己也要好好努力哦。"回到家，我给明明的妈妈打了电话。先是问了问明明在家里的情况，降低了他妈妈的慌乱感，最后谈到了明明的梦想。听到这里，他妈妈说其实她一直感觉这孩子很喜欢吉他。之前给他报兴趣班，就只看中了吉他班。那天我们聊了很久，最后明明妈妈说："我和他爸爸辛辛苦苦也是为了孩子。孩子开心，愿意努力，我们就不阻挡他实现梦想的脚步。"

之后的一段时间，我观察到明明变了。他不再在上课的时候开小差了，他会认认真真地完成作业和小练习，上课的时候也变得很爱举手回答问题。最明显的就是他变得勇敢了。他会高兴地和老师同学们打招呼，甚至还会在大课间的时候来问我问题。我觉得明明真的很棒！而且，班上的大部分孩子都变得勤奋爱学习起来，我发自内心地感到开心。

望向无意种在南边的那棵已长成环抱之木的树，透过斑驳华盖撒下的彩色的碎屑，我忽地想起了大学生辅导员问我"老师的根本任务是什么"的场景，那时我的回答是"教书育人"。现在，我有了进一步的认识——育人比教书还要重要。教孩子要坚定自己的梦想，要成为一个有梦想的人并不是教科书要求的内容。但是育人就是要比教书重要。教书要培养人才，也要先成人再成材。

岁月匆匆，任你怎样恳切也绻握不住。很开心，我陪你们一起长大。

五年教书生涯，谢谢你们让我学到许多。新时代的到来对我们老师提出了新的要求：有理想信念，有道德情操，有扎实的学识，有仁爱之心。责任重大，学无止境，要成为一名受人尊敬的好老师，这条路还很长。

我正在路上——

作者简介：赵洋，长育中心小学教师。从教以来，敏而好学。在教学工作中一贯遵循"爱与尊重是教育的出发点"。在工作中注重对教育方式的研究，以爱心感染每一个学生，赢得了学生的爱戴和家长的尊重。

用爱塑造　用心雕刻

——潜力生的转化

回想几年前，我新接手了一个五年级。从我接手这个班的第一天开始，就一直注意观察着班里的一个坐在最后面脊柱变形的女孩：她总是一个人坐在那儿，一声不响，无论上课与下课，对她来说都一样；脸上的表情总是麻木的，很少见到她出去与同学们一起玩。同学们对她也是不理不睬的，她的学习成绩那就甭提了。她就是我班的"潜力生"——晓霞，对她进行教育，可费了一番苦心。

对一个学生的教育，特别是对这样一个"潜力生"的教育，要做到常抓不懈，但并不是在任何时候、任何情况下，对她进行一番说教都会有积极作用。这有一个选择教育的最佳时机的问题。教育机会抓得准、抓得好，是教育成功的重要条件。教师应针对学生的思想实际，结合他们的实践活动，寻找、捕捉、创造教育的时机，使教育犹如春风化雨，及时而深刻，就会取得更好的效果。

一、首先用爱去唤醒她

一切成功的教育，究其根源，都出于爱心，教师有了爱心，做事、说话都会考虑如何保护学生的自尊心，激发其上进心，树立其自信心。教师爱学生本身就是一种教育，渗透着教育内容，发挥着教育职能。教师的爱是一种驱动力，是一种教育手段，它能形成一种教育力量，促进着学生身心的健康发展。对晓霞来说，就更需要用爱去唤醒她，用爱去开启她那扇长期封闭的大门。

起初，我尝试着接近她，和她交谈。她不善言语，问什么答什么，从不多说一句话，有时候就是一声"嗯"了事，面部没什么表情。逐渐地，我把爱付于行动中，我要让她真实地感受到我对她的爱：每当清晨进教室后，我都会走到她身边轻声问一下："早晨吃饭了吗？"每当讲完例题后，在巡视学生做题时，我会轻声问："如果不懂，我可以再给你讲一遍。"哪天发现她的头发该洗了，我会提醒她：中午把头洗一洗，下午你会显得更精神；衣服该换了，我会轻声提醒她："下午换一身更漂亮的衣服吧！"不知不觉，我发现她再看我时，表情不再麻木，主动和我说话的次数多了，我坚信她还会改变的。与此同时，我还找来班委谈话："晓霞是我们班的一员，我们不能丢下她，要让她同我们一起成长。你们作为班委，应该想办法帮助她，从学习上、生活上多关心，多帮助。不能嘲笑她，疏远她。"并且还安排班长张晓霜与晓霞建立互助小组，很快班内掀起了互助高潮，以前对她不理不睬的现象没有了。晓霞没带橡皮，会有几个同学同时递过来；一次写毛笔字，她不小心把墨洒在了地上，几名男生二话没说，争着抢拖把去擦地；在学习上遇到了困难，也有人主动帮她排解难题。开始，她总是不理不睬，连个谢谢都不说。后来，我发现她变了，每次得到别人帮助时，她总是一笑。虽然还是没听到她说什么，但我早已觉察到这一点一滴的爱正悄悄溶入她的心田，她的那扇心门正慢慢打开。在教育这样一个学生的过程中，我以老师的爱心、仁慈和关怀，带动了集体的爱心、仁慈与关怀，两者结合起来，时刻温暖、感化着那颗曾经封闭的心，成了促使她转变的最有力的驱动力。

二、发现闪光点，增强自信心

每个人都有优点，晓霞也有，在那次大扫除中，我注意观察到，组长分给她擦门厅的那扇大玻璃，她一直在那儿认真地干着，直到擦干净。组长见她干得快而且细致，对她说："你帮史可昕擦玻璃行吗？"她爽快地答应了，而且又认真地完成了任务。我把这些看在眼里记在心上，在大扫除结束后作总结时，我大声地向全班同学宣布："在今天的大扫除中，晓霞同学表现最好，她不仅提前完成了自己的任务，还帮助史可昕完成扫除任务，我们都要向她学习。"说完，班内响起了热烈的掌声，我看见晓霞低着头，脸上通红，带着微笑，我想这个时候她心里肯定甜极了。此后，每次扫除时，晓霞表现更积极主动了。在她的劳动下，她们组的大扫除任务总是提前完成，每当受到表扬时，她总是甜甜地一笑。我还惊喜地发现，课间，晓霞与同学们一起跳皮筋了，作业写得也比以前清楚了，她的变化让我感受颇深：每个学生都在意教师对他们的态度，教师给他们一份表扬和鼓励，他们会从内心感激老师，并把这种感激化为一种动力，促使自己遵规守纪，认真学习。作为一名教师，不要对这些学生一味责备，而应多加关怀，注意挖掘身上的闪光点。对于他们的进步，哪怕是一点点进步，也要给予鼓励和表扬，这样会让她们感受到老师没有歧视她们，从而"亲其师，信其道"，朝着老师期待的方向发展。

三、捕捉教育时机，克服自卑心理

晓霞在班里的成绩长期是倒数第一。因此，大家都认为她什么都不行。她自己也不善于表现自己，也认为自己在各方面都不如其他同学。长久以来，她就产生了自卑心理，这是她把自己封闭起来的最主要原因，我一定要让她消除自卑心理。

机会来了，在一次判作业时，我无意发现她本子里夹着一张画，总体感觉画得不错，我觉得应该让全班同学知道她也有长处。于是，我站起来对同学们说："同学们，老师今天发现了一个秘密，你们想不想知道？""想。"同学们异口同声地回答道。"我告诉你们吧！咱们班的晓霞同学画儿画得可棒了。"我把画展示给同学们看，有的同学还把赞许的眼光投向了晓霞，她一见是自己的画儿，满脸通红低下了头。我走到她的座位旁对她说："你画的画儿老师很喜欢，你能画一张给老师吗？"她答应了。第二天，当我走进教室时，她赶紧跑过来，双手捧着一张画——的确比昨天的那张画得好。我再次表扬了她，再一次展示给了全班同学。有严重自卑心理的她，这次没有低下头，而是用眼睛注视着全班同学。此后，她变得更开朗了，愿意与同学们交流了，尤其是谈到画画，她就更兴奋了。这次教育紧紧抓住了教育时机，利用她的特长，增强了自信心，克服了自卑心理，其效果就不言而喻了。

教育人、培养人是复杂的、艰苦的、长期的一个过程，在这个过程中，教师永远也不要让学生内心深处积极向上的愿望破灭，而要用教育的力量把每一个学生塑造成为有用的人。这虽然要用很多精力，花很长时间，费很多心思，但这是非常值得的。作为人类灵魂的工程师，就要用爱去塑造，用心去雕刻。你只要付出了爱心，就一定会有收获。

作者简介：赵永，中共党员，长育中心小学教师。从教24年，热爱教育事业，对工作兢兢业业，2013—2020年被评为"区数学学科区级骨干"，多次做市、区级公开课，多篇论文分别获国家、市、区级一、二等奖。

唤醒教育，丰富生命底色

9月，上午的阳光，透过玻璃在大理石的反射下，将空气晒得暖暖的，电风扇偶尔把机械式的风，送到我们身边，驱赶一阵阵的热浪。

我满头大汗地在办公桌前批改作业，今天的作业没有了混合饭菜的油腻子味。"看来，张小奇（化名）又没有交作业。"我小声嘀咕道。

提起这个孩子，我就头大。他的身上总是散发着一股股酸臭味，同学们都不太愿意靠近他。他很机灵，但很懒，课堂作业能完成，但书写很乱，连他自己都辨认不出自己写的什么字，家庭作业从来都不写。他的学具总是带不齐，不是没带铅笔就是没带橡皮。每次同学借给他铅笔后，第二天他还是不带，也不还，长此以往，同学都不爱和他玩。他上课好动，注意力不集中，总管不住自己的手，不是碰碰同桌，就是自己玩，有时一个笔头就能玩大半节课。跟他坐在一起的同学换了又换，有的受到他的感染，也都开始不同程度地违反课堂纪律、影响任课老师的课堂教学和情绪。而且他不觉得自己的这种行为是不好的，总是以在课上能把大家逗乐为荣。我利用课余时间和他谈心，希望他在学校能遵守各项规章制度，上课能够遵守纪律，以学习为重，做一名合格的学生。他总是答应得好好的，转身就忘记了，自律性特别差。如果你的语言严厉点，他就会用不驯的小眼神睨着你，告诉老师他很不服气。

我怒气冲冲地赶回教室，想抓住这个不按时完成作业的"顽固分子"。"这次我一定要严厉地批评他一顿。"我心里愤愤地发狠。

操场上很热闹，虽然天气很热，但抵挡不住同学们那一颗颗亲近自然的心。我在操场找了一圈，没有看到张小奇。问同学也没看到。我又急匆匆地来到教室，发现他正在帮同学们整理桌椅。我那要爆炸的气球脾气瞬时软了下来。

"张小奇，你怎么没去操场玩啊？"

"老师，他们着急去玩，没收拾好桌椅就跑出去了。我把桌椅整理好，要不然一会儿，您该生气了。"他小声说。

看到这个场景，我陷入了深深的思考，孩子是如此的可爱、善良。我该怎么帮帮他呢？班主任要研究学生的个性情况，当然包括学生所处的环境，特别是家庭环境对他们的影响。为了改变这个孩子的现状，我对他家进行了家访，通过跟他爸爸沟通，了解到孩子的妈妈生病去世了，爸爸带着他们姐弟三个还有生病的奶奶租住在一间不足30平方米的小屋里，平时忙于上班，对孩子疏于照顾，就连中午饭都是三个孩子回家自己做着吃。孩子的爸爸也是很激动地跟我说："韩老师，孩子您就多操心吧，我实在是没时间管了，现在张小奇就已经像是没人管的野孩子了，再这样下去，这个孩子就毁了。"我了解到孩子的情况之后也是很震动，我想这个孩子受到的关爱和照顾真是太少了，我一定要好好关注这个孩子，争取让他能与同学友好相处，能认真地上课，完成作业，并具备一定的学习能力。于是我先跟孩子的爸爸沟通好，首先要勤给孩子洗澡，勤换衣物，晾晒被褥，让孩子能清清爽爽地来上学。其次，先把借的同学的文具还给人家，每天晚上要检查孩子的书包，给孩子准备好学习用具，"工欲善其事必先利其器"，没有学习用具根本谈不到安心学习。再者，要做到孩子放学回家的作业家长一定要检查，争取让孩子做到今日事今日毕。

法国著名雕塑家奥古斯特·罗丹说："世界上并不缺少美，而是缺少发现美的眼睛。"作为教师，这种能力尤其重要。我仔细观察了张小奇一段时间，发现这个孩子身上有很多的闪光点。第一个就是这个孩子打扫卫生特别干净，我们班的书架是他负责的，他每天都把书架擦得干干净净，书架上的书摆得整整齐齐。我就赶紧抓住这件事在班里好好地表扬他一番，让其他同学向他学习，并鼓励他在学习上也要拿出这样的劲头来，他听了之后很受鼓舞。第二个就是他特别乐于助人，每次放学同学们排队回家的时候，总是爱忘带自己的水瓶，他总是在发现后就及时给同学送过去。我还特意开了一个"助人为乐"主题班会，并在会上极力表扬张小奇同学，引导受到帮助的同学向他表示感谢，这不仅改善了他和同学们的关系，也增强了孩子的自信心。第三个可以说他具有责任心，每天放学后，他总是最后一个离开教室，负责把教室的门窗关好，桌椅摆好，灯关好才回家。我抓住这些闪光点及时地表扬他、鼓励他，慢慢地，他上课认真听讲的时间变长了，书写变工整了，书写速度也有了很大的提高，作业也能按时上交了，经过一段时间的积累和巩固，成绩也有了一定的进步。

"真正的教育是一棵树摇动另一棵树，一朵云推动另一朵云，一个灵魂唤醒另一个灵魂。"作为一名基层教育工作者，我面对的是一张张天真可爱的笑脸，我会尽我最大的努力去唤醒孩子的灵魂，为他们的生命打好底色。

作者简介：韩香，中共党员，长育小学教师。从教以来，勤恳敬业，乐于奉献，坚信"世上无难事，只怕有心人"，以踏实的心态完成每一项工作。注重班级管理，所带班级多次被评为"优秀班级"。积极参加各项活动、撰写论文，并多次获得市、区级奖项。

让学校成为孩子的"阳光乐园"

苏霍姆林斯基曾经说过：学校有大纲，有课程，有制度，有带着知识到学校教学的老师们，但还有一个东西——这就是教师的心灵，一个活的人的心灵。这个心灵就像每一个父亲、母亲对自己的孩子每走一步的理解、每一次神态变化的关注。这段话一直激励着无数教育工作者把心灵献给孩子。

（一）"百草园"的变身记——有趣的实践课程

羊头岗小学地处村边河畔。在教学楼后有一块两三分的空地，里面种着几株迎春，中间有一张石桌，由于土质贫瘠，每年花开一季，大部分时间都是野菜和小草的主场，我们戏称之为"百草园"，平时也常组织师生拔草除荒，保持整洁。今年暑假，学校重新规划了这片地，更换了土壤，增加了肥力，均分成12块，划给每个班级管理，成为农耕实践园，开学第一天，孩子们兴致勃勃地聚在地边，时而抓一把土闻一闻，时而探讨适宜种植的作物，争论不休。这时候班主任顺势而导，把孩子们组织起来，分头行动，有的去向家长咨询本土适宜生长的农作物，有的网上查阅资料，有的准备种子，有的负责翻土整地……种子播下后，孩子们抽时间就聚在菜田周围，浇水，观察，不时对其他班级的蔬菜长势品头论足，兴趣盎然。短短的三个月，孩子们收获了白菜、萝卜、油菜、小葱，还播种下一片小麦和几畦韭菜。看着孩子们兴奋的笑容，老师们感悟到课程资源就在身边，孩子才是校园的主人。

（二）"执着"的小亮——让孩子更加自信阳光

学校开展评价课活动，这一天走进四年级韩老师的数学课堂，课题是《认识长方形和正方形》。课堂上，老师从生活场景中引导学生发现几何图形，通过质疑、猜想，动手量一量、折一折验证长方形、正方形的特点，进而比较归纳出长方形与正方形的相同点与不同点，课堂生动有趣，孩子们在实践中体验着数学的乐趣。还有十分钟下课的时候，老师提出了一个问题："正方形是长方形吗？"大多数孩子都说："不是！"这时候老师拿出学具，一边展示，一边给学生们指出正方形也具备长方形的对边相等，四个角是直角的特点，然后又问道："正方形是长方形吗？"这时候孩子们陷入了沉思，小亮第一个发言："我认为正方形不是长方形，因为正方形四边相等！"一时间老师愣住了，稍后老师又一次拿起学具，耐心地讲解一遍，然后问："正方形是长方形吗？"执着的小亮大声回答："不是！"一时间课堂中一片沉寂，后边听课的老师却发出会心的微笑。课后教研时间，老师们对执着的小亮大加赞扬，同时指出了授课老师问题设计铺垫不足，出示时机缺少情境支撑的问题，还提出了许多建议。这样的校本教研落实了新课程标准对数学学科素养的要求，就是让学生经历数学体验，引发数学思考，鼓励学生创造性思维，使学生掌握恰当的数学学习方法，实现人人都能获得良好的数学教育，不同的人在数学上得到不同的发展的目标。而在课堂上鼓励学生的思维呈现，恰当地引导学生思考与探索，也是培育学科素养对老师的严格要求，必须加以落实。

（三）小明不"跑"了——多一些陪伴就是"爱"

开学初的一天中午，一年级李老师急匆匆地走过来，和我说：班里的小明不见了，于是很多老师行动起来，校园内外找了个遍，还是不见踪影。最后，在班级教室的多媒体讲台的铁箱里发现了他，只见他嘴里叨唠着："不活了，我要自杀！"眼里满是恐惧与冷漠，着实把大家吓了一跳。事后班主任了解到，小明是个缺少关爱的孩子。他的爸爸是外地务工人员，妈妈精神有点问题，经常把他关在家里，动辄打骂，小明渐渐孤僻起来，以自我为中心，不知道怎么和其他同学交往。他爱和同学打闹，有时候会打人，班里的不少同学都告过他的状。为此，李老师开始专门教他如何和同学做朋友。例如他打过谁，除了讲道理，和人道歉，老师还会让他给人家画幅画，当作道歉礼物送给人家。过节的时候，李老师会提醒他做个祝福卡，送给同学们。只要他为其他同学做了一点小事，老师都会在全班同学面前大大地表扬他，以此改变他在同学们心中的印象。老师还一点一滴地教他学会对人宽容。

有一次，班里的一位男同学在跑步时淘气，把他衣服的帽子拽掉了。那位同学主动和小明道了歉。这时候，老师对小明说："小明，他已经和你道歉了，你可以选择不原谅他，就让他把帽子给你缝上，也可以原谅他，因为他已经和你道歉了。你觉得怎样做更好呢？"如果按照小明原来的性格，他绝对不会原谅他的，可是这次他却说："我原谅他了，回家让我奶奶给我缝上。"听了他的话，老师赶紧对全班同学说："你们看，小明多么宽宏大量，肚子里都能放个船了！"大家都哈哈地笑了，他也笑了。这时候李老师又提醒孩子们给小明鼓鼓掌，学习他这么大度的好品质。他也知道了，做个宽容的人，大家都会喜欢的。慢慢地，小明融入了这个集体，再也不"跑"了。

李老师后来在学校校务会上满怀深情地说："其实，我只是做了一点小事，这些事每天都发生在我的同事身上，我觉得，我的同事们都有资格站在那个荣耀的舞台中央，我为我的同事们骄傲！"确实，完小的班主任工作是花的事业、根的工程。在长期的班主任工作中，她们用汗水换来了学生们一份份充实和沉甸甸的情感；用自己的知识，对学生全心全意的爱换来了他们一次次的进步，她们是长育教育的脊梁。前一段时间，苏霍姆林斯基卡娅在明远论坛的对话中提到，苏霍姆林斯基当年在回答一位教师来信时说过这样一句话：我们把心灵献给孩子，那把什么留给自己呢？我希望大家要想想这个问题。我的理解是，把心灵献给孩子的同时，我们不该留有铁石心肠和怨恨的心理，我们自己也会剩下一个非常完整的、善良的、满足的心灵。作为教师，我们有情怀、有担当，更会享受教育带来的守望与幸福。

作者简介：高丰，一级教师，从事教育工作16年。热爱教育事业，工作认真踏实，注重开拓创新，教学风趣幽默，深受学生喜爱。多次获得北京市教育基本功现场课比赛一等奖，多篇论文获得市、区级一等奖。

用心灌溉，让成长肆意绽放

曾经有人说过："当你在犹豫的时候，这个世界就很大；当你勇敢踏出第一步的时候，这个世界就很小。"作为一名小学班主任，我深刻感受到这句话的力量。

对小学里的每一位同学而言，他们每天都必须面临着新鲜的事物与尝试，每天都需要鼓起精神在这个充满新鲜的世界里冒险，然后在一次次的发现中遇到更好的自己。只是对一些同学而言，面对着未知的"新鲜"事物，他们需要一些勇气与鼓励去面对未知的不安，这时候作为班主任的我们应该加以引导，帮助他们踏出第一步。

进步的意义，有时候并不是千里之行的惊艳，而是始于足下的勇气。

敢于绽放，是成长的捷径

在课堂上我总是发现这么一种情况：当我在课堂上提问的时候，除了几个课堂上表现积极的同学以外，其余同学基本都下意识地低头。好几次，我尝试着提出基本所有同学都知道答案的问题，然而举手者依然寥寥无几。渐渐地我开始意识到了问题的根源：大家并不是害怕回答课堂问题，而是对课堂提问有一种不知名的恐惧和不安。

尤其是班级里有一个叫康康的孩子，他不仅平日沉默寡言，而且在好几次被点名回答问题的时候，更是紧张得一言不发，甚至在大家的注目中会急得直掉眼泪。其实，根据我对康康的观察，我发现他并不是一个不热爱学习的孩子，相反他成绩优异，但是却缺少在同学们面前展示自我的勇气。

这是多么可惜的事情啊，本是一颗饱满的种子，却不敢在阳光下肆意绽放。面对这种情况，我决定帮助康康以及其他同学共同解决这个难题，让每一个孩子都能够在课堂上敢于绽放、敢于展示自我。

勇气信心，是最好的礼物

为了帮助同学们更好地展示自我，我连夜阅读了许多相关文献，发现同学们不敢自我展示不仅是因为性格问题，主要原因还是在于缺乏老师的引导与鼓励，以及日常对学生自我展示途径创设的忽略。对此，我决定在每天的课堂中加入分享环节，从而渐渐通过课堂管理培养学生自我展示的勇气。

随着课堂分享环节的开展，大家都渐渐开始习惯了开口分享，唯独康康每次分享的时候都支支吾吾，甚至一句话没说完就狼狈地逃离现场。我知道这样下去不仅无法帮助康康培养在大家面前开口说话的勇气，甚至会使他更加抗拒开口。

因此，在随后的好几次课堂分享中，我均与康康一起参与故事分享，并且在他旁边不断予以鼓励。当他紧张得说不出话的时候，我就慢慢对他进行引导；当他渐入佳境的时候，我则在一旁静静地聆听……在过程中我发现康康开始渐渐地能够将一个故事断断续续地阐述，他的表达能力以及语言节奏都在这段时间里获得了质的提升。

按理而言，这时候的我本就应该功成身退了。然而想到康康从未试过一个人单独讲完一个故事，加上此时他对我的存在也产生了依赖，因此我并不急于让康康单独讲述故事，而是就康康的情况制定一个计划表，并且根据计划表的内容如实执行。

也许，每一位同学都会在成长的过程中遇到无法逾越的困难，而作为老师的我们需要在这时候成为他们最强大的后盾供他们依赖，慢慢培养出他们突破困难所需的勇气与力量。

突破自我，是成长的呼唤

在开展分享环节的某一天，我鼓励康康自己走上讲台面向大家分享。我看到康康低头缓缓走上讲台，我带头鼓起了掌，在雷动的掌声鼓励中，康康抬起了头，深呼吸了一口气，随后开始将他准备好的故事娓娓道来。让人感到欣喜的是，康康最终有惊无险地将故事完整地讲了下来，并且获得了全班同学的认可。

看着康康脸上洋溢的笑容，我不禁为他感到骄傲。谁能想到讲台上这个口齿伶俐的孩子在两个月前还是一个不善言辞，在讲台上狼狈不堪的小男孩呢？康康的成长让人感到欣慰，但更让我动容的是他在面对困难时所展现出来的决心，以及一次次地勇敢迈步、超越自我的勇气。

如今，在大家面前开口说话已经再也难不倒康康了，在经过了一段时间的练习后，康康在课堂上也变得活跃，勇于积极地回答老师提出的每一个问题。不仅如此，除了康康以外，大家如今都很乐意去举手回答老师的提问，而且还会主动分享自己的想法，形成了良好的课堂氛围，也为大家的成长创设了一个交流的平台。

在康康成长的这段时间里，作为班主任的我感慨万千：在成长的这条路上，每一位同学都是不负星光的赶路人，他们有的不甘人后地奔跑，也有人在忙碌中成长。但成长路上也有不少同学在困难中挣扎着，在未知的前路中望而却步着。

这时候，身为班主任的我们不单单是一座引路的灯塔，在遥远的前方安静地等待着他们自行到来，因为困难会不断挡在教师跟学生之间的路上。作为班主任，我们有时候更应该成为他们的小伙伴，在他们面对困难或是阻碍时，给予他们足够的鼓励与信心，甚至推一推身边每一个在困难前望而却步的孩子，帮助他们越过困难与障碍。

你要相信，每一个孩子都是一颗饱满的种子，只要作为教师的我们用心灌溉，他们定能培养出足够的勇气和信心，然后破土而出，在阳光之下绽放出最美丽的花朵。

作者简介：李俊超，大学本科，热爱教育事业，担任班主任和语文、数学教学工作多年，所带班级班风纯正、学风优良。喜欢教书，寓教于乐，尊重、信任学生，充分发挥学生的主体作用，让学生做课堂的主人，营造轻松活泼的气氛，展现课堂的无穷魅力，深受学生的喜爱。撰写多篇论文获市、区级奖励。

全身心漫步孩子世界，收获教育中的幸福

教师这份职业是神圣而不可侵犯的，因为它的责任不单单是传授知识，还有最重要的一点就是育人。也就是说引导学生树立正确的三观，教会学生做人的道理。此外，教师这个职业也是不会让人很快老去的，因为每天都会和朝气蓬勃的学生们在一起，心情往往都是很愉快的。

作为一名小学教师，我们的幸福感主要从哪里来呢？从孩子身上获得。在实际工作中，用欣赏、赞美的眼光看待并对待学生，全身心投入到学生身上，进入学生的世界，和他们搭建起友好沟通的桥梁。无论是哪一种工作都不是一帆风顺的，或多或少都会有困难、矛盾、烦恼、不愉快等。唯有找寻工作乐趣，全身心漫步孩子世界，才能收获教育幸福。

从事教师工作以来，其中经历了风风雨雨，酸甜苦辣都有尝过，这让我懂得了一些道理。作为一名新时代的教育工作者，单单依靠脑海中的知识与教学能力是远远不够的，还需要具有和妈妈一样的情怀与爱心。只有如此，才可以全身心投入、最大程度付出，让学生感到亲切、安全和信任。尤其当班主任的那几年让我感悟最深！也感动最深！

那一天和平时一样，我带领着学生们整好队等待早操开始，这时班级中的一位同学慢慢走到我面前，小心翼翼地说道："老师，我昨天回家的时候还记得我带了两张卷子，但是今天却找不到了。"这类事情我在之前已经遇到过很多次，也是最让我感到烦躁的。为了能够对各位家长及时准确地反馈学生最近的学习情况，每次单元测试的成绩出来之后，我都会要求学生们将卷子带回家给爸妈看看，然后让家长签字、写评语。但是，部分学生因为成绩不好，害怕回家被爸爸妈妈批评，就想尽各种办法不让家长看卷子，而他们一贯的托词借口都是撒谎骗我说卷子丢了。一开始的时候我深信不疑，真的认为是学生不小心将卷子弄丢了，但是后来逐渐知道了真相，却依然拿学生们没有办法。虽然在日常教学中经常教育他们要诚信、守信，但是带着不及格试卷回家被爸妈打骂批评，学生们却纷纷选择逃避。今天他又一次出现了该问题，他说话的时候头都没有抬起来，声音也是颤颤巍巍的，于是我生气地说："老师知道了，先上操！"这时，我看到了他眼中含着的泪水，他一边擦泪，一边回到队伍。我瞬间感觉自己是一个凶神恶煞的魔鬼，孩子都这么小心翼翼了，他敢到我跟前跟我解释到底是鼓起了多大的勇气啊，但是我却直接破灭了他的希望，给他留下了阴影和不小的心理创伤。

我不禁开始反思自己，我是学生们所期待的老师吗？我内心真的想让自己变成这样的老师吗？犹记得在儿时，我如果犯了错误，最大的愿望就是妈妈可以原谅我，给我一次机会，让我有更好的表现。而刚刚来解释的学生，不就是儿时的我吗？换位思考一下，站在学生的角度看待这个事情，进入学生的内心中，试问，大人都没有办法做到十全十美，更别说是一个儿童了。所以我下定决心，无论今天他到底有没有骗我，我都要给他一次机会。我快步走到他面前，轻轻地摸了摸他的脑袋，给了他一个大大的微笑，细语说："孩子，其实没事儿的，老师也常常丢三落四，这种事情很正常，你今天把卷子丢了不碍事，最重要的是知识不能丢。待会老师讲卷子的时候，你和同桌一起看，要认真听讲，务必要将自己丢分的地方理解透彻，全部掌握，知道了吗？"孩子用力地对我点了点头："知道啦，老师，下次我一定注意！"

在上课时，我对小刚加强了关注，发现他在这堂课上的表现和之前有很大区别，他一手拿着红笔，一手压着练习本，认真严谨地将他卷子上丢分的地方抄写到了练习本上，每当我讲解一道题，他都会将

正确的答案批注在旁边。看着他非常认真的劲头，我欣慰地笑了。倘若他可以一直维持这样认真的态度，相信时间不长，他的学习成绩一定能够得到提升。而他的试卷到底有没有丢早已无所谓，相信他今天收获的远比试卷带给他的还要多。而我，则收获了更多，尤其是教育带给我的幸福感。

针对班级中一些后进生，比如上课不认真听讲，和同桌、前后桌说话，打瞌睡等问题的学生，一定要全身心进入孩子的世界，对他们的真实情况进行详细全面的了解，找出症结所在，并提出最科学有效的解决方式。首先，对这些学生的性格特点进行掌握，制定个性化的教学方案。其次，在开展课堂教学时，对这些孩子加强关注。比如有个学生性情孤傲，在上课时经常闹出动静影响大家，我选择冷眼旁观，几次之后他就感到无趣不再闹动静。紧接着我点名让他回答几个简单的小问题，提升他在学习上的自信心和成就感，时间一长，他就不再爱"自我表现"了。再次，强化课堂上的硬性条规，课堂中应当完成的任务，一定要完成，不可拖拖拉拉。最后也要记得营造轻松愉悦的课堂氛围，比如进行小游戏、小比赛，激发学生兴趣，活跃课堂气氛，调动学生的积极性和自主性，加强课堂师生互动。相信通过上述方法，就会感受到教育所带来的幸福，这种幸福源于孩子们，源于我全身心投入漫步于孩子的世界。

作者简介：林雨珊，硕士研究生，2016年入职长育中心小学，一直担任音乐教学工作。工作中积极努力，虚心求教，音乐课堂教学水平不断提高。

以爱心为媒，搭建师生心灵相通的桥梁

也许是喜欢小孩子的缘故吧，所以考学的时候想都没想就报考了师范专业。如今在教育战线上已有20多个年头。面对不听话的孩子有过气恼，看到学生成绩不理想有过烦闷。当然，孩子们天真的笑脸也给我带来了许多快乐，和孩子一起会给我带来许多活力。一路走来，我依旧不忘初心，喜欢并热爱教师这个职业。每天我们面对的是性格各异的学生，这就要求我们要有足够的爱心、耐心和细心。尤其是对不那么爱学习的学生的转化和教育。

在我们班上有个学生叫王文硕，瘦瘦高高的，能说会道，是个挺可爱的男孩。可是在学习方面他给人的感觉就没那么好了，上课时思想老是不能集中，做作业时动作很慢，老是磨蹭，而且不肯动脑筋。小组长每天都向我告状。于是，我找他谈话，希望他能遵守学校的各项规章制度，以学习为重，保质保量完成作业，知错就改，争取做一个人见人爱的好孩子。他口头上答应得好好的了，可就是"勇于认错，坚决不改"，依然我行我素，毫无长进。每次我都要被他气晕了，我的心都快冷了，多少次想想还是算了吧，或许他是根"朽木"。但又觉得身为老师，不能因一点困难就退缩。我要对得起自己的良心，我要尽最大的力量去转化他！

为了转化王文硕同学的思想认识，我采取了以下措施：（一）从生活细节上关心爱护他。在学校生活中我会格外在意他，让他感受到老师的关爱。早上没吃早饭，我会悄悄给他递过一个面包。书皮破了，我会帮他补上。下课玩耍大汗淋漓时我会送上一张纸巾。慢慢地，他与我越来越亲近了，有时也会主动和我聊天。（二）从学习上给予更多鼓励。每当学习或是纪律上有一点进步时，我都会及时表扬肯定并提出稍高一点的要求，让他认识到老师很关注他，他的进步老师都看在眼里。（三）看到孩子的闪光点，给予更多的自信。听到体育老师说他跳绳很好，我抓住机会，在全班表扬他，他还代表学校参加跳绳比赛并取得了优异的成绩，为学校争光。

为了提高他的学习成绩，除了在思想上教育他，感化他，我特意安排一个责任心强、学习成绩好、乐于助人、耐心细致的女同学王梦涵做他的邻桌。目的是发挥同伴的力量。事前，我先和王梦涵进行了一番谈话：同学之间要有爱心，不要歧视他，要尽你自己最大的努力，耐心地帮助他，督促他进步。王梦涵同学爽快地答应了，并充分利用课余时间和小组合作学习帮助他。有时，王梦涵同学也会显得不耐烦，说王文硕不太听话，不太乐学……此时，我就跟王梦涵同学一起商讨如何"管"住王文硕同学的策略。后来，王文硕同学取得进步时，除了表扬他，我还鼓励地说，这也离不开同学们的帮助，特别是王梦涵同学的帮助。在同学们的帮助下，他自己的努力下，他各方面都取得了不小的进步。他学习上更努力了，纪律上更遵守了，学习积极性提高了，成绩也有了很大的进步。为此，我感到由衷的高兴。我想，"没有老师教不好的学生，只有不会教的老师"这句话说得一点儿也没错，我们的孩子就需要用爱心和耐心去感化。从这个教育故事中，我深刻地认识到，怎样做一个合格的教育工作者。

一、以人为本，爱心感化

"爱是教育好学生的前提。"我们教育学生，首先要与学生之间建立一座心灵相通的爱心桥梁。只有这样学生才会亲其师而信其道。对王文硕这样的孩子，要敞开心扉，以关爱之心来触动他的心弦。"动之于情，晓之于理"，用师爱去温暖他，用师情去感化他，用道理去说服他，从而促使他主动地认识并改正错误。

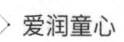

二、因材施教，循循善诱

常言道："一把钥匙开一把锁。"每位学生的实际情况是不同的，必然要求老师深入了解弄清学生的行为、习惯、爱好及其落后的原因，从而确定行之有效的对策，因材施教，因人而异，正确引导。充分发挥学生的力量，安排一个责任心强、学习成绩好、乐于助人的同学跟他坐，给予学习和思想上的帮助，从而唤起他的自信心、进取心，使之改正缺点，然后引导并激励他努力学习，从而成为一个好学生。

因此，我们要以爱心为媒，搭建师生心灵相通的桥梁。育人的工作，我们要讲智慧、讲方法，紧紧地团结他们。只有有了老师的信任、尊重、理解、激励、宽容和提醒，才能使学生们朝着好的方向越来越近。

作者简介：米海燕，现为长育中心小学小学一级教师。1999年7月参加工作至今，教龄22年。曾多次在《房山研训》和《房山教育》发表文章。论文多次获市级、区级奖项。

用爱浇灌　静待花开

——抓住教育契机　助力学生拔节孕穗期

随着手机短信铃声响起，一条信息进入我的视线："老师，国庆节快乐！我参观了今年天安门的国庆盛景，回看了2019年国庆盛典。我要当兵保卫祖国的信念更强烈了。谢谢您对我的精心教导！我会继续努力！小斌。"我的眼前立刻出现了小斌的影子。他是去年我刚教授五年级道德与法治学科时认识的一名学生。今天的小斌已是一名阳光健康的六年级学生了。

还记得那是在学习五年级道德与法治课《富起来强起来》一课时，正好赶上2021年6月17日我国神舟十二号发射成功。我国三位航天员聂海胜、刘伯明、汤洪波三人组成为"天和"核心舱的首批入驻人员，并在太空生活三个月。珍贵的画面，激励着全中国人的心。道德与法治课时，我特意给学生播放了宇航员乘坐神舟十二号载人飞船发射成功的视频，感受到了学生们的兴奋与激动，教室里自发地响起热烈的掌声。我顺势引导学生，现在我们的国家从富起来逐渐变得强起来，向世界证明了中国的强大与发展。想想2035年你在什么岗位，你要干什么？学生们情绪激动，纷纷表达自己的情感。有的学生说2035年我拿着语文书站在讲台上慷慨激昂地讲课；有的学生说2035年我拿着笔描绘人生；有的学生说2035年我成为一名享誉全球的中医，为人们解决疾病的烦恼；有名平时学习不积极的小斌满脸通红地说2035年我在边疆扛枪保卫祖国。此时的他，因为激动而显得异常兴奋，小脸红红的。他刚一说完，教室里立刻发出了哄堂大笑。有的学生高声说："你连字都不认识，怎么当个合格的战士呀？""就是，你当不了！""痴人说梦！"又有几个同学大声附和。我赶紧制止了同学们的不礼貌行为，只见小斌已是满脸泪水，头低低的。课下我找班主任和同学了解了情况，原来小斌是个拼音不会、汉字不认识几个的"学困生"。他每次语文卷子大部分都是空白就交卷，语文基础太差，直接导致了其他文字学科学习都极度困难。老师也想了好多办法去促进他学习，但是他学习的积极性不高。了解了原因，我想这次应该是激励他学习的最好机遇，我一定要抓住机会。

思路清晰了，我在一次课后，让小斌帮我拿地图，看得出他很不理解我的做法，但是很开心。每个孩子都愿意和老师亲近，帮助老师拿教具、学具是他们最喜欢的事情。他开心地拿着教具和我一起走回办公室。我们俩边走边聊。他很拘谨，但是又很不解地问我："老师，今天为什么让我帮您拿教具呀？""我喜欢你呀，你是个有爱国之心有理想的好孩子！"我肯定地说。"老师！"他满脸通红地说，"我当不了兵了，我成绩太差，汉字不认识几个。"看得出小斌情绪非常低落。"你可以学呀，你才五年级，一切都可以从头开始，苏老泉二十七始发奋，还不是和他儿子们一起成为'唐宋八大家'里的三位。""老师，我真的可以吗？"他有点不相信地看着我。"你羡慕刚才视频里的三位宇航员吗？你知道他们现在多少岁吗？你知道他们当中也有因为学习和家庭困难想放弃的人吗？你知道他们中有的人考试得过零分吗？"我一连串的问题使小斌嘴张得大大地看着我。看他很有要了解的劲头，我就给他讲述三位宇航员中聂海胜已经57岁了，刘伯明55岁了，最小的汤洪波已经是46岁了，谁都没有放弃学习。就单单学习飞船飞行操作手册就有40万字呢，除了理论学习，还要有很多的身体练习，失重是最难受的，他们都能坚强地战胜困难，你怕什么？老师悄悄告诉你，刘伯明中考时由于他们学校只有半年的英语课安排，他英语考了零分。在这种基础上，他考上了高中，为了追上大家的英语水平，他每天都背单词，居然成了英语最好的一个学生。即使到了现在，他也是航天员英语中最出色的那一个。你还知道吗？他上高中时，还短暂地休过学呢，到附近工地搬砖。短短一个月，他就后悔离开课堂了，重返课堂后，他学习的劲头更足了，更加珍惜这学习的时光了，现在我们才看到了进入太空的刘伯明。小斌听得瞪大了眼睛，不停地问我："真的吗？那我也可以学好吧，老师？""当然！"我使劲地点了点头，"我可以教你学拼音，你课下可以到办公室找我，我们俩一起进步。"说完和他拉了拉勾。看着那张稚嫩又严肃的小脸，我暗暗下决心一定帮助他解决这个困难，突破这个难点。以后的日子里，他确实表现得积极主动，课上发呆不专心的现象消失了，回答问题积极，学习主动性提高了。办公室里我和他一起学习拼音的景象成了办公室常见的一景。由于他基础太差，我只能从 a o e 教起，零起点起步。渐渐地，拼音声母、韵母、整体认读都熟练了，我们就逐渐开始拼读生字熟练、拼读词语、拼读句子。生字学好了，他的文字科目都渐渐有了长进，人也变得开朗自信了。每次节日都会给我发一段长长的文字，今年已上六年级的他居然当上了语文科代表，学习热情更高了。我深深体会到一次好的教育契机被抓住，会对学生的一生带来深刻的影响。

一位教育家说过，教育就是爱与被爱的过程。近 30 年的教育中，我接触过无数的学生。至今回想起来，一幕幕……或让我感动，或让我欣慰，或让我泪目。只要用爱心对待学生，总会有花开的那一幕。纵然花开时节不同，只要我们用心去浇灌，必将会看到花朵怒放的那一刻。

习总书记说要在学生心灵里埋下真善美的种子，引导学生扣好人生的第一粒扣子。青少年阶段是人生的拔节孕穗期，需要精心引导和栽培。我们教师就要牢牢抓住每一个教育契机，用爱心去浇灌，静待花开。

教师简介：宿庆芹，一级教师，从事教育工作28年，其中班主任工作18年，道德与法治教学10年。热爱教育事业，工作认真踏实，注重学思结合，深受学生喜爱。撰写的多篇教学论文获得市、区级一、二等奖。

让红色校史在教育生命中闪光

初来长育小学，走进教学楼，迎面扑来的是灵动而富于内涵的校徽透视作品，而门厅东西则是学校文化和山石盆景。往前走，随处可见师生及名人字画悬挂于墙壁之上。书香气息如此浓厚！不禁让人对学校文化产生兴趣。

了解了学校的历史，才知道这是一所百年老校。1920年，它的创立者常耀堂、肖鼎三、李琴舫三人受"五四运动"的影响，基于爱国热忱，办校兴国。在过去100多年的岁月里，学校始终坚持爱国爱党、传承书香的办学宗旨，培育和涌现出焦雪桥、赵然、傅伯英、常振玉、苗培时、王广楼等众多的抗日爱国志士。校史中的红色故事，镌刻着中国共产党百年历史印记。这是多么宝贵的教育资源啊！学校在党史学习教育中，充分利用丰富的校史资源，挖掘并宣传校史中的革命先辈英雄事迹，将这些静态的史料通过线上线下各种方式，转化为动态的教育资源，使广大师生通过触摸历史、感知历史，在潜移默化中接受教育，把爱国情、强国志、报国行充分融入学习、工作和生活之中。

在百年发展历程中，学校曾经是私立学堂、曾经是房山教育高地、曾经被迫关闭、曾经名人辈出……越挖掘越感觉学校底蕴深厚！挖掘校史精神，展现红色长育内涵，成了学校党建工作重要的内容！

这里是具有爱国精神的红色长育。这所学校的成立，先天具有红色基因。第一任校长常耀堂思想进步，五四运动激发了他的爱国热忱，遂决意免费兴办学校、振兴实业，这才有了以初级职业技术教育为初衷的长育乙种工业学校。学校成立初期，正值中国多事之秋。学监孙执三与教务主任邱雪樵以教书育人为己任，积极宣传爱国精神。九·一八事变发生后，长育小学师生徒步到十余里外的长沟峪矿区宣传抗日。学生邱迪春、苗培时向矿工讲演，号召抗日救亡，收复失地。1936年11月，爱国将领傅作义在绥远抗击日伪军侵略，收复百灵庙。长育小学倡导绝食声援抗日将士。邱雪樵忧国忧民，更是抱定以死殉国的决心。修身课上，邱雪樵用手掌拍着额头慨然陈誓："头可断、血可流，宁死不做亡国奴！"1937年，邱雪樵在日本士兵的刺刀下殉难。此年后，长育小学毕业生赵然、傅伯英、常振玉、王延龄、王玉忠、王广楼、苗培时、李兴、邱绍明等先后奔赴抗日战场。这样的红色基因是一首诗，更应成为一首歌，一首在长育小学师生心中永远传唱的爱国之歌！学校利用主题升旗仪式讲长育爱国师生故事，以此激励每一名师生传承和发扬学校红色基因，做新时代书香教师和书香少年！

这里是具有奉献精神的红色长育。建校之初，学校免费办学、私人办学。然而时局动荡，经济萧条。长育小学的经济支柱常、肖、李三家每况愈下。尽管常耀堂视校如家，不吝财物，但是孤木难支，长育小学教育经费一度失去保障。是房山各地父老解囊相助，使学校的日常教学才免致搁浅，但教师的工资却无着落。在邱雪樵的倡导下，教师们以"穷僧"的精神执教，安于"菜根书味"的清贫。迫于寒馁仍不懈于职，教师们住在学校，直到周末才肯回家。早饭前，晚饭后指导学生自习，中午教学生写大仿、学古诗。条件虽然艰苦，师生们的情绪却很高。在这样的艰苦条件下，原长育小学毕业生肖硕儒、常振玉、任亚民等回母校任教。在那样的年代，没有一点精神是不行的！是爱国、是爱校、是爱学生，更是奉献！尽管时局不好，尽管教师收入少、奉献多，但学校还能惨淡经营。教师依然安贫乐道，学生依然安心学习。随着教学相长，长育小学不断正规化，教育质量在房山教育界崭露头角。人生为一大事来！捧着一颗心来，不带半根草去！总书记说：情怀要深！安贫乐道、迫于寒馁仍不懈于职，难道不是长育教师深深的教育情怀吗？奉献成为红色长育的精神写照！一代代长育教师继承了先辈的光荣传统，正在用行动续写长育小学的奉献之歌。

这里是具有争先精神的红色长育。习主席说，幸福是奋斗出来的！一百年来学校的发展有过曲折更有辉煌。百年长育历史就是一部长育师生的奋斗史。从1920年创立到1933年，由于长育同仁的惨淡经营，长育小学在房山教育界已崭露头角。长育小学毕业生肖硕儒、常振玉、任亚民等回母校任教，充实了长育小学教师队伍。从此，长育小学体育教学不但正规化，而且还走在了房山县小学体育教育的前列。在房山县教育科举办高小观摩会上，会考7项内容，长育小学囊括7项第一。尽管私人办学、尽管经费不足、尽管学校性质几次发生变化，但成绩说明了一切，"长育人"自强不息的奋斗精神赢得了全县教育界的尊重和认可。教学质量的优异，是全校师生努力奋斗的结果。自此，房山县教育科开始给长育小学拨教育经费。1936年5月，房山县教育科举办四补观摩会。所有第一又被长育小学一校包揽。远近父老纷纷慕名送子弟来长育小学读书。此外，门头沟、宛平、天津、北京等地，也有人来长育小学求学。长育小学毕业生升入北京四中、北京四存中学、通州师范、房山乡村简师等学校。当年，中学招考竞争激烈，长育毕业生却很少落榜。因此，在北京教育界声誉颇佳。

长育小学培养了很多有为之士。苏展（原名于克正），曾任北京市副市长。邱绍明，曾任吉林省统计局局长。苗培时，当代著名作家。焦秉义，当代著名画家。历史是一面镜子。长育小学奋斗的曲折发展史凝聚了长育人自强不息的争先精神，这些生动的故事通过学校的宣讲，也激励师生向先辈学习，在磨难中成长，永远奋斗，永远争先！

长育小学历经坎坷辗转而百折不挠，屡遭磨难而薪火相传的办学历程，大大激发广大师生爱国爱校情怀。在实践中，学校挖掘这些宝贵的红色校史，凝练和传承学校精神，开展爱国主义教育，让红色校史在师生的教育生命中闪光！

作者简介： 王艳杰，中共党员，高级教师，本科学历，1999年参加工作，现主要负责学校党建工作。多年来，始终立足岗位，勤勉敬业，担当尽责，默默作为，用心做好各项工作，曾荣获"北京市青年岗位能手""北京市中小学优秀德育工作""北京市优秀少先队辅导员"等称号。

灿烂童年　百花满园

为了让山区的孩子享受更好的教育

黄山店小学是周口店中心小学下辖的一所山区寄宿制学校，有91名学生，14名教职员工。2021年9月14日凌晨，周口店镇黄山店村发生短时间强降雨，致使黄山店小学受灾。接到完小主任的电话，我和班子成员迅速赶往黄山店。公路上的水已没膝深，路一侧的河道里浊浪翻滚，路旁的灯杆倾斜，摇摇欲坠。大家顾不得许多，心里只想着黄山店小学师生的安危，必须第一时间赶到孩子和老师的身边！一路上叮嘱好老师保护学生和自身安全，联系电管站领导到现场关闭电闸以防触电事故发生，安排孩子的早餐，上报区、镇两级领导。当我们看到孩子的时候，悬着的心才放了下来。老师们已经把孩子集中到安全地带，陪伴并安抚着孩子的情绪。孩子们很平静，眼睛里没有恐慌。很快，区委区政府、区教委、镇党委政府等领导赶到学校，现场处置并作出后续部署，这让我们感到温暖又安心。后来，各级领导又多次到校，我和老师们深切感受到党和政府的关怀。

图9 区委区政府和区教委及镇党委政府等领导现场处置并作出后续部署①

图10 区委区政府和区教委及镇党委政府等领导现场处置并作出后续部署②

图11 区委区政府和区教委及镇党委政府等领导现场处置并作出后续部署③

黄山店小学地处地质灾害隐患点，不利天气情况下易再次发生危险，为确保师生安全，孩子到哪儿复课、吃住怎么解决的问题摆在了我们面前。经过反复研磨，方案几易其稿，为了让山区的孩子享受更好的教育，最终决定黄山店小学孩子在中心小学解决吃、住、学的问题。

为确保孩子们10月8日顺利复课，周口店中心小学全体干部教师度过了一个难忘的国庆节。7天假期，我们制定了详细的方案，做出了细致的任务清单和流程图，组织了"五会一活动"，改造了现有环境，尽最大努力给黄山店小学的孩子们提供更好的条件。全体干部常常工作到夜里才散，老师们加班加点备课、沟通，进行开学前的准备。

中心小学本就空间狭小，短时间内解决91名学生的住宿和14名教职员的办公谈何容易。10月2日的全体教师会上，我以《凝聚力量、担起责任》为题做了动员，赵更副校长解读了《黄山店小学入读中心小学工作清单》。老师们让我由衷感动！会上，多位老师给我发言："校长，有困难一起扛！""校长，团结一心，我们支持你！"会后，老师们纷纷到校，把自己的宿舍床位腾出来留给孩子们。

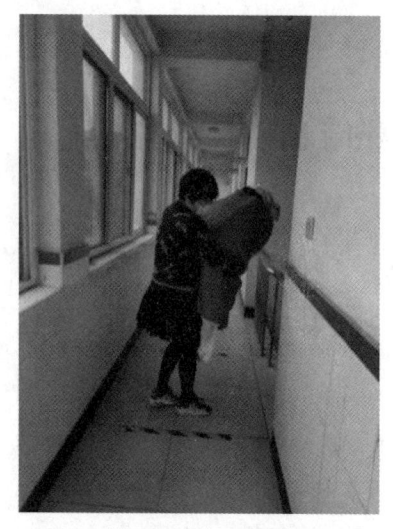  

图12 老师们把自己的宿舍腾出来让给孩子们住,并帮助孩子们搬行李①

图13 老师们把自己的宿舍腾出来让给孩子们住,并帮助孩子们搬行李②

图14 老师们把自己的宿舍腾出来让给孩子们住,并帮助孩子们搬行李③

为了让孩子们更好地适应新环境,全体新、老班主任进行了充分沟通,细致到每一个学生的家庭情况、性格特征、学习态度、特点优长,黄山店小学原有的班主任老师知无不言,新的班主任老师做到了虽没见人但已经了解了孩子们。

在我们紧锣密鼓筹备的过程中,得知黄山店小学要撤离消息的家长们开始焦虑,仅10月2日一天学校就接到了6次12345投诉,均要求学生在原址复课。如何缓解家长的焦虑,引导家长接受现实?更重要的是,如何引导孩子们正确面对变故,顺利投入新的环境呢?

经过分析研判,我们召开了黄山店小学全体学生家长会,通报情况,明理导行。黄山店小学的张成主任和家长沟通了为什么要搬迁,为什么要搬迁到中心小学,搬迁后我们怎么办几个问题,我跟家长以《心怀感恩,风雨共担》为题进行了交流。会后,许多家长不愿意走,围着我问这问那,有一位家长红着眼圈说:"校长,如果我们家孩子到了这儿和在黄山店小学不一样,我就不干!"有几个家长边说边抹眼泪,家长们对未知的担忧与焦虑溢于言表。通过耐心细致的沟通,多数家长接受了现实,初步理解了党和政府对孩子健康成长的关怀。

接下来,我们又组织学生们进行了主题活动。活动中,孩子们了解了什么是地质灾害,地质灾害隐患点可能产生的后果,如何避免伤害;我们还设计了"和老学校说句话"环节,让孩子抒发情感;设计遇到困难怎么办、来新学校的愿望等环节让孩子们对新的学习有信心。

家长会和学生主题教育活动效果显著,到10月8日复课前,我们没有接到新的投诉。

在做好人的工作的同时,后勤组老师负责的环境准备工作在昼夜不停地进行中,学科教研组老师们针对合班后的教学计划在不断研磨中,每一位老师都在认真备课,做好了开学前的一切准备。

10月8日清晨,阳光洒满校园,我们迎来了黄山店小学的孩子们。为了让孩子们尽快适应并喜欢新环境,我们设计了以下内容:

首先,进入新家照张相。学校门口设计了温馨的卡通画板,每一个孩子来了以后都和校长、黄小完小主任一起合影,老师们接过孩子的行李,用掌声和微笑迎接孩子们进入校园。

图15 老师们和新生合影留念　　　　　　图16 老师们帮助新生搬行李

二是进新班，交朋友。班主任带领全班学生进行欢迎新同学活动，通过介绍自己、我想和你交朋友的环节，孩子们减少了心中的陌生与不适感。班主任老师还给每个新同学和原班1—2名同学结对子，让小伙伴帮助黄小孩子尽快熟悉环境、适应环境。对哭鼻子的低年级同学，老师们给与了格外关照。

图17 欢迎新生进新班

三是全校欢迎仪式，通过新老学生发言、认识新老师、团结友爱大家庭等环节，让黄山店小学的孩子对新的学校有了认同。当天，91名学生全部到校，看到学校为孩子们做的精心安排，家长们的脸上少了焦虑，有了笑容。

为了让山区的孩子们享受更好的教育，我深深感受到了各级党委、政府的努力与关爱，更加对周口店中心小学的干部和老师们充满了爱与敬佩！老师们把每一个孩子放在心上，千方百计让山区的孩子尽快适应新环境，结识新朋友；用心体察孩子的情绪，发现苗头及时关心关爱，确保每一个孩子心理健康；老师们认真备课，针对合班后不同水平的孩子，精心设计并实施课堂教学，帮助孩子很好适应新的课堂；老师们有担当、有作为、有爱心，用实际行动书写着好老师的情怀。后面，我们还会面临新的困难与挑战，但我坚信，有领导的关怀，有这样的好老师队伍，孩子们会享受到更好的教育！

作者简介：武新颖，周口店中心小学党支部书记、校长，北京市名校长工作室成员，"北京市优秀教师"，中国可持续发展教育项目咨询专家。多项成果获国家、市级奖励。领导学校形成灿烂童年教育办学特色，引领学校党支部形成灿烂党建品牌，带领学校朝着优质均衡发展的目标不断前进。

我们的"秘密"

2021年9月，我圆了自己长久以来的教育梦想——到内蒙古支教。教育振兴是乡村振兴战略中重要的一方面，作为"追梦人"中的一员，我深感无上荣光。这浓墨重彩的一笔将会记录在我的教育生涯中，成为珍贵的财富。

淳朴，是内蒙古人民的性格标签，学生也是如此。课堂上，一双双发亮的、纯净的眼睛充满渴望地看着你，会让你觉得哪怕是一丝一毫的懈怠，都是对教师这个职业的亵渎。唯有满怀热忱，尽心竭力才不负韶华。学生中，我发现了一个单薄的身影，小巧的嘴角上扬，正笑盈盈地看着我。我会意了，眨眨眼，报以同样温暖的微笑。

这个姑娘叫小影，是我来内蒙古认识的第一个孩子。瘦瘦小小的，长期在学校住宿。手里常常抱着与她身材严重不符的一个特大号水瓶，头发乱蓬蓬的，脸蛋晒得黑黑的，偶尔还留着上一餐饭食的残余。眼睛不大，眯成了一条缝；嗓门倒是很大，爱笑也爱哭。父母可能由于多种原因不能每月接她回家，我也不便问起，害怕触动敏感的心弦。小影很容易满足，哪怕仅仅只是一个善意的微笑，一句平常的问候。当我在食堂和她坐在一桌吃饭时，她有些诧异，继而开心地笑起来。我和她聊天，慢慢地，话题多了起来，问这问那。我说，你真是个可爱的小姑娘，我挺喜欢你。

从那以后，她仿佛把我当成了亲人，有事没事总来找我。今天给我摘一朵野花，明天手心里托着一条长得奇奇怪怪的毛毛虫，也许晚上就会送上一小把从操场采摘的枸杞……总之，有她在，就永远不缺少惊喜。有时在校园里碰上，就一定会飞奔过来，送上个大大的拥抱。在楼道里，我们就用个秘密的眼神来表达问候，心照不宣是特别有意思的一件事。

有一次，我借用二年级上课，恰好就是她所在的班级。我做了简短自我介绍后，话题一转说道："我的一个好朋友也在你们班呢！"孩子们惊奇地睁大了眼睛：老师还能和学生做朋友啊？这有啥不能呢？她亮亮的小眼睛里充满着骄傲，身体坐得笔直，一节课都表现特别好。她是个淘气的孩子，成绩差，又经常惹事，遭到老师的训斥是家常便饭。她也不甚在意，还当作笑话和我分享："今天我改错题，改了12次才改对，把老师气得够呛，打了7次手板，哈哈！"我问："你是上课没听懂，不会做吗？"她一脸狡黠地笑："现在我也不会呀，幸好我聪明，趁老师不注意，我偷偷看了别人的！"满满的求生欲啊，我哭笑不得。我装作不在意地问她上课学习的内容，她也稀里糊涂说不出个所以然。我说，这样吧，你把书拿来，咱俩研究研究，我是语文老师，数学也不一定会呦，说不定还得问你呢！她高兴地取来课本，我俩就在球台上"研究"起来。我发现，她的小脑瓜挺灵的，不一会儿就把知识点弄明白了。"为啥一做题就错呀，还能改12次？"我嘲笑她。"这次不会了，本姑娘懂啦！"我们俩拉钩约定：上课认真听，把作业情况及时跟我汇报，每天咱俩都在操场遛弯儿。愉快成交！看着她黑黑的指甲："我给你剪剪咋样？"她不好意思地说："不用啦，宿管老师会给我剪的！"说完就飞也似的跑掉了，瘦小的身影很快消失在黄昏的霞光中。我们心中共同拥有了这个甜蜜的"秘密"，每天都相约操场，谁也不曾爽约。操场成群低飞的喜鹊见证着我们的约定，也守护着这份纯真的师生之情。

有一段时间，我没有去食堂吃饭，在食堂见面的机会少了。偶然听老师们说起许多住宿的孩子不去吃饭，都惦记着零食，所以根本不长个儿。我猜着，有没有小影呢？食堂果真没有她的影子。我去宿舍一看，正喝着凉白开，啃着方便面呢。"我不爱吃学校的饭，爱吃方便面！"她还振振有词。"老师都去食堂吃，觉得还不错呢。"她面露委屈："我不想吃，难吃。"其实，她是看见其他孩子从家里回来带了零食，有些羡慕，故意不去食堂。多么可怜又敏感的孩子！经了解，她的父母智力上有些残疾，可能给不了她太多的关爱与物质条件，她的内心一定渴望被关心、被呵护。毕竟只是一个8岁的小女孩啊！每到周末，我都准备一些好吃的饭菜，只有我们俩悄悄地享用。我告诉她，这是咱们俩的秘密，不许外传。你要按时去食堂，不吃饭长不高，就不漂亮了。她的小眼睛弯成了月牙儿，点点头，咯咯地笑起来。

每一次遇见，她都甜甜地呼唤我，我经常会抚一抚她乱糟糟的头发。她知道我要到哪个班上课，有时故意在楼道的某一个地方等我，还装作邂逅的样子，故意瞪大眼睛、惊讶地叫："王老师！"我不觉心疼起来，从未揭穿过。一个渴望爱的孩子，在她的成长路上有我一年的陪伴，她是幸福的，我更是幸福的。用心守护我们之间的秘密，让这个可爱的小姑娘的心中留有我们"支教人"的影子。也许，多年以后，经过她的努力也会成为我们中的一员。至少，童年生活中有一段美好的回忆，有爱曾经滋润干涸的心灵，也不失为一件有价值、有意义的事情。

作者简介：王桂娟，中共党员，高级教师。从教28年，主要从事班主任及语文教学工作。热爱教育事业，热爱学生，热爱研究，善于从日常点滴小事中汲取教育智慧，注重学习，在实践中反思，在反思中提高。

给"问题生"多点爱

——我的育人小故事

我总是会在孩子们放学后,独自一个人站在打扫得干干净净的教室前回想这7年来所经历的种种。从事教育工作7年了,这7年真的像眨眼间的昨天,我曾扪心自问,自己是否称职这份工作,而这个答案,我从孩子们清澈的眼眸中看到了。

这7年的教育之路,没有电影般的辉煌"历史",也没有丰功伟业般的惊人成绩,但就是这平平凡凡的日子,让我真切地感受到了内心的充实与满足,因为这平凡的日子所带给我的,除了惊喜、悲伤、骄傲和不舍外,更多的是让我懂得了如何去爱我的孩子们。

全员育人,来自学校、家庭、班级同学以及班主任的帮助。

他叫小A,是众多孩子中的一个,没有出众的外貌,也没有超人的才华,除了作为班主任的我,其他老师对他的评价都是"好说爱动、心理不明亮"。我曾带着众多老师的评价对他细心观察,从三年级接手这个班级开始,我就默默关注着他。他欺负同学,不完成作业,上课睡觉,还在老师转身写板书的时候偷偷溜出教室,他曾使劲儿给班级的花浇水以至于死了好几盆,还把班级清洁用的酒精消毒液和孩子们的手消偷偷兑在一起……这种种的一切,让我对这个"问题"学生开始了大大小小的心理教育,但是,说服教育见效终归是慢的,它对心智成熟的孩子可能很快奏效,对于小A,他对我的说服教育不但不谦虚接受,还会为自己找各种各样的借口,所以我只能想别的办法慢慢尝试引导和改变他了。于是,我开始动员学校科任老师留意他,上课鼓励他提醒他,让班级孩子换位思考去理解他,孩子们会和他沟通生活中的小事,用他们自身的感受去感化他、引导他,我和他的家里人也采取了积极的沟通,我们时刻能够掌握孩子在家以及在学校的任何动态,这就方便了我对这个孩子全方面的了解,变化从此刻开始萌芽……

全方面育人,发现孩子闪光点,激励他,锻炼他,成就他。

校内,一次偶然的机会,我在操场散步,看到孩子们正在上体育课,刚好也看到小A和同学们追逐打闹,孩子间玩着玩着就恼了,你追我赶的马上就要打起来了,体育老师发现后也一直在喊他们,于是我也赶紧上前了解情况。原来,小A又做了错事,但事情最终妥善处理,孩子们也握手言和了。借着这个机会,尽管我知道他这次做得不对,但是不得不承认的是,他跑步确实很快! 抓住这个机会,我就让他传授了我们如何能跑得更快的方法。说到这个话题,同学们也都有了兴趣,那一次,我看到了不一样的他。紧跟着我向他提出,如果在学习上也能这样出色就更好了。结果那段时间,他真的回去认真完成作业,虽然还是不工整但我依然尝试着表扬他,每每发现他开始懈怠时,我就及时提点,我发现,奏效了!

后来体育老师选校体育队的运动员,我极力推荐了小A同学。他很开心也很自豪,并表示非常愿意加入其中。我知道,他是看到了大家对他的肯定,看到了大家对他的认可。那一刻,我确定,"问题生"更需要大家的关心和爱。那次过后,他的学习劲头更大了,成绩也进步很快。

全程育人,不放过任何一段时光,走近他,亲近他,并走"进"他。

校内的学习监督一刻不敢松懈，从开始接触他便留意了他。发现他的一点点改变后我会变得很欣喜，每逢假期，也不放过对他的思想教育，每每休息，我便会找各种理由去联系他，询问假期在家的状况，从侧面了解他的内心。校外，也是一次偶然的机会，我和家人刚刚逛完超市从超市出来，看到他的妈妈一个人慌慌张张的，我礼貌性地打了招呼，并随口问了一句："孩子呢？"这才得知孩子刚才和她生气，一个人手机也没拿就跑了，不知道去了哪里，但肯定不会跑远就在附近。听到以后我吓得一身冷汗，就好像自己的孩子马上要丢了一样。我和家里人连忙帮着一起找了起来，几经周折，这才找到孩子。当我看到站在商场角落不再敢乱跑的他时，心里的石头终于落了下来。呆呆的他估计也吓傻了，好像站在原地拧着不肯主动寻求他人的帮助，但同时又害怕真的找不到妈妈。当他看到我上前以后，突然"哇"地哭了起来，那次过后，我们成了无话不说的朋友！

　　7年了，面对着繁杂的班主任工作，我从不觉得累，反而沉浸在作为一名班主任的幸福与感动中。人，生来就是独一无二的，处理"问题生"确实是需要方法的，我们需要给他们更多一点关注，更多一点爱，使他们真正感受到老师在时刻关注着他们。我想，我会继续保持这种快乐的心态，坚守自己的岗位，尽职尽责！

作者简介：崔东瑞，中共党员，自参加工作以来一直担任班主任，热爱教育事业，善于发现学生的不同，对学生严中有爱，不仅是孩子们的好老师，还是孩子们的"大朋友"！以严谨的工作态度，诠释着自己的工作职责。

做一位朋友式的教师

时光荏苒，转眼间，自己已经在小学英语教师岗位上从教 13 年啦。回首往昔，我内心觉得是幸福快乐的，是骄傲自豪的。之所以有这样的感触，还是学生们给予我的！是他们的陪伴让我感到幸福与快乐。是他们的不断成长与进步，让我体验到作为教师的成就感。我很感谢他们，热爱他们，感恩有他们的存在。

众所周知，师生关系是教育过程中最基本最主要的人际关系。作为一名教师，能否处理好师生关系就成为教育教学成败的关键，什么样的师生关系才是最好的呢？我认为就是师生之间处得要像朋友一样，亦师亦友。换句话来说，就是上课时是师生，下课后是朋友。

陶行知先生曾经说过一句话：好的先生不是教书，不是教学生，乃是教学生学。这是以学生为本的教育理念。作为教师，要把教材作为桥梁或是跳板，不仅要传授知识，还要教会学生如何更好地学习，要注重学习能力的培养。陶行知先生的这句话给我的教学之路指明了方向。

在课前上，我会认真研读教材，发掘教材的内在联系，认真设计日常课堂教学设计。在课堂上，我会教孩子们记忆单词的各种方法。学习完语篇，我会教孩子们制作英语思维导图、更好地理解和归纳课文内容，从而培养和提高学生们的逻辑思维能力。我用各种方法激发学生兴趣，提高孩子们的英语听说读写能力。我会指导孩子们更加有效地开展小组合作学习与生生互动学习等等。教师的工作是教书育人，不光是传授学生知识，更要教学生怎样做人。在英语课堂上，我也会教学生们一些做人的道理。比如：要孝敬父母关心他人，要懂得节约时间，利用好时间，要节约粮食，节约用水，要学会健康饮食等等。通过点点滴滴的小事，让孩子们懂得好习惯养成了，会受用终身。坏习惯养成了，一辈子吃亏。

爱因斯坦曾经说过："兴趣是最好的老师。"为了让学生们对英语学习提高兴趣，在课堂上，我会开展相关的竞赛小活动，充分调动学生们的积极性和兴趣，让学生乐于参与，乐于争先，乐于学习，多鼓励多表扬，多发现孩子们身上特有的闪光点，让每个学生都能够参与到英语课堂中。在课后，我会主动去融入他们，和他们一起踢球、玩沙包、跳绳。和他们聊天谈心，聊他们喜欢和感兴趣的话题，在玩和聊天谈心的过程中更好地去了解熟知并走进孩子们的内心世界！让孩子们能够真实地感受到我的真诚，同时也拉近了彼此之间的距离。渐渐地，我和学生们的关系真的就变成了朋友式的师生。他们愿意和我分享他们的喜怒哀乐。

苏霍姆林斯基说过："要成为孩子的真正教育者，就要把自己的心奉献给他们。"我觉得这句话充分表现了作为教育者来说，应该全心为孩子们服务，用心去爱他们。记得几年前有个学生叫济豪，因为身体出现很严重的疾病不能来学校正常上课，只能在家休养。于是，我就经常利用下班后主动去他家给他义务补习。通过给他补习，我和他渐渐成了无话不谈的好朋友。当他兴高采烈地告诉我英语考了满分的时候，我的内心是幸福的！

在我的这十几年的教育历程中，也遇到了一些"学困生"，对于这些"学困生"，我会认真地分析他们的优缺点，制定相应的帮扶措施。我会把更多的爱放到他们身上，更加地关注他们。我会和他们经常面对面地沟通，用赏识的眼光去发现他们身上的优点和长处，时时给予他们肯定与鼓励。为他们树立自己能进步能提高的信心。在我的脑海里浮现了一个孩子，他叫小辉，他在班里的英语成绩是属于比较低的，性格也是很沉闷，不爱与同学沟通交往。但是他内心很喜欢英语，也希望把英语学好。只是他比大部分学生理解得要慢些,记单词也很慢。针对他的薄弱点,我就经常课下单独辅导他,教给他一些记单词的小窍门,和他约好每天背四个单词。通过几个月的努力,他能够像很多孩子一样记住所学单词。至今我还记得他毕业时对我说的一句话:"谢谢老师没有放弃我,尽心帮助我辅导我,我才能把英语单词记住那么多!"现在回想起来,我觉得或许这就是作为教师才能体会的职业幸福感。

只有我们付出真心,才能赢得孩子们的爱心。记得那年我奶奶过世的那段时间,自己的心情很差,孩子们知道了就经常安慰我。有个孩子特意来到了我的办公室,对我说:"老师,你别伤心了,其实你应该觉得幸福,因为我从小就不知道我奶奶什么样。还有我告诉我你一个秘密:我以前有个哥哥的,只是在我没出生前就因为生病死了。别伤心了,走!出去玩会去!"当我听完他说的话时,自己真的挺不是滋味的!自己确实应该觉得幸福!

其实这些年自己和学生之间有很多很多这样的小事情发生,有太多太多让我感动的瞬间。我们就像朋友一样彼此陪伴着!每天都会过得很充实,虽然工作压力很大,但是内心还是很幸福的!

回忆从教的这些年,自己所教过的学生们,自己的内心是很幸福和自豪的!不仅仅是他们取得的优异成绩以及为我赢得了诸多的荣誉。更是因为和他们建立了那种很深厚的师生情分!每届学生要毕业的时候,自己的内心都是五味杂陈的。那种感觉就像和一个要好多年的朋友分离一样!那种慢慢培养起来的师生情是值得铭记的!他们就是我眼里的那些花,每朵花都有各自的闪光点,我很荣幸有他们陪我度过的那些春秋与冬夏。

不过还好,那些毕业的学生经常会来学校看看我,会和我一起聊聊天,有些学生依然记得我的生日,会通过 QQ 或是微信对我说祝福的话!让我的心感到无比温暖。

苏霍姆林斯基说过:爱,首先意味着奉献,意味着把自己心灵的力量献给所爱的人,为所爱的人创造幸福。我愿意为教育事业默默无私地奉献自己,我愿意把我的爱奉献给我的学生们。我会初心不改,坚持做一位朋友式的教师。

作者简介:郭扬威,大学本科学历,区级英语骨干教师。从 2008 年至今一直就职于周口店中心小学。热爱教育事业,热爱学生。在英语教学中,注重学生综合能力的培养。师生关系融洽,所教年级英语成绩一直名列前茅,个人也曾多次被评为"优秀教育工作者"称号。

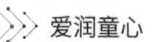

在惩戒教育中学会敬畏

2019年11月22日，教育部对外发布《中小学教师实施教育惩戒规则（征求意见稿）》（以下简称《规则》），提出教育惩戒是教师履行教育教学职责的必要手段和法定职权，这意味着《规则》为"惩戒"的实施提供了法律依据。《规则》体现了"育人为本"的精神和"基于关爱学生的宗旨"。中国人民公安大学李玫瑾教授关于"惩戒"的一段话引人深思："人在成长过程中，会形成一些东西，除了爱之外，还要有敬畏，如果孩子违了法，惩罚实际上是一种保护，让他知道害怕，知道后悔，以后再也不敢了，这才是保护他。"

教育部出台的《规则》和李教授的这段话让我深有感触，正当的"惩戒"对学生在成长过程中犯的不到违法程度的很多错误，是该让他们"疼一下""长记性"，有规则意识，以后不再故意为之。这让我联想起前两年，对一个犯了小错误学生的一次"惩戒"，该是符合《规则》要求，做到了"基于教育目的与需要"又使违规违纪学生引以为戒，达到了教育纠正的目的。

这事跟循环用书的使用有关。当时我教中心小学两个班的美术课。教材只有一套，需要四个班级轮流使用。上课不到两个月，教材已经有很严重的损毁，甚至还有写上脏话的。我拿着书到四个班一一问过之后还是没有人承认，也没有人举报，同样都推给了其他班级。问过音乐老师后，她那儿的情况也是这样。

反思一下我们自己身上的原因：要求没有到位？教育措施可行性不强？能想一个什么样的办法杜绝这样的现象发生呢？

在新学期，还是我教他们美术课。总结了上学期的教训，我准备了口取纸，让每位同学在自己的书上贴好，写上自己的名字和班级，这样四个班级轮流使用，每本书上有四个名字，四个人固定用一本书，四个人同时对这一本书负责。我提出明确的要求：每位同学上课前拿到书时，要检查一下这本书有没有问题，比如有没有折角、破损、被乱写乱画等等，如果有问题就当时发现当时说，证明这不是自己损坏的，并写纸条给老师留存。如果书的破损不是自然损耗，老师负责再找另外三人核实，如果没有人承认，那就几个人一起承担责任，接受惩罚。这个规则经过大家同意后开始实施，同学们也都没有疑义。

措施实行后，果然大家都开始注意保护自己的用书，稍有一点折损就会及时向我汇报。有一天在三班上课，突然就有同学举报："老师，小恒把书页都折了！"听到同学举报，小恒神情很不自然，尴尬地看着我笑。我走过去一看，果然他美术书的中间页被整整齐齐地折成了扇子。这个小恒，平时课上毛病就多，随意说话，随意接下茬，纪律总得提醒，总是招惹别人还自己那儿强词夺理。"今天看看他给我什么理由吧！"我暗自思忖，虽然变了脸色但是也并没有动怒。"怎么回事？""手闲的，不知道怎么就给折了。""咱们规矩定好了，故意损坏书就得受罚，记得吗？""记得。""那怎么还折书呢？"他低着头不说话了。

"好吧，咱们事先有规则，就得说话算数。"我郑重其事地说，"在咱们都约定好了损坏就得赔偿的情况下，你还是没控制好自己。做了错事就要承担后果，说说，你想怎么办？""要不，我赔钱。""你打算赔多少钱？""两块！""为什么赔两块？""……""损坏了书，要照价赔偿，你得看看这书定价多少钱，你就赔多少钱。看看定价在哪儿？"在我的步步追问下，小恒跟同学一起翻找出了书后的定价：

"五块八。""行,这钱从你自己的零花钱里出还是我给你爸爸妈妈打电话让他们出?""老师,我自己出,别跟我爸爸妈妈说!""好吧,念你初犯,那就你下节课拿五块八给我,这钱就暂时存在我这儿,毕业前,如果你没有再损坏书的行为,就把钱还给你。如果还有今天类似的情况发生就让家长来交钱,今天的也不给了,一起交给班主任老师处理,你看行吗?""行,老师!"

听到他肯定的回答后,我转身对着全班同学说:"其实,惩罚小恒,并不是我的目的,重要的是提醒同学们要学会对规则有敬畏,虽然每一个人都会犯错,但是知错就改是最好的!"后来,小恒专门找到我,给了我六块钱,我们还郑重其事地写了协议书。在其他班级,我把这事当作案例,跟同学们都做了提醒,效果明显。从此,循环用书被保护得很好。期末考试前,我专门当着班主任老师和全班同学的面把钱和协议书还给了小恒,并表扬他知错就改,说到做到的好品质,同学们自发地给小恒热烈鼓掌,他腼腆地笑了……

《规则》中第九条规定:"学生行为损害公共财物或者他人物品的,应当依法予以恢复原状或者赔偿。"经过惩戒,孩子真正改过了,我们的教育目的就达到了。捷克教育家夸美纽斯说:"犯了过错的人应该受到惩罚,但是他们之所以受到惩罚,不是因为他们犯了错,而是要让他们日后不去犯错。"期待我们能用恰适的惩戒教育,让学生们从小学会尊重规则,从小错中吸取教训,有所敬畏,避免犯下不可挽回的大错!

作者简介:魏雪莲,区级骨干,中共党员,高级教师,周口店中心小学大队辅导员、德育主任,房山区少先队名师工作室负责人,北京市少工委委员,被评为2020年度"全国优秀少先队辅导员"。

幸福源于点滴陪伴

每个孩子都是花朵，他们的绽放不仅仅需要父母的陪伴，也需要我们教师的精心呵护和浇灌。作为英语教师，我担任着多个年级的英语教学工作。疫情期间的线上教学，让我这名科任教师的工作变得难上加难。这就需要我付出更多的耐心、时间和精力。

一、特殊时期让孩子感受到不一样的关爱

疫情让我和孩子们只能通过网络进行交流和学习。低年级孩子年龄小，对电子产品的操作能力比较差，这就需要家长们的帮助，但不是每个孩子家里都有家长随时看护和帮助。我所任教的二年级就有这样一个小男孩"小西"：单亲家庭，爸爸每天早出晚归，只给孩子留下一部手机，手机可以使用钉钉软件，但不能开麦说话，这让我和他的沟通出现了很大的问题。本着一个都不能少，一个都不能掉队的信念，第一次网课的前一天，我单独在钉钉里联系小西，孩子一直不接听，这是怎么回事呀？我赶紧联系小西的班主任，要来了小西爸爸和奶奶的联系方式，一遍又一遍地发信息、打电话……一个小时过去了，小西爸爸上班不能接打电话，小西奶奶一直联系不上。中午的时候小西爸爸终于给我回了电话，原来小西的手机一直处于静音状态，孩子小不知道。不过终于能和小西联系上，这让我一直悬着的心总算踏实下来了。小西是个很懂事的男孩子，一直在和我说："老师，对不起！让您着急了，下次我一定注意。"隔着屏幕我能感觉到小西都快哭了，我赶忙说："没事，孩子！我知道你是安全的就放心了，我们快来学习一下钉钉上课怎么操作吧！老师相信你一定学得很快，你是个聪明的男孩子，对吧？"小西用力地点点头。的确，小西学得很用心，很快就熟练掌握了钉钉的各项操作方法：如何进入会议、如何开摄像头、如何调试手机、如何拍照上传作业等等。后来的线上学习，每次我的英语课小西都是第一个进入教室的，整节课坐姿端正，学习认真，每次下课时他都会站起身来对我说："Good bye！"

对待低年级的孩子，线上学习的每一步都要走得很慢，学习操作要慢，上课语速要慢，等待孩子们回答问题更要慢，慢下来脚步才会稳，慢下来才会学有所获，前一个月的慢为后几个月的学习打下了坚实的基础，才能让我们顺利地完成这学期的英语学习任务。

二、俯下身子，你会发现每个孩子身上的闪光点

6月1日，疫情得到缓解，我们六年级毕业班的孩子回到了久别的校园，在教室里上课让我们特别开心。结合毕业季话题，我把传统的英语作文改成课前口语自我介绍，方式灵活多样，所有学生都参与其中，口语、听力和写作都得到了提高，一举三得！在这个活动中还有一个小插曲——我们的"小晨"同学。当大部分学生都完成任务后，我问到他："小晨，下节课你也参与这个活动吧。"这个孩子站都没站起来，就生硬地回了我一句："我不会，我不弄。"听了他的话，我非常生气，但我冷静了一会儿，并没有批评他，只是告诉他，课堂上你应该站起来回答老师的问题，这样才是尊重老师才是有礼貌。下课后，我邀请小晨来我的办公室，在去办公室的路上，小晨低着头，悄悄地走在我后面，我轻声地问他："是不是怕自己做不好？"他低声说："我不太会。"我说："没关系，小组的同学愿意帮助你，如果背不下来，康老师也愿意帮你。考虑考虑，下节课和他们几个一起来完成好吗？"小晨想了一会儿，看了看我，勉强地点了点头。第二天，当轮到小晨介绍时，我让所有的同学都给他鼓掌，大家用期待的眼神看着他，小晨勇敢地来到讲台前，虽然自我介绍过程是我陪他一起读的，但我看到了他从未有过的自豪的笑脸。小晨在回座位前迟疑了一下，他向我深深地鞠了一躬，说："谢谢您！"然后不好意思地跑回了

自己的座位。

其实当我们蹲下身子，站在孩子的高度看问题时，多鼓励，多夸奖，每个孩子都会有不同的进步！

作为教师，最大幸福是什么？我想当我看到孩子们在我的教育下，学业有所进步，六年级的毕业生拿到自己满意的毕业成绩，看到孩子们懂得感恩，并对我说出这么温暖的话语时，我真的感到无比幸福！

作者简介：康清华，一级教师，在周口店地区周口店中心小学任教英语学科，曾获得"房山区优秀青年教师"称号；撰写的论文和执教的英语课多次获市、区级一等奖；参加区级青年教师基本功大赛获一等奖。作为一名英语教师，她对孩子充满爱心，对英语教学充满热情，力求用英语自身的魅力吸引学生，将学生从"知之者"变为"乐之者"。

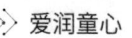

让"甘露"润泽学困生

鲁迅先生说过:"教育植根于爱。"作为教师,应该无私地、充满爱心地去教育学生,与学生相处,让学生心中感觉到温暖和尊严,看到光明和希望,从而充满信心,焕发朝气,灿烂成长。相较于优等生,"学困生"更渴望获得别人的重视,就像干旱的小苗,渴望得到甘露。那么,作为任课老师,更要动之以情,晓之以理,把"甘露"浇到他们的心里,把"偏爱"执行到底,使他们知道自己也真的很棒,只要努力就有收获,有过努力就不后悔。

从2014年9月1日开始,我就正式融入周口店中心小学的大家庭。7年以来,我和学生之间培养了深厚的感情,尤其是健美操兴趣班的孩子们,我们一起经历了学习、训练、比赛和成绩稳步增长等几个重要过程。这其中有汗水、泪水和很多快乐、美好又难忘的瞬间,我一直被孩子们不怕困难、艰苦训练、勇往直前的精神深深感动着……

记得那是初冬的一天,北风呼呼地吹,骤然变冷的天气让好多老师和同学都不愿走出教室。也由于天气原因,在给同事送资料回来的路上,我也是一路小跑,想尽快赶回自己的办公室。校园里只有少数几个孩子在小广场上玩耍、游戏,孩子们天真可爱的行为总能让我不由自主地放慢脚步,加上好多孩子都向我鞠躬问好,我的心里顿时升起一股股暖流。突然,我的脚步彻底停下了,我的视线被一个正在跳舞的女孩子吸引过去,只见她眉头紧锁,若有所思,一遍遍地练习着一个舞蹈,一个我特别熟悉的套路。这是两个星期后我们即将参加比赛的其中一个,由于时间紧迫,这个舞蹈我们才刚刚学完。

我被她的认真和刻苦深深感动着,慢慢地走向了她,原来是小王同学。她的舞蹈技术不是很突出,因此对她印象不是很深。小女孩满脸通红,额头还有细细的汗水,我摸着她通红的小脸关心地说:"小王,你真用功啊,表现得真棒,练完了赶紧穿上厚衣服回班吧,千万别感冒了!"她看到我的到来,很是害羞,低声说:"没关系,李老师,我现在很热呢。对了,第二节的后两个八拍动作我老是记混,您帮我看看呗。"我愉快地答应了,并耐心细致地将动作纠正了一遍又一遍,后来她又接连问了好多记不清楚的动作和动作之间的连续,直到上课铃声响起,她才依依不舍地向教室跑去……

在以后的训练中,我对她付出了更多的关注和用心,发现她是一个非常认真和努力的好孩子,平时话不多,总是在一遍遍地琢磨其他同学已经基本掌握的动作,肢体不太协调。每次遇到她的时候,我总将练习的关键环节再重复一遍给她听,将鼓励的话语挂在嘴边:"你再努力一些,你一定是最棒的!""老师相信你一定能行!""老师发现你又进步了!"……在之后的训练中,我逐渐对她倾注了更多的时间和精力,我相信通过我的关心和帮助,加上她自己的辛勤和努力,她一定可以变得很优秀。

果不其然,经过几个星期的艰苦训练,在区里举办的健美操比赛的赛场上,同学们超常发挥,小王同学也表情淡定、自然,动作协调连贯、身体控制能力有了大幅度提升,最后我们队取得了团体一等奖的好成绩。听到这个消息的一瞬间,同学们激动地将我围了起来,小王同学也开心地紧紧抱着我的手臂。在返程的车上,她悄悄地走到我座位上问:"老师,我表现好吗?"我亲切地对她说:"你表现尤其棒,以后我们可离不开你这个主力军了,继续加油啊,你一定会更棒的!"她说:"真的吗?谢谢李老师!"然后美滋滋地回到了自己的位子。

小学生是发展中的人,一定是有差别的;小孩子的世界是纯洁的,更是需要呵护的人,他们渴望教师真爱的滋润。每一个成熟、理智、有责任感的教师,都应该是每个孩子成长路上的引路人,把"甘露"浇到他们的心里，让爱在他们心里生根发芽，茁壮成长。小学生的梦想是美好的，为了实现更美好的梦想，我希望我能用自己微薄的力量给孩子插上翱翔的翅膀，让她们在充满任何可能的天空自由飞翔。

作者简介：李雪苹，2014年7月毕业于首都体育学院研究生院，硕士学位，体育教学专业，健美操方向。区级骨干教师，二级教师。带领我校健美操队训练和比赛，成绩优异，曾多次获得市、区级"优秀教练员"称号。荣获"周口店中心小学第一届灿烂好老师"称号。

为现在的你喝彩

作为教师，每天和可爱的孩子们相处在一起，会有很多故事发生，在工作过程中，也会逐渐对孩子有更多更深的了解，被孩子们的天真纯洁所感染，自己本身也在进行着心灵的洗礼。我担任班主任工作已经二十多年了，送走了许多毕业班的学生，其间发生了许多令人难忘的故事，孩子们一张张灿烂的笑脸，一个个温馨的小场景，也深深地印在我的脑海里，是我心里永远的回忆。

作为班主任，在学校里就像是一个班级的家长一样，日复一日地陪伴着孩子们成长，看着孩子们个子逐渐长高，知识逐渐积累，思想行为上越来越懂事，真的是很为孩子们感到高兴，觉得自己的付出都是值得的。班中的男孩子小伟，懂事、自律，学习、劳动、体育各方面都能严格要求自己，看到现在阳光自信的他，成长的过程历历在目。

他父母年纪较大，六十来岁了，智能手机之类不会操作，刚上一年级时，如果需要做一些调查问卷、网上答题什么的，他们不会弄，放学接孩子时就在学校边上等着我，我就一点点地教他们弄，并及时说说孩子在校表现，家长总说自己年岁大了，没那么多精力管孩子，我也总是宽慰他们。因为家庭的种种，孩子性格有些内向，不爱说话。三年级时，我从他的作文中得知他妈妈突然得了脑出血，经过住院治疗以后，生活能力大不如前，不仅不能照顾他了，还需要别人照顾。知道这件事后，在学校我就格外关注他，课间聊天就跟他说："现在要多帮爸爸做点事，照顾好妈妈，如果在学校有什么困难，一定和我说。"孩子默默地答应着。我也尽可能地默默帮助他。

自此以后，我经常和孩子聊天，渗透他应该更加自立，在家多做事，减轻家长的负担。我很理解他爸爸的辛苦，本就年纪大，还要照顾生病的妻子，接送孩子，我也和他说："有什么困难可以和我说，我会尽力帮忙的。"我也是在这样去做，能帮上忙的一定尽全力去帮。居家学习期间的一天，这位爸爸给我发来一张图片，我一看是孩子写的一段话，题目是《我的坏爸爸》，文中写道：我的爸爸脾气特别不好，对我们经常大喊大叫，然后有的时候我早上起来心情挺好的，不知道什么原因，他一嚷我们，我的心情就变得特别不好。写的反正就是一肚子对他爸爸的不满。然后他爸爸在他这段话下边写上：用词不当，我不坏，我是为你好。看到这儿，我给他回复："您先别生气，就像您写的，孩子确实是用词不当，他心里的想法可能和他表达出来的不太贴切，这个年龄段的孩子已经开始有自己独立的想法，要正面积极地引导。"然后，一会儿，又给我发来一张图片，我一看是爸爸给儿子写了一段话，题目是《我的好儿子》，内容是：爸爸没有文化，以前可能是太简单粗暴了，就想让你好好学习，长大成为有文化的人，以后我会静下心来，和你耐心交流的。看完之后，我回复："您与他交流，让他表达内心真实的想法，慢慢地孩子一定会明白您的良苦用心的！"然后他爸爸就跟我说："老师，我会的，今后会多跟他沟通，我挺愿意听到他内心真实的想法。"我跟家长说，这段居家时光一定能增进你们父子的亲子关系，为您这样的家长点赞！结束居家学习，回到校园后，我及时与孩子进行交流，跟他沟通父亲的良苦用心，希望他能理解父亲的心情，成年人的世界没有容易二字，生活的重担也许让父亲没有更多的耐心，一定要体谅他。孩子若有所思地点了点头。我相信小伟心中一定对父亲有了更多的理解。

在学校里，我让小伟担任劳动委员，他每天认真负责，教室里的摆设井井有条，角落都干干净净，这都是小伟细心工作的结果。通过观察，我发现有的孩子不会做值日，小伟就教他们，逐渐地，他变得开朗多了。前些天，带孩子打疫苗时，他爸跟我交流，说孩子在家经常做家务，还会做一些饭菜，自己的身份证号记得清清楚楚，生活上很独立，是我的小帮手，谢谢您对他的教导。听到这些，我觉得孩子真的长大懂事了。教育无小事，就是在这样的你来我往中，家长与我坚定地站在了一起。他们感受到老师和家长的爱是一样的，也正是因为互相信任，才能互相成就。

每个学生都是独一无二的，作为老师，应该及时发现他的闪光点和不足，找准方法，与家长共同努力，为孩子的终身发展奠定基础。作为一名班主任，我要时时不忘己任，努力完善自己的教育方法，时时不忘贴近学生的心灵，给他们发展的空间，最大限度地激发学生的创造力和他们的热情，让每一个学生都能成为有用的人才。教无定法，却有一个永恒不变的方向：一切为了学生！

作者简介： 卢永立，中共党员，一级教师，房山区语文学科骨干教师。多年来一直担任班主任，扎根山区教育事业，具有强烈的事业心、责任心和奉献精神，把传授知识、培养能力同塑造学生正确的世界观、人生观、价值观结合；因材施教，充分激发学生创造力，促进学生全面发展。教书育人，为人师表，赢得了学生和家长的一致好评。

书香润心田，阅读伴成长

——我的教育故事

叮铃铃，叮铃铃……一阵急促的微信消息不绝于耳，原来是京京发来一连串的消息截屏，内容大致是玉玉又把她拉黑了。问明原因，原来是，京京没有第一时间回复玉玉的信息，待京京看见信息要回复时，屏幕上只剩一句冰冷的文字"对方已拒绝你的消息"。

叮铃铃，叮铃铃……一阵急促的微信消息又把我从思绪中拽了回来，原来是萱萱妈妈把萱萱没有来得及回复玉玉消息，玉玉破口大骂萱萱的微信直至拉黑的截屏发给我。问明原因，原来是玉玉问了萱萱一道题，萱萱没来得及回复，玉玉就等不及拉黑了。

叮铃铃，叮铃铃……又是一阵急促而悦耳的铃音，这回又是怎么了呢？原来是栗子又被玉玉拉黑了。原因竟是一样的，没有第一时间回复信息。

思索再三，一幕幕浮上心头，玉玉父母离异，从小跟父亲和奶奶生活在一起，父亲更是忙于工作，跟奶奶又存在着隔代沟通的问题，很少交流。玉玉的朋友圈里，镜头最多的是一只小黑狗，原来那已经成为她的唯一玩伴。疫情期间玉玉更是每天都要封闭在家庭的小环境里，她更是把所有的注意力都放在了手机上。只要对方没有第一时间回复信息，她就会很焦虑着急，导致破口大骂直至拉黑，我认识到了问题的严重性，安抚了几位小朋友和妈妈的情绪后，第一时间和玉玉爸爸取得联系，希望只要有时间就能陪伴在玉玉的身边，可以一起聊聊天、做做运动、谈谈心等。

正在此时焦头烂额，不知如何是好时，苏霍姆林斯基的《给教师的建议》一书给了我很大的启发，书中的一段话引起我的深思，一个人在少年时期和青年早期读过哪些书决定着他的精神丰富性，决定着他对生活目的的认识和体验，也决定着青年人的观点和情感的形成。他说，真正的阅读能吸引学生的理智和心灵，激起他对世界和自己的深思。没有这样的阅读，一个人就会受到精神空虚的威胁。因此他认为，只有能够激发学生去进行自我教育的教育才是真正的教育，而自我教育从读一本好书开始。我想疫情期间与其孩子们把精神寄托于手机上，还不如畅游在阅读的海洋中，与书籍为伴。

一、亲子阅读共享美好时光

于是，我跟玉玉爸爸商量，希望他能每日抽出半个小时陪伴孩子一起阅读，以书为媒，以阅读为纽带，让孩子和家长共同分享多种形式的阅读过程。爸爸和孩子可以坐在一起，读同一本书，也可以坐在不同的地方，读不同的书。遇上好玩的段落，爸爸为孩子读一段，孩子为爸爸读一段，那种从阅读中获得的快乐，会很自然地传导给孩子。这时的孩子怎么还会和手机交朋友呢？通过共读，父母与孩子还可以共同学习，一同成长；通过共读，也为父母创造与孩子沟通的机会，分享读书的感动和乐趣；通过共读，还可以带给孩子欢喜、智慧、希望、勇气、热情和信心。孩子的小小世界海阔天空，孩子的大大梦想无边无际。何乐而不为呢？

二、师生阅读共沐书香

有了和爸爸的亲子阅读，慢慢地，阅读占据了玉玉的大半部分时间，她不再专注于手机了。但是毕竟爸爸的工作比较忙碌，于是我和玉玉商量，制定师生共读计划，互读文章，交流心声，增进感情。疫情期间,屏幕的两端时常会听到我们这样的对话:"老师,一会儿您给我读一段《寄小读者》吧!我想知道冰心奶奶离开故乡后的情况。""可以呀,玉玉给我读一段'笑猫日记'吧。""嗯,我找段好笑的内容去。"此时一阵阵的欢声笑语接踵而来……

三、线上搭建自主阅读展示平台

玉玉只是班级孩子们的一个缩影,疫情期间大部分的孩子手机不离手,于是我在班里开展了丰富多彩的线上阅读活动,让学生感受到阅读的魅力,有小小百家讲坛带同学们感受到《走遍天下书为伴》,《朗读者》通过声音传递文字的温度和感情,《故事会》让我们走进一代贤相诸葛亮,看七十二变的孙悟空,孩子们如痴如醉,感受到阅读已成为生活的必需品。玉玉同学更是在《朗读者》中声情并茂地朗读《告别》,感染了大家,此时阅读的芬芳正悄悄地浸润着孩子们的心灵。

小学阶段是孩子阅读积累的黄金季节,能为他们播下爱阅读的种子,能让他们从小把阅读当作生活的一种习惯、一种享受,是我们当教师的责任,疫情期间更是大好良机。我将不断探讨苏霍姆林斯基的阅读观,做一个引领者,在引领孩子阅读的同时,也成就我的阅读成长。

作者简介:吕欣,中共党员,本科学历,北京市房山区周口店中心小学语数教师、班主任,小学二级教师,多次被评为"北京市德育科研工作先进实验教师"、"房山区教育学会工作先进个人"、"房山区学习之星"以及"朝阳好老师"等。带班理念是:用心经营教育,用爱温暖童心,引领孩子沐浴阳光,引导孩子浸润书香。

请再等一等，TA会发光的

——教师要因材施教

"学校教育，以人为本"，承担这一重任的主要力量——班主任，是班级工作的组织者、班集体建设的指导者、学生健康的引领者，是沟通家长和学校的桥梁。班主任工作，既是一门科学，又是一门艺术。从毕业开始参加工作以来，我一直研究着这门科学和艺术——班主任的教学和工作。当过班主任的教师肯定心里都有一个共同的感受——班主任的工作实在辛苦，实在琐碎、繁杂。但是，只要是踏进了教育这片圣土，一定会毫无怨言地热爱起这份职业、这个岗位。当别人问起我的职业时，我会很自豪地告诉他们我是一名教师。教师是许多人羡慕的职业，尤其是和别人谈到自己的学生时，每个教师更加显得骄傲无比，因为学生值得我们去炫耀。学生会让我们逐渐走向成熟，让我们体会到无比的喜悦。

在每个学校的不同班级当中，中等生中总有几个学生既不勤奋上进，又不惹是生非，对班级一切活动既不反对抗议，又不踊跃参加；虽然学业平平，却不名落孙山。一般情况下，既得不到老师的表扬，也得不到老师的批评，是一些容易被遗忘的"角落"。然而，作为教师我们要知道同一班的学生，无论是过去、现在或将来，都存在着差异，就像一棵树上长不出完全相同的两片叶子。在我的班级当中，有这样一片叶子。

瑄瑄（化名），女，10岁。父母上班，平时工作比较忙，没太多时间教育孩子。而且，家长的文化水平也不是很高，在对待孩子的教育问题上，没有太高的要求，冷不着饿不着就行。每次接送孩子上下学的都是瑄瑄的姥姥。有时在接孩子时，我会和瑄瑄的姥姥短暂地交流几句，瑄瑄的姥姥说她在家也这样，管也管不了。而且平时和其他学生的家长聊天时，听说瑄瑄的姥姥嫌瑄瑄吃得多，不太愿意让孩子跟着自己。相信现在这样说，很多人会觉得不可思议。现在的社会，还有谁会舍不得吃呢？更何况还是祖孙关系。但在我们农村的一些地方，确实存在着这样的情况。

说完家庭情况，接下来说一说瑄瑄的自身情况。确实，瑄瑄有些胖，1米5的个子，体重120斤。吃饭的食量比成年人还要大。平时嘴巴里总是碎碎念，但到了课上，却很少举手回答问题。她是个善良的女孩儿，却总是不敢表达出她的善意。接下来让我们用两件事情来了解她的性格吧。

有一次，班里换座位，同学们都自己搬自己的桌椅。这时，有位同学不小心碰掉了瑄瑄的铅笔盒，瞬间，就听见瑄瑄大声斥责刚才的同学，音量大得把作为老师的我都惊着了。我看她站在那儿冲着同学喊，却没有制止。后来她发泄完了，就接着搬桌椅。而被她斥责的同学，则敬而远之。我看到这位同学的眼眶有一点点的湿润。等到大家换好座位之后，我问瑄瑄："刚才怎么了？怎么突然这么生气？老师看华华（化名）好像都被你说哭了。"瑄瑄此时小声地说："华华把我的铅笔盒碰掉了，我很生气，所以冲他喊。"我再问瑄瑄："你觉得他是故意的吗？"瑄瑄答道："不是。"我紧接着问："那你怎么还这么厉害地嚷他呢？"瑄瑄说："我就是生气，控制不住。"我再问华华："你不是故意碰掉她的铅笔盒，道歉了吗？"华华有点儿不知所措地说："老师，我没有。她那么厉害，我想道歉都不想道了。以后我可得离她远点儿。"说完，其他同学随声附和着说瑄瑄也曾这样对待过他们。

放学后，我留住了瑄瑄，跟她讲了一些同学之间相处的道理。我问她铅笔盒坏了没有，她说以前有人碰掉过，没坏，这次坏了。然后我说老师送你一个笔袋，这样，以后再有人碰掉，也不会坏了。但是，你得答应老师，控制好自己的脾气，不能想发火就发火。以后想发火的时候，可以去操场跑一跑，运动一下，把心里的火用运动的方法消去。瑄瑄刚开始不是很乐意，因为她胖，不爱运动，但她还是答应了我。

后来，我送给她一个粉色的笔袋，再也没听见过瑄瑄的"河东狮吼"了。说来也怪，当初她有些不乐意地答应，却也能坚持下来，做得这么好。从这件事，让我感悟到，孩子就像一片叶子，叶子能不能反射出耀眼的光芒，在于老师这缕晨光怎样照射。

课下的瑄瑄是个能说会道的女孩儿，说得有模有样。但在课上，就变成了截然相反的人。不管问题是简单还是难，瑄瑄从不会举手回答问题。为了满足自我的好奇心，我曾试过叫不举手的瑄瑄回答问题，看她到底会不会。结果她也能够回答得上来，语言组织也很合理。只不过回答问题的时候，声音特别小。我猜想，这个女孩一定是没有自信，怕回答错，所以不敢表达自己的想法，没有给她展示自己的舞台。所以，在以后的日子里，不管是课上还是课下，只要我发现了瑄瑄的优点，我都会极力地赞扬她，尤其是课上，只要她举手了，我就奖励她贴画，她回答对了，每个同学都能听清楚她的话，同学们就会把掌声送给瑄瑄。长此以往，瑄瑄课上举手的次数越来越多，脸上的笑容也越来越多。从方方面面都能看得出她慢慢变成了一个自信的孩子。看到她脸庞上时常出现的两个小酒窝，我作为班主任，心里也像吃了蜜一样甜。只有心里的房子是明亮的，整个人才会发光。

没有差的学生，只有不当的教育方式。不管孩子处于怎样的家庭环境当中，教师要热爱学生，对每一个孩子在充分了解的基础上，使用不同的激励方式，做到因材施教。班主任更是需要对孩子进行学习上的引导、生活中的关心。在家有父母，在校有老师。教师对学生的爱、尊重、理解、宽容、鼓励，犹如春风化雨，润物无声，能诱发学生的内省，净化学生的心灵，使学生鼓起前进的勇气，扬起理想的风帆，驶向胜利的彼岸！这一片片可爱的叶子们，在晨光无微不至地关怀、关心下，定会闪耀出属于自己的光芒！

作者简介：石琳，房山区骨干班主任。教学中，坚持以学生为主体，教师为主导，学生乐学、勤学、好学。在班级管理中，注重发挥学生各自的特长，让每个学生都成为班级管理者，所带班级的学生活泼、用心、进取，从而形成积极向上的学风和班风。对待学生如同自己的孩子一般，用爱心包围班上的每一个孩子。

以爱之名，静待花开

苏霍姆林斯基在《把整个心灵献给孩子》一书中，给教育下了一个定义："教育——首先是人学！"我的理解就是把每一个学生都要看作大写的"人"。每个人都有生命的尊严，都有生命得以张扬的权利，让班级中每一个鲜活的生命幸福、快乐地成长，是我义不容辞的责任。

我任教的班中有个男孩，名字叫小星。成绩差，行为幼稚，性格孤癖、易怒。他的怪异举动引发同学们都不愿意跟他玩，被同学们称为"外星人"。小星的各种恶作剧挑衅着每位老师，我经常反思这个孩子为什么会这样。通过家访，了解到家长对孩子也束手无策，对孩子学习成绩没高期盼，在学校不惹事就行，在生活中满足孩子的各种要求。随着年龄的增长，他的"与众不同"更是表现得淋漓尽致，他的各种古怪行为，无疑是想引起大家的注意。经过一段时间，我发现小星虽然调皮，但他的品性并不坏，只是很难快速地接纳我。我想只要我有足够的耐心，真诚对待他，就一定能打动他，走进他的心里。如何缩小特殊儿童与健全儿童的差距，加强特殊儿童心理健康的教育工作十分重要，更值得我深入思考。

作为一名人民教师，一视同仁，更要因材施教。我主动找他谈话，我问他："你觉得你跟大家一样吗？"他点点头。我又问："你既然跟大家一样，老师想象要求别人那样要求你，可以吗？"他又点点头，第一次沟通比较成功。接下来的日子，在课上特别关注他，每当他玩东西或坐姿不好的时候，我就走到他面前，轻轻敲敲桌子，提醒他坐好。时间不长，又会玩东西，我就再次提醒他。每当他坐姿好的时候，及时给予口头表扬，他也很高兴，坐得更加好，他开始能安静下来听讲了。课上运用直观的实物、图片来吸引注意力，运用多媒体播放小视频，提高他的专注度。简单的教学内容就能记住一些，慢慢地，他也能回答简单的问题，我抓住时机，适时给予口头表扬和贴画奖励。我相信只要他能专心地学习，同样会拥有一片属于自己的天空。

在教学内容的安排上，要根据他的实际情况和他的接受能力，设计他们能理解的问题，降低教学要求。课堂上适时给予他表现的机会，使他也能体会到在学习中的成功，感受获得认可的喜悦，逐步树立起他的自信心，调动起学习的积极性。

一、改变教学策略，精神与物质奖励相结合

课上通过一些简单问题，给予口头上的表扬，包括Good！ Well done！ Great！等等。肢体表扬通过竖大拇指、微笑、点头作为奖赏，每月各班阶段性评价活动中，及时总结他在本月各方面点滴进步，通过颁发喜报给予他进步表现的肯定。合理使用惩罚，坚持正面教育。帮助特殊儿童找到成功与失败的原因，改变"被嫌弃"的角色地位，增强其自信心，让学生有成功的机会，感受成功的喜悦。

二、变换教学工作方式，做"多、勤、快"的教师

这个策略指：老师要做到"多、勤、快，"地多提问、勤检查、快订正。

1. 多提问。帮助特殊学生多动口、动手、动脑，让他们模仿同学或书上的话和练习，通过多提问，巩固所学知识，及时发现问题。

2. 勤检查。通过听写、读课文、阶段性测试，检查学习效果。针对特殊学生降低要求，加强平时对学习信心、态度、习惯、纪律、成绩等方面的检查，调动学习的积极性和主动性。

3. 快订正。无论课堂练习还是家庭作业，对特殊学生要求会做基础题。先学会模仿例题做题，多

做基础题，老师做到督促其及时纠正、订正。做到当日事情当日毕，绝不拖沓。

三、改变常用的教学模式，创"伙伴合作"教学模式

"伙伴合作"是课堂教学中的基本单元，可以两人一组，也可以小组为单位，伙伴之间发挥不同功能。

1. 提醒功能：发现自己的小伙伴思想开小差时，及时提醒集中注意力；也包括预习指导，帮助背诵、默写、朗读纠正等。

2. 提示功能：小伙伴发言时的提醒、补充、更正；讨论时的质疑、引导、互磋等。

3. 互助功能：小伙伴共同参与教学活动，讨论、互查、答疑、作业的批改、订正等，互帮互助，弥补不足。

通过以上几项措施，小星同学从思想上、纪律上都有了明显的进步，班级荣誉感较强，积极认真地干好自己的本职工作，能主动热心地帮助同学，同学之间关系融洽。但是他的学习没有明显进步，尤其是英语，根据上学期的表现，今后应抓好他的学习，使他能够全面进步。

在教育的路上，我们会遇到各种类型的孩子。教育工作好比静待花开，需要我们有足够的耐心和耐力，不断教育和引导，这样孩子总有一天会成长起来，开出自己的人生之花，结出幸福之果！

作者简介： 宋双玲，一级教师，本科学历。从事教育工作23年，一直担任英语教学。曾获"房山区教改先进个人""周口店镇优秀教师"等光荣称号，多次被学校评为"课改先进教师"、"先进德育工作者"。论文多次获国家和市级一、二等奖。工作中始终尊重学生个性发展，用心引领学生成长，做孩子心中真正的的良师益友。

一名合唱团成员的转变

合唱既是一门艺术，也是一门科学，不仅能表达人们的思想感情，丰富人们的精神生活，还能陶冶人们的审美情趣。除了这些好处，在我们学校，合唱确确实实改变了一个人，她就是我校四（3）班的小玉。

我校合唱团由本校四、五、六年级热爱唱歌、音准好、声音好的学生组成，由我来指导。每年我们都会参加几次区级及市级的比赛和演出，孩子们得到了锻炼，大家都非常喜欢。每次排练，孩子们都非常积极，从不缺席。每次要去演出时，化好妆，穿上美美的演出服，在其他同学羡慕的目光中，满满的自豪和得意！

小玉是我校四（3）班的一个女孩，她是合唱团的一员，个子不高，两只圆溜溜的大眼睛。小玉音准不错，声音也很好，合唱训练时非常认真，每次排练都很准时。因为她们的音乐课不是我教的，除了合唱排练时能接触到，她平时的表现我并不了解。突然有一天排练时，一向准时的小玉没有到，我问其他同学小玉怎么没来？她们班的孩子说，小玉没写完作业，班主任老师把她给留下了。这样的情况出现了几次。有一天，小玉的班主任王老师找到我，跟我说，小玉总是不完成作业，即使写了，错误率也很高。语数英三科都是，合唱团不让她参加了，问我会影响合唱团的排练吗？说实话，合唱团里，小玉是个好团员，但是作为一名学生，光唱好歌是不行的，知识的学习更重要。于是，我同意了王老师的建议。

自从小玉退出合唱团，每当在校园里见到她，亮晶晶的眼睛失去了光芒。她的妈妈微信和打电话跟我说了好几次，求我能不能让小玉回到合唱团，说孩子在家哭了好几次，就想唱歌。鉴于这种情况，一天我把小玉叫到我的办公室，问她是不是特别想回到合唱团。她说是。我说："那好，既然你这么想继续参加合唱团，这么喜欢唱歌，咱们就来个约定。你做到了，就可以回到合唱团，做不到的话，我也没办法了。"一听还有机会回到合唱团，小玉的眼睛立刻亮了，赶紧问我："老师，什么约定？我保证做到！"我说："咱们以一个月为准，如果你能在这一个月中，语数英三科，都能拿到十颗星，我就让你回来。"星是我校对每位同学的评价奖励。一次正确，书写整齐的作业可以得到一颗星，一次完美的课堂回答问题也可以得到一颗星。星由任课老师奖励给同学们。得到的星贴到教室的专栏里。十颗星星可以换一张校卡，三张校卡可以换小礼品。七张校卡可以换一次升旗手机会。很多同学得到的校卡都攒着换升旗手。能在全校几百名同学的目光中当升旗手，那是特别光荣和自豪的事情。小玉听完我的话，犹豫了一下，然后抬起头，十分坚定地说："老师，我可以做到！""那好，那咱们就说约定好了，你拿到十颗星，我去跟王老师说。"我拍着小玉的肩膀说。"行！"小玉的眼睛又一次发出了光芒。

从那以后，小玉像变了一个人。我跟王老师那里了解到，小玉上课认真听讲了，积极回答问题了，作业也整齐了，正确率也提高了，再也没有完不成作业的情况了！三周后的一天，小玉兴冲冲地跑到我办公室跟我说："老师，我得到十颗星了！"我问："是语数英三科都得到了吗？""是！"小玉兴奋地说："老师，能让我回合唱团了吧？"我说："好，我核实一下，如果是真的话，我去跟你们班主任老师求情，让你回到合唱团。"小玉重重点了一下头，开心地跑开了。事后，我找到王老师，核实了一下情况，果然，王老师对小玉这段时间的表现给予了肯定，说小玉进步特别大，现在不光没有完不成作业的情况了，作业的质量也很高。说孩子像变了一个人似的。我听了也很高兴，顺便说出，能不能让小玉回到合唱团？班主任王老师表示，小玉可以回到合唱团，但是又有些担心，怕她会重蹈覆辙。我跟王老师坚定地说，我会跟小玉约法三章的。王老师这才放心地点了点头。我找到小玉，把王老师的想法说了，然后跟小玉约法三章：让她在参加合唱排练的同时，搞好文化课的学习，否则开除出合唱团，永远不许再加入！

小玉听完我的约法三章，郑重地点了点头，对我说："老师，我保证做到，您放心吧！"从此后，小玉回到了合唱团，训练的同时，我暗暗观察她的表现，也间接从班主任王老师那里了解她的情况，知道她学习很努力。开始的时候，确实有些吃力，但是慢慢地，似乎入门了似的，学习变得得心应手了。一学期下来，在学期末一次周一升国旗时，我居然看到了小玉的身影！她作为升旗手站在了国旗下，带着满脸的自豪，在全校几百名同学和老师的目光中，把鲜艳的五星红旗缓缓升起来！

通过这个案例，我明白：合唱有其独特的魅力，爱好更是前提。用综合素质评价的方法，起到了事半功倍的效果。在这个案例中，教师就抓住合唱这个契机，让在合唱团中充满自信，而在文化课学习中欠缺自信的小玉找到了方法，发挥出了自己的潜能，建立了自信，从而战胜了自己。作为一名教师，爱学生要放在第一位，而爱学生，更要因材施教，要讲究方法，找准方向。愿我们的老师都能认真对待每一名学生，找到适合他（她）的教育方法，让我们的每一名孩子都能健康快乐地成长！

作者简介： 王建茹，房山区周口店中心小学音乐教师，区级音乐骨干教师。工作努力上进，多次在区级做课、说课、基本功等比赛中获奖。撰写的论文也获得国家级、市级、区级等奖励。指导的校合唱团在区艺术节、双语艺术节合唱等比赛中获得一、二等奖的好成绩。

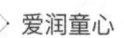

用爱和音乐温暖心灵

一、问题提出

音乐教学在学校教育中起着其他学科不可代替的特殊作用，是实施美育教育的重要途径。在我所任教的农村学校高年级音乐教学过程中，每个班都会有几个男生很难走进音乐课堂，他们有这样的共同特点：其他学科成绩也不理想，多动，只喜欢体育课，觉得唱歌很"女气"，课堂上整个人的思想处于游离状态。

就拿五年级的李威同学来说吧，他除了上述的一些特点外，家里对他教育也很缺失。针对这个学生的特点，我在教育教学过程中采取了如下一些方法。

二、教学措施和实施过程

（一）与他建立师生之间的信任。由于家庭的原因，他表面上很"霸道"，实际上心灵很脆弱，由于调皮，成绩又不理想，所以总是感觉不被教师重视，课堂上总爱发出稀奇古怪的声音，想引起教师的注意。

通过聊天得知，他知道自己的缺点，而且认为自己就是"坏孩子"，改不好。我肯定了他的优点，告诉他，在老师的帮助下他可以进步，要相信老师，相信自己。在音乐歌曲测试的时候，由于他上课不听讲，所学的歌曲不能完整地演唱，以前总是不及格。我了解到他喜欢听课外的一些歌，就让他唱了一首，还不错，得到表扬他很高兴，我也给学生们唱了一首他们喜欢的"流行歌曲"，大家特别高兴。从李威惊讶的表情中能感觉到他开始对我有点"崇拜"了。得到他的肯定，同时也肯定了他自己，我便提出要求："这么难的课外歌曲你都可以唱好，课内的歌曲，你一定没问题，老师给你三天时间，下次音乐课你再测验一次，再给你成绩，好吗？""好的。"得到他肯定的回答，我也很高兴。中途个别句唱不准他还主动找到我练习。再一次的唱歌测验很顺利，他也如愿以偿地得到了测试过关的"笑脸"。其他的学生更是通过掌声给予他鼓励。

这个过程让他看到了自己的进步，并且认为有老师的鼓励和帮助"我可以的"。有了好的开始，还要把他吸引到音乐课堂上。

（二）从他的长处入手，激发学习音乐的兴趣。

李威喜欢运动，在欣赏"乒乓变奏曲"的时候，我让他编排一些打乒乓球的动作教给学生，我再指导大家伴着乐曲进行表演，让大家体会音乐与运动美的结合，课堂效果特别好。很多的欣赏曲和歌曲都可以通过动作来表现，他在音乐课堂上，发现了自己的价值，更加自信了，也觉得运动配上音乐更增添了活力。教师再引导："运动完放松的时候，再静下心来聆听音乐，你会有新的感悟……"

课堂上一点一滴地引导，李威不再抵触音乐课堂，他觉得自己是其中重要的一员了，有了责任心，对自己的约束力也大大增加了。

苏霍姆林斯基说："让学生体验到一种自己亲自参与掌握知识的情感乃是唤起少年特有的对知识的兴趣的重要条件。"为了使李威能更多地参与音乐活动，激发他的兴趣，也有让他当观众的时候。比如我利用奥尔夫愉快教学法让学生进行唱、打、念、吹结合的方法，在进行练习曲时，我先让学生用学过的音乐知识观察分析，找出节奏规律做练习铺垫；然后分声部进行视唱练习，待唱熟练流畅后进行二部合唱，最后进行竖笛合奏练习，达到了和谐的效果。接着归纳这条练习中出现的节奏型和旋律进行方向等，通过这些引导，大胆放手让学生模仿练习中的节奏规律自己重新创作、编排节奏、旋律、自打节奏、自唱旋律、自念、自吹竖笛，进而将学生分四组讨论，让学生进行重新合奏。第一组自唱旋律，第二组用竖笛吹旋律，第三组念节奏做动作，第四组用打击乐器配合敲节奏，这样各种声响重新组合，创造出了一种美妙的合奏效果。也让学生明白美是可以自己创造的，并体会到团结合作的伟大力量，并从中体会到创美的惊喜。每个学生都亲自参与了这样的实践，他们配合默契，如临其境，增长了音乐知识，同时也滋育了对音乐的喜爱之情，真正成了学习的主体，从而使他们创造美、表现美、感受美的能力又向前迈进了一步，对今后学习音乐创作打下了一定的基础，提高了对音乐的感悟能力，达到了审美能力的培养。当然，最初这些活动李威参与不进来，他很着急，也就有了学习的渴望和劲头。渐渐地，通过教师和学生的帮助，很多的音乐活动他都可以参与了。有了兴趣，更愿意学习，深入了解才能有美的享受。

（三）除了课堂上，生活中更要多关心，多留意。

由于家庭的原因，他显得比别的学生少了很多东西，其实概括起来就是"幸福感"。所以，在平时，我会多找他聊天，了解他生活中的一些困惑，帮助他解答。一支彩笔、一个练习本都会让他倍感温暖，课间带着他和大家一起做游戏，让他能更好地融入集体。

三、结果及分析

通过这些教育教学活动，我深深地体会到：我们的工作就是不断地关心儿童的生活，温暖他们幼小的心灵，让他们在求知的道路上获得成功的喜悦，感受到幸福，而不是无数的烦恼，一味地被否定。

我的学生不一定是演奏家，不一定是歌唱家，不一定获过大奖，我希望我的学生，在小学感受到音乐带给他们的快乐和幸福！

作者简介：周英林，中共党员，一级教师，区级骨干教师。一直担任周口店中心小学瓦井小学音乐教学工作，兼职学校德育少先队工作。多次参加区级音乐教师基本功大赛，并取得优异成绩。曾获得"区级少先队优秀辅导员"、"镇先进"等荣誉。在教育教学过程中有爱心、有激情、有创造。

"糟糕透了" "精彩极了"

不知不觉我做教师已经8年了，在这说长不长、说短不短的8年内，我摸索出了这样一个教育教学道理：每一个探求知识的孩子都应该生活在鼓励当中，孩子是一朵正在茁壮成长的小花儿，需要不断地耐心地浇灌养分，如此孩子们的自信才会被点燃，潜能才会被挖掘，让他变得"精彩极了"；相反，如果一直言语犀利地批评，可能让孩子"糟糕透了"。我们要及时关注学生的情绪状况。

记得那一天，我外出培训，在班级布置课堂任务。待我返校后检查学生课堂任务时，晨晨同学将任务纸揉成一团，紧握拳头，嘴里小声嘟囔，做出"备战"的状态。当我走近询问他原因时，他又将红领巾放到自己的脖子上向我做出威胁的举动。

见其状况，我将他的红领巾取下，带他到操场空旷的地方缓解其情绪，待冷静后询问其原因，他告诉我没有写完，只写了几个字，不希望老师批评。在与孩子沟通的过程中，我发现孩子对大声说话有害怕情绪，可能是因为家中父亲在家庭教育中对孩子总是大声呵斥，言语犀利，总觉得孩子"糟糕透了"。由于他自控能力差，好动，注意力不集中，没有别人的督促，任务很难完成。

他总认为自己很自卑，不如同学；怕同学笑话他，觉得很没有面子，同学都能完成任务，他想自己就是比别人差，我只写了几个字，不想被笑话；他总是管不住自己，不能让自己集中注意力，班里其他同学的事又分散了注意力，这种任务让他没有兴趣，缺乏积极的心态，严重降低了完成任务的效率……

我总是这样安慰他：其实，每个人的能力和特长都不一样，在有的方面可能优于别人，在另一些方面可能比不上别人，这是正常的。只要尽了最大的努力，即使不如人家又能怎样呢？天又不会塌下来！如果有其他的原因没能按时完成任务，只要理由合理，老师和同学不会嘲笑，都能够理解。正是因为自己的注意力没有集中，影响了自己的任务进度，课后要训练自己的注意力，不必怀疑、贬低自己，只要控制好自己的行为，就能够表现出自己的真实能力……

还有几次，在音乐课、体育课上，晨晨属于以自我为中心的情况，听不得半点批评的话语，体育课上学生跑步结束，他和一位同学坐在地上，老师大声对学生说："站起来，别坐地上……"另一个同学就站了起来，而他却开始出现反常情绪和举动，痛哭，拳头捶墙。（课后老师和同学的描述，我没有在现场）音乐教师在课堂上发现他开小差，没有按照老师的要求去做时，老师提醒他，该生的反应是：痛哭流泪，坐地不起或者站着不坐，紧握拳头，嘴里嘟囔……

课后任课教师将孩子的这些情况告诉我，由于孩子的几次状况，孩子不单是情绪的影响，在这背后一定有其他原因，多方询问孩子在家中情况，父母各执一词。

父亲认为孩子妈妈娇惯孩子，各方面都捧着，各方面都顺从孩子的想法，如果将孩子在学校的一些表现与母亲沟通，母亲总是认为老师在说自己的孩子不好。

母亲认为孩子爸爸总是批评孩子，将孩子说得一无是处，如，孩子刚开始写计算题，父亲拿着小"教鞭"坐在旁边："你怎么不会算，算这么半天，上课听课没有啊！""看你这字写得真难看，撕了重写，怎么写这么慢……"父亲一边敲着"教鞭"，一边说。

父亲的严厉——"糟糕透了"与母亲的娇惯导致孩子现在出现一种现象，听不得别人的建议和提醒，行动上出现握拳等像是危害自己或者他人的举动。

母亲在家庭教育中与孩子相处是一种积极的情绪，但是过于溺爱孩子；父亲在家庭教育中产生了一些消极情绪，孩子写作业慢、错、书写不工整在父亲的眼里都是孩子的问题。

在家庭教育中，父母正视了孩子的情况，带着孩子进行了相关心理的咨询与疏导，并发现了自己在家庭教育中出现的情况致使孩子产生易怒等情绪，多与孩子沟通，多做亲子运动、亲子阅读等活动。

当孩子非常愤怒的时候，要根据实际情况，要适当改变或选择情绪的表达：引导学生多释放积极情绪，消极情绪再次出现时，引导学生肌肉放松法，握握手、拍拍肩等让他先冷静下来，调整情绪；让他和我一起深呼吸，将不愉快的事情"吐出去"……

经过长时间的沟通与观察，孩子在可以克服自己注意力不集中的情况下，老师再次提醒他时，没有出现抗拒的情绪，如，上课手里在玩东西，当他发现我看他的时候，他会埋下头，知道自己出现了小状况，总觉得不好意思。

课堂上继续积极回答问题，即便自己的答案有些小状况，他也会及时改正，认真倾听其他同学的想法。前几天在做班级阅读调查时，他积极回应我，告诉我们他读了哪些书，我让他回家后将读过的书拍照发给我，放学后我第一时间收到了他发给我的照片，没想到第二天带着这些书到了学校。抱着一摞书，他走到讲台前，举着一本书，我问："要送给我？"他说："是。"孩子的这一举动让我心头一热，虽然他还是不善于将自己的想法很好地表达出来，但是这一改变也让我有了彻底改变他的动力。真的要从"糟糕透了"走向"精彩极了"。

孩子情绪问题的发生不是单单几次辅导、聊天就能够改善的，这是一项长期的工作，后期还需要不断追踪。五年级正是迈向青春期的阶段，作为班主任教师要多多关注学生，正确引导学生情绪的认知与调节。

作者简介：赵雨娟，中共党员，本科学历，北京市房山区周口店中心小学新街小学五（1）班语数老师兼任班主任，小学二级教师。在北京市2017年"我的评价故事"案例征集中获二等奖，《守时惜时》主题班会优秀成果一等奖。执笔的论文和案例活动多次获得区级证书。在第四届房山区"乐业杯"班主任基本功交流与展示活动中综合评比获一等奖。2021年被评为"房山区学生喜爱的班主任"。

家访知情况，爱心促成长

自从参加教育工作以来，我担任班主任已经二十多年了，多年的工作经验，让我深刻感受到班主任工作的重要性。经过多次家访，让我深深地体会到，家访这一传统而有效的工作方式，是学校、家庭、社会沟通的良好纽带。成功的家访，能拉近班主任与家长、学生心灵的距离，使学生更亲近班主任，从而产生理想的效果。

去年我新接了一个三年级，班里有对双胞胎，虽然哥俩长得很像，但性格却差异很大。哥哥叫李安安，文文静静，学习认真还老实听话，是个乖孩子。可弟弟李康康却完全不一样，他非常淘气，上课下课没有闲着的功夫，而且下课的时候，他还经常和同学发生摩擦，一会儿把同学的衣服上蹭上了彩笔，一会儿把同学的铅笔弄断了，一会儿又拿尺子打到了同学的胳膊。几乎每天放学都要找双方家长留下来解决问题。不但如此，他的作业字迹也很乱，而且有时候还不完成作业，或者偷工减料，作业写得不够数，我让写三个词，他却只写了两个。针对这种情况，我找到他的爷爷，跟他爷爷说明了情况，请他爷爷一方面在家多教育康康要与同学和睦相处，另一方面帮助督促一下康康写作业，康康爷爷满口答应，可是效果却不明显。

鉴于这种情况，我决心利用家访这一重要渠道，做好与家长的沟通，共同努力转化这位学生。于是，我和家长约定了时间，进行了一次家访。

家访时我看到了康康的奶奶，她由于腿脚不好，长期只能在家里做些家务活，基本不出屋，当我说起康康在学校的表现时，康康奶奶满眼泪水，说康康这孩子苦啊，出生以后，由于和哥哥是双胞胎，爸爸妈妈工作忙，奶奶身体又不好，所以双方老人经过商量，由爷爷奶奶和姥姥姥爷各抚养一个孩子，哥哥由爷爷奶奶抚养，弟弟由姥姥姥爷抚养。可不想当哥俩三岁时，爸爸妈妈由于感情不和，离婚了，哥俩都判给了爸爸，弟弟康康便被接回了爷爷奶奶家。可康康的爷爷总认为他爸爸妈妈离婚是他姥姥姥爷从中挑拨的，对康康的姥姥姥爷充满了怨气，再加上康康比较淘气，所以很不喜欢康康，也懒得管康康，就把全部精力都放在教育安安身上。可康康却很孝顺奶奶，经常帮奶奶做一些力所能及的家务。所以奶奶很喜欢康康，可奶奶身体不好，又没文化，在学习上也帮不了康康。

通过家访，我了解了康康的家庭情况，我决定从两方面入手开展工作。

一方面做通康康爷爷的工作。我从孩子的现在和将来，晓之以理，动之以情。我对康康的爷爷说："康康和安安都是您家的亲骨肉，如果您现在对他俩区别对待的话，对孩子的成长是相当不利的，康康现在已经三年级了，很多事都已经懂了，您这样偏爱安安，对康康置之不理，任其发展，孩子都能感受到，长期下去，康康不但会怨恨您，还会嫉恨哥哥，孩子的心灵就会发生扭曲，将来会发生什么事，谁也无法预料。到时候您后悔都来不及，不如您从现在，对哥俩一样对待，让哥俩都能得到关爱，一起快乐地成长。"康康爷爷听完我的话后，思索了半天，最后感激地对我说："杨老师，多亏您提醒我，否则我将会犯下不可弥补的错误。以后我一定会好好对待康康的。"

另一方面，我努力挖掘康康身上的闪光点，哪怕是微不足道的小优点也不放过。首先，我抓住康康孝敬、爱劳动的优点对他大力表扬，使他觉得老师很喜欢他，他并不是"一无是处""无药可救"。接着，我又利用他身体素质好，一分钟跳绳能跳200多个，给他发奖状，让他产生荣誉感、自豪感。课下，我找到康康，对他说："康康最近你进步很大，老师和同学们都很喜欢你，你能不能再加把劲，把字写得更工整一些呢？"康康信心满满地对我说："老师，我会努力的。"果然，第二天他交上来的作业写得工工整整的。我不但在班里当众表扬了他，还把他的作业让全班同学传着看了一遍，号召大家向他学习。从此以后，他像变了个人似的，学习更努力了，和同学的关系也融洽了。之后，我经常课下与他谈心，肯定他的进步，并指出他身上存在的不足，提出努力的方向，他都欣然接受。另外，我还引导他如何与人和谐相处，学会尊重自我，尊重他人。

再之后又进行了两次家访，如今康康进步很大，课上能够遵守纪律，学习成绩有了很大提高，心态越来越平和。学年末，他还被评为"体健之星"和"学习标兵"。

苏霍姆林斯基说过："在每个孩子心中最隐秘的一角，都有一根独特的琴弦，拨动它就会发出特有的音响，要使孩子的心同我讲的话发生共鸣，我自身就需要同孩子的心弦对准音调。"但愿我的爱心能拨动更多孩子心灵的琴弦，让关注和爱护在孩子的心灵上留下不可磨灭的印象，让孩子在愉悦的心境下茁壮成长。

作者简介：杨秀玲，现任周口店中心小学新街小学四年级班主任，中心小学四年级教研组长，区级骨干班主任，专技九级，1993年7月参加工作。自参加工作以来，对工作兢兢业业，不断探索、创新，教学成绩一直名列前茅，撰写的论文、班会设计、班会实录、课堂实录、教育故事等多次获得市、区级奖励。

让我成为孩子的"发光体"

每一个孩子都是一颗独特的小星星，有的散发出闪闪光芒，有的想要穿过黑暗的云层发出微弱光芒。作为老师的我们，要做的就是让每一个孩子用自己的方式发出独特的光芒，照亮人间。

小文，是一个帅气的小男孩，有些调皮。第一次觉得他有些顽劣，是英语老师告诉我，课上他不听讲，让他站起来，他直接趴在地上了。起初我只认为他还没有养成倾听习惯，可是在我的课上，同样的事情发生了。我赶紧与家长沟通，了解孩子在家的情况。小文爸爸告诉我他和孩子妈妈离婚后，两个孩子都跟着爷爷奶奶一起生活，在家只要是受到了批评或者挨打时，就会趴在地上或者站着不动，表示抗议。这么小的孩子就这么执拗、敏感，和家庭的缺失，没有父母的陪伴有一定的关系，已有研究证明了家庭环境对儿童心理健康有极大的影响。埃里克森把人格分为八个阶段，每一个阶段都存在着人际关系的焦点，孩子的前三个阶段与父母家庭成员有关。良好的亲子关系，会使儿童对周围世界产生信任感，但是从第一个阶段孩子对周围世界产生怀疑和悲观，就会导致下一个阶段产生消极的结果。小文在应该享受家庭温暖的年龄被忽视，所以我更加关注着他的行为和心理健康。

小文在课上总是淘气，所有老师都对他头疼不已。其实我们作为老师都知道，他这样捣乱，是想吸引大家的注意力，想让大家都关注他，甚至是关心他，只是用错了方法。当你越严厉批评他，他的小脾气一上来，越和你较劲，他那执拗的小脾气比你还厉害，所以我决定改变策略。埃里克森的心理社会发展将7-11岁定为获得勤奋感避免自卑感的阶段，而小文正好处于这个阶段。在这个阶段发展的关键是勤奋地学习，获得自己是有能力的证明，从而产生自豪感，有价值的感觉。如果在这个阶段家长、老师或者同伴总是给予嘲笑、批评等负面情绪，很可能让孩子陷入自卑之中。

有一次，他和同学发生了矛盾，骂了同学，当我问他为什么骂别人时，他就说因为别人先碰了他一下，他觉得自己很有理，倔强的眼神，眼泪噼里啪啦掉下来。敏感的孩子，自我保护意识很强，当我无论怎么和他讲道理时，他都觉得自己没错。于是我采取冷处理，不去理睬他。等过一会儿，把他叫到身边，与他讲《文字商人》的故事，让他懂得礼貌文字对人们友好相处是非常重要的。然后再回到今天的问题上，让他意识到骂人是不对的，当与别人发生碰撞时，互相说一句对不起，就会减少矛盾。当他主动承认错误时，我及时予以表扬和鼓励，让他逐渐懂得倔强是不能达到目的的，要学会控制自己的行为。

尽管如此，他的问题依然不少，二年级开学后，他课上听讲有了很大进步，可是别的问题又出现了。一次课间操跑步时，他总是故意用脚绊别的同学，我很生气，把他从队伍中叫出来，并批评了他，可是万万没想到，因为这次批评，他嘴里不停地嘀咕："这样不如死了算了，小刀没有大刀快。"听着他的念叨，我很是震惊，小小的孩子还不知道死亡意味着什么，怎么就会动不动把死字挂在嘴边。我和他聊天，想了解他的想法，他告诉我："爷爷就是这样说的。"我觉得与家长沟通刻不容缓，我拨通孩子奶奶的电话，奶奶说："孩子爷爷最近总喝酒，喝完酒后会打两个孩子，孩子在家也会说出这样的话。"了解事情的经过后，我很心疼孩子，但是我更加清楚我想解决实际问题，必须与孩子父母沟通。我分别和孩子爸爸妈妈交流，希望爸爸能够多陪伴孩子，也希望家里多给孩子积极向上的影响，不要总把悲观的情绪带给孩子。孩子妈妈远在四川，心有余而力不足，但是我希望孩子妈妈多与孩子视频，让孩子感受来自爸爸妈妈的关心。孩子的家庭我不能改变，我只能在班里多关心他，多引导鼓励他。比如铃声响后，他第一个坐好，我会表扬他，让他知道坐好老师会关注他；当他主动和老师打招呼时，我会微笑和他摆手，夸奖他是懂礼貌的孩子。当他上课忍不住说小话时，我会对他说："文文，我知道你一定能遵守课堂纪律。"他马上坐得直直地听讲。当他写字写得端正漂亮时，我会让他向全班展示。当他出现负面情绪时，我会通过讲故事的方法排解他的不良情绪，他现在已经从最开始犯错趴地上，到能正确接受他人的意见，感受到来自老师和同学的关爱，逐渐找到自信。慢慢地，我发现他有所改变，尽管小问题层出不穷，但他和同学相处没有那么尖钻了，他好像也很喜欢我，在校用餐时，他会和同学分享吃的，他还会把他的水果送给我吃，我吃着美味的水果嘴里的甜比不上心里的甜。同时我会用自己乐观的生活态度感染每一个学生，让他们像小毛虫一样有顽强的意志，抓紧时间完成自己该做的事情，抽丝纺织一间牢固的茧屋，等待冬去春来，破茧成蝶！

每个孩子都是一颗星星，给了他一定的亮度，他必能散发耀眼的光芒。而我愿意成为孩子们的"发光体"，用我拥有的阳光的亮度，使每个孩子成为闪耀的星辰！

作者简介：张腾杰，2008年开始在北京市房山区周口店地区瓦井完全小学担任班主任工作。用自己的爱心与责任铸就摇篮，化作春风细雨，滋润着每一个学生的心田，让孩子在爱的教育下茁壮成长。参加工作至今，论文多次获得区级一等奖，指导听障学生参加区级听障生朗诵比赛获得区级一等奖。2020年荣获"周口店镇优秀教师"。

转型　磨砺　成长

由于工作需要，我从任教品德与社会学科转型到科学学科，这对我来说既是机遇，更是挑战。转变需要勇气和付出，心意更新而改变，从里到外的改变会有痛苦磨难，苦难之后才会成长，最终赢得精彩。

要了解这个领域的课是什么类型的课，它涉猎到了哪些知识，我自身的知识水平线是什么程度，我都要一点点地整理摸索。我从北京市数字学校网站下载了不同年级的科学课，自己对照教材去听、去记，听了多节课之后，我发现科学学科是一门综合性、探究性很强的学科，它涉及物质科学、生命科学、地球和宇宙科学、技术与工程四大领域。强调了四大领域知识之间的相互渗透和相互联系。这也是一个非常有意思的学科，如果上好了，会吸引孩子们的眼球，但也具有很大的挑战性。我自身的科学知识水平还不够专业，一些科学知识还需要深入探究和学习。

我仔细研读了课标和教材，把三至六年级的六本科学书和教参拿出来，每册书的单元目录背下来，熟记于心之后，再把每单元中每一课的题目背下来，这样我对6本书有了整体了解。然后把每一课的知识点对照课程标准做出知识框架图。

这样的学习和准备还不够，开学初，我请领导和我校的科学学科骨干给我把关，听我的课给予指导，经过不断研磨，不断改进，不断探究，慢慢地，我完全进入了这个新的领域，并喜欢上了教科学这门课。但是，路不是一帆风顺的，正在我兴致勃勃地投身工作中时，家里有了挑战。

为了自己在所教专业上有所提高，我付出了很多时间，这期间有无数次的两难——工作、事业与家庭，为此我付出了很大代价。我的父亲因矽肺病危住院，我白天全身心地投入工作，晚上身心疲惫的我还要照顾老人，坚持了一年的时间，直到老人出院，我没有耽误一节课。今年，我的孩子在学校踢球，把腿踢伤了，需要去医院，当时我正在上课，我很纠结是立刻请假回家给孩子看病，还是上完两节课后再去。而且，妻子因疫情单位又被禁封，医护人员不能回家，我当时思前想后，看着那一双双渴求知识的稚嫩双眼，一种使命感、责任感，驱使我选择了我的学生。当我看到学生对科学课有浓厚的兴趣时，我感到无比欣慰。

提升自己的教学水平，我每周去中心小学找我们的科学教研组长两三趟，探究我的课，多次邀请校领导听课、指导，回家再改进。还去教师进修学校请科学教研员为我指导，为了得到教研员的指导，我在周末开50公里路程的车去请教，我连续坚持了三周。在有校级、区级公开课时，我积极报名参加，每一次都是提升自己的机会，每一次也是自己成长的契机，经过市级、区级专家的指教点评，我知道了一节精品的科学课是什么样的，探究式学习是科学课的主要教学方式，同时丰富了我的科学知识，开拓了我的视野，也明白了学生主动性的出发点和效应。因此，把握教师主角，建立融洽关系，真正成为学生的合作者、引导者、参与者十分重要。

功夫不负有心人，我的课被拿到中心小学做示范课，区级协作组送课也被选上了。我从一名科学学科外行逐步走进了科学学科的大门。机会总是给有准备的人留着，我的《流动的空气》一课被推为专家指导课。第一天专家听课、评课、指导。晚上回到学校，我顾不上吃饭，从晚上5点一备就是夜里1点多，一字一句地斟酌专家的评语，然后修改自己的教案，每一个环节应该如何按照专家的意图设计。专家要我第二天再讲一遍，真的是压力很大，不能入睡，但是专家的指导使我的课更加丰盈。功夫不负有心人，一分耕耘一分收获，这一课在全区的说课大赛中获得了一等奖的好成绩。

给大地多一片绿色，大地就多了一份生机；给生命多一片亮色，生命就多了一份完美；给心灵多一片彩色，心灵也就多了一份浪漫。经过十几年的勤奋学习，刻苦钻研，我被评为区级科学学科骨干教师。在科学学科领域里，我经历了艰难的转型、痛苦的磨砺，收获了成长。

作者简介： 蔡春虎，1997年7月毕业于首都师范大学，现为一级教师、区级科学学科骨干教师。曾被评为"区级优秀教师"，荣获周口店中心小学第一届、第二届"灿烂好老师"称号。

用老师的爱去征服学生的心

大教育家陶行知先生说:"爱是一种伟大的力量,没有爱就没有教育。"教育学生,首先要与学生之间架起一座心灵相通的爱心之桥。常言道:亲其师,信其道。所以,要设法了解学生的一切,走入学生中间,去询问,去了解,倾听学生的意见和心声,点燃他们心灵深处理想的火花。

在生活中做到关爱学生,处处用我的爱心去感染那一颗颗幼小的心灵。利用课间和学生一起踢毽子、打沙包……孩子们笑得那么灿烂;我曾经的学校是半寄宿制,从周一到周五我既是老师,又是家长,还是朋友,我会利用学习之余和学生谈心、交流,了解他们内心的想法,使学生感受到老师是那样的平易近人。学生病了,我组织其他学生去看望,送问候、送知识。记得一年刚开学的时候,班上小成同学没来上课,我及时跟家长联系后才知道他的腿由于意外摔坏了,得休养几周。放学后,我直奔孩子家里。看到躺在床上的孩子,一条腿打着石膏,床边还放着双拐,我的心在痛。"疼吧?小成。"孩子含着泪对我说:"老师,我倒不怕疼,可我不能走路,不能去上课,学习该跟不上大家了。"看着孩子那红红的眼睛,我的鼻子也是一酸,对孩子说:"没关系,你在家好好养伤,只有伤好了才能更好地学习。我会每天来给你补课的……"孩子高兴地笑了。这个孩子到现在时常都用微信跟我联系,谈谈自己的生活和学习。

吴正宪老师说过:"只有充满爱的教育才是心心相印的真教育,只有充满爱的教学才能与学生在课堂上碰撞智慧,交汇心灵,感悟灵魂。"教育成功的秘密在于信任理解学生,因为"理解"也是一种爱。记得那是一个大雪纷飞的日子,上课的铃声刚响,我已走到了教室的外面,只听到班里还没有安静下来。"外边的雪好大呀!真美!""真想去堆雪人!""还是打雪仗好玩!""要是老师能跟咱们一起玩雪,干什么都好。"……听到这里,我走进了教室,孩子们看到我进来了,勉强闭上嘴,但仍有个别学生不停地向外张望。看到孩子们的眼神里传递出企盼与渴望,想到外面美丽的白雪世界,我的内心一下平静下来了,忽然理解了孩子。"孩子们,我也非常喜欢在这银装素裹的世界里玩耍,下了这节课咱们一起去玩儿怎么样?""太好了!太好了!"孩子们激动过后便更加专心地投入学习。这节课学生学习得是那么的踏实、认真。课间孩子们跟我玩得这叫一个美——打雪仗,堆雪人,我相信多年以后,孩子们未必会记得赵老师如何给他们讲课,如何指导他们学习,但一定能记得赵老师跟他们一起玩雪。正是这种理解,这种爱,起到了意想不到的效果。孩子们更加喜欢我这个班主任了。

爱在细微处。尊重学生,保护学生的自尊心,是我们实施教育的切入点。教师对学生的尊重换来的是学生对教师的尊重和信任。在班级管理中,我将平等与公正刻在心中。让每一个孩子都感受到,老师对待他们是平等的,对待每一个孩子都一视同仁,从来不以学生的成绩论"英雄"。刚上班那年我接了一个三年级,班上有名学困生叫小进,我上的头一节课他就趴在桌子睡觉,我赶紧走过去问:"孩子,怎么了,不舒服吗?"没想到他还没说话,其他孩子异口同声地说:"老师别理他,他是差生。"我的心一惊,孩子小小的年纪就被伙伴公认为"差生",就被戴上了"差生"的帽子,这该多伤害孩子的心啊。想到这里,我走过去把孩子扶正,亲切地说:"孩子,今后在赵老师的班里没有差生这个词。"课上我一次次地鼓励他,让他感受到自己也能行。课下我耐心地帮他补习以前丢下的知识,进行针对性的能力训练,让他感受到了教师对自己的不离不弃。在课下与他交朋友,了解他的切身感受;号召同学对他给予更多关爱。通过一年的努力,这个孩子不仅能很好地在集体中生活,逐渐改变了自身的不足,而且表现出了热爱班级、尊敬师长、有很强烈的奉献精神。同时，学习成绩也稳步上升。这就是爱的力量，用我的爱征服了一个孩子的心。

真心关爱，就要严格要求。在教学活动中，我不仅重视传授学生知识，更重视培养学生完善的人格，让他们具有追求真理、热爱科学、勇于创新、不怕困难的精神和独立思考、严格认真、一丝不苟的学习态度。

首先，我教育学生要做一个正直、善良、智慧、健康的人。我认为，成人比成材更重要，要培养对社会有用的人，必须要有强烈的社会责任感，积极向上的团队合作精神，丰富的文化科学知识以及健康的身体和心理。我经常在班里开展各种班队活动，让同学们明白我们是国家的主人，祖国的发展和我们每一个人有着很密切的关系，爱国，就要从身边的每一件小事做起，捡起地上的一片纸屑、不闯红灯、帮助同学、遵守纪律、爱护集体等等，都是爱国的行动，通过这样的教育，同学们的思想觉悟有了很大的提高。

其次，培养学生较强的组织纪律性。课堂上我要求学生"学会倾听"，尊重老师同学的劳动，尊重知识，也遵守了纪律；在升旗的时候，要求同学们站队要快、静、齐，要有饱满的热情和向上的精神。我班的学生经常受到上级领导的表扬，成为学校的一面旗帜，孩子们渐渐理解了严格也是一种爱。

歌德有句名言："教师如果征服了学生的心，其形象就如天空的星星一样在学生的心中发光。"我就要做一颗照亮孩子内心的星星，走进他们的情感世界，用心去观察他们的点滴变化，用心去感受他们的喜怒哀乐，使他们在爱的怀抱中幸福成长。

作者简介：赵更，中共党员，本科学历，一级教师。从教以来担任班主任工作18年，曾获得北京市"紫禁杯"班主任一等奖，多次被学校评为"优秀教师"和"教育创新标兵"。现担任周口店中心小学德育副校长。

Scratch编程课趣事一二三

Scratch是一种可视化图块式编程工具，其特点为图文并茂，容易上手，对小学生而言是款十分合适的编程学习入门软件。在教师以及家长的引导下，学生在独立运用Scratch软件进行编程的过程中，需要创设精彩的故事情境。为了实现这个目标，必须考虑运用什么样的循环语句等问题，进而可以提高学生解决问题的能力，久而久之，则可以在潜移默化中提升学生的计算思维能力。

小学生的抽象思维能力还有所欠缺，很多编程程序的学习都对学生的抽象思维能力有着较高要求，因而，有些学生会在信息技术课程学习中存在较大困难，甚至逐渐失去学习这门课程的信心和兴趣。而Scratch软件编程的入门难度低，可操作性强，如果选择合适案例并引导学生自主编程设计，结合案例实际内容及课程教学目标，创设出针对性较强的任务情境，让孩子自由地创设精彩的故事情境，且鼓励他们扮演角色、模拟情境过程，通过学生的亲身体验对知识有更真实、更全面的认识，还能充分感受到程序抽象问题化抽象为具体，加深学生的理解。在创设故事情境的过程中，教师应逐步引导学生对故事情节进行不断完善和丰富。在角色扮演中，教师先组织学生进行单角色扮演，再导入多个角色，以此逐步完善和丰富故事情节。

例如，教师讲解"遥控直升机——角色的控制与停止指令"的过程中，为了让学生更好地体会直升机的上升、下降和停止过程，就创设出精彩的故事情境。首先，教师安排两位学生带上头饰，分别扮演电脑小博士和直升机。由教师说"开始"，由电脑小博士发出命令指示，直升机接到指令后做出相应的反应动作。"前进"的指令，"直升机"立即往前移动；"后退"的指令，"直升机"则往后移动；"上升"的指令，"直升机"就跳到讲台的台阶上；"下降"的指令，"直升机"就从台阶上跳下来；"停止"的指令，"直升机"就停止运动。当然，教师可以安排学生进行多角色扮演，分别由五个学生扮演直升机的指令动作，让学生积极参与到课堂活动中。通过这种角色扮演，学生能很真实地感觉到各个指令动作之间的不同，接着，教师就教会学生根据教材内容设计遥控直升机的编程程序，学生基本可以准确无误地设计程序，使教学效果更为明显。像这种运用模拟情境的教学手段导入新课教学，大大提高了学生积极性，使学生在"玩"的过程中理清各个对象之间的关系，且能掌握操作程序的方法，进而让抽象化的程序具体化，还能够"触摸"。

小学生的性格特点非常活泼，对游戏活动充满乐趣，而教师可以适当引导模仿交互性的游戏活动，将能大大激发学生兴趣。Scratch编程设计中，必须让所有学生都亲身参与到活动中，重点学习条件、变量、运算符和链表等数据概念及测试与调试的计算实践。Scratch中的选择条件概念能让学生对程序有更全面的理解，让学生逐步形成按照所给条件直接做出准确判断的能力。Scratch中的运算符概念能帮助学生对计算机中的运算机制进行整体把握。Scratch中的数据概念则可以使学生感知到链表和变量的实际意义。教师引导学生做游戏时，首先教会学生分析游戏方法与技巧，让学生分析游戏活动中的共同点，以此作为设计的游戏的特征。游戏设计过程中，学生能按照重复和递增的原则，从简单到困难，进而慢慢掌握交互、多场景切换，能熟练操作广播、链表和变量等相关功能。

小学信息技术课程中，Scratch的教学目标是让学生掌握一定的项目开发能力，学生可以运用学习的知识加上想象和创造，自由开发各种有趣的项目，让孩子不断巩固Scratch编程设计方法技巧，调动学生的创作激情。教师和家长鼓励孩子将自己视为一名优秀的设计者，大胆展现自己的创意，在设计、创建、实验、探究和分享过程中一步一步发展成为计算创造者和计算发明者。课堂教学中，教师为了让学生积极开展动手实验和自主探究，其教学计划课时安排、优秀作品示范、微视频等一系列教学资源都必须是精心挑选和设计的，使学生享受到无尽的趣味。学生通过多次项目开发训练，不断提高Scratch的操作水平，能够在所学知识经验的基础上快速理解现阶段学习任务，并用指令集程序表示这些理解，然后传送给角色，此时角色接到指令信息后立即做出对应的变化。

以Scratch为代表的可视化图块式编程工具，相比于传统编程设计软件更易于被学生接受，其操作难度低、内容丰富，引导学生在解决问题的过程中不断激发思维，鼓励学生大胆发挥自己的想象空间设计各种编程程序，并在计算机中演示和测试，最终完成自己喜欢的作品，从而培养学生的计算思维能力。自从我们坚果学院上线了Scratch Jr免费打卡活动后，一些参与了打卡的孩子就喜欢上了Scratch，既可以一边玩又可以培养孩子的计算思维能力，何乐而不为呢？

作者简介：韩进峰，房山区信息技术区级骨干教师，周口店中心小学信息技术教研组长，致力于信息技术教育多年，曾经多次代表周口店中心小学参加北京市教委"南沟联盟项目"的教研活动并展示现场课，得到市级和区级专家教研员的指导和肯定。

以"Tree"喻人，以"树"育人

今年开学，我接手了四年级的英语教学工作。为了尽快了解学情，我和前任老师进行了沟通。没想到问题还真不少，我有了心理准备，心凉了半截，激情归于平淡，该怎么办？反过来想，从教 30 年，什么样的难关没有闯过？绝不能在没有见学生之前，就给孩子贴上人为的标签，这对孩子不公平，也不是一名优秀老师的做法。于是我有了自己的计划。

全年级 123 人，共四个教学班。男女生人数基本均衡。时间不长，我就发现了共同点：每班都有近 1/3 的同学听讲时坐姿不标准，且不能坚持良好的坐姿。有的听着听着就趴在桌子上；有的把脚伸出桌子外面；有的身体斜仰在椅子背上；有的抖着双腿……让人感觉到浓浓的玩世不恭的状态，看了心里着急。

为什么会这样呢？孩子们从一年级就接受课堂常规培训，反而到了中高年级却流失了这么多习惯养成的成果？我分析了以下原因：

学生的角度：四年级学生在心理上处于"动荡"的过渡时期，注意力不够稳定，不易持久。他们的自我意识萌发并逐渐增强，其主要表现是，对外界事物有了自己的认识态度，开始尝试自己做出判断。他们不再无条件地信任老师，对老师的要求开始明里暗里不执行，不听老师话的现象开始出现。

家长的角度：农村的家长对孩子的教养方式也会有放任自流现象，还会有少部分迫于生计无暇管理，孩子的爷爷奶奶带大并照顾生活的很多。比如在学校形成的良好写字习惯——头正肩平双足安，到了家就可能完全没了规矩，不能和学校教育保持合力。

教师角度：面对四年级的学生，有些孩子发育快，和老师身高接近，于是乎老师也开始像对待"大人"一样要求学生学习生活，而忽略了孩子年龄特点，说教方式普遍增多，孩子易接受的讲故事、游戏法用得少了，对于"成人"教学内容的增多，也顾及不到坐姿的持续性。

我想，学生之所以不愿意按要求"书本斜立身前探，眼离书本一尺远"去读书，不愿意"双腿放平、脚趾抓地"做眼保健操，并不是抗拒我们教育的内容，而是抵触我们的教育方式。

一、"树·人"初探

结合英语学科特点，深入挖掘教材，我用学生能够接受的方式告诉他们坐姿的重要性。

第二单元是讲植物（plant）的各部分名称和作用。植物有根、茎、叶、花、种子，根在土壤里支撑整个植物，茎或树干在地面上支撑树，叶子像小工厂制造养分，花产生种子，种子又结出新的植物等等。我就告诉他们"Your feet just like the root of the tree, your waist looks like the stem, you face likes the flower.""Do you want the flower looks beautiful ?"学生当然愿意回答 Yes，于是我告诉他们："The root must hold the plant in the ground and the stem must hold the tree above the ground."凡是听懂的学生立刻就挺直了腰板，放平了双脚。没听懂的同学瞪大眼睛，看着我用肢体语言辅助讲解，很快就明白了。在后来的几周里，我提醒坐姿不佳的同学，都会捧起他们的脸问："Do you want the flower looks beautiful ?"他们就会自然地挺直腰，放平脚。

二、故事评价显身手

当学生习惯某种事物时，便会不太在意了，"树·人"这样的评价也会让孩子倦怠。这时候就需要开发新的方式，我选择了读故事。根，真的那么重要吗？我不坐好同样很美呀，摸透了这部分孩子的心理，我给孩子们讲了毛竹的故事：

"你听说过'毛竹'吗？农民到处播种，每天精心培育，可是毛竹4年也只不过长3厘米。别人看到这种情景，表示完全不能理解。如果你是农民，你怎么想？会怎么做？"

"但是，竹子5年后以每天以30厘米的速度生长着。这样只用6周就可以长到15米，瞬间就变成郁郁葱葱的竹林。虽然4年间只长了3厘米，但从第5年开始了暴风成长，6周时间好像发生了不可思议的变化。你知道之前的4年，毛竹干了什么吗？"

"之前的4年间，毛竹将根在土壤里延伸了数百平方米。你读懂了什么呢？"

孩子们不仅从故事中了解根的作用，还由此及彼，理解了学习的价值。

三、学榜样更自律

坐立行走——什么才是健康的美？去故宫参观，专程观摩国旗护卫队的日常训练。看着英姿飒爽的战士一个正步抬腿就要练上几分钟，站在边上的孩子模仿起来摇摇晃晃，才知道千万次的训练是多么重要；太极扇小组训练耗时两个月，每天课间操时间都能见到黄老师和同学训练的身影；每个月我都会评选"好习惯明星"，并把照片展示出来。不知不觉，孩子们能坐的时间长了，姿势也标准多了。我也及时观察孩子的上课状态适时引导，做些小活动放松，师生的关系也比以前更融洽了。

习惯的养成是一个长期的工程，需要不断强化。我虽然尝试了一些活动，但对学生训练还不像班主任那样全面深入，因此今后我会继续深挖教材，组织贴近学生年龄、心理特点的活动，做好"根"的滋养，成就孩子的灿烂明天。

作者简介：常海英，一级教师，年级组长，从事英语教学20年。在平常的教学工作中，注重课前预备和课堂学生听、讲、读、记的训练，注重学生学习习惯的培养，使学生获得智与行的滋养。

小蹴球　大智慧

一、概述

周口店是人类的发祥地，记载了人类童年的奋斗历程。祖先的生息繁衍给我们留下了宝贵的教育财富。同时，我国有着优秀的传统文化，坐落在这里的学校要让学生在根祖文化的沐浴中成长。培养言信行果、心明眼亮的红色接班人是我们的育人目标，力求在"根祖之乡　百花满园"的大家庭里，做到人人灿烂和谐发展。为此，从 2016 年 9 月起，在我校体育课程中加入蹴球运动，这项流传在满、蒙、回、藏等少数民族中的体育项目，一进入校园，就引起了学生们的极大关注，参与度极高。蹴球运动不同于球类及其他竞技等常规体育项目，没有太大的运动强度，更多地需要学生的思考，统观全局的能力，动作文雅、战术变化、极富情趣，是一项静中有动，动中有静的智慧型运动。孩子们从一开始时，对蹴球的一无所知，到渐渐了解，到代表房山区参加北京市第十届民族传统体育会，并取得优异的成绩。孩子们通过蹴球运动获得乐趣，在培养战术素养的同时又开发了智力。这也是我们想从小蹴球中让孩子获得大智慧的初衷。这项工作已历时三年，老师和孩子们付出了无数的辛苦与汗水。但是，我们很欣慰，我们的付出为推广蹴球运动和丰富学校教育资源都起到了很好的作用，同时推广少数民族传统体育也是我校加强民族团结教育的重要举措。

二、内容与实施

蹴球起源于清代的"踢石球"，是从我国古代的蹴鞠游戏发展而来的。具有悠久的历史和丰富的文化内涵，从 2016 年 9 月起，我校正式成立了民族体育社团，并将蹴球运动纳入学校体育课程之中，学习了解蹴球运动，进一步感受我国少数民族传统体育的魅力，以及少数民族传统体育中所包含的浓浓的民族文化，加深我国 56 个民族的感情。

（一）创设良好的环境氛围，展现民族团结风貌。

1. 操场规划及场地建设：蹴球的器材简单，场地面积小，学校专门修建了供学生学习、训练蹴球的场地，翠绿色的正方形，在操场的中央，非常显眼。操场北侧的围墙则布满中华民族传统体育项目：有蒙古族的摔跤、回族的掷子、壮族的打棍……孩子们在这里进行蹴球训练，和围墙上的宣传画相得益彰！

2. 校园文化及主题设计：我们的教学楼有三层，每层的文化主题墙分别为：民族知识、中华民族传统文化、传承与发展。在"传承与发展"中有一个板块是"民族体育运动"。我国少数民族传统体育源远流长，文化内涵丰富，体现了少数民族的历史、信仰、风格、劳动、情趣等，具有很高的文化价值，可以说少数民族体育是我们中华民族文化的一个组成部分，少数民族丰富多彩、充满文化内涵的体育活动，展示了本民族的文化和精神。在倡导发展民族传统体育和弘扬民族特色文化的时代背景下，我们学校的民族体育社团，进行蹴球等少数民族体育项目的训练，同学们训练的场景，参赛获奖的时刻，都记录在这一板块的主题墙上。

（二）构建完善的社团管理机制，保证训练正常进行。

1. 制定新街民族小学民族体育社团特色发展规划，并得到有效实施。由完小主任负责，体育教师全程参与，外聘专业蹴球教练指导相结合的管理机制。

2. 完善《新街民族小学民族体育社团管理制度》，建立《学生民族体育社团特长生评价方案》。社

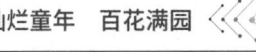

团成员在活动中的表现，是学期末"灿烂好少年"评选的必要条件之一，我们力求以评价促成长。

3. 完善学校民族体育社团建设，每班挑选民族体育社团学员，学校成立校级民族体育社团。在班级推选的基础上，由专人负责挑选校级民族体育社团成员，身体素质、心理素质、智力因素等都是要考量的范畴。同时，我们也考虑那些热爱民族体育运动的学生，让更多的孩子了解、学习蹴球运动。

4. 保障学员的训练时间，建立学员卡、微信群，每一位学员的信息都收集在学员卡上，以便和家长及时联系，确保学员的训练时间；每次的训练活动情况都在微信群中发布，家长可以通过微信群了解孩子的训练情况，家校共同助力。

（三）积极参加各级体育活动赛事，实现历史性突破。

民族体育社团的成立，给孩子们一个走近民族体育的机会，要想得到进一步的提升与发展，就要经历赛事的磨炼。为迎接2018年7月北京市第十届民族传统体育运动会的邀请赛、2018年8月北京市第十届民族传统体育运动会两大赛事，我们积极备战。

1. 让孩子们了解蹴球的历史、演变，增加孩子对这个项目的了解和兴趣。

2. 学习规则和归类分组。在教练和体育老师的指导下，学员们知道了蹴球运动分为男子单蹴、女子单蹴、男女混合蹴三组。

3. 加强日常训练。利用每周二、周四的课外小组活动时间开展蹴球训练，特别是民运会开幕前的暑期集训，让孩子们彻彻底底地走进了蹴球。

（四）以蹴球游戏为依托，进行体育游戏创编项目的研究。

蹴球运动要想发展，就要不断地研究、创新，我们学校的佟新泽老师根据自己体育课堂上的蹴球教学，结合游戏的特质，创编了独特的蹴球游戏。2019年11月28日，基于中华传统文化背景下的小学体育游戏创编与特色活动课程开发培训项目，走进北京市房山区新街民族小学。我们的佟新泽老师将培训所学理论知识转化为行动实践，初次授课亮相。房山区周口店中心小学副校长张建华全程参与活动，房山区教研员尤军老师和大兴区教研员梁吉涛老师进行点评，指导项目负责人首席专家袁立新老师主持活动。佟老师根据本校鲜明的民族特色，结合中华传统文化，将民族体育融入课堂教学，进行体育游戏，本节课由易到难，循序渐进，三个游戏环节很好地对该运动进行了结构化的整合，分别为蹴球传接球、蹴球射门、蹴球打靶。本课采用游戏形式的教学，让学生在参与学习活动中充分体验运动的快乐，丰富学生的课外活动，加强对民族体育的了解。

三、实践与创新

2016年9月，我校正式把少数民族传统体育项目蹴球作为我校的特色课程纳入正式的体育公共课程，开展至今。从2018年的7月初，一直到8月底的民运会开幕，将近2个月的时间，每天硬性2到3小时的训练。不管是烈日还是阴雨，一天都没停歇过。晨练1000米，仰卧起坐，蹴球的基本方法，不同距离蹴球方法，蹴回旋球，蹴中心圈球，4分球和5分球的连击技巧……孩子们一点点地学，一点点地练！在别人在朋友圈晒美食、晒旅游的时候，我们晒老师教练和孩子们艰苦的训练过程。孩子们是在汗水、雨水、泪水中走过来的，但是孩子们黑黝黝的脸上洋溢着喜悦和收获的自信。

在学生掌握了基本方法之后，深入探索蹴球的精准技能和战术，并将总结出来的心理训练渗透到训练之中。帮助蹴球运动更好地发展成熟起来，不但要对抗性，还要有观赏性。包括发球战术，双连蹴战术，失分，跑球，借球，前进一米，回避球的战术，组织教学比赛，用战术战带心理战，把体验式教学方法和任务奖惩式教学方法带进训练中。整个过程虽艰苦，但是开阔了孩子们的视野，丰富了学生的课外生活，掌握技能开发智慧。

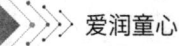

四、效果及影响

当前学校的体育课程普遍是足、篮、排、乒乓、健美操等一些比较常见的体育项目，都是学生从小学开始的，大多数都接触过、学习过。而少数民族传统体育项目蹴球、板鞋竞速、推铁环、陀螺等项目因受众比较小，所以普及率比较低，对我们这样农村郊区的规模最小的民族小学，孩子们对这些小项目体育运动的了解就更少之又少了，甚至已经淡出了公众的视野。所以，对于农村的民族小学的教学改革，传承民族传统文化是其中重要的一部分。

通过我校蹴球特色课程的开发和实践，以及在市级比赛中的大获全胜，就像给我们的学校打了一支强心剂，给了这些民族小学的孩子们展示特色发展的空间。传统体育文化居然又作为新鲜事物出现在了孩子们的视野里，对孩子们都有着超出寻常的吸引力，相比较于大众体育项目更受孩子们的欢迎。

同时，在平时的教学中，也会给孩子们普及一些少数民族的民俗、民风，开阔孩子们的视野，提高学生体育运动的兴趣。将少数民族的传统体育项目融入学校的体育课程之中，不仅能够达到传统体育课起到的作用，还能丰富孩子们的课内外生活，达到强身健体的目的，加强民族教育的力度，激发学生的民族情和报国志，对民族教学改革有着重要的作用。更是弘扬、传播和推广少数民族体育文化最行之有效的途径，凸显"小蹴球　大智慧"的影响！

作者简介：沙雪梅，中共党员，周口店中心小学新街小学完小主任，在学校管理工作中，一面带，一面帮，关心每一位教师，事事冲在最前面。校就是家，家就是校，以更高的责任感爱学校、爱学生，带领新街小学这个团队走得更远。座右铭：学生的满意，是最大的幸福。

瞿聪梅，周口店中心小学新街小学教学副主任，从教30年，在工作中听从学校领导的教诲，服从学校领导的安排，配合学校各级领导做好学校方方面面的工作。

以绘本为媒，润物无声

"教师有时要回到教育的起点，真正走进孩子的心灵，走进孩子的世界，才能够真正找到教育孩子的方法。"

面对刚成为小学生的孩子们，如何使他们养成良好的行为习惯，尽快凝聚为一个整体呢？带班之初，我就查阅了很多资料，也阅读了很多书籍，希望能够找到有效快捷的途径，尽快帮孩子们建立起班级意识，形成集体凝聚力。我发现虽然他们或调皮，或活泼，或沉稳，或静讷……但无一例外的是，他们都喜欢听故事，喜欢对号入座。由此，我决定带着他们一起阅读绘本，以故事为媒介，用故事中的道理，引导教育他们，从孩子们的角度出发，让他们与班集体一起快乐成长。

第一阶段：利用绘本确立规则，凝心聚力。

开学之初，很多孩子不适应学校生活，面对老师提出的要求，他们显得迷茫，更是一会儿就忘了。为了培养孩子们的规则意识，让孩子们都能够理解，我利用班会的时间，和孩子们一起阅读了绘本故事《和甘伯伯去游河》。这样一来，干巴巴的学习规则的班会，变得热闹非凡，笑语连连。故事中的甘伯伯有一条小船，有一天他划着船往下游去，一对小伙伴想要搭他的船，甘伯伯说可以，但是要求他们不吵闹；后来又有小兔子、猫、狗等小动物要求坐着甘伯伯的船一起去游河，甘伯伯答应的同时，都提出了相应的要求，比如不能追跑、不能蹦跳……读着读着，孩子们开始思考："为什么甘伯伯有这么多的要求呢？"有的说如果大家都大声说话、吵闹，甘伯伯会心烦；有的说如果狗追着猫跑，那么小的船，摇晃得厉害了，大家掉进水里不就淹死了吗！听着孩子们的话语，就知道他们读懂了。我赶紧引导他们："你们说甘伯伯的这条船，和我们的班集体像不像啊？"快快对号入座，咱们谁老爱叽叽喳喳地吵闹？谁又像小猫小狗似的爱追跑打闹？……孩子们捂着小嘴偷偷地笑，他们开始明白了，规则对班集体是多么的重要。这时引导孩子们说一说，怎样才能使我们班这条小船稳稳地航行呢？上课、上操、课间我们都要想怎样做呢？在这样的讨论中，我们明确了规则，同时每个孩子也都认识到我们是一个整体，一荣俱荣，一损俱损。一个人受到表扬，就是我们大家的光荣，同样，如果谁受到了批评，就是我们大家的耻辱。通过这样的绘本故事的引导，让懵懂的孩子理解了"遵守规则更快乐"的道理。

第二阶段：妙用绘本认识自己，融入集体。

在班里，有几个孩子总是显得那么特殊。在课上他们是老师经常提醒的对象，在课下，他们有的总是被同学告状，有的独来独往，没有人愿意和他交往……

我针对班里的情况，带着孩子们一起阅读了《蜡笔小黑》这个绘本故事。当孩子们看到各种漂亮颜色的蜡笔在纸上绘制美丽图案时，他们开心极了，因为孩子们最喜欢画画了。当他们看到小黑被大家排斥，不许他在纸上画画时，有的孩子还说黑色画什么都不好看，就是没用的蜡笔。可是当最后蜡笔小黑在铅笔哥哥的帮助下，把大家失败的图画变成烟花图案的"刮画"时，他们被惊呆了。读了这个绘本故事，我引导孩子们思考：当感觉大家都不需要你时，你怎么办？当感觉班上有人孤零零时，你怎么办？让孩子们认识自己，发现自己的优点，尝试努力地改正自己的缺点，为班集体做些力所能及的事情，让每个孩子都觉得自己是班集体中重要的一员十分重要。孩子们通过这样的讨论，认识到每个人都有优点，都有"特殊用处"，只要有一颗为大家服务的心，就是班集体中不可或缺的一员。

有了这样的认识，在班级"五小员"岗位设置时，孩子们争着选择自己适合的岗位。他们有了对自

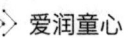

己长处的认识，也有了为大家服务的意识，有了为班集体争光的想法。

第三阶段：巧用绘本摆正观念，树立信心。

经过一段时间的学校生活，孩子们的集体意识不断增强，也逐步找到了自己在班级中的位置。但随着学习的不断深入，孩子们之间的学习能力差异越来越明显，有一部分学生出现了学习不积极和畏难的情绪。

为了改变孩子们出现的小状况，我与孩子们一起阅读了绘本《猫头鹰喔喔呼》。当小猫头鹰在母鸡们为他设计的三项测试中都得了0分时，有的孩子哈哈大笑，有的孩子深表同情。当读到小猫头鹰经过努力，最终得到母鸡们的认可，挺胸抬头带领鸡群去散步时，孩子们也和小猫头鹰一样，挺胸抬头的喊出"我是独一无二的"时候，我问孩子们："你们最喜欢故事中的谁呀？"他们纷纷表示喜欢帮助人的芦花鸡，喜欢努力学习，最终利用自己优势取得成功的猫头鹰。他们都不喜欢嘲笑别人的母鸡，也不会再去嘲笑别人。因为被人嘲笑的滋味实在是太差了。

在这样的绘本阅读之中，换位思考，让孩子们认识到善良的美好，认识到自己只要努力，就能得到认可，认识到每个人都是独一无二的，找到了自信和成功的途径——那就是向着自己的目标不断努力。

每个绘本都有吸引人的"小秘密"，它们与孩子们的心灵极易产生共鸣。在班集体的建设过程中，在孩子们的学习生活之中，只要有针对性地挑选合适的绘本故事，就能"润物无声"。

作者简介：杨玉红，一级教师，房山区骨干教师。喜欢从学生的视角看课堂、看世界，乐于与学生一起在情境中、在学习活动中构建自主高效的课堂。在教育教学中勤于思考，勇于实践，是一位爱学生、爱教育、爱创新的教师。

底色教育　陪伴成长

养成良好行为习惯　为终生发展奠定基础

"少成若天性，习惯如自然。"的确，行为习惯就像我们身上的指南针，指引着每一个人的行动。纵观历史，大凡获得成功的人，都有一些良好行为长期坚持，养成习惯，形成自然。鲁迅先生从小就养成不迟到的习惯，他要求自己抓紧时间，时时刻刻地叮嘱自己凡事都要早做，这样长时间地坚持下去，就养成了习惯。

良好行为习惯的养成是全面实施素质教育的必然要求，是培育和践行社会主义核心价值观的重要内容，是学生品德形成和终身发展的奠基工程。我们通过各种教育方式让学生感受学校的温暖，体验校园学习生活的快乐，进而提升学生思想认识，落位学生学习、生活之中。用好房山区社会主义核心价值观读本，上好道德与法治课，在学科教学中实施德育教育；开展好各种实践教育活动。

一、学生良好习惯的养成重点放在课堂中

很多学生在家长溺爱下自理能力较差，在家饭来张口，衣来伸手，连作业写完了，本子、书放在书包里都是家长代劳的，造成学生做事动作磨蹭、有始无终、丢三落四的坏习惯。转变这些行为要在课堂上下功夫。

课堂是学生获得知识的主渠道，学生在校期间课堂中知识的获得，学校要求各个学科的老师在课堂上教给学生知识，提高学生能力，关注学生的发展，学生良好的行为习惯要在课堂中让他们得到重点养成。道德与法治课，就是要让学生能够从课堂上认识到该如何去做，一年级上册《升国旗了》一课，让学生通过看图，让学生说一说应该怎么做，明确：升国旗时，应该停止走动，不说话，向国旗行注目礼。课上，我们接着让学生阅读社会主义核心价值观读本中的第一课《国旗飘在我心中》，结合读本中的内容，让学生懂得要尊敬国旗，每当看到升、降旗时，要面向国旗挺胸抬头、脱帽行礼；我们国家还颁布了《国旗法》。一年级语文课上册《升国旗》一课，让学生在学习语文知识的同时懂得升国旗的时候应该怎样做，激发学生的爱国情感。一年级音乐课上，让学生学唱《国旗国旗真美丽》。围绕着"尊敬国旗"这一主题，让一年级学生从入学伊始就尊敬国旗，知道怎样做，产生爱国情感。把升旗时的要求写在黑板上，经常诵读，让学生熟记于心。二年级上学期，学生继续在升国旗的时候学习如何做，阅读《唱响国歌我最棒》，让学生能够在升旗过程中声音准确、响亮地唱国歌。

二、加强管理、监督，从点滴抓起

古人曰："勿以善小而不为，勿以恶小而为之。"培养学生良好的行为习惯必须要求学生从点滴小事做起。为什么不少学生对《守则》《规范》倒背如流，却随地吐痰、随手乱扔纸屑？为什么许多学生在校内学雷锋做好事，回到家里却饭来张口、衣来伸手？因此，养成教育要达到"随风潜入夜，润物细无声"的境地，需要从学生点滴的养成教育抓起。见到垃圾随手捡起来，在校园内轻声慢步地行走，见到老师主动行礼问好，上学衣帽整齐，佩戴好红领巾……这些看似平平常常的小事，其实是实实在在的素质基础，"千里之行，始于足下"，"百尺高台起于垒土"，所以养成教育必须从点滴抓起。

为了让学生成为有责任心的人，我们让学生参与到学校的环境管理中。流动图书管理员每天到责任岗看看是否整齐，自己负责的花是否浇了适量的水，楼内的灯是否在自习后及时关闭了，操场上的篮球是否回到了篮球墙上。责任岗的设立，以几个人带动一群人，进而影响全班全校人。为了让事情更好地推进，将学生中做事认真、责任心强的学生作为组长进行管理。

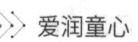

学校从课堂到活动加以指导，加强管理，让学生提高思想认识，习惯成自然。

三、在活动中加以培养，深化行为训练

养成教育要重视行为习惯的训练，没有训练就没有习惯，要抓好学生行为的训练，首先要强调持之以恒，冰冻三尺非一日之寒，养成一个良好的习惯非一日之功，需要长期抓，持之以恒，切不可"三天打鱼，两天晒网"。因为"习惯成自然"是需要时间的，要持之以恒，要有耐性。矫正一个坏习惯，养成一个好习惯的过程要经历漫长的过程。坚持才能胜利，持久才有收获。

新《守则》、新《规范》下发后，为了让学生能够加强升降国旗良好习惯的养成，我们开校会让学生明确意义并提出总体要求，各班利用班会时间细化要求，强调规定。学校少先大队在每次升降国旗的过程中更加严肃，每次升降国旗时更加庄重。尤其在降旗时，学生的转变最大，当听到降旗的声响，刚刚喧哗的操场马上安静下来，所有人面向国旗立正站好，无论酷暑严寒，凡是升降国旗时，学生所表现出来的是尊敬，是自豪。

学校在管理中为学生安排了各自的职责，方便管理，让每个学生都把自己的责任岗负责到位，学校管理工作就更加顺畅了。在社会主义核心价值观第十册中第2课是《我爱我的责任感》，第四册第11课是《物品整齐环境美》，我们让学生在相应的学段进行学习，与学生在校园生活中相结合，让学生学习如何在自己的"小主人责任岗"上尽好自己的职责，为学校、为班级贡献自己的力量，逐步培养孩子们的责任心，维护集体荣誉的责任感，激发学生爱校、爱家的情感。

四、争取家长配合，齐抓共管

要提高养成教育的质量，关键是要让社会、家长、学生从思想上认识到养成教育的重要性。

家庭是学生的第一所学校，父母是子女的第一任老师，家庭环境的优化对培养小学生文明行为习惯的养成起着重要作用。例如，我班很多家长反映："孩子在家里不做作业，整天看电视，每天晚上不按时睡觉，学习用品到处扔……希望老师严格教育。"难道家长把子女送到学校，就可以放手，一点责任也没有吗？《三字经》云："子不教，父之过；教不严，师之惰。"家庭和学校是孩子生活和学习的主要场所，家庭的教育和学校的教育需要相互配合，缺一不可。

作为山区寄宿制学校，当住宿生回到校园里，便从早晨起床到中午吃饭，到下自习后回到宿舍，学生每时每刻，在校园里的任何一个地方，他们都知道要按照要求来做，从周一到周五都是这样。在校园里他们表现优异，而他们中的一部分学生在回家后的两天内就会出现各种与在学校表现不一致的地方。争得各位家长的配合，让"5+2=0"的现象努力减少，家长的力量必不可少。在宿舍开展星级评价，越来越多的干净整洁、环境优雅"四星级"宿舍，成为大家争相努力的目标。"绿色餐桌"评比活动，让学生们更多地参与到"光盘行动"中来，慢慢养成节约粮食的好习惯。我们给全体学生家长做讲座，各班班主任具体讲学生表现，利用班级微信群表扬优秀、树立榜样，让学生感受到成功，在转变的过程中感受到进步的快乐！

五、养成教育要从进入校园伊始进行培养，全员参与其中

面对这些年龄小，刚刚步入校园的孩子，我们的常规工作就会更加细化。从坐站、举手、排队、用餐、如厕等这些小事一一教起，慢慢地学生们知道了每天该做什么事。课间文明玩耍，不在走廊和教室追跑打闹，上下楼道靠右行等。小孩子在形象思维的同时还具有很强的模仿性、可塑性。如果他们能够置身于一个处处有着良好习惯的环境中，自然而然就会产生一种潜移默化的教育效果。而班级就是学生学习、成长的"土壤"。

为了让学生能够很好地成长，我们从教师的选拔任用方面就特别聘用了能力强、经验丰富的教师担任一年级的班主任工作，把好入口关。同时，学校还让全体教师、职工都增强教育学生的意识，发现学

生出现问题及时关注，积极进行教育，让所有的教育者都尽到管理学生、教育学生的责任。

一年级第一学期学生习惯的培养学校尤为重视，我们充分利用道法课对学生进行教育。《上课了》应该做好课前准备，把下节课课上要用到的书本、文具等学习用品提前准备好；课堂上想要回答问题要先举手，老师允许后再表达；完成作业的时候要认真、及时，不懂的问题积极问老师、问同学。把社会主义核心价值观读本做必要的补充进行使用，《别人的物品我不要》，通过学生看插图，教师借助图片引导学生学习故事，让学生在交流中知道路不拾遗会让丢失东西的人免受损失。这与一年级刚入学的情况相结合，他们的学具总是在不经意间掉落到地上，捡到的同学问问是谁的就让同学免受损失，能够让大家认识到诚实的一面，老师也在班级里积极表扬这样的学生，形成诚实守信的好品质。

六、反复抓、抓反复，强化训练

苏东坡说："古今成大事者，不唯有超世之才，亦必有坚韧不拔之志！"学生良好行为习惯的养成不是一朝一夕就可以形成的，必须依靠学生多次反复的实践。尤其是对小学低年级学生，他们自控能力差，一些良好学习习惯易产生也易消退，所以，对他们要严格要求，反复训练，直到巩固为止。同时设计一些简单、易行、有意义的活动，让他们通过努力，都能享受成功的喜悦。实验证明，一项行为习惯至少要经过21天不间断的训练才能形成。可见，养成良好的行为习惯不是一蹴而就的事情，必须长期坚持，反复训练。

古今成大事的人，都具有良好的习惯。少年儿童也应该从小养成良好的行为习惯，为今后的发展奠定坚实的基础，然而习惯的养成是一个长期的、反复的、不断强化的过程，要从小培养，在活动中深化，让家长配合学校共同对学生进行行为训练，只有在长期、反复、不断地强化过程中，加深烙印，习惯才能成自然，以此促进学生从小养成良好的心理品质和行为规范。

作者介绍： 邱红亮，中共党员，十渡中心小学副校长。注重通过教育活动、管理评价推进学校管理工作，争取家长支持助力学校发展。

晋海兵，中共党员，十渡中心小学主任。在对学校管理过程中，关注教师发展，注重学生思想品德教育和良好行为习惯的养成。

丰富课堂形式　打开阅读之窗

今年是我第一次执教三年级的语文，我最大的困惑就是三年级阅读的教学。在阅读教学中如何使学生体会文本中语言的生动性？如何让学生从那些描写发生在身边的趣事中体会到人与自然、人与生命更高层次的情感呢？我一直在语文课堂上进行着各种探索。

首先，我在进行阅读教学时先对学生的基础做了一个了解。在教授《海滨小城》的第五自然段时，我先让学生自己阅读并找出觉得这一自然段你觉得最美的句子。令我没想到的是，大部分孩子都找到了："一棵棵榕树就像一顶顶撑开的绿绒大伞，树叶密不透风，可以遮太阳，挡风雨。"在看到这一幕时，我很惊讶，虽然我预设的也是这一句，可是我还做好了学生们给出别的答案的可能。但全班几乎找的全一样，那一刻我感觉到人类对美的欣赏都是相通的。不论是成熟的大人还是稚嫩的少儿，他们内心都知道什么是美的，只不过儿童由于生活经验的缺少，而缺少描述自己发现美的能力。那么，在教学的时候并不是把什么是美，什么不是美告诉学生，而是要传授给学生描述自己发现美的能力。因此，在接下的语文教学中，我着重在学生的语言训练以及生活经验的积累上。为此，首先，我改变了字词教学的方法。原来的字词教学还是停留在音形意的训练上，并且比较单调和格式化。但由于学生已经上三年级，生活经验和知识已经积累到了一定程度，因此我在呈现了整篇课文需要认读的词语之后，先让学生自己读熟字音，然后让他们用这里面的一两个词语描述生活中看到的现象，或者说一说你看到的某个词语呈现的场景。由于更换了字词的学习模式，就打开了很多小朋友说话的渠道，不同的学生有不同的经历，那么他们就有不同的词语想使用。这一改变首先让更多的学生想说了，其次他们也开始动脑子思考并将学到的语文知识联系自己的生活实际了，这也为后文的阅读教学做了铺垫。

其次，我更加关注文本中的内容并让学生充分体验。在教授三年级上册第七单元时，本单元的阅读素养是感受课文生动的语言，积累喜欢的语句。备课时我就在思考怎么能让一个三年级的学生感受到课文中语言的生动呢？仅仅通过朗读这一种形式的话太过单一，并且这种形式已经广泛运用，导致课上读得有感情的学生总喜欢朗读，而那些稍微差点的同学越来越不想参与这种形式的语文活动。因此，在教授本单元时，我认真地看了教材和教参，从中得到了很大的启发，就是让学生充分体验文本中涉及的内容。在教授《读不完的大书》这一课时，文中出现了很多学生身边常见的事物，但学生虽然也见过麻雀，却很少认真倾听麻雀的叽叽喳喳、看麻雀的蹦蹦跳跳；虽然学生体会过微风吹来，但他们很少真的听到沙沙的声音。所以，学生虽然有一定的生活经验，但对那些事物的体验并不深刻，导致他们体会不到语言的生动性。那么在教授本课时，我就将教室变成了大自然。当我们遇到麻雀时，学生就是小麻雀，我问学生："现在你们就是麻雀，你们叽叽喳喳地会说些什么？"学生们一下就热闹起来，不但丰富了想象，还通过实际场景理解了"叽叽喳喳"的意思。当我们遇到微风时，文中说吹得竹叶发出沙沙的声音，如同温柔的细语。学生此时又变成了竹叶，他们会是什么样子？会对走进大自然的"我"细语些什么？学生们一遍表演，一遍轻柔地说着自己想到的"细语"。通过这些对文本深入的感知，学生在这篇课文结束后不但体会到了文中生动的语言，而且也会运用到自己的写作中去。更重要的是，他们真正地体会到了大自然中有无穷的奥秘、无尽的乐趣。

现在，在逐渐摸索中，我终于对三年级语文的阅读教学有了自己的一点心得。其实，我们手里的语文书只是一个让学生体会这个多姿多彩的世界的载体。我们在教授语文课文时，要借助这个载体让学生掌握看这个世界的方法,如果可以,我们也要借助这个载体在学生的头顶开一扇小小的窗,让他们看到这本小小的语文书的后面有着无尽的碧海蓝天。

作者简介:孟园,十渡中心小学教师,从教三年有余,热爱学校,喜欢语文教学。希望自己不断学习,和学生互相成长、共同进步。

爱心浇灌　倾心奉献　让孩子健康成长

"用爱做雨露，用爱做养料，辛勤耕耘，把涓涓之爱奉献给学生。"爱是相互的，教师只有真正用心爱学生，学生才会真正爱你。

作为一名新任教师，我谨记老师的教导，要关爱学生，尊重学生，理解学生。开学之初，我成了这27名学生的"大家长"。我怀着无比激动的心情迎接这27名孩子，他们一个一个走到我面前，看着他们的笑脸，我顿时无比幸福。

在接下来的相处过程中，我感受到了27个性格不同的孩子。在与他们的相处过程中，让我感受到了前所未有的感受。其中，有一个孩子小李让我印象深刻。他有个毛病，就是在课上管不住自己，老爱接话，同时又爱表达自己的想法。上课过程中，他与班里其他调皮的孩子在我讲课过程中"一唱一和"完成接话配合，我也私下找过他谈话，但收效甚微。但我和自己说："每个孩子都有闪光的一面，用欣赏的眼光去看他们，你就会爱上他们。"

我后来发现，他做的一切都是想引起其他孩子的注意，是一个热心肠的孩子，他做什么都是最积极的那一个。别人遇到困难了，他第一个去主动帮忙。在每次大扫除中，他总是第一个拿起工具投入到劳动中，任劳任怨，从不计较。他也是一个懂礼貌的孩子，得到别人的帮助时，会马上说谢谢。就是这样的孩子，在课上却无法控制住自己。后来，我想到了一个方法，任命他当纪律委员。他是一个爱表达自己的人，当自己成为纪律委员时，他心中的责任感油然而生，因为他知道，纪律委员是协助班长负责班级纪律情况，负责处理课堂纪律、自习纪律、宿舍纪律，以及迟到、早退、旷课等方面的违纪现象。所以他开始控制自己，并在别人违反纪律的时候，主动维持纪律。久而久之，他甚至变成了我课上维持纪律的"小帮手"，在乱糟糟的课堂纪律面前，成为第一个维持纪律的同学。那时候让我感受颇深。他在为同学服务中提高自信，提高在同学面前的威信，从而提高自我约束的能力，调动了他自身的积极性。他的经验让我联想到其他几个调皮捣蛋孩子的管理方法，首先就是要树立榜样，榜样的力量是无穷的。其次，孩子们喜欢听表扬的话，所以课上多说鼓励他们的话会促使他们认真听讲，让他们觉得自己比较有成就感。我在上课时就做过这样的实验，班上最顽皮的学生，我请他回答问题，并且表扬他，那节课他听得比以往认真多了。因此教师的语言具有非常强的感召力，要让学生听了之后，精神振奋，干劲倍增。最后我们要制定多种多样的奖励制度。学生也是普通人，他们都喜欢听好听的话，喜欢老师奖励他们。在课堂上，教师可使用多种奖励手段。如对课堂上表好的学生奖励一支笔。另外，奖罚分明，对表现不好的学生必须及时提醒，甚至在他们将要开始搞小动作时及时作出反应，将他的想法扼杀在摇篮里。

后来，小李变得越来越听话，有一次他留下来做值日。和他谈心，他和我说："老师，我后来知道了老师管我们是为我们好。"我一下来了兴趣，问他："你怎么就明白了呢？"他说："前一阵子，我上课不好好听课，老调皮捣蛋，在一次小测中，我发现我的成绩一落千丈，这时候我就知道了老师管我是为我好。老师，我之前调皮捣蛋就是想让别人关注到我自己，在家里妈妈爸爸外出工作，我特别渴望爸爸妈妈的爱。但他们太忙了，忙到我一个月只能见到他们一两次，每次和他们见面是我最开心的时候。"我听到这里，竟然觉得有些心酸，在我们认为多么习以为常的事情，在他身上竟成了一件十分奢侈的事情。这件事情他所说的在之后也应验了，有一次他受伤，他的妈妈和我联系让我瞒着他来接孩子。当他走到学校门口，看到妈妈的一瞬间，大喊着："老师，我妈妈回来了！"我清楚地看到他眼睛中的泪光。当时我就感叹，原来每一个学生都是能感受到你对他的爱的，并用他自己的方式来回馈你，爱是双向奔赴的。只有你用心对待他，用心爱他如同爱自己的孩子，他迟早有一天会回馈给你。

　　这就让我思考，怎么做才是爱学生呢？首要关心学生，关心学生体现在许多方面：当学生在心理上产生苦恼时，教师及时帮助；当学生在身体上出现不适时，教师及时帮助寻医问药；当学生在学习上遇困难时，教师及时帮助清理路障；当学生在生活上遇到不便时，教师及时帮助排忧解难。其次关爱学生就要尊重学生，在诸多爱生的美德中，尊重是爱之核心。教师尊重学生，就是要尊重学生的主体地位，发挥学生的主体作用。最后关爱学生还要理解学生，理解学生就是懂得学生心里想的，相信学生口里说的，明白学生手中干的。小学生由于年纪小、阅历浅、经验少等多种因素，不时会出现或这或那、或多或少、或轻或重的错误言行，这些都在所难免。一个人是一步一步走向成熟的。教师对学生，尤其是对后进生的错误，正确的态度应是：允许学生犯错误，又允许学生改正错误。同时要知道，改正错误不可急于求成，它是一个渐变的过程，需要教师细心、细致、不懈地扶持。

　　抓住学生的闪光点，及时地鼓励表扬学生，以点带面，让学生对自我产生自信，并且信任教师，喜欢教师，当学生喜欢一个教师的时候，你的话会更容易被孩子理解。当教师对学生的爱被学生理解并体会到你对他的爱时，共鸣也就产生了。教育是一门艺术，只有走进学生心灵的教育才是真教育。爱是教育的原动力，教师关爱的目光就是学生心灵的阳光。

作者简介：田嘉琪，就职于十渡中心小学，担任班主任职务，已任教一年，是一名新任教师。

挥着翅膀的男孩

班里有个叫坤坤的小胖墩，他总是我们班最"耀眼"的学生。每次跑步落后面的必是他，每次作业没完成的定有他，每次写字最难看的就数他，每次桌洞最乱的、收拾书包最慢的……如此"一无是处"的他，以前却不是这样的。

一年级刚入学时，他在我班堪称"班草"，长相清秀，穿衣时尚，做事积极，爱看课外书，身体素质高。坤坤妈妈对他要求严格，事事都不能落后面。坤坤妈妈经常跟我说："我们一家都好面子！"坤坤也因此努力表现。但是坤坤本身不算聪明，随着知识一点儿一点儿变难，坤坤经常达不到妈妈的要求，总被批评，甚至挨揍，导致坤坤做事畏手畏脚。但坤坤的课外知识丰富，在课堂上总能回答上别的同学不知道的问题，我经常表扬他，让其他同学以他为榜样，多看课外书，增长见识，坤坤也逐渐找回一点自信。

但是天有不测风云，在孩子三年级的时候，他们一家发生了严重的交通事故，坤坤妈妈当场死亡，孩子和爸爸都受了严重的伤，导致孩子休学半学期。紧接着，全国又爆发新冠病毒疫情，让学生进行网上学习，而那段时间坤坤总是不能按时进入网络平台学习，以至于孩子的学习一天不如一天。由于坤坤生病吃药，药里含有激素，再加上疫情在家缺乏锻炼，当我们四年级到校上课时，他已不再是帅气可爱的坤坤了，看上去"憨憨的"，如同一头大熊。

随着"双减"政策的落实，学校加强对学生体质方面的监督，每班的小胖墩都是学校的重点关注对象。但是坤坤每次跑操都跑不了两圈就开始气喘吁吁，掉队了。面对这样的情况，我尝试着像妈妈一样关爱他、鼓励他、表扬他，不再像要求别的孩子一样要求他。但是他还是坚持不下来，渐渐地，他开始抵触跑步，甚至跟我撒谎说身体不舒服。

我了解坤坤，爱面子，总掉队会让他觉得不好意思，产生自卑心理。我开始绞尽脑汁想办法，与坤坤多次交流，时刻关注他是否掉队。后来我终于想到一招，让他从"掉队熊"变成"领头羊"，带领我们班跑操。变成"领头羊"的第一天，坤坤居然坚持下来了，而且结束后兴奋地跑来语无伦次地对我说："老师，老师，我跑下来，我居然坚持下来了，我竟然一点儿都不累！太神奇了！"多么天真可爱的小孩啊！我满意地笑着对他说："坤坤，我就相信你能跑下来！"接着问："你为什么一点也不累呢？""我感觉我是领着班里的同学跑步，我没有之前总追着他们跑的感觉，队伍的快慢由我来决定。""我又对大家说，据我观察，咱们班并没有落后哟，所以你并没有慢跑，而是你努力地坚持下来了，真了不起！大家为坤坤第一次坚持跑完七圈鼓掌。"顿时队伍里响起如雷贯耳的掌声，坤坤脸上也恢复了以往的笑容。

尺有所短，寸有所长。教育家赞科夫曾说过："没有爱，就没有教育。"没有一个人身上一点优点都没有，只要我们善于发现学生身上的闪光点，总能帮助他找回最好的自己。

随着在跑步上逐渐拾回来的自信，坤坤在课上也越来越积极了。在一次语文课上，我发现坤坤在朗读方面很有潜力，字正腔圆，感情也很饱满。我跟他说："坤坤，你朗诵真不错，继续加油，表现好的话，下次你就代表我们班进行国旗下讲话。"坤坤先是一愣，好像是不相信我说的话，因为平时都是由班长演讲。然后又再次向我确认："真的吗？"我肯定地点点头。他开心得像只飞舞的蝴蝶，见同学就说："你知道吗？老师竟然让我代表……"

在进行国旗下讲话的前一个周五，我找到他："坤坤，你最近学习非常积极，所以老师来兑现承诺。

这份国旗下讲话的发言稿《我与祖国共奋进》，就交给你了。你周末回家好好练习，读准字音，读通句子，然后录视频给我看看……"我跟他详细交代了一番。因为坤坤平时周末作业完成率不高，所以我比较担心他在家能不能好好练习。周六一大早，我就收到坤坤给我发的视频。字音基本上都对，就有几处断句有点问题，我给他指出来，又让他接着练习。中午我又收到坤坤的视频，进步很大，但还不是很熟练，还得继续练习。坤坤就这样一直练习着……

周一一早，我就看见坤坤穿着干净整洁的校服，换了个帅气的新发型。我问坤坤："准备好了吗？""老师，没问题！"坤坤坚定地说，我肯定地说："老师相信你，加油！"随着主持人介绍："下面有请五（2）班的同学进行国旗下讲话。"同学们的目光齐刷刷地看向坤坤，都在为他加油。坤坤站在国旗下，自信地朗读，每一句都饱含深情。此时的坤坤犹如一个拥有翅膀的男孩，尽情地飞翔着。

对于学生来说，老师一个信任的微笑、一次肯定的颔首、一个激动的眼神、一句鼓励的话语，都是他们的精神支柱，都能给他们带来动力，足以驱赶他们沉积在心底的自卑阴影，可以找回他们丢失已久的宝贵的自信，可以唤醒他们藏在深处的潜质和潜能，可以真正扬起他们自信的风帆。

我现在总对坤坤说："做自信的男孩，你不会孤单，因为我都在！I believe you can fly！"

作者介绍：王蜀京，十渡中心小学班主任。爱学生，发自内心的关心和赞赏，给学生带来了肯定和温暖，是学生特别喜欢和信任的"大朋友"。

"德"先行于"知"，小树变大树

人生就是在不断地学习。"双减"政策出来，改变了我们的教学模式，让教师、家长、学生三方重新调整好心态与步伐，向更高质量教育体系的目标出发。如何在当下环境真正做到减轻学生校内校外学业负担，减轻家长焦虑，真正促进教育公平化，促进学生全面发展、健康成长，让孩子们有一个好的品质，小树苗壮成长为大树，如何让孩子们有一个好的德行成了我们一线老师要思考的重要内容。

一、课间中的小秘密

刚上一年级的时候，小孩小谢就引起了我的关注。好动、好说，管不住自己，在他的脑子里没有"害怕"这个词，经常出现打同学的事件，但是渐渐地引导他，拉近了他与老师和同学之间的距离。为了防止他跟同学之间产生摩擦，最初我的做法是让他少跟同学接触，我走哪儿他去哪儿。我就在思考了：不能就光让他跟着吧？不是在浪费时间吗？于是，最后我教小谢帮班里开电脑，怎么把班里打扫干净，帮我打印东西等，他一下觉得自己能干很多事情。渐渐他，传到我耳朵里的是小谢把书包摆好了，班里打扫干净了……我清楚地记得有一次，同学的鞋带开了，他不会系鞋带，于是小谢瞬间蹲下身子，给这个同学很快系好了，同学很感谢他。于是我抓住契机，跟孩子们讲，每个人都有犯错的时候，给他改正的机会，咱们互相帮助，互相提醒，都会进步的。虽然有时候还是会控制不住自己，但是比以前真是好太多了，而且同学对他更多的是包容。

二、课堂中的催化剂

让我清楚地记得我们上了一节数学课《平均分的认识》，在我做课前调研的时候，大部分孩子是掌握了的，但是还有部分同学是不会的，此时我也要认为孩子们是0起点，要拉上每一个孩子向前跑。于是我就在想，会的那就让他更加清晰一点，不会的就让他40分钟内会了。可是怎样才能达到看似简单的要求呢？那我就要设计有意思的教学环节了，首先让孩子们插花，把8朵花插到2个花瓶里，提高他们的审美观点，有很多种分法，但是发现了独特的分法，每个花瓶里4朵花会更好看，从而初步认识了平均分。之后孩子们在小组内操作动手分小棒等活动，更加深入地认识了平均分，选出活动最优的小组分发奖品。我们班有一个规定，每个活动都会选择那个最棒的小组，然后组长决定是给谁发奖品，说出理由，大家同意后就可以发奖品了。这个组有5个人，其中有一个孩子，高高壮壮的，我们都管他叫小谢，平时总是捣乱，给这个组拖后腿，所以奖品总是与他们组无缘，甚至与他无缘。但是这节课他们组获奖了，并且组长对我说，老师我们组每人都发一份奖品，尤其小谢同学，在这次活动中不但没有给我们捣乱，他摆的小棒挺好，总是能做到"平均分"。小谢听到组长表扬他，还给他领取奖品，脸上露出了灿烂的笑容。最后一个环节是每组出一个人来老师这儿领取糖果，达到这个组平均分。其他小组都平均领到一颗，而小谢说我要领10颗。我听了后问他为什么？他说：我们组表现都挺好的，我觉得每个人应该都分到2颗。我一听，他是真明白什么叫平均分了，同时我也感受到集体荣誉感，而且还为本组多争取糖果。我立刻为他竖起大拇指，同学也感觉到了他的进步。

学完《平均分》，班里正好发生一件事情，两个同学发本子，本来很简单的一件事，却发生了分歧，一个人拿得多，一个人拿得少。小谢看到了，我还以为他要上去抢本子，没想到看到了这样的一幕，他是把本子都拿到了自己手上，我们班有23个人，每个人给了11本，他自己发了一本，说每人平均分到11本，就公平了，就没有烦恼了呀。结果大家都高兴地笑了。是啊，每个孩子都希望得到组长、老师、家长的认可。他们有了成就感就会有学习的动力。真的在以后的活动中，"淘气包"不见了，反而多了一个处处为集体争得荣誉的小谢。

三、2始终是大于1

"小谢"的诸多变化，我都要跟他妈妈进行沟通，让他妈妈及时给予肯定鼓励，孩子有点进步我们就要进行肯定，那你会看到不一样的小谢。在学校和在家里才能无缝衔接，一步一步引导他向正确的方向走。所以我觉得老师还要适时向家长解读孩子"多元评价"结果，从学生的性格特点、特长爱好、人际关系等多方面给出反馈，通过家校携手，为学生全面、个性化的发展做好规划。

随着学生在校内时间的增多，教师只有用创新的教学手段，才能实现学校教育的多样性，提升学校教育的质量，让学生愿意待在学校，且学习效率有所提升。老师可以从小处着手，比如改变教与学的方式，运用高效、趣味的授课工具提高授课质量和学习兴趣；课堂上除了一对多的讲解，还可以组织同伴互助、小组共学，让每个孩子都"在场"；课后作业除了双基练习，还要有灵活的主题活动、项目学习、特长发展，让每个孩子都喜欢。立德树人一直在路上，只要孩子们有了好的品质，知识自然水到渠成地会吸收，小树会长成参天大树。

作者简介：刘山，现担任十渡中心小学二年级班主任，一直以来坚持立德树人。曾获"师德先锋"称号和"人民满意教师标兵""学生喜爱的班主任"等多项荣誉。

爱与被爱都是教育

"我国近代教育家夏丏尊认为，教育不能没有爱，没有爱的教育就如同池塘没水一般。所以，爱是学生成长的源泉。爱的情怀是教师灵魂深处飘散出来的温暖，它能够驱散黑暗的寒夜，消融心底的坚冰，滋润焦渴的心田，不断唤醒学生的精神世界。"当学生的心灵被教师的爱所浇筑时，就会生长出绚烂的花朵，结出爱的嫩芽。纯真善良的花朵竞相开放，共同吐露着爱的芬芳。教师是否能在教育过程中对学生浇筑足够的"爱"，是教育工作能否取得成功的关键所在。

从成为教师的第一天起，我在教学和生活中，就把爱潜移默化地倾注给每一位学生，竭尽全力地用心底全部的爱和整个心灵与学生们沟通、交流。大到孩子的偷窃事件，小到与孩子们聊天交谈：今天你们的晚饭好吃吗？什么？不好吃！什么菜？就这样，每一件小事、每一个孩子回答的小表情、小细节，我都一一记在"心灵记事簿"上，于是记事簿上的内容越来越多，我对孩子们的了解也就越来越深入。对特殊的学生我也给予更多的关注，用自己的爱去感染他们的幼小心灵，让他们的心灵从此结满爱的果实，让爱在他们稚嫩的脸庞上绽放光彩。下面我将结合自己的教育经历浅谈自己对低年级学生的爱的教育，如有不妥之处，敬请各位批评指正。

一、从点滴做起，做有爱的"教育人"

从生活入手，与学生交朋友。建立彼此的友谊与信任。

什么是朋友？生活上相互帮助，有困难的时候愿你陪你一起度过，有开心的事情愿意与你分享。即使你不说话，一个眼神我也能读懂你内心的想法。也许，这就是朋友！

我所任教的学校在山区，这里的孩子们大多数是需要住宿的，他们大多从一年级起就住宿，一个个稚嫩的脸庞要独自面对生活与学习上所面临的问题，难免会有小情绪。我们班上有个小女孩，名字叫欣欣。欣欣是一个性格内向、沉默寡言的孩子。在课堂上，欣欣从不主动举手回答问题，若是老师提问她，她会用只有自己能听得见的微弱声音胆怯地回答，晚自习时还会偷偷地哭。

有一天，吃完晚饭，我来到教室，发现只有欣欣自己在教室，我认为这是让欣欣向我敞开心扉的好机会。通过几次由浅入深的交谈，慢慢地，从欣欣的眼神中我看到了她对我的信任。我们聊了什么呢？不是你为什么哭、为什么你上课不大点声回答问题，而是你晚饭吃了什么？好吃吗？你跟谁一个宿舍啊？跟你最要好的菁菁呢？怎么不跟她一块儿出去玩……就是这样一个个小小的问题，让这样一个胆怯的、害羞的女孩儿慢慢放下了对我的戒备，对我敞开了心扉，晚自习时再也看不见她偷偷地哭了。我的出现，仿佛让欣欣在校园里找到了"救命稻草"一般。慢慢地，她愿意主动跟我交谈起来，脸上的笑容也更多了。她第一次主动找我聊天时脸上的笑容我至今都记得，那是自信的微笑、充满爱意的微笑。"老师，我觉得您今天穿的衣服挺好看的！"看似简短的一句话，我听到后，心里犹如吃了蜜般甜。

跟欣欣相处有一年的时间了，原来欣欣生长在一个离异家庭，母亲改嫁了，并且还给她生了个弟弟。这样的家庭环境，导致了家长疏于对欣欣的关爱。作为教师，我要给予她足够的爱护，给予她安全感，点亮他们心头的灯，开启她沉重的心扉。也许，这就是爱的力量吧！

二、享受被爱，做被学生爱护的小老师

1. 师生"不平等"，我是"弱者"。

谁说师生一定要平等？教师也要适当做小集体中的"弱者"。教师用了足够的"爱"将一颗颗幼苗培养长大，如今的学生已经可以独挡风雨了，那么教师做适当的引导，学生们将会为你挡风遮雨，保护

你、懂得心疼你、爱护你。

我常常跟其他老师说，我们班的孩子特别懂得心疼人，其他老师就会问我，你是怎么做的呢？仔细想想，我做了什么呢？答案是："装可怜。"教师也有脆弱的时候，教师也是会生病的。虽然教师是学生们心目中的"神"，但是身为教师的我们也是正常的"人"，偶尔我们也需要跟孩子"装可怜"！

某天自习课上，我说："我的嗓子好疼啊，一说话就会特别疼。"孩子们聚精会神地听我说话并观察我的表情，我故作特别痛苦状。最终的结果是：全体学生极其安静地度过了一节自习课并完成了作业。我的"爱"他们一定是深刻地感受到了，我知道他们一定也同样"爱"着我，因为他们用自己的实际行动表明了对我的爱。教师们，当您在对学生倾注了足够多的"爱"后，适当地"装装可怜"吧！也许你会收获更多的爱，学生们也会更加深刻地理解如何爱别人。也许，这就是"爱"的力量吧！

2. 爱之种子的生长离不开老师的"失望"。

什么人会害怕你的失望？一定是在乎你的人。一个人越是在乎你就越怕让你失望。身为教师的我在处理班务时，偶尔将批评转换成了"这种结果令我很失望"这句话。这句"失望"就像一个巨大的冰洞，它将令我失望的事儿冰封在了记忆中，永不再现。

每周学校各班级间的卫生评比活动，总是聚焦了老师们的目光，我也不例外。平时我极其注重培养孩子的卫生习惯，学生毕竟年纪还小，个别学生自理能力较差。午间阅读时，当我刚刚走进教室，就有几名同学上前来将我团团围住，你一言我一语地说着中午检查卫生的情况。结论就是：我们班被扣了好多分。我沉默了几秒钟后说："平时大家努力把班级卫生情况做到最好，但是不能一直保持，这点让我很失望。"也许学生们看到了我眼中的失落与失望，自发决定以后每天中午值日生再做一次值日，并相互制约共同维护好班级卫生。到现在为止，每次卫生评比，我们班的分数一直遥遥领先，经常被评为卫生小标兵。我把这看作是学生们回馈给我的"爱"。他们用自己勤劳的小嫩手辛苦地赢得了一个又一个荣誉。也许，这就是"爱"的力量吧！

三、学生在爱的"海洋中"徜徉，幸福的风帆随"爱"飘扬

然然，你的努力与进步老师都看在眼里也记在心里，班会上，你说长大后想成为一名画家。老师想告诉你：绘画是你与生俱来的天赋，相信通过你的不断努力，你的梦想终将在不久的将来实现。

欣欣，现在老师最愿意看到的就是每天挂在你红彤彤小脸上的微笑。如今的你是那么爱笑，老师真为你感到高兴！你说你不知道长大后想做什么职业。没关系，老师希望无论你将来从事什么职业，无论在工作中遇到什么样的挫折与困难，都能每天将笑容挂在脸上，那也许就是解决问题最好的办法。

小明，现在的你也许还有很多的小缺点，但是请你相信在你成长的路上老师会源源不断地将"爱"的雨露浇筑给你、陪伴着你。老师愿意看到你每一次点滴的进步与成长。

与其说是老师们教会了学生"爱"，倒不如说是学生们教会了老师如何去"爱"。在教育中，要以爱育人。爱是教育的桥梁，爱是教育的钥匙，爱是教育成功的种子。教育是爱的共鸣，是心与心的呼应。教师只有充分地在"爱"与"被爱"的角色中互相转变，才能不断成长。学生只有真真切切地感受到"关爱"才能更好地学会去"爱"。

热爱学生是教师职业道德的根本，只有心中充满"爱"，才能使教育最大限度地发挥作用。老师们，若想"被爱"，必要先"爱"。也许，这就是"爱"的力量吧！

作者介绍：蒋金俏，中共党员，研究生学历，担任四（2）班班主任，小学二级教师，校级数学骨干教师、房山区王雅薇数学工作室成员。带班理念是：树立良好的教师形象，言传身教，努力塑造学生优秀品行。

以亲育和　以家育佳

寸有所长尽其长

随着一阵优美的上课铃声，我的劳技课开始了。给五年级上劳动技术课已经不是第一次了，一直感觉比较愉快。今天因为有同事们听课，我特意准备了一个比较有意思的内容——小木工，孩子们一看到这个内容，果然流露出了几分新奇的表情和探索的目光。随着我一个个问题的提出，虎头虎脑的小彪更是积极踊跃地举手回答，有其他同事在场，这样的课堂气氛无疑是我所期望的。到实际操作阶段了，面对我准备的几种锯子，大部分孩子都说没用过，虽然兴趣极高，但不免还是有所顾忌。也难怪，现在孩子的家里很少有像我们小时候那样自己动手装修房子了，即便有过，也都是电动的了，哪里见过这些手动的木工工具呢？更别说实际运用了。我生怕冷场，心里不免有些忐忑，孩子们正在面面相觑时，一个响亮的声音蹦了出来："我用过！"我定睛一看，又是小彪，呵呵，心里不免一阵欣慰。在他的带动下，几个男生也跃跃欲试了。一番细致的讲解，演示了具体的使用方法后，我便分组指导孩子们开始实际操作了，为了保证孩子们的安全，我还邀请了几位同事帮忙巡视指导。还别说，小彪的动作就是比别人熟练许多，木条很快被他锯断了，切口整齐美观。其他孩子在老师的指导下也学会了手工锯的使用方法，小彪当然得到了孩子们和老师的高度评价，一节课在欢快愉悦的学习气氛中结束了。

听到这里，大家一定会以为这样积极热情的孩子各方面都会表现得很优秀吧？那就大错特错了。就是这样一个课堂上表现积极，动手能力极强的孩子，却是令很多任课老师头疼的学生。用现在的话说，就是"待进步生"，凡是任教过他的老师，提到他没有一个不感慨的。为什么呢？与劳动技术课的动手能力形成鲜明对比的是：在写作业上能不动笔就不动笔。主要的几个学科，只要是有没完成作业的学生，他准榜上有名，而且即便勉强交了作业，也是凌乱不堪，难以辨认。由于一直没有养成良好的学习习惯，学习基础很差，语、数、英常常是待及格。不是老师们不尽心，办法想了无数，始终是答应得好，坚持不了几天，孩子又犯了老毛病，得不到家长有效的监督和支持，老师们也总是无可奈何。眼看就要升入六年级了，如果孩子这样下去，学习成绩肯定难以有所提高。作为学校的主管业务副校长，面对着孩子这样的情况，我不能袖手旁观，决定尝试着做做小彪的教育工作。怎么办呢？我想到：孩子既然喜欢上课举手回答问题，就说明他有极强的表现欲，那就和老师们一起抓住他这个优点，给他充分的表现的机会和空间，先弱化对作业的要求。由于基础较差，孩子虽然爱回答问题，但很多时候都不在点上，有的老师怕影响课堂效率，不敢让他过多发挥。我就告诉老师们：不能因为说不到点子上就不让他说了，要耐心地引导。一段时间下来，孩子有了明显的进步，语言的表达能力有所增强了。渐渐地，在老师们的共同努力，以及班主任和家长的不断沟通下，孩子不完成作业的频率越来越低了，尽管字迹还是那么不美观，但是工整了许多，能够辨认出来了。

有了这个突破，我又找到小彪，我问他："你很喜欢动手做小制作对吗？"小彪点点头。我接着说："你将来一定想做出更好看、更实用的东西来，对吧？可是你想想看，如果你没有丰富的文化知识，怎么能解决在动手操作过程中的技术问题呢？任何简单的劳动都是要有技术含量的，这样才能起到事半功倍的效果。所以为了你的爱好，也一定要学好文化知识啊！"我又给孩子讲了一些关于勇于求知、努力学习的成功典范，鼓励他要有探索精神，但更要用心学好文化知识。孩子带着喜悦和憧憬，高兴地走出了办公室。

这学期升到六年级，再也没听说他哪天不完成作业了。成绩虽然还是不尽如人意，可相比较他以往的成绩，还是有明显进步的，关键是孩子的求知欲增强了，上课更专心了。当然这也和各任课教师的努力是分不开的。

教育是面对全体学生的，但教育又是有差异的，我们必须承认学生的个体差异，不能求全责备。在教育中如果要做到教育的最大优化，需要我们教师首先转变教育理念，尊重学生的个性发展，充分发挥学生的长处，尺有所短，寸有所长，只要我们能够充分发挥孩子的长处，每一个孩子都可以是优秀的！只要用心，一切改变皆有可能！

作者简介：杨爱纯，现任大安山中心小学副校长、工会主席。为人乐观，积极向上，不断从工作中吸取经验，快速成长，自学能力较强。有较强的责任感和事业心，工作认真仔细。性格开朗且不失稳重，善于沟通，有良好的团队合作意识。撰写的论文多次获得区、市、国家级奖励。

小猫和猫妈妈

——一道数学题引发的深思

在教学中，教师思维"定势"化，要求学生按教师的思路回答问题，这样的教学是绝对不会成功的。著名的教育家卢梭在《爱弥儿》一文中指出："为了使一个青年能够成为明智的人，就必须培养他有自己的看法，而不能硬是要他采取我们的看法。"这一论断，对我们教育工作有着重要的指导作用。这个观点让我想起了最近的一节数学练习课。

最近班里正在学习乘除法，练习时孩子们遇到了一个这样的题目：5只小猫去钓鱼，每只小猫钓到6条鱼，回家和猫妈妈分享，每只猫分到几条鱼？

起初我认为只是一个很简单的问题，以孩子们的水平不会出现错误，但是没想到很多孩子做错了，他们的错误答案是这样的：$5\times 6\div 10=3$（条）。

这引起了我的重视，我开始分析孩子们为什么会出现错误，是我知识点没有讲透彻？还是只是孩子们粗心？没有认真读题？没理解问题？但是就整体的练习来说，孩子们表现得很好。另外，这么多孩子犯错，也应该不是粗心的问题。经过进一步的思考，我发现孩子们最后都是除以10，这个错误信息来自题目的哪里呢？我怎么也想不明白为什么除以10，加上猫妈妈不应该是除以6才对嘛？

我开始和孩子沟通，我一个个把孩子叫过来问，他们是怎么想的。孩子们的说法大同小异："老师，不是有5只小猫吗？回去和猫妈妈一起分享，5只小猫和5个猫妈妈，所以是10只猫。"孩子的答案让我恍然大悟，原来是这样。

孩子们说得很有道理，我由于受自己生活经验和惯性思维的影响，已经形成思维定式。认为孩子只有那样做才是正确的。我都没有想到，的确是有这种可能。就题目条件来说，并没有明确猫妈妈的数量。我认为只有一个猫妈妈是我的生活常识和惯性思维。有些孩子认为有5个猫妈妈，这来自他的生活认知，应该说孩子的解答并没有错误。另外，就这道题目考察的知识点上孩子们并没有犯错。

习惯思维定式常常会影响我们分析问题与解决问题，从经验中学习是每一个人天天都在做而且应当做的事情，然而经验本身的局限性也是很明显的。就数学教学活动而言，单纯依赖经验解决问题，实际上只是依赖已有经验或套用学习理论而缺乏分析问题的简单重复活动，常常不知不觉地束缚了我们的思路。

假如没有和孩子们交谈，我可能永远也找不到答案，也许最后就会经过自己的再三启发和引导，把这道题讲一下，让孩子们按照我的算法改过来。可是这样一来，由于没有考虑学生的因素，很容易把学生的思维束缚起来！

多么有意思的想法！多么富有童趣的回答！生活中太多时候都是这样，我们因为自己思维的局限性，想不到孩子的思维方式，造成了误会，错过了教育的最佳时机。另外我们把自己的局限性强加给孩子，也桎梏了孩子的思维。我们应该经常和孩子交流，多听听他们真实的想法，让他们可以大胆表达，在学习中充分发挥主动性。我们也应该多试着用孩子的眼光看待问题，就会有很多新奇的发现，也能更好地理解读懂孩子，才能更好地教育他们！

什么是教育？教育就是帮助学生学会自己思考。而不是代替学生思考，压抑学生思考的积极性。在自己的课堂中，应该鼓励学生思考、质疑、交流和表达，这样才能把学生的学习变被动为主动，培养出21世纪需要的人才。

作者简介：刘蕊，大学毕业至今，一直在北京市房山区大安山中心小学担任班主任及语文、数学的教学工作。先后荣获"房山区教育系统优秀教工团员""北京市中小学'学生喜爱班主任'""房山区教育系统人民满意教师标兵"称号和北京市中小学"紫禁杯"优秀班主任一等奖等荣誉。

让每一个生命都精彩

为了每一个生命都精彩

2016年7月11日，按照区教委教工委的部署，我离开了工作七年的霞云岭中心小学，被任命为房山区特殊教育学校书记、校长兼房山区特殊教育指导中心主任。说实话，听到这个工作变动，心里真的没有思想准备，从事了29年的普教，第30个年头转型到一个新的领域，成为一名"新特工"，一时间头脑中萦绕的都是"特教""残疾""随读""送教""建校"……可以用"压力山大"来形容。正所谓压力与动力并存，机遇与挑战同在。有领导的信任与重托，有同行与同事的信赖与支持，我坚信在这个领域能有所建树。

回顾这五年多的特教之路，自己与"房山特教"这四个字已经融合在一起了……

作为特教学校书记、校长，只用了一年时间，就完成了区教师进修学校改建为房山区特殊教育学校的重大工程，为全区中重度智力残疾和精神残疾的学生建成了占地面积6738平方米、建筑面积7028平方米的特殊教育学校，实现了我区特殊教育学校从无到有。学校成立以来，由最初接纳66名学生发展到现在的117名在校生。

房山特教学校虽然建校晚，但是发展的要求不能低，这不仅要体现在硬件建设上，更要体现在学校的办学定位和布局上。学校建设初期就着手梳理、总结和提升学校文化建设，以"让每一个生命都精彩"为办学理念，从学生、教师、家长和社会四个层面，进行学校文化构建和发展定位，着手学校文化内涵发展的顶层设计、实施办法和校内文化建设。几年来，学校秉承"让每一个生命都精彩"办学理念，围绕"为学生人生出彩创造机会，为教师人生精彩搭建平台，为家长人生幸福提供保障，为社会和谐发展注入动力"全面推进办学特色。学校的定位布局及发展得到了市特教中心、全市特教单位、区教委及区部门的认可。

"专业的人干专业的事"，特殊教育的发展更需要专业上的引领。几年来，强化特殊教育学校师资建设。以"七心教师"为引领，以"特教教师+N"为标准，以专家工作室、课题研究、各级教研组为平台，以体验式培训、联盟校手拉手为补充载体，采取学校重点培养和自主菜单式发展相结合的方法，打造"有情感、善工作、会生活"的干部教师团队。干部队伍以提高教育教学管理效益为重点，以主打专业为引领，提升特教专业水平和课程、课堂的指导力。教师队伍以学生IEP为核心，突出专业发展，落实特教课程标准，课堂教学实施力不断提升。

为孩子构建特殊教育课程体系。以自理自立为目标，推进学校课程建设，提高课堂育人效益。构建"全员课程""全过程课程"和"全方位课程"的"生活适应+出彩"课程体系，围绕课标、课程、课堂和评价四大要素完善特教教学管理体系，抓"课程、IEP、课堂"三位一体的实效性。整合校内外资源，系统开展学生课外活动和社会实践活动，形成个人、班级、年级和全校不同层面的特色专长，为特殊教育学校孩子们的发展奠定基础。

作为特殊教育中心主任，全区还有近四百名特殊孩子需要指导和服务。在特教学校常年缺编三分之一的状况下，我们没有丢下这些孩子，更加强化特殊教育中心引领与服务，构建了融合教育专业服务网络，为全区特殊学生搭建了"1+1+1+12"硬件实体服务体系，即1个特殊教育中心+1所特教学校+1个学区资源中心+12所资源教室，充分发挥特教中心的发展规划、科研管理、教研指导、师资培训、教育康复、巡回支持、转介服务、家教咨询、技能培养、资源开发等工作职能。在义务教育阶段强化普及，与残联部门联合逐一核实未入学适龄残疾儿童少年数据，按照评估转介办法做好未入学残疾儿童少年教育安置。根据评估转介结果，优化教育安置形式，通过普通学校就读（随班就读或特教班）、特殊教育学校就读、康复机构就读、儿童福利机构就读和送教上门等多种方式，落实了"一人一案"，做好教育安置，初步实现全覆盖、零拒绝。

不断探索多种送教方式，提升送教上门服务质量。本着"不抛弃，不放弃，一个都不能少"的原则，在"以公办小学负责辖区内重度残疾儿童送教工作的管理、实施，以退休教师和在职教师为送教主体"的送教上门房山模式的基础上，完善工作机制，采取在残联举办的康复机构、儿童福利机构以及送教上门等方式接受教育，教学业务纳入属地学校管理。进一步强化考核评价、评优表彰、支持保障三项工作机制，确保送教工作有序、高效。2019年5月，承办了市教委和市残联组织的"温暖助学　走进房山"试点工作启动会，完成了对所有363名学生的助学评估工作。2020年促成与残联和卫健委一同为残疾孩子"送康复上门"，做到义务教育阶段初步实现全覆盖、零拒绝。

高中教育阶段多样发展。把残疾学生教育纳入高中教育发展规划和管理，健全残疾学生高中阶段入学制度，按照市级政策要求，依据学生学业水平和发展需求确定高中阶段安置方式，稳步扩大残疾学生接受高中阶段教育机会。加快发展以职业教育为主的残疾人高中阶段教育，鼓励特教学校开展职前教育，与职业高中和院校合作办学。2019年区特教中心与房山职业学校合作，率先在普通学校面向全市特殊残疾学生招生开设园林绿化、电子商务和会计三个特殊教育专业，实现了以职业教育为主的残疾人高中阶段的教育情况的落实，受到特殊学生家长的普遍赞誉。

五年来，全区特殊教育工作体系日趋完善，特殊教育管理工作的科学化、规范化水平不断提高，特殊教育师资专业水平持续提升，特殊教育服务对象的综合素质和能力明显增强，广大人民群众对特殊教育的满意度不断提高，义务教育阶段残疾儿童入学率一直保持在99.0%以上，近几年达到了99.5%，初步实现了"同在蓝天下，幸福共成长"的目标，为每一个生命都精彩奠定了坚实基础。

作者简介：于永旺，1987年7月参加工作，中共党员，高级教师。现任房山区特教学校书记、校长，区特教中心主任，兼中国心理卫生学会理事、特殊教育教材编审专家、中央电教馆特殊教育评审专家和房山区特殊教育学会会长。五年来，构建了房山区特殊教育发展新格局，为全区特殊孩子的教育奠定了坚实基础。

IEP引发教师团队建设的思考

我校是一所九年制特殊教育教学校，主要招收中重度智障学生，2017年9月投入使用。建校初始，有6个教学班，12名班主任，1个科任教师，这13人中，从事过特殊教育工作的老师仅有4人，其他老师来自普通中小学和普通幼儿园，没有从事过特殊教育工作，甚至对特殊孩子的了解都很少。

记得在开学初的一次教学工作会上，需要各位班主任老师为学生制定个别化教育计划（IEP），我在讲解完如何填写和制定IEP内容后，在座的老师们面露愁容。我不知道是为什么。让大家提问题，也没人讲话，散会了，也没有人离开会议室，尴尬的气氛持续了一分钟。一名来自幼儿园的老师站起来说："我之前没有听说过IEP，您讲解完，我们还是不知道怎么做，我们需要知道怎么填写是对的，您就给我们一个模板，跟我们说，照这样填就行了。"面对老师的这种现状，面对特殊教育对象的特殊性，我真的拿不出一个成功的模板给老师，告诉老师"这样写就是最好的"。

IEP是一种根据特殊儿童的身心特征和实际需要制定的，针对每个特殊儿童实施的教育方案，它既是特殊儿童教育和身心全面发展的一个总体构想，又是对他们进行教育教学工作的指南性文件。每个学生的个别化教育计划，目标不同，课程不同，表述的方法也不同，年级不同，涉及的康复领域也不同——众多的不同，让特殊教育的专家们也不能说哪一个IEP就是最好的，一个成功的IEP不可能套搬到另一个孩子身上。面对这种情况，我知道我又回到了原点，刚刚的培训没有任何效果，老师们依然还是一头雾水。于是，我们改变了策略，给老师们进行了分组，以年级组的形式进行研究式的学习，边学边做，让有经验的特教老师当组长，带着组里的老师，一个班一个孩子地做，由个体的单打独斗，变成了集体的公关，从学生的评估开始，到根据评估选取各学科目标，再到各学科目标的表述，班级目标的统整，不是给模板，而是通过团队的实操让老师在完成任务的同时习得方法。这13名老师没再提给一个模板的事情，他们所制定的IEP针对性强，满足每个学生的发展需要，均让孩子们最近发展区上有很大提高。

教师是学校专业化建设的中坚力量，是学校的宝贵财富，周成海等研究者认为教师专业团队对促进教师专业成长和学校发展具有现实意义。它可以为教师专业成长提供丰富的学习资源，促进教师间分享专业知识经验，改善教学实践，为教师提供对话平台。

因此，对一所新建的特殊教育学校而言，在刚建校初期，建立专业的团队是非常必要的，这样可以更加快速地促进教师专业化发展的进程。促进教师更快速地了解多重障碍学生的特殊教育需要，促进普通学校的转岗教师从单纯的学科教学转变为以生活适应为核心的综合性课程教学，真正解决实际工作中面临的问题，提高教育教学质量。

教师团队的组成人员中有不同层次的教师，不同学科、不同专长的教师，可以更好地通过"以老带新，以强带弱"的方式，达到互学互促的目的。特别是教师团队总是会有某一领域有专长的老师，引领其他教师共同研究一个专题，探究一个领域的内容。这样学校专业化教师队伍可以在短期内得到快速提升和发展。

特殊教育专业是一门新兴、充满活力且应用性很强的专业，平均每十年就会有新的理论提出，新观念、新方法、新策略不断涌现，特殊学生的情况越加复杂，多重障碍学生人数显著上升。只有站在专业的前端学习、研究、实践、反思，不祈求模板，不创造模板，才能让特殊教育创造更多的生命奇迹。

作者简介：于蕊，中共党员，一级教师，北京市培智教研组教研员，房山区特殊教育学校教学副校长。从事特殊教育23年，参与了华夏出版社《成年智力残疾人社区康复》编写，房山区教委组织的《园中露荷》《让每一个残疾儿童都享受教育的阳光》等书籍的编写。

样板间巧助力　班级文化建设谱新篇

新学年伊始，新学期各项准备工作紧锣密鼓地进行着。各班班级文化布置工作显得尤为重要。

和以往一样，我将班级文化布置的具体要求和班级文化评价量表下发班主任，同时在全体教师会上做了具体解读：班级文化要体现德育功能，即形成适合本班的班级评价机制；班级文化要体现特教的结构化功能，即班级常规的视觉提示；班级文化要体现实践功能，即每月单元主题课程内容；班级文化要体现美育功能，即班级文化整体设计美观、整体协调。班级文化设计彰显班级文化内涵。

班主任们忙忙碌碌，两周后，进行班级评比的时候，除了两个班班级文化的显性文化和隐性文化比较一致，基本形成班级评价机制，其余各班的班级文化真是五花八门，让我大跌眼镜：班主任们根据自己的喜好进行班级布置，花花绿绿一片，当时我重点强调班级文化需要体现的四大功能完全被忽视掉，特别是班级评价没有形成一套有效的评价机制，没有从整体进行设计，简直就是七零八落的拼接板。如此一来，各班的班级文化只不过是应付学校检查的。

面对如此的班级文化布置，我开始分析原因：我校是一所区属九年一贯制学校，成立于2016年8月。学校接纳的是智力残疾和精神残疾及多重残疾的学生。学校目前10个教学班。鉴于学生的特殊性，班级实行的是双班主任工作制。10个教学班，20名班主任。20名班主任分别来自房山区14所学校，涉及9个不同的专业，包括近两年新入职的4人。其中一直从事班主任工作的9人。坚守班主任岗位的教师不足班主任总数的1/2。因此班主任的理解力各有不同，对班级管理的思考深浅不一，在班级文化设计、带班理念方面明显参差不齐。

如何突破这一实际困难，切实提升班主任构建班级文化的能力，创出富有特教特色的班级文化呢？

针对班级文化布置的实际情况，我临时调整策略：在第一轮初评的基础上，各年级间相互学习、借鉴，进行整改。一周后，各年级推出一个班级文化样板间，并召开班级文化交流现场会。

第一轮的初评已经让年级组长们心中有了一把尺子，再集中年级组内老师们的智慧，各年级的样板间像模像样地诞生了。

这时马上组织全体教师（青年教师也要同时学习班主任的基本功）召开班级文化交流现场会。首先由样板间的班主任进行班级文化讲解，其他年级的班主任对班级文化中的亮点和改进的建议进行1+1点评，最后我在每一个样板间的每一个板块设计给出具体建议：例如天使年级每日行为课堂评价中，有的内容适用于年级每个同学，这样对学生就不具备针对性，需要将评价内容再细化；繁星年级的评价标准伴随学生能力的提升也要适时提高；繁星年级的月主题教育活动板块结合自闭症学生特点，用学生自己参与活动的照片进行图片提示值得借鉴；彩虹年级将每日行为评价与每周行为评价、今日我上镜板块有效整合，分层设计，层层递进，形成了班级内行之有效的评价机制，值得推广。对班级文化样板间的具体点评使班主任老师们有身在其中、幡然醒悟之感，明白了班级文化是指围绕班级的教育、教学活动所建立起来的一整套价值取向、行为方式、语言习惯、制度体系、班级风气等要素结合起来的集合体。班级显性文化和隐性文化的有效统一，是班级文化建设的精髓，优秀的班级文化可以激发学生的学习热情，增加班级归属感和认同感，提高班级的凝聚力。

此时再乘胜追击，要求各班根据班主任自身的感悟结合班级学生年龄特点和实际情况，设计富有年级特色、班级特点的班级文化。

果然，班主任们都善于学习、勤于动脑，一个个富有特教特色、年级特点的班级文化展现在我们的面前。

班级文化样板间的启用，直观地将特教学校班级文化的要求立体地呈现在班主任面前；现场点评，将班级文化的具体标准让班主任了然于心；面对面的指导，将班主任心中的困惑瞬间扫光，明确提升具体方向。

学生个体组成班级，班级构成学校，班级文化产生于班级的建设过程中，是由学生个体在学习实践过程中创造，同时也在学生个体上得到展现。

我校将一如既往地秉承"让每一个生命都精彩"的办学理念，在十九大"办好特殊教育"精神指引下，学校工作以落实教育大会精神为目标，以立德树人为根本，以核心素养为导向，通过文化育人、课程育人、传统美德育人、活动育人、全员育人等途径，建立德育工作管理和运行机制，形成各项工作的管理制度。使学生在日常的学习生活中感受"精彩生命教育"的熏陶和感染，在良好的校园文化环境中提升能力和快乐成长。

作者简介：张立苹，2017年调入特教学校，现任房山区特殊教育学校学生发展中心主任。五年来，创新工作思路，以丰富活动形式开展德育工作，秉持"用专业创造生命奇迹 用爱心温暖生命花开"的理念服务广大师生。

让爱为特殊孩子保驾护航

苏联教育家苏霍姆林斯基曾经说过：每一个学生都各自是一个完全特殊、独一无二的世界。培智学校的学生他们思想单纯、活泼好动、自理能力较差，容易受到社会不良环境、不良现象的影响。加之他们因身有残疾终生离不开家人的照顾，大多受到家庭的溺爱和包容，很少有人跟他们较真儿，去规范约束他们的行为。长此以往，他们大都不懂遵守规则，一旦被拒绝就养成了撒欢儿、打滚儿、发脾气的习惯。作为特教教师，必须对他们进行综合发展教育，切实把他们当成一个独立的个体，去进行爱国主义、政治、思想、道德和法纪等教育，使他们逐步成长起来。引导他们树立正确的价值观，培养他们讲卫生、讲文明、懂礼貌、遵纪守法的好习惯。在这项工作中，教师不仅要不断增强自身的知识理论学习，还要用一颗爱心来为智障学生发展保驾护航。

回顾近几年的班主任工作，总结了几点做法：

一、了解是施教的基础

要做好这一工作，就得深入了解，全面分析智障学生的特点和形成原因。坚持在了解中教育，在教育中了解。学生产生问题的原因是多种多样的。有的是非认知能力因素方面的问题，如：学习的动机、兴趣的缺乏、学习情绪和个性不良等；还有一部分学生家长对他们没有要求，表现为顺其自然，能上几天上几天。有的是由于环境因素，如：家长工作忙没时间关注或者关注过多等造成。我们只有了解了这些现象的形成原因和情况，做到心中有数，才能对症下药、有的放矢。

我们班史×是一个智障的孩子，爱发脾气、非外卖不吃、有时还对爷爷奶奶动手……初次见面，我丝毫看不出她是女生。一头短发，脸上带着憨憨的傻笑，说着不合时宜的话……虽然对她已经有所耳闻，但还是感到意外。他们祖孙三代住在一起，一家人只有妈妈在好伦哥上班。爷爷奶奶负责照顾孩子。一家人的身体都不是很好。因为是拆迁户，所以经济并不匮乏，也因为只有这一个孩子，所以百般溺爱，基本满足她所有合理不合理的要求，养成了她一旦遭到拒绝就大吵大闹的习惯。爷爷奶奶年岁大了，认识到了问题的严重性，但是习惯已经养成，根本就没有办法管理约束她，只能求助于老师。了解这些基本情况后，我开始了对她的"改造工程"。

二、因为爱，所以爱

智障生心思更为敏感，更需要他人的关心爱护。一个鼓励的眼神、一句亲切的话语、一个关切的举动……当他们感受到爱和安全时才会给予无条件的爱和信任。然后教师再抓住时机对其恰当引导和教育，将会事半功倍。

记得开学初的一次接触，拉近了我俩的距离。夏天的雨说到就到，总让人猝不及防。那天突然下起了大雨，气温一下就降了下来。瑟瑟发抖的史×引起了我的注意，夏天不至于冷成这样。我让她去卫生间让我看看，果然她来月经了。于是我赶紧给她放了一个卫生用品，拿来了自己的衣服给她穿上，还沏了一杯红糖水。我告诉她这时候要说："谢谢。"下午雨过天晴，我让她把衣服拿回来还给我，她竟然微笑着对我说："老师，谢谢。"从此以后，我明显感觉到她对我的依赖。距离的拉近，为我以后的教育教学工作打下了良好的基础。

三、发现的眼睛促其成长

"兴趣是最好的老师。"我在平时的教育教学活动中对史×实施鼓励性评价，发现其优点立刻表扬，即使是说话说得清楚一点点这样的小事，也不吝赞词。

史×在课堂学习中注意力容易分散，因此我以夸张的肢体语言和夸张的语音语调让课堂变得生动有趣，牢牢地吸引她的注意力，引导她自始至终参与知识的积累过程，让她自然而然地变被动学习为主动学习。教学中，我多给她提供表现的机会，寻找她答问中的闪光之处，提炼优点，及时予以鼓励和表扬，渐渐地，她的自信心增强了不少，不止学习成绩，其他方面均有提高。

每个人都渴望得到别人的肯定和赞许。教师要有一双发现的眼睛。在经过一段时间的观察，我发现史×渴望被重视、被关注，愿意接近老师、情商比较高、好管"闲事"。但是问题也不小，没有良好的学习生活习惯，学校和家里的表现判若两人，在家不穿衣服、挑食、故意傻笑……

针对她的这些问题，在开学一段时间后，我安排她做了我们班的值周班长。给她制定了几个小目标，家校一起约束她的行为。渐渐地，她有意识地开始克制自己，取得了明显的进步。

记得周五班里进行的评价中，史×参评升旗手时，孩子们结结巴巴地说她不干净、她胖、她打人……看着刚才还很兴奋的史×沉默地低下了头。我说："史×在这个月有了很明显的进步。第一，她勤洗澡、勤换衣；第二，体重没有再涨……"我说完这些，教室里一片安静。借着这个机会，我对史×说："你看你的进步大家都能看到，但是大家也看到了在你的身上还存在着一些不足。认真改正，我相信大家会看到你的努力的。"她憨憨地笑着点了点头。

总之，从事特殊教育要能容忍学生的各种匪夷所思的行为。或许培智学校的孩子永远不懂什么叫体面，但是我将尽我所能践行"七心"，和家长携手让这些孩子活得尽量有尊严是我毕生所愿。

作者简介：张舰，1997年7月参加工作，一级教师，2017年9月从普教转岗到房山区特殊教育学校，现任彩虹（3）班班主任，校级骨干教师。时刻以"七心"教师的师德标准要求自己，班主任工作业绩突出，被评为房山区人民满意标兵、学生喜爱的班主任，所带班级被评为房山区小学先进班集体等。

用心教育　从心出发

在我的十年教育生涯中，很庆幸，遇到了一个这样"特殊"的小朋友，也很幸运，我们之间发生了那么多精彩的故事。

昕昕 8 岁，有癫痫史，脑电波异常，智力发展缓慢，腿脚不够灵便，每日用药控制病情。为进一步控制延缓病情，家人从 2020 年开始每日用药减量，在此影响下，目前孩子的学习状态、生活状态和情绪都非常不稳定。

在 2020 年秋季开学之季，每天早晨上学昕昕都非常不乐意，奶奶和我一起用力将她抱进校园，为了让她心情平复一些，通常入校之后我会带着她在校园里散散步说说话，然后进入教室。可是昕昕进教学楼之后便不自己走路了。我努力将她抱到教室门口，她还是不起来。这一次我没有强求他，因为孩子默默地哭着，哭得非常伤心。由于孩子有癫痫史，劳累或者情绪激动的时候容易发作，所以稳妥起见，这一次我联系孩子的奶奶暂时将她接回家。后来昕昕来校，我都会用更多积极的方法尽量减少孩子抵触的情绪，比如：给她更多拥抱和鼓励的语言。于是昕昕再上学的时候我首先给她一个大大的拥抱，然后手拉着手在校园里散步，开开心心进入教学楼。起初孩子还是有些抵触的，但现在她终于不再使劲蹲下。我拉着她的手进入教室，扶着她慢慢坐下。有一次，讲到认读生字的时候，我对昕昕说："宝贝，请你跟高老师读一读，你是棒棒的昕昕。乐，快乐的乐。"每次都没有回应的昕昕竟然跟着我一起读了起来。虽然咬字不清晰，但是孩子竟然开始跟着我上语文课了！我高兴极了，马上转身奖励了孩子一个红红的笑脸，并说："昕昕最棒了！你的声音真好听！"就这样，孩子虽然情绪还是一如既往的低落，但是眼含泪水的同时开始学着跟读了！

到了十月份，昕昕能够在学校老师的带领下顺利进入校园了，只是不想坐在自己的座位上。每次一进门便径直向后门走去，自己站在一个角落。还有很多时候，昕昕把自己蜷缩起来，扎在后门和柜子之间的缝隙里，很没有安全感的样子。我没有阻拦她在这里停留，没有让她赶紧回到自己的座位，只是默默地关注着她，然后准备一个小凳子，让昕昕安安稳稳地坐在她喜欢的地方。那段时间昕昕在家也是喜欢蜷缩在一个角落里。我和家长沟通后达成一致决定，让孩子自己选择喜欢的地方，不要强迫她立刻走出来，而是提供给她一个小凳子保证安全，并同时建立起一个相对半封闭的空间给她。在家里给孩子用窗帘或布隔出来一个相对隐蔽的空间保证她安全的同时也相对独立，这能让她更有安全感，然后渐渐再把这些"设施"转移或减少，逐渐撤出，让孩子感受这种尊重和安全。

到了十一月份，昕昕能够和我手拉手进入教室了，只是进入教室之后依然紧紧地攥着不愿意放手。然后我握着昕昕的手问："今天冷不冷，老师帮你搓搓手。"孩子这时候也会说："冷"。在开始没有任何回应，到现在能够和我简单对话，孩子又进步了！我搂着她，尽量给她身体和心灵上更多的温暖，不时地搓搓手，抚触后背等。在一次家长会后，我和昕昕妈妈聊了很久。此时无论家长还是老师，都尽量避免让孩子看到令她"恐惧"的东西，比如在家里妈妈尽快把让昕昕恐惧的挖掘机藏起来。还有一次语文课上，讲到爱护牙齿时，我拿出了一个牙齿模型让孩子们摸一摸，看一看。当时昕昕紧紧攥住牙齿模型，双手颤抖，面部表情僵硬，咬紧牙关，全身都陷入肌肉紧张的状态。当我意识到这可能是她的一个负强化刺激物的时候，赶紧把牙齿模型收了起来，并不断抚触她的后背和双手，同时说着："昕昕今天得到几个笑脸啦？我们快来一起看一看！你看这是什么颜色的？……"逐渐转移孩子的注意力。

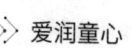

通过这种家校共育的方式，老师和家长形成合力，对昕昕减少负强化物的刺激，从而降低负面情绪的产生，并建立相对安全的空间和稳定温馨的情景，让她保持情绪稳定。这段时间以来，孩子的适应和进步是显而易见的。

到了十二月份，我和昕昕妈妈商量着，怎样让孩子尽快主动回到自己座位，于是想出一个办法：拿一个椅子垫。椅子垫上是孩子喜欢的南瓜图案，温馨且舒适。虽然孩子还是进班就往后门走，课间也还是坐在后门旁边的小凳子上，但是她的情绪不再那么抵触。当上课铃声响起时，虽然没有立刻主动回到座位上，但是我只要说："昕昕请你回到南瓜椅子上吧！"然后张开手臂做出迎接她的手势，孩子就高兴地慢慢地回到了座位上，很少再需要我去把她抱回来，逐渐从被动，变到相对主动了一些。

教育是一门学问，更是一门艺术。一年以来，我一直关注昕昕的状态，及时和家长沟通情况，减少负面情绪的产生，增加鼓励的语言和奖励，或者在她情绪不高或紧张的时候，试着转移注意力，运用正强化的方式和孩子喜爱的物品，进一步增强她的安全感，用爱心增强她的自信心。此时的昕昕已经能主动和老师打招呼了！阳光自信了很多！的确，孩子的身体和情绪是她所不能够控制的，但是我相信只要用心教育，用鼓励的语言、爱的拥抱和不放弃的追随，一定会让我们的孩子重新出发，在阳光下绽放精彩。

作者简介：高桂萍，本科学历，校级骨干教师，从事教育工作10年。爱钻研，好创新，所带班级学风优良。深深热爱教育事业。

一名"特种兵"的幸福

2018年9月,怀揣着特教梦,我从一所中学来到了房山区特殊教育学校,如愿成了一名特殊教育教师。

做一名特殊教育教师很辛苦,孩子们不能快速掌握知识,甚至有的孩子不能自理、不能正常沟通和交流。和他们在一起,不仅是老师,更是亲人和朋友。很多时候他们需要老师一遍一遍地重复着同样的知识,重复着同样的指令,做着同样的游戏。相比其他学校的老师,我们的成就感确实少了那么一点,但是,作为特教教师,我们的幸福感依旧满满。

每天的工作累并快乐着,充实并幸福着。哪怕是学生一点点的进步,我们都会感觉到无比幸福。今年我带的是新生班,孩子们的年龄在6至10岁之间,初入校园,他们就好像是小鸟突然被关进了笼子,又好像是外星人忽然闯入了地球,各种问题和不适应一股脑儿全来了。哭的、喊的、跑的、拍桌子的、扔东西的,班里的场面很是热闹。说"同学们坐好",根本没有人会理你,把他们带到座位,就好像椅子上安了弹簧,还没坐稳就又跑了。怎么办?我们的常规课就是从这一刻开始的。常规课上,我们努力寻找每一个孩子最喜欢的强化物,尝试用强化物来规矩孩子们的课堂行为。经过一段时间的努力和尝试,大部分孩子在听儿歌、奖励好吃的、玩玩具等这些强化物的辅助下,基本能按照老师的要求坐好。看到大部分同学的进步,我很欣慰。只有小语同学对这些奖励和玩具毫不在意,依旧像一只脱缰的小野马,不听指令。

小语:智力残疾二级,没有语言,眼神对视时间短,喜欢下座位跑跳,不能自理,不听指令,是我班年龄最小的学生。转眼一个月过去了,依然没有找到小语的强化物,我和任课教师都很苦恼。为此,我也问询了小语的家人,希望通过家人的帮助能够找到孩子的强化物,可是,依然未果,小语并没有特别喜欢的物品或者爱好。

就在我们要灰心的时候,突然,惊喜出现了!这天,我打算在教室电脑上下载些新的儿歌放到儿歌集,为了能选到孩子们喜欢的儿歌,便边试听边下载。因为我不是会员,所以,每首儿歌之间都会插播一段广告。就在广告播放的时候,拍桌子、跑跳的小语忽然安静下来了,站在黑板屏幕前一动不动,目不转睛地看着广告,一直到广告结束前,足足2分钟,他一动不动,目不转睛。这一刻,我笑了,发自内心地笑了!小语的强化物终于找到了!于是,在接下来一段时间的常规课中,在广告这一强化物辅助作用下,经过我们和小语的共同努力,小语逐渐也能在椅子上安坐下来,最近还学会了"安坐时小手背后",进步很大,我们真心为小语的进步感到高兴,看到孩子的进步,很是激动。这一刻,我被满满的幸福感萦绕着,体会着"特种兵"才能体会到的幸福。

在老师和家长的共同努力下,我们把小语的强化物由广告拓展到了儿歌,为了促进孩子更好地学习,我们还在不停地寻找着新的强化物。小语是个很有潜力的孩子,从开学到现在仅两月有余,小语学会了自己进教室、指认自己的照片、搭积木、踢球等技能。孩子对人和对事物的关注一直是我们训练的重点,同时也是训练的难题。小语在这方面一直没有多大起色。但让我欣慰的是,经过近3个月的训练,他从只看窗外变为开始有意识地关注班里其他小朋友,开始有了些许的眼神追视。这天早晨,我如常在班门口迎接孩子们并给孩子们测量记录体温,也重复着每天同样的话:"伸出小手测体温","眼睛看老师,和老师打招呼",因为孩子们做不到打招呼时眼睛注视老师,所以每天都会在打招呼时重复着同样的话，来提醒和锻炼孩子的眼睛关注度。给小语测量体温时，在我抬头的一瞬间，小语正在咧着小嘴，眼神亲切地注视着我。就在这一瞬，我的心融化了，所有的苦和累都烟消云散，剩下的只有欣慰和满满的幸福。

  在教育教学过程中，特教学校的老师们对学生倾注了全部的爱。我们的爱与坚持，换来的是学生们点点滴滴的进步，换来的是孩子们灿烂的笑脸和家长们欣慰的笑容。每个特殊孩子都是一本书，都值得我们用心去研读，读懂了你，同时也成长了我。孩子们，感谢你们，是你们让我知道，原来书还可以这样读。是你们让我感受到了"特种兵"才能体会到的幸福！

  作者简介：杨静，2018年9月来到房山区特殊教育学校任教，来校至今，一直担任班主任，对工作勤勤恳恳，尽职尽责。曾荣获多个荣誉和奖项，其中微课教学资源《我们去郊游》获得市级奖项并在北京市特殊教育资源网上发布。人生格言：把爱带给每一位学生，用千百倍的耕耘，换来桃李满园香。

怎样做好培智学校的班主任

做了近二十年的班主任，没有积累什么经验，唯一的感觉是做班主任难，做特殊教育学校班主任更难，做特殊教育学校低年级班主任更是难上加难。每天面对着十个性格迥异、障碍类型不同的学生，处理着始料不及的突发事件；分分秒秒要管，件件事情要问，众多繁琐的事情，许多时候灰色心情不请自来。

但是不管你悲伤也好，快乐也罢，工作还将继续。正如一首诗中写的："你快乐，你高兴，花儿努力地开。你郁闷，你悲伤，花儿也努力地开。"如果不能改变工作，那么最好的心态是享受。正如当代著名教育家魏书生所说："就我属于愿意当班主任的那类老师。我总觉得做教师不当班主任，那真是失去了增长能力的机会，吃了大亏。"让我们学着用这种积极的心态接受这份工作，做一个快乐的有魅力的班主任。美国著名心理学家卡尔·罗杰斯说过这样一句话：学校应该培养出真正的学生、真正的学习者、创造性的科学家和学者、实践家，以及这样的一种人：在现时所学到的东西和将来动态的、变幻莫测的问题及事实之间，他们能生存于一种美妙的但又是不断变化的平衡之中。而掌握这样平衡的程度很大程度上取决于他童年时期的班主任的育人水平。

一、塑造富有个性的魅力形象

随着各种魅力形象的展示，如魅力城镇，魅力大使等。班主任也应该具有其独特的魅力，成为教育战线上的魅力形象大使。这样在日常评选活动中才能吸引班级里那群挑剔的小评委们。

"人的魅力是可以塑造的。"经常会听到：什么样的班主任就会带出什么样的班级。因为在潜移默化中，班主任的思想行为已经深深影响着学生。新课程，我们老师，尤其是班主任老师，更要塑造新的形象。为人师表为首位：班主任的德才学识、情感人格、言行举止等都会给学生留下深远的影响。班主任魅力形象应该具有：

1. 将爱进行到底。只有爱学生的老师才会收获学生的爱。爱就是要宽容，面对天真可爱的孩子偶尔的小缺点，得宽容处且宽容。班里有一位学生在课上会随时大发脾气，发脾气时大喊大叫，打坐在旁边的同学，推桌子，咬自己，不但影响自己的学习，还影响同学的学习，有的同学在听到她大喊大叫后就开始哭，有的同学会突然吓一跳，愣住了。我联系家长了解情况，知道问题所在，该生有癫痫，由于体重增长，医生把药量也增加了，但这就直接影响她的情绪，脾气会越来越暴躁。了解问题所在后，我每天会在家长送她进班后，与家长了解她早上在家的情况，看是否有影响她当天的情绪的事情，提前做好准备。如在班里播放她喜欢的音乐，多与她聊天，带她在楼道里散步，转移她的注意力。她很喜欢各种各样的贴纸，在早课前我会让她挑选自己喜欢的贴纸，贴在她的每日评价表里，告诉她如果今天课上、课下没有发脾气，放学时就把贴纸给她。每当我观察到她要发脾气时就指一指贴纸，问她还要吗？她的情绪就会慢慢平静下来。了解学生的情况、爱好、行为，让学生感受到老师的爱，他们会在大家的帮助下越来越好。

你爱孩子，孩子就会爱你，只有用爱才能教育孩子。

2. 时尚无极限。除了衣着打扮要能给学生正确的时尚信息，言谈举止要让学生感到老师是可爱的，亲切的，热情的。比如，可以有意识了解学生中流行的话题，感兴趣的内容等等。我经常利用课余时间和学生进行交流。我既不问他们作业、不说他们成绩，也不查他们在家的学习情况，我只是跟他们拉拉家常:"你爸爸妈妈是做什么工作的?""你周末都去哪儿玩?""你这件衣服真漂亮,是你妈妈买给你的吧,你妈妈对你可真好!"让学生觉得跟我说话没压力,敢跟我说话,慢慢地喜欢跟我说话,到最后主动找我说话。这样我可以从谈话中了解到很多事情,及时发现学生的情绪变化对其加以引导。我认为班级管理重要的一点是得让学生喜欢老师。但如果想让学生喜欢你,就得让学生感受到你是喜欢他的。通过我跟学生的交流,学生喜欢上了我,他们相信我、听我的话,不愿让我生气,乐意为我排忧解难。记得有一次我身体不舒服,嗓子有点哑,给学生上课时,被细心的学生发现了,她说:"云老师,昨天你去哪儿了?我想你。"这稚嫩的声音,让我一下子热泪盈眶,我惊喜地发现,有的学生手拉着我,有的学生抱着我的胳膊,有的搂着我的腰。那认真劲儿,那亮闪闪的眼神,让我着实感动。我只是利用课余时间跟学生聊聊天而已,就这么微小的付出却换回了学生对我真心的爱。这样的付出,值啊!

3. 一身书卷气。作为一个新时代的班主任,加强自身文化修养是大有必要的。班主任工作,从读书做起。读好知识书,如班主任的专业书刊,学科专业书籍,社会热点的书,学生爱读的绘本等等。为了培养孩子的读书兴趣,我在每天利用生活语文课,利用课后的几分钟给学生读他们喜欢的绘本,读了绘本后,我们会一起演绘本。总之,一个班主任,首先是一个人,我们都希望自己能是一个有魅力的人,人不一定要长得美丽,但是一定要有魅力。

二、营造富有特色的魅力班级

魅力班级应该是有个性的,独特的,独一无二的。一个好的班级评判标准,不在成绩的高低,名利的多少。魅力班级则应该是能让学生快乐成长的园地,在这个班级中,老师、学生都应该感到幸福、快乐。作为班主任,担任着如何营造宽松和谐的班级氛围的任务。掌握一个有魅力班主任的基本要素,就能把握好魅力班级营造的诀窍。

1. 魅力班级促成学生的常规教育,养成良好的学习习惯、行为习惯。

养成一个良好的习惯,对学生终身有益。从学龄前儿童到一年级的新生,对他们来说,要有一个适应的过程,在这个过程当中,就需要班主任花大力气对他们进行常规教育。

(1) 养成良好的学习习惯。一年级学生刚刚入学,年龄小,自控能力差。我要求学生自己必须做到或者在家长、老师提示下必须做到:①进班前先签到——进班后向老师、同学、陪读家长问好——放学具、课本——放书包——贴当天的课程表。②上课不准随便说话,有问题举手,得到老师的允许再说。也不准随意下座位。③上课坐直,专心听老师讲课,积极回答问题。④认真、按时完成作业。⑤读书、写字姿势要正确。

(2) 养成良好的行为习惯。要求学生课下做有意义的活动,不追跑打闹,不打架不骂人。见到老师、同学、陪读家长要问好。会使用礼貌用语,如:您好,请,谢谢,对不起……不往地上扔废弃物,保持校园整洁。拾到东西主动交给老师。要爱护公物,不随地吐痰,不乱扔果皮,不损害花草树木。

一下子给学生定下了这么多的规矩,他们还不能够完全适应,需要教师:

①多提醒,常抓不懈。一年级学生自制力差,总是管不住自己,这就需要老师多提醒。我结合班级的每日评价,给班里每个学生制定目标,如:双脚放地上;不发脾气;课上眼睛看着老师;大声发言等。每天放学前结合学生当天的表现进行表扬。

②抓典型,促进步。一年级小学生是最善于模仿的。如:在课堂上,谁回答问题声音响亮,我会及时表扬,其他学生会模仿在回答问题时大声发言。学生习惯的养成是有一定过程的,我相信再经过一段时间学生定会做得更好。

2. 教师的魅力,引导学生。

大教育家乌申斯基曾有过这样一段话:"教师个人的范例,对学生的心灵是任何东西都不能代替的

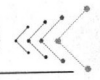

最有用的阳光。"小学生，对班主任有着一种特殊的信任和依赖情感。班主任的自身素质，道德修养，班主任的一言一行，一举一动，无形之中会成为全班孩子的榜样。因此，在班级工作中，我时刻注意自身形象，事事从我做起，以良好的形象率先垂范，潜移默化地影响着我的学生。平时，凡要求学生做到的，我首先做到。

三、让班主任的魅力感染家长

只有当老师与家长步调一致时，教育学生才会做到事半功倍。经常与家长保持联系，是加强学校与家长的沟通，共同教育好孩子，使学生健康快乐成长的重要保证。家长会是老师与家长面对面交流的好机会。为了能充分发挥家长会的作用，我希望用教师本身的魅力去影响他们。请家长走进课堂，了解孩子在校表现、课堂表现，加强彼此的沟通，在会中向家长反映学生在校的学习情况，提出希望家长配合老师的事项，还请到会的家长谈教育子女的经验，并与家长进行了深入交谈，充分发挥了家长会的作用。

班主任工作是琐碎的，但意义却很重大。新的时代向我们提出了新的要求，新课程向我们提出了新的理念。我们要用真心、动真情、做真行做好班主任工作。真正把自己塑造成一个有魅力的人，一个新型魅力班主任。

作者简介：云岩，中共党员，2017年9月来到特殊教育学校从事特殊教育，现任彩虹（1）班班主任。工作中热爱特殊学生，认为每一个孩子都是一粒种子，愿做阳光，给他们温暖。

等一等，你会自己站起来

希希是我们班上一名可爱又可气的唐氏综合征男孩。他的可爱之处很多：圆脸上一双弯弯的小细眼，笑起来又暖又甜；甜甜的小嘴巴，谁穿一件新衣服，剪了新发型，他总是第一个夸：好看！做完操返回教室时，他经常拉着走路不稳的同学的手，生怕他摔倒……可爱的时候简直像个"小天使"，可气的时候却更让人火冒三丈。

希希是家里的独生子，从小就受到父母和长辈的宠爱，所以比较任性，稍有不顺心就大发脾气。刚进入特教学校时，老师对他有一点限制，他立刻用摔东西、坐地大哭、打家长等方法表达不满。这让我们头疼了很长时间，用了很多方法才让他知道这样做是不对的，慢慢减少了这些问题行为。

今年九月，希希已经四年级了，个子也长高了很多。开学前几天，可能是换了新教室，学了新课程，他表现还不错。可到了九月中下旬，过惯了假期自由生活的希希受不了了，开始频繁地发脾气。上操时，他不愿意排队，坐在地上看别人做操半个小时；运动课结束，他想继续玩，不愿意回教室，坐在操场边一节课；上课起立时，他故意不站起来，等老师来拉他，他反而直接坐在地上不起来了……我们想了很多办法：讲道理、找家长了解情况、正面引导强化等，效果时好时坏，有时越劝说，希希在地上坐的时间越长，他一边坚持不起来，一边偷偷地观察老师的反应。通过观察希希的行为，我发现他知道自己这样做是不对的，总是会有心虚的表情，但他不喜欢受限制，更喜欢受到大家的关注。每次他坐在地上耍赖时，老师想方设法地劝导，同学和其他老师的目光，都让他感到自己像明星一样受到了关注。实际上，老师和同学的关注反而让他的这种行为得到了强化。那么，是不是可以运用行为矫正方法中消退的规律，不再关注希希的问题行为，使这样的行为减少呢？

一节生活数学课上，上课铃响了，我提醒孩子们："要上课了，请收好玩具，做好准备！"别的孩子纷纷把玩具放回"玩具区"，只有希希不动。他的小眼睛偷偷瞄着我，我装作没发现，又提醒了一句："快点收玩具，要上课了！"希希把自己桌上的玩具筐飞快地收到了桌洞里，若无其事地坐好了。当我转过头看他时，他心虚地趴到了桌子上，嘴里强调着："没玩具！"我点了他的名字："希希，把玩具放回去，你可以下课再拿过来玩。"他完全不为所动。我走过去站在他桌子旁边，继续催促："已经上课了，快点放回去！否则要扣你的笑脸了！"他急了："不放！不扣笑脸！"我拉开他的手，把玩具拿出来，放回了玩具区，接着站在教室前面说："希希上课不收玩具，耽误上课时间，扣一个笑脸。"我刚把笑脸取下来，希希叫一声："不行！"一下子坐到地上，大声哭叫起来。我叫他起来，他置之不理，我拉着他的手想把他拉起来，可一百多斤的体重让我尝试一下就放弃了。怎么办呢？想起希希好表现、爱热闹的性格，我决定换一种处理方法。

我没有再劝希希，而是回到教室前面若无其事地开始上课。希希哭了几声，见我不再理他，他一时有点懵，好像有点犹豫是不是要继续哭。没过两分钟，希希的哭声就停了，他开始盯着我看，似乎在想：我不哭了，老师该来让我起来了吧！我继续讲课，他一边望我几眼，一边偷偷往墙边挪，挪到了墙边，看我还没反应，就开始揪墙上挂着的擦手毛巾，揪几下，望望我，擦擦手，再望望我……我还是假装没看见，对其他同学说："我们来用璟云平台做练习吧！"孩子们都很喜欢，争着到屏幕前完成练习。随着一声声"你真棒"的表扬，希希的注意力早离开了毛巾，很有点跃跃欲试。我没看他，让别的同学继续练习。这时，欣欣做错了一道题，重做，又错了，希希实在忍不住了，坐在地上大声说出了正确答案。我还是没反应，让另一名学生帮欣欣选对了，并奖励了他一个笑脸。希希更着急了，挪着屁股蹭到了第一排桌子边上，向前欠着身子，恨不得每道题都自己来。又做了两道题后，我看火候差不多了，有一道有点难度的题目，我问："希希会做吗？会做的话到前面来！"希希爽快地说："会！"一骨碌爬了起来。我没有再提希希坐地上的行为，而是表扬他正确完成了练习，奖励了笑脸。受到了表扬的希希自然地回到了自己的座位上，课堂又继续下去了。

就这样，希希在出现类似的行为时，我不再特别关注，反而用有意思的活动来吸引他主动参与。慢慢地，希希意识到自己这样的行为不但不会受到特别关注，而且会让自己失去很多表现的机会后，他的问题行为逐渐消失了。

在孩子出现问题行为时，探究他行为深层的动机，找准问题的原因，慢一点，等一等，也许他会自己站起来。

作者简介：张立军，特殊教育学校教师，现任繁星年级班主任。1997年参加工作以来，一直担任班主任，在教育教学、习惯养成方面有着丰富的经验，2020年被评为房山区骨干班主任。

特别的爱给特别的你

我是一名从事特殊教育的老师，我的学生每一个都非常特别，他们由自闭症、智障、脑瘫等儿童组成。作为这些特殊孩子的老师，我们的工作会更加繁琐，更加需要细心，更加需要时刻关注每个孩子。所以每天我都会比学生早到，帮助学生做值日。每学期都自费为学生准备很多卡通贴画，用来调动这些孩子的学习积极性与养成良好的学习行为习惯，而且效果很明显，每个同学都有了不同进步。

德国教育家第斯多惠在《教师规则》中说："我们认为教学的艺术，不在于传授本领，而是在于激励、唤醒、鼓舞。没有兴奋的情绪怎么激励人，没有主动性怎么能唤醒沉睡的人？"在我的班级中，自闭症的孩子就属于需要"被别人唤醒的人"。

记得第一年当班主任那个暑假的家访，我去的是一个自闭症儿童小坤的家。当时这个孩子有很严重的情绪问题，不管什么时间，不管在哪里，他总是莫名其妙地打自己的脸、腿，并伴随着大嚷大叫。在路上会引起很多人的注意，在学校里会影响其他同学学习，家长为此很头疼。而且他的家离学校很远，每天妈妈都要陪着他坐两个多小时的公交车来上学，实在是很不容易，看着家长一脸的无可奈何与孩子每天的自残，我真的是深深地被触动了。所以，他被我列为最先要"帮助"的对象之一。

那天一早，我就给小坤的家里打了电话，告诉小坤的妈妈我要去家访，并询问了路线。本来以为只要坐公交车就能到，结果下了车还要走一里路才能到他家。想想他们走这条路坚持了四年，不论春夏秋冬、严寒酷暑，一直坚持着，只为孩子能有些许的进步，我在心里就暗暗发誓，一定要想尽办法帮助他们。

小坤的妈妈很纯朴，怕我找不到路，还带着小坤出来接我。那个时候小坤跟我还不是很熟，基本就是无视我，在妈妈的反复提醒下才叫了一声"王老师"。他对我的这个态度特别正常，自闭症的孩子眼中只有他们认为的那些事物，只要他认定这个跟他无关，他自然而然就抱着无视的态度。看着小坤对我的这个态度，我觉得我必须主动出击，让他眼中有我，这样我才能去帮助他，所以我要想办法引起他的注意。

来到他家，他的家里很干净，有几样简单的家具，一看就是农村很朴素的家庭。他妈妈很热情地给我倒了杯水，我们就开始聊天。要想引起小坤的注意，我必须要知道他喜欢什么，于是我便询问家长，孩子平常在家里喜欢做些什么？爱不爱看电视？他妈妈告诉我，这个孩子平时喜欢看喜羊羊，还喜欢玩电脑游戏，总之对手机、电脑这类电子产品都很有兴趣。正聊着天，小坤突然径直走进里屋，我便问家长："他这是干吗去了？"他妈妈说："又回屋玩电脑了。"于是在征求家长的同意下，我走进里屋，准备和他一起玩。

当我走进屋看到电脑时，心里顿时咯噔一下，这个电脑屏幕的颜色居然是蓝色的，像一层蓝色的丝绢，朦胧地笼罩着电脑显示器。看到这一幕，我心想总是看这样的屏幕得多毁眼睛啊！于是，我赶紧问家长："这个屏幕怎么是蓝色的？能不能调一调？"他妈妈说："这个电脑是他表哥家里淘汰的，凑合着玩。""这个蓝屏幕多毁眼睛啊！""没办法，家里没钱，先玩这个吧！"我觉得再苦也不能苦孩子，何况他又是这么特殊的孩子，身体各方面都比普通儿童要弱很多。于是，我连忙说："我家里有一台闲置的电脑，虽然不是新的，但总比这个强，至少屏幕的颜色是正常的，相对来说能更好地保护眼睛。过两天，找个车给您拉过来吧！""那多不合适啊！""没什么，孩子正在成长期，要是视力再下降了，就更不好办了。况且他这么喜欢玩电脑，而且玩的时候还能安静一会儿，不会乱发脾气。您就别跟我客气了。"在我的反复劝说下，他妈妈终于同意了我的提议。第三天，小坤的叔叔就开车把我家里闲置的电脑给小坤拉了回去。就这样，小坤终于用上了正常颜色的电脑。

通过这一件换电脑的小事儿，家长感觉到我是真心对这些特殊的孩子好，真心喜欢这些孩子的，对我也更加信任，而且比原来更加配合我的工作。最主要的，通过电脑这个纽带，我逐渐唤醒了小坤对我的关注，现在每天小坤都会主动向我问好，而且对我的声音也变得敏感了，我说什么他都开始有了反应，情绪问题也有了明显好转，不再动不动就打脸、发脾气了。教师节的时候，他居然能够主动走到我面前，跟我说："王老师，节日快乐！"虽然只有短短的几个字，但是对我来说是这么的美妙、动听，让我无比兴奋与感动，这就是作为一名特教教师的自豪啊！

从事特殊教育工作 11 年里，我把这群天真烂漫的孩子当作一个个小天使，用心、用情地守护着他们，给他们关心和爱护。我把特别的爱给了这群特别的孩子的同时，也收获了他们带给我的感动与温暖。我愿意做一辈子特教老师，为这些可爱的孩子们燃烧自己！

作者简介：王灿，特殊教育学校教师，现任繁星（2）班班主任，区级生活语文骨干教师。在工作中注重对教学方法的探索，对教育方式的研究。以爱心呵护学生，以真诚感动家长。多次做市、区级示范课、研究课，撰写的论文、案例在市、区级评比中多次获奖。曾获得"2020 年度学生喜爱班主任"称号。